全国优秀畅销书
全国普通高等学校优秀教材

Business Administration Classics

21世纪工商管理系列教材

管理学

Management

（第5版）

(Fifth Edition)

焦叔斌　杨文士　著

中国人民大学出版社
· 北京 ·

Preface | 序　言

非常高兴本书第5版与广大读者见面。自第1版于1994年问世以来，全国各地的大量读者使用了这本书。本书的读者群既包括大学本科生、研究生、MBA和EMBA学员，也包括各行各业的工作者。能够以本书为媒介与如此之多的读者交流现代管理学的知识体系，我们感到由衷的喜悦和鼓舞。

“让教师易教，学生易学，自修者易读，在阐明管理学的基本知识体系的同时，充分反映理论和实践的最新发展”，是指导我们编写本书的一贯宗旨，也是本书长期受到广大读者厚爱的根本原因。当然，这一宗旨也更加鲜明地体现在第5版的修订当中。除保持原书严谨、实用的风格，第5版突出了以下几方面的特点：

第一，在风格上更加简洁。“简洁是终极的智慧”（Simplicity is the ultimate sophistication），作者对达·芬奇所言甚以为是。本书从谋篇布局到用词遣句都力求简洁、平实，力争用有限的篇幅来高效、准确地阐述管理学的知识体系。

第二，在结构上进一步优化。本书继续保持以管理职能为框架的一贯特点，力求在逻辑上更加清晰。为了便于教师教和学生学，也便于自学者理解，本书的每章都配有一个思维导图，特别突出了章节乃至段落构成的逻辑关系。领会和掌握了这些逻辑关系，读者在学习完每一章、每一篇之后，应当能够做到合上书本后把主要内容复述出来。

第三，概念更加准确、清晰。思想要靠概念承载，观念要靠概念传达。概念的准确性是一本教材取得成功的基础。我们在编写过程中，力求首先界定每个概念的准确含义，从讲清楚“是什么”出发，从而为理论的阐释和讨论奠定一个坚实的基础。

第四，案例更加充分，且更有针对性和时效性。全书配有31个各有特点的案例，更加方便广大教师进行案例教学，也便于广大读者借助研习案例来领会管理学的理论体系并提升自己的管理能力。作者在教学中曾多次应用这些案例并取得了很好的教学效果，相信使用本书的广大同行也会有类似的体会。这些具有高度可用性的案例是本书的最大亮点之一。

第五，章后的复习思考题更加充分且有针对性。全书的复习思考题汇总起来有数百个之多，是对相应章节中的重点概念、知识点和理论的强化。读者可以在学完每章的内容之后对照这些复习思考题来检验自己理解的程度，也可以先试答这些题目，然后再有针对性地阅读相应的内容。带着问题学习会更加有效，广大读者不妨一试。

本书第1版的奠基人杨文士教授于2002年辞世，他的睿智和严谨的治学精神持续体现在本书的后续版本中。本书第5版由焦叔斌、李晓光、张雁、徐京悦和朱春玲共同主编，具体分工为：焦叔斌（第1，2，3，4，5章），李晓光（第6，7章），徐京悦（第8，9章），朱春玲（第10，11章），张雁（第12，13章）。唐奇与焦叔斌更新和编写了除案例10.1之外的全部案例，案例10.1由钟静怡编写。唐奇制作了各章的思维导图，更新了各章的数据并核对了全部参考文献。全书由焦叔斌负责统纂。由于编者水平所限，疏漏之处在所难免，敬请广大读者不吝指正。

感谢中国人民大学出版社的于波、费小琳、熊鲜菊和丁一对本书的长期支持，感谢责任编辑魏文的辛勤工作，感谢众多合作者多年来的友谊和提携，感谢曾经参与课堂的众多人士与我们分享他们的智慧、灵感和经验。衷心希望本书能够成为帮助广大读者开启管理智慧之门的一把钥匙。

焦叔斌

中国人民大学商学院

Contents | 目　录

第Ⅰ篇　绪　论

第Ⅱ篇　计划职能

第Ⅴ篇　控制职能

第Ⅰ篇

绪 论

管理学是一门系统地研究人类管理活动的普遍规律、基本原理和一般方法的学科。进入20世纪以来，管理学得到了深入的发展，受到了人们的普遍重视，在人类的社会生活中发挥着日益重要的作用。

由于管理领域的不同，人们研究管理的侧重点各异，从而形成了许许多多专门的管理学科，如企业管理、政府管理、公共事务管理、旅游管理、教育管理、医院管理、军队管理等。虽然各个领域、各类组织的管理活动各有其特殊性，但在这些特殊的管理活动中都蕴含着一些共性的东西，遵循一定的普遍规律，这些规律不会因组织类型或管理领域的不同而不同。从社会普遍存在的管理活动中概括总结出来的这些基本规律就构成了一般管理学的内容。之所以称为“一般”，是因为管理学的原理具有普遍的适用性，而不是局限于某些特定的组织或特定的领域。管理学是各门具体的管理学科的共同基础。

第 1 章

管理、管理者与组织

- 管理、管理者与组织
  - 管理的含义
    - 管理的定义
    - 管理的职能
      - 计划
      - 组织
      - 领导
      - 控制
    - 管理者的五种心智模式
  - 管理者的类型、技能与角色
    - 管理者及其分类
      - 管理者的纵向分类
        - 高层
        - 中层
        - 基层
      - 管理者的横向分类
        - 综合
        - 专业
    - 管理者的技能
      - 技术技能
      - 人际技能
      - 概念技能
    - 管理者的角色
      - 人际角色
      - 信息角色
      - 决策角色
  - 组织的系统观与范式转变
    - 组织的含义
    - 组织的系统观
    - 组织范式的转变
  - 企业与企业管理
    - 企业与企业的职能
      - 运营
      - 营销
      - 财务
    - 企业制度与现代企业制度
      - 个人业主制
      - 合伙制
      - 公司制
    - 企业的委托-代理关系与治理
    - 企业家与企业家精神
  - 组织的道德管理与社会责任
    - 组织的道德管理
    - 组织的社会责任
      - 组织社会责任的含义
      - 利益相关者的概念
      - 四阶段模型
      - 金字塔模型
        - 经济责任
        - 法律责任
        - 伦理道德责任
        - 慈善责任
      - 社会责任的实践

管理活动作为人类最重要的活动之一，广泛存在于社会生活的各个领域。凡是由两人以上组成的、有一定目的的集体就离不开管理，大至国家、军队，小至企业、医院、学校等，无一例外。随着社会共同劳动的规模日益扩大，劳动分工协作更加精细，社会化大生产日趋复杂，管理的重要性也日益提高。

人类经过一个多世纪的研究、探索和总结，形成了一套比较完整的反映管理过程客观规律的理论知识体系，为指导管理实践提供了基本的原理、原则和方法。人们利用这些理论和方法来指导自己的管理实践，又以管理活动的结果来衡量所使用的理论和方法是否正确，是否行之有效，从而使管理的理论和方法在实践中不断得到验证和丰富。

第1节　管理的含义

一、管理的定义

管理：一定组织中的管理者通过实施计划、组织、领导和控制来协调他人的活动，带领人们既有效果又有效率地实现组织目标的过程。

管理（management or administration）是一定组织中的管理者通过实施计划、组织、领导和控制来协调他人的活动，带领人们既有效果又有效率地实现组织目标的过程。

这一定义包含以下几个方面的含义：

首先，管理的目的是有效地实现组织的目标。管理自身不是目的，为管理而管理是没有意义的。管理存在于组织之中，是为实现组织目标服务的。管理的载体是组织。管理产生于组织的集体活动，离开了组织的目标，管理就成了无的之矢。

其次，管理是“协调”，是“带领”人们去实现目标，是最大限度地激发和释放人们的潜能，绝不是把人当机器来操纵，也不是把人当羊群来驱赶，更不是把人当囚犯般“管住”。

再次，管理活动既追求效果（effectiveness），又追求效率（efficiency）。效果意味着选择“做正确的事”，效率则是指“正确地做事”。有效的管理就是要“正确地去做正确的事情”。

最后，管理是由计划、组织、领导和控制这样一系列相互关联、连续进行的活动所构成的。这些活动称为管理的职能。

除了掌握管理定义中的上述要点之外，理解管理的普遍性和实践性特点对于学习管理也是十分重要的。

管理具有普遍性。这意味着在不同的层次、不同的机构，甚至不同的国家中，管理者所从事的活动存在着高度一致性。组织中不同层次上的管理活动在本质上是相同或类似的。无论是基层管理者还是高层管理者，他们都是在履行计划、组织、领导和控制的职能，只不过从事各项职能的程度和重点有所区别而已。不同类型的组织中的管理活动也基本上是一样的。不管是营利组织还是非营利组织，大型组织还是小型组织，尽管差异确实存在，但两者之间的共性远远超过差异。管理在不同国家和不同地区之间也是可以相互学习、相互参照的。改革开放以来，我国不仅从国外引进和吸收了大量的科学技术方面的先进成果，同时也学到了大量的管理方面的好经验、好办法。正是由于这种普遍性，我们才有可能把握管理活动的普遍规律，才有必要学习管理，从事管理活动才日益成为一种专门的职业，不同组织在管理方面的经验和教训才有可能得以交流、借鉴。

管理还具有高度实践性。就像仅仅依靠游泳指南未必就能学会游泳一样，掌握了一些管理理论并不能保证你成为一个出色的管理人员。如果只凭书本知识来开展管理，无视实践经验的积累，无视灵活运用理论的能力，则只能是纸上谈兵。理论和实践的有效结合才是管理成功的重要保证。

二、管理的职能

管理的职能就是管理者在管理过程中所从事的活动或发挥的作用。从职能的角度出发，可以将管理活动视为由计划、组织、领导和控制这四大职能所构成的一个过程（见图 1－1）。

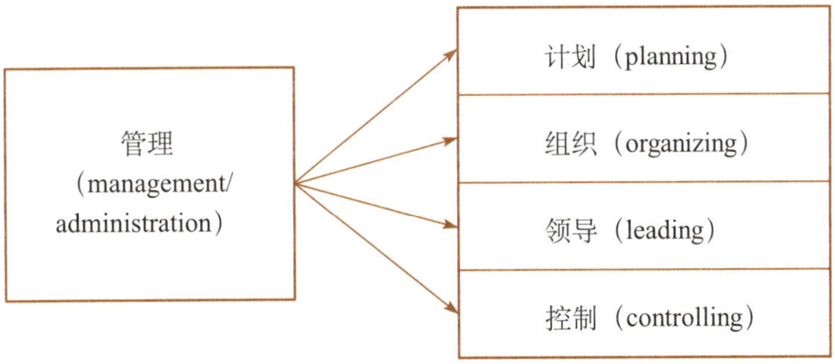

图 1－1 管理的职能

计划（planning）就是要明确组织的目标，确定实现目标的途径或方案。计划活动是管理的起点，确定目标和途径是计划职能所要完成的两大任务。目标反映了组织活动的未来终点，指出我们将要到哪里去。而途径则是连接当前与未来的桥梁，告诉我们如何才能到达目的地。

组织（organizing）意味着分工和协作。为了实现计划活动所确定的目标，实施计划活动所制定的行动方案，管理者必须分析需要进行哪些必要的活动，对这些活动如何分类组合，谁向谁汇报工作，各种决策权限如何在组织的不同层次上分配，如何为各种不同的职位配备适当的人员，不同的活动和人员之间如何协调，等等。

领导（leading）意味着管理者必须运用各种适当的方法，对组织的成员施加影响，努力营造出一种使组织中的成员能够全心全意、士气高昂地为实现组织目标而努力奋斗的气氛或氛围。

控制（controlling）是指采取措施消除实际绩效与计划和目标之间的偏差。组织是在复杂多变的环境中生存和发展的，每时每刻都会遭遇各种意想不到的障碍和困难，必须应对各种各样的新问题和新情况。为确保组织目标的顺利实现，管理者必须自始至终地对组织各项活动的进展情况进行检查，发现或预见到偏差后及时采取措施予以纠正，保证组织活动按计划进行。

根据管理职能来分析和研究管理具有非常现实的好处，它为庞大的管理知识和理论的分类、整理提供了一个相当便利的框架。管理的各种概念、原理、理论和方法按照管理职能组织成一个有机的知识体系，各种新进展、新观念、新发现也能够非常方便地纳入这一体系。因此，尽管存在各种各样的总结管理知识的方法，但应用管理职能作为组织管理知识的框架却是一种最普遍、最广泛的做法。这种体系为我们学习和研究管理提供了莫大的方便。

应当指出，尽管在理论上各项管理职能之间存在着逻辑上的先后关系，但现实中的管理活动并不是严格地按照计划、组织、领导和控制这样的顺序来进行的。组织中的各项管理活动在时间上彼此重叠，在空间上相互交融在一起。很少有管理者在一个给定的时间段内只从事某一特定的管理职能，他们往往同时进行着若干种不同的活动。

这四大职能构成了本书的基本框架。

三、管理者的五种心智模式

应用职能框架来组织管理知识的做法经年已久，且得到了普遍的接受，但也有批评者认为，这种观察管理的方式过于简单化，分析有余而综合不足，强调细节而轻视整体，注重静态而忽略联系，不能反映管理者工作的真实状况，不足以使管理者应对当今复杂、多变而混沌的管理挑战。在众多的批评者当中，加拿大的亨利·明茨伯格（Henry Mintzberg）是其中最睿智、最具有影响力的思想者之一，他犀利地批判当代管理教育是“以错误的方式培训了错误的人，并且得到了错误的结果”。

明茨伯格主张，培养管理者的五种心智模式（mind-set）[1]，将有助于管理者更加有效地认识现实世界和解决实际问题。这五种心智模式即反思、分析、练达、合作和行动，分别侧重于对自我、组织、环境、关系和变革的管理。基于五种心智模式的管理教育希望通过对整合的重视，来克服传统的基于职能方式的割裂和拆分。

正是基于明茨伯格所提倡的这套框架，包括欧洲工商管理学院、英国兰卡斯特大学、加拿大麦吉尔大学、东京一桥大学和印度管理学院在内的五所院校联合创立了国际实践管理硕士项目（IMPM）[2]，在全球管理教育领域中独树一帜。

第2节 管理者的类型、技能与角色

一、管理者及其分类

简单而言，管理者是组织中那些指挥别人活动的人。换句话说，管理者是组织中有下级的那些人。管理者工作绩效的好坏直接关系着组织的兴衰成败。管理者处于组织中的不同层次，其头衔也各式各样，如总经理、部长、科长、主任等，但他们的工作具有一个共同的特征，即通过协调他人的努力来使组织的活动更加有效并实现组织的目标。

有些成员在组织中地位很高，但他们没有指挥和协调别人的责任，没有自己的下级，这些人就不能称作管理者，如组织中的技术专家、法律顾问等。有些组织成员尽管地位不高，如车间的班组长等，但他们却是货真价实的管理者。管理者要对他人的工作成果负责。

组织中直接从事具体的任务和操作的人员称为作业人员或一般员工，他们只对自己的工作负责。例如，政府部门的办事员、学校的教师、医院的医生、汽车装配线上的装配工人、快餐店中烹制食物的厨师、企业销售现场的推销员等。他们通常只关注做好自己分内的事情，而不具有监督和协调他人工作的职责。

我们可以从组织的纵横两个方面来分辨各种类型的管理者。纵向是指组织的层次，横向则是指管理者所从事的工作的内容。

(一) 管理者的纵向分类

从纵向来看，组织中的管理者有如下三类：

1. 高层管理人员

他们处于组织的最高层，主要负责组织的战略管理，并在对外交往中以代表组织的“官方”身份出面。这些高层管理者的头衔如公司的董事会主席、首席执行官、总裁或总经理、副总经理，学校的校长、副校长，医院的院长、副院长等。

2. 中层管理人员

他们是直接负责或者协助管理基层管理人员及其工作的人，通常拥有部门或办事处主任、科室主管、项目经理、地区经理、产品事业部经理或分公司经理等头衔。这些人主要负责日常管理工作，在组织中起承上启下的作用。

3. 基层管理人员

亦称一线管理者，他们处于作业人员之上的组织层次，负责管理作业人员及其工作，如工厂中的工段长、班组长，连锁餐馆的店长、小组长等。

管理者尤其是基层管理者与作业者之间的界限有时并不是那么泾渭分明。比如，越来越多的组织在推行民主管理或参与式管理。在这些组织中，作业者常常参与管理活动。而在不少情况下，管理者也可能承担某些作业职责，医院的院长也许还是著名的外科大夫，可能要时不时亲自做一些难度较大的外科手术。学校的校长时常也主讲某些课程。但应强调的是，管理人员尤其是中高层管理人员的主要任务是协调和促进他人做好工作。手术做得再好，也不等于是一个优秀的医院院长。课讲得再生动，也未必是一个好的校长。正是在促使他人努力工作并对他人的工作结果负责这一意义上，管理人员与作业人员的工作具有明显的区别。

不论是哪个层次的管理者，其工作的性质和内容都不外乎计划、组织、领导和控制几个方面。不同层次管理者工作上的差别，不是职能本身不同，而是履行各项管理职能的程度和重点不同。如图 1－2 所示，高层管理者花在计划、组织和控制职能上的时间要比基层管理者多些，而基层管理者花在领导职能（影响他人，与他人互动）上的时间要比高层管理者多些。即便就同一管理职能来说，不同层次管理者所从事的具体管理工作的内涵也不完全相同。例如，就计划工作而言，高层管理者关心的是组织整体的长期战略，中层管理者偏重的是中期、内部的管理性计划，基层管理者则更侧重于短期的业务和作业计划。

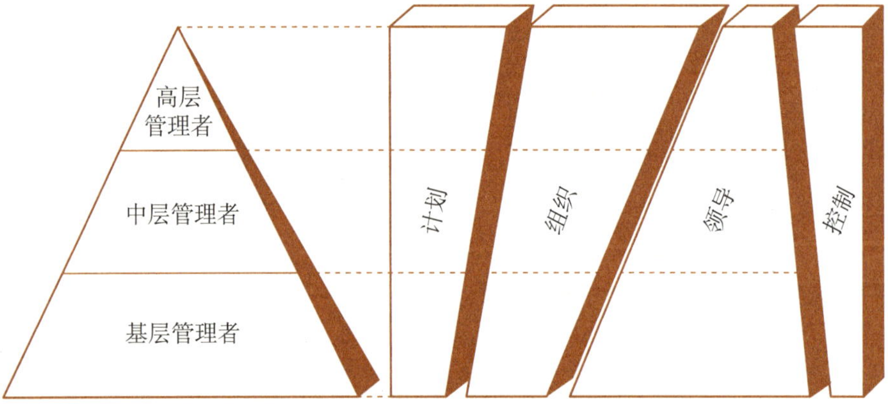

图 1－2　管理者的层次分类与管理职能

（二）管理者的横向分类

从组织的横向来加以分类的话，管理者还可以分为综合管理人员和专业管理人员两大类。综合管理人员指的是负责管理整个组织或组织中某个分部的全部活动的管理者。对于小型组织来说，可能只有一个综合管理者，那就是总经理，他要统管包括生产、营销、人事、财务等在内的全部活动。而对于大型组织（如跨国公司）来说，可能会按产品或地区设立若干事业部。此时，该公司的综合管理人员就包括公司的总经理和每个事业部经理，每个事业部经理都要统管该事业部包括生产、营销、人事、财务等在内的全部活动，因此也是综合管理人员。

除了全面负责业务的综合管理人员外，组织中还常常存在专业管理人员，也就是仅负责组织中某一类活动或业务的管理者，如生产部门主管、营销部门主管、人事部门主管、财务部门主管以及研发部门主管等。随着组织规模的不断扩大和环境的日益复杂，管理工作的专业分工变得日益重要。不同专业领域的管理者在履行管理职能时，其工作内容和侧重点会有所区别。

二、管理者的技能

每位管理者都在自己的组织中从事某一方面的管理工作，对工作都具有一定的责任，都要使自己的工作达到一定的标准和要求。管理者需要特定的技能来履行他的职责和活动。那么管理者需要哪些类型的技能呢？罗伯特·卡茨（Robert L. Katz）的研究指出，管理者需要具备三种基本的技能或者素质，即技术技能、人际技能和概念技能。[3]

1. 技术技能

技术技能（technical skills）指对某个特定专业领域的知识的熟悉和掌握，也就是我们常说的业务方面的技能。如一个小学校长在教学方面的造诣，一个会计师事务所所长对会计业务的掌握，一个车间主任对生产业务的精通等都属于技术技能。技术技能对于基层管理者来说尤为重要，因为他们大部分时间是在指导下属并回答有关具体工作方面的问题，因而成为业务内行是有效管理的前提。而对于中高层管理者来说，技术技能的要求相对低一些。

2. 人际技能

人际技能（human skills）指管理者在与人沟通，激励、引导和鼓舞人们的热情和信心方面的技能。具有良好人际技能的管理者能够有效处理人际关系方面的问题，能够促使员工作出最大的努力。人际技能对于各个层次的管理者而言都是必备的。

3. 概念技能

概念技能（conceptual skills）指对复杂事物的洞察、分析、判断、抽象和概括的能力。管理者应看到组织的全貌，了解组织与外部环境是怎样互动的，了解组织内各部分是怎样相互作用的。概念技能对高层管理者来说尤为重要。

上述几种管理技能的相对重要性随管理者在组织中的层次不同而有所不同，如图 1－3 所示。对于基层管理人员而言，技术技能最为重要，人际技能也是非常有益的，但概念技能的要求则相对较低。对于中层管理人员而言，技术技能的重要性有所下降，人际技能的要求变化不大，但概念技能的重要性则有所上升。对于高层管理人员而言，概念技能和人际技能最为重要，技术技能的要求则相对较低。在大企业中，高层主管可以充分借助下属人员的技术技能，因而对自身的技术技能要求不高。但在小企业中，即使是高层管理人员，技术技能也是非常重要的。

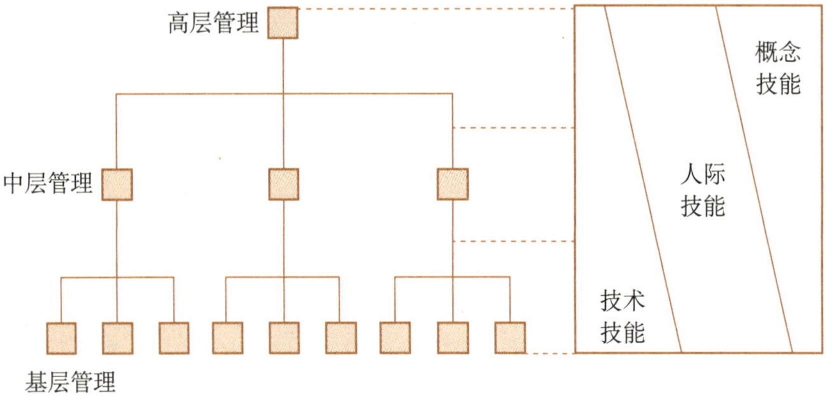

图 1-3　管理层次与管理技能

三、管理者的角色

管理者实际上要做些什么，这并不是一个一目了然的问题。明茨伯格根据他对来自不同机构的五位总经理的细致观察，构造了一个描述管理者具体在做什么的分类框架，称为管理角色理论。[4]

明茨伯格的这一框架指出，管理者实际上是在扮演 10 种不同的但高度相关的角色（roles），这 10 种角色又可以进一步归纳为三个主要的类别，即人际角色、信息角色和决策角色。

人际角色（interpersonal roles）包含人际（下级和组织外的人）以及其他礼仪性和象征性的职责，具体包括挂名首脑、领导者和联络者三种角色。信息角色（informational roles）包括接收、收集和传播信息方面的职责，具体包括监听者、传播者和发言人三种角色。决策角色（decisional roles）需要作出抉择，包括企业家、混乱驾驭者、资源分配者和谈判者四种角色。明茨伯格的管理角色分类如表 1-1 所示。

表 1-1　明茨伯格的管理角色分类

角色	描述	特征活动
人际关系		
1. 挂名首脑	象征性首脑；必须履行许多法律性或社会性的例行义务	迎接来访者；签署法律文件
2. 领导者	负责激励下属；承担人员配备、培训以及有关的职责	实际上从事所有的有下级参与的活动
3. 联络者	维护自行发展起来的外部关系和消息来源，从中得到帮助和信息	发感谢信；从事外部委员会的工作；从事其他有外部人员参加的活动
信息传递		
4. 监听者	寻求和获取各种内部和外部信息，以便透彻地理解组织与环境	阅读期刊和报告；与有关人员保持私人接触

续前表

角色	描述	特征活动
5. 传播者	将从外部人员和下级那里获取的信息传递给组织的其他成员	举行信息交流会；用打电话的方式传达信息
6. 发言人	向外界发布组织的计划、政策、行动、结果等	召开董事会；向媒体发布信息
决策制定		
7. 企业家	寻求组织和环境中的机会，制定改进方案以发起变革	组织战略制定和检查会议，以开发新项目
8. 混乱驾驭者	当组织面临重大的、意外的混乱时，负责采取纠正行动	组织应对混乱和危机的战略制定和检查会议
9. 资源分配者	负责分配组织的各种资源——制定和批准所有相关的组织决策	调度，授权，制定预算，安排下级的工作
10. 谈判者	在主要的谈判中作为组织的代表	参加与工会的合同谈判

资料来源：H. Mintzberg. The Nature of Managerial Work. New York：Harper & Row，1973：93-94. Copyright © 1973 by Henry Mintzberg. Reprinted by permission of Harper & Row Publishers，Inc.

后续研究表明，明茨伯格的管理角色分类在不同的组织中和不同的管理层次上都具有一定的有效性，但管理者角色的重点随组织的层次不同而变化。特别是像挂名首脑、传播者、谈判者、联络者和发言人等角色更多地表现在组织的高层管理者身上，而领导者的角色在低层管理者身上表现得更为明显。

明茨伯格的管理角色分类与前述的管理职能并非毫无关联。例如，资源分配者角色可以看成是计划职能的一部分，而企业家角色和人际关系方面的三个角色都可以看成是领导职能的一部分。当然，并非所有的角色都能够归入某一个管理职能。明茨伯格的管理角色分类有助于我们从另一个视角来加深对管理者所从事工作的理解。

第 3 节　组织的系统观与范式转变

一、组织的含义

组织是管理的载体。人类对管理的需要是随着社会经济的发展和组织规模的不断壮大日益凸显的。随着组织的规模越来越大，组织的活动越来越复杂，组织所面临的环境越来越不确定，管理日益成为影响组织生死存亡的关键因素。

> **组织：**由复数的人所组成的、具有明确的目的和系统性结构的社会实体。

组织（organizations）是指由复数的人所组成的、具有明确的目的和系统性结构的社会实体。组织是一群人的集合，组织的成员必须按照一定的方式相互合作，形成一股整体力量，共同努力去完成单独的个人所不能完成的各项活动，实现不同于个人目标的组织总体目标。

组织的影响是如此广泛，与我们的生活紧密地交融在一起。我们在医院出生，到派出所登记户口，进入幼儿园、学校接受教育，就职于某个企业或事业单位，借助于公交车出行，向银行申请贷款购买住房，等等，可以说现代的人类存在于一个组织化的世界之中。上述这些看似迥然不同的各种组织存在一些共同的特征：

- 每个组织都有其存在的目的；
- 每个组织都是由人所组成的；
- 每个组织都具有一种系统性的结构，用以规范、调节和限制组织成员的行为。

二、组织的系统观

组织是一个系统，具体而言，是存在于环境中的，由包括个人、群体、态度、动机、正式结构、相互作用、目标、职权、资源等相互依赖的多种要素组成的一个复杂的适应性系统。

系统：存在于环境中的，由包括个人、群体、态度、动机、正式结构、相互作用、目标、职权、资源等相互依赖的多种要素组成的一个复杂的适应性系统。

系统（system）是由一组相互关联和相互依赖的要素构成的统一的整体。有两种基本的系统，即封闭系统和开放系统。封闭系统不与环境发生相互作用，不受环境的影响；开放系统则与它所处的环境发生相互作用。组织是一个开放系统，即组织与它所处的环境发生持续的相互作用。

只有开放系统才可能向更有序的状态发展。一个与外界没有任何交换的封闭系统必然会走向混乱无序，亦即热力学意义上的“热寂”状态。组织要生存下去，就必须从外界环境中获取资源和能量。从环境中获取物质、能量和信息的过程也就是获取“负熵”的过程。负熵的获得意味着系统有序度的提高。若不能从环境中获得足够的维持生存和发展所需的“负熵”，系统便会趋于无序，最终走向“死亡”。

一个组织就如同位于斜坡上的一个球体（如图 1-4 所示），只有通过管理，才能避免衰落，才能上升到更好的状态。可以认为，管理就是组织避免无序和“热寂”所需要的“负熵”。

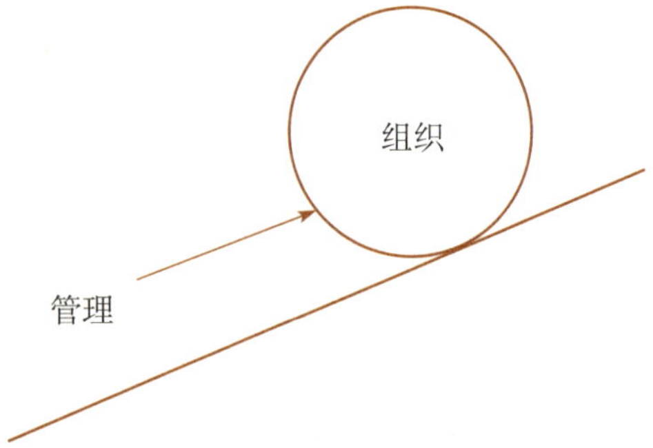

图 1-4　组织：斜坡上的球体

系统的组成要素本身通常也是系统，称为子系统。例如，一个工厂是一个系统，其中又包含许多子系统，如财务系统、装配系统、采购系统、研发系统、人力资源系统等。

许多子系统还可以进一步分解为子子系统。同理，系统既然可以分解为子系统，也可以彼此结合为更大的系统。

因此，对系统的边界作出恰当的定义便显得十分重要。定义了系统的边界，便确定了决策者应当考虑的范围和不应考虑的范围。系统边界以外的事物被视为环境的一部分，超出了决策者的控制范围。系统边界定义得过于狭窄，就会忽略掉系统要素之间的重要联系，而边界扩展得过宽，又会增加问题的复杂性。

系统的观点对于组织的管理最起码有三方面的启示。首先，管理者的工作就是协调组织中各个部分的活动，以确保所有相互依存的部分能够在一起工作从而实现组织的目标。其次，组织的某一个部分所采取的决策和行动会影响到组织的其他部分。最后，管理者必须认识和理解外部各种因素的影响。

当对系统的某一部分进行改进却损害了系统的另一部分时，就发生了所谓的次优化。有一个关于次优化的通俗说法："手术成功了，但病人死掉了。"因此，管理者必须有大局观，能够联系地看问题，各种决策必须考虑对整个系统的影响，而不能只是简单地考虑对某个系统要素的影响。

三、组织范式的转变

我们正处在一个以变化为主要特征的时代。"彻底转变思维范式"（paradigm shift）成为当代管理领域中最强烈的呼声。"范式"是指人们共有的思考、感知和理解世界的基本方式。我们所具有的范式支配着我们的行为。要使组织能够适应时代的变化，范式的转变便成为必然的前提。

在工业革命之前，世界上的大多数组织都是与农业或手工业相关的组织，面对面的沟通是其基本的沟通方式。组织的规模很小，结构也很简单，一般没有什么扩张的意图。

进入工业时代以后，组织开始变得巨大而复杂，部门之间、组织之间的边界变得日渐清晰。成长成为成功的主要标志。组织的环境相对稳定，大规模生产成为组织的主流技术。资金、建筑物和机器构成资本的主要形式。组织的内部结构变得越来越复杂、高耸和僵化。专断式的领导方式、高度正规化的沟通形式成了组织运营的常规。管理者负责思考，雇员则专司执行。

在今天的知识经济时代，变化、复杂性、混沌和不可预测成为这个时代的主要特征。管理者难以再用传统的方式来预测或控制组织内外的变化。组织必须有一种新的范式才能应对这个完全不同的世界。这一新范式要求的是适当的规模以及注重横向合作的灵活和分权化的结构。信息和知识取代资金或机器成为资本的主要形式。新的时代要求新的"服务型"领导方式。主管为员工服务，而员工则全力以赴实现顾客的满意。员工被赋予更多的决策权。明晰的愿景和使命引导个人作出与组织目标相一致的决策。平等、授权、协作等特征在新型组织当中具有尤为重要的意义。组织之间的边界变得更加模糊，竞争者为了适应这种混乱无序的环境学会了合作。

这种组织范式的转变如表1－2所示。

表1－2　范式的转变（旧范式与新范式）

组织的特征	以前	今后
环境	稳定	混乱
资本的形式	资金、建筑、机器	信息、知识
技术	常规	非常规
规模	大	适中
目标	成长、效率	学习、效果
文化	雇员接受命令	授权、参与
结构	刚性、集权、边界分明	弹性、分权、边界发散
领导	专断式	服务式
沟通	正式、书面	非正式、口头
控制	等级制	分权式、自控
计划和决策	管理人员	每个人
指导原则	家长制	人人平等

第4节　企业与企业管理

组织的类型多种多样。就学习和研究管理而言，企业或许是最值得关注的一类组织。在管理学的理论宝库中，绝大多数内容来自企业管理领域。因而，了解与企业及企业管理相关的一些知识和概念，对于学好管理具有非常重要的意义。

一、企业与企业的职能[5]

企业：依法设立的从事营利性商品生产、流通或服务性经营活动，进行独立核算的社会基本经济组织。

企业是依法设立的从事营利性商品生产、流通或服务性经营活动，进行独立核算的社会基本经济组织。从这一定义出发，企业具有如下一些特征：

（1）企业是依法设立的经济组织。企业必须按照法律规定的原则和程序设立，才能取得进行生产经营活动的合法资格，得到国家法律的保护。

（2）企业是社会基本经济组织。企业是由多个人组成的群体，具有特定的组织结构和活动规则。企业必须有比较固定的人员、经营场所和财产，才能长期连续地从事经营活动。只是偶然或短期地从事经营活动的组织不能看成是企业。

（3）企业是从事营利性经济活动的组织。企业作为社会经济组织的功能就是从事生产经营活动，创造社会财富。这种活动是营利性的，而不是无偿的公益性活动。只是为了满足消费需要或者公益需要而从事非营利性经济活动的组织不能视为企业。

（4）企业是实行独立核算的经济组织。对于营利性经济活动，企业必须独立核算，即单独计算企业生产经营活动过程中所发生的成本与费用，收支相抵后的盈余便是利润。

一般认为，运营、财务和营销是企业所具有的最核心的三大职能（见图 1－5）。显而易见，如果要继续生存下去，所有的组织都必须创造价值（运营或生产），将输出提供给顾客（营销），筹措资本以支持运营（财务）。此外，组织还必须完成许多其他重要的职能活动，如报告财务信息（会计）、设计新产品（工程）等。

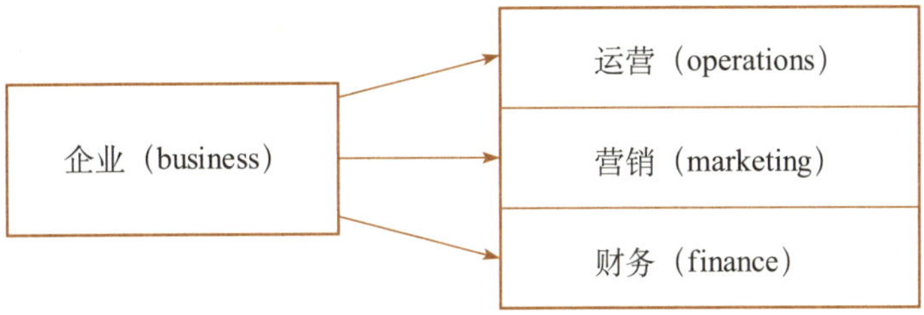

图 1－5 企业的职能

这里尤其值得强调的是，既有效果又有效率地为顾客创造价值，既是企业存在的理由，也是企业存在和发展的条件。正如全球知名的制药公司默克公司的创始人乔治·默克所言："药是为了救人，而不是为了赚钱，但是利润会随之而来。我们如果能记住这一点，就绝对不会没有利润。我们记得越清楚，利润就越多。"偏离了为顾客创造价值这个核心，企业活动就会迷失方向，企业的发展就难以为继。

为顾客创造价值是企业经营的本质。顾客是企业行动的指挥棒，也是企业成败的最终决定者。顾客这一问题不只关乎态度，而且关乎组织的成败。企业首先必须明确：谁是自己的顾客？这些顾客需要什么？这些需要用何种产品或服务来满足？企业如何生产这些产品或提供这些服务？如何与顾客构筑起稳固的关系？如何保持与顾客之间畅通的沟通渠道？如何测量顾客的满意度从而实现持续改进？明确了这些问题的答案，企业就是一个顾客导向的或顾客驱动的组织。

我们将图 1－1 与图 1－5 合并在一起，便形成了图 1－6。从此图中可以清楚地看出，运营管理就是针对运营活动的计划、组织、领导和控制；营销管理就是针对营销活动的计划、组织、领导和控制；财务管理就是针对财务活动的计划、组织、领导和控制；企业管理就是针对企业经营活动的计划、组织、领导和控制。按照这个逻辑，读者可以自行思考一下，什么是研发管理？什么是库存管理？什么是质量管理？什么是人力资源管理？等等。

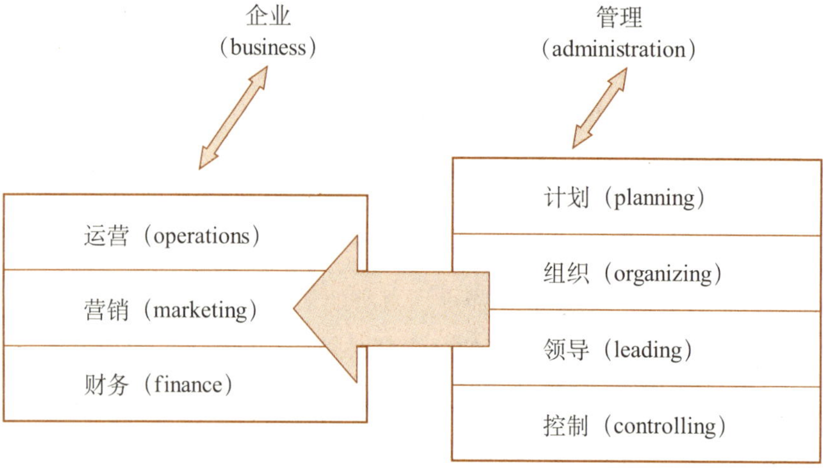

图 1－6　企业的职能与管理的职能

在创办企业、实施某个项目或活动时，常常需要编写一份商业计划书（business plan），以便与投资人或其他的利益相关者沟通有关事项。复杂的商业计划书可能有上百页，简单的只有数页。一份商业计划书无论长短，其背后的逻辑都是一样的。一般而言，商业计划书首先要有个概述，英文称作“Executive Summary”，简明扼要地对要点加以说明。接下来的第一部分就要描述清楚某个特定的企业所要生产的产品或提供的服务以及如何生产产品或提供服务，这涉及运营活动；要讲清楚你的产品或服务如何提供给目标顾客，这涉及营销活动；要讲清楚你如何筹措和使用资金，这涉及财务活动。此外，你还要说明这项事业的目标和战略，这涉及计划活动；你打算如何进行分工和协作，这涉及组织活动；如何对人们施加影响以使人们能够齐心协力，这涉及领导活动；为了使事情按计划进行，应当如何测量绩效、找出偏差并加以纠正，这涉及控制活动。我们可以把上述这些内容归纳在一张图中来理解一份商业计划书的逻辑，如图 1－7 所示。

图 1－7　商业计划书示例

二、企业制度与现代企业制度

“企业制度”这一术语通常指的是企业的财产组织形式或法律形式。企业作为社会基本的经济组织已有很长的历史，具体形态各不相同，但就财产组织形式而言，可以归纳为个人业主制、合伙制和公司制三种基本形式。

1. 个人业主制

个人业主制企业（sole proprietorship）又叫单一业主制企业。它可由投资者一个人经营，也可由投资者家庭经营，其财产归个人或家庭所有。这种企业在法律上为“自然人”企业。按有关法律规定，单一业主制企业的投资者对企业债务负有无限责任，即投资者应以企业的全部财产和投资者的其他私人财产来承担清偿债务的责任。

2. 合伙制

合伙制企业（partnership）是由两个或两个以上的出资者共同投资、联合经营的企业。合伙制企业的财产是合伙人的共有财产，由合伙人统一管理和使用。合伙制企业的投资者对企业债务负连带无限清偿责任。企业的债务既不能以出资额为限，也不能以个人的财产额为限，直到如数清偿方可解除债务责任。连带责任则是指各个合伙人就企业的债务对所有债权人负全部清偿责任，尤其是当企业的资产不足以抵偿债务时，各股东不能以出资比例的大小来推卸债务，而应以其个人的全部财产对债权人负连带责任。

3. 公司制

公司制企业（corporation）是依法定的条件和程序设立的，具有独立法律地位的“法人”企业。从是否具有法人资格来看，公司制企业同个人业主制企业和合伙制企业具有明显的区别。

我国公司法将公司制企业分为有限责任公司和股份有限公司两种。有限责任公司是指单个投资者或两个以上股东共同出资，投资者或股东以其出资额为限对公司承担责任，公司以其全部资产对公司的债务承担责任的企业法人。股份有限公司是指全部资本分为等额股份，并以发行股票的方式筹集，股东以其所认购的股份对公司承担有限责任，公司以其全部资产对公司的债务承担责任的企业法人。

企业法人制度和有限责任制度是公司制企业最鲜明的两大特性。

首先，公司具有独立的法人（不是自然人！）地位，拥有自己独立支配的法人财产，以自己的名义独立从事生产经营活动，独自享有民事权利和承担民事责任。公司的出资者，不论在什么时候、什么情况下，都不能以个人身份支配公司财产，也不能以个人名义对外开展活动。正是由于出资者个人无权支配集体的共同财产，因而实现了公司制企业的法人财产与股东的个人财产在法律上和事实上的分离。

其次，与独立法人地位相适应的是公司制企业的有限责任特征。无论是有限责任公司还是股份有限公司，股东均以其出资额为限对公司承担责任，公司以其全部资产对公司的债务承担责任。公司制企业的债权人在公司资不抵债时，不能直接对股东个人提出偿债要求，而只能对企业法人行使债权，公司只以其全部资产承担有限偿债责任。这样股东最多只是损失所认购的股份以及未分配到手的股利，不会损失其余私人财产，因而大大减少了出资者的风险，同时增加了企业筹集发展资金的机会。

公司制是现代企业制度的主体形式。我国近年来所强调的建立现代企业制度，就是要对国有企业进行公司制改造，目的就是按照“产权清晰、权责明确、政企分开、管理科学”的要求，把国有企业建成自主经营、自负盈亏、自我发展、自我约束的法人实体和市场竞争主体。

三、企业的委托－代理关系与治理[6]

在现代公司中，资本所有权与经营决策权在股东与董事会之间发生了分离，股东选举董事会，由董事会行使经营决策权。董事会并不具体管理公司的日常生产和经营业务，而是聘任专业经理人员来执行这一职能。这样，在股东、董事会、经理之间就产生了一种委托－代理关系。

从委托人的立场来看，代理人的行为原则是使自身的效用最大化。因此就必须设计一种契约或机制对代理人提供某种激励或制约，使得代理人在自身效用最大化的条件约束下，实现委托人的效用最大化。与通常所讲的管理相区别，有关这种委托－代理关系的制度安排方面的问题通常称为企业的“治理”(governance)问题。

根据国际惯例，规模较大的公司，其内部治理结构通常由股东会、监事会、董事会和经理层组成，他们依据法律赋予的权、责、利相互分工，相互制衡。现代公司制企业中，股东代表着财产的所有者。在我国，除国有独资公司不设股东会外，有限责任公司设股东会，股份有限公司设股东大会。股东会或股东大会由股东组成，是公司的权力机构。股东会或股东大会选出董事会，董事会对股东会或股东大会负责，行使保障资产保值增值和保护所有者利益的重大经营决策职能。董事长是公司的法定代表人，是公司股东利益的集中代表。总经理接受董事会的委托，作为公司最高行政负责人，负责公司的经营管理，组织实施董事会决议。

我国公司法还规定，股份有限公司和经营规模较大的有限责任公司设立监事会，由股东代表和适当比例的公司职工代表组成，对董事和经理的行为进行监督。这样，权力机构、决策机构、监督机构和执行机构相互独立、相互制衡，确保企业能够规范、高效地运营与发展。

一定形式的治理制度构成了企业大厦的地基（如图1－8所示）。在这个平台上，经理人员运用其知识、技能、经验和所掌握的信息，通过对企业的人财物资源的计划、组织、领导与控制，来实施企业管理，实现企业的各项目标，保证企业的生存与发展。企业的治理与企业的管理所要解决的是两类不同性质的问题。概略地说，前者主要解决的是经理层的激励与约束问题，而后者则主要解决

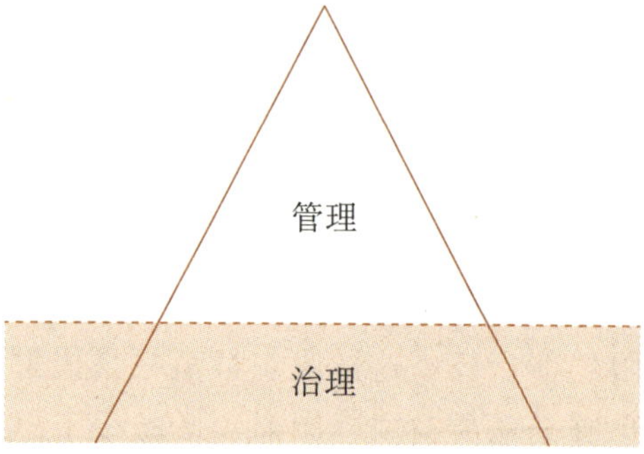

图1－8　管理与治理

的是如何协调资源来实现企业目标的问题。

打一个比方来说，企业的治理制度相当于一个舞台，管理者就是在这个舞台上表演的生、旦、净、末、丑。这个舞台建得好，各种角儿才能展示出最上乘的唱念做打的功夫，奉献出一流的艺术作品。这个舞台建得不好，演员的功夫再好，也难以得到充分的发挥，甚至还可能因为舞台上的障碍、陷坑而失足甚至断送艺术生涯。

四、企业家与企业家精神

这里的企业家（entrepreneur）并不等同于通常意义上所说的老板、总经理，更多的是指那些善于把握机会，勇于创新、尝试和冒险的创业者和开拓者。从这个意义上说，将这类人称为创业家或“起业家”要更为恰当。这些人在创业之初未必拥有多少资源，他们更擅长的是发现机会并调动和整合资源去开发这些机会。我国的柳传志、马云、史玉柱、李彦宏，国外的比尔·盖茨、贝佐斯、扎克伯格等人都可以看成是典型的具有企业家特征的人士。

> **企业家精神：**个人或群体通过有组织的努力，以创新和独特的方式去追求机会、创造价值和谋求增长的欲望和能力。

企业家精神（entrepreneurship）是指个人或群体通过有组织的努力，以创新和独特的方式去追求机会、创造价值和谋求增长的欲望和能力。企业家精神有三个方面的重要内涵。第一是对机会的追求和把握。那些典型的具有企业家精神的人都善于把握环境的趋势和变化——往往是尚未被人们注意的趋势和变化。第二是创新。创新意味着变革、革新、转换和引入新方法。第三是增长。创业者不满足于停留在小规模或现有的规模上，希望其事业能够尽可能发展，他们不断寻找新的趋势和机会，不断创新，不断推出新产品和新的经营方式。

与“企业家精神”这一概念相关的还有一个概念，称为“社会企业家精神”（social entrepreneurship），它指的是将企业家的冒险、创新和创业等精神应用于社会非营利组织来为利益相关者创造价值或解决问题。本书案例 10.3 中的主人公萨尔曼·可汗就是体现这种社会企业家精神的一个典型的社会企业家。

企业家精神对于营利组织和非营利组织的成功都是至关重要的。这些组织要想获得成功，就必须追求机会、创新和增长。在现代社会中，企业家精神日益受到重视，甚至被认为是一种最稀缺的资源。

第 5 节　组织的道德管理与社会责任

组织不是一台单纯的效率机器。作为一种社会的存在，组织在追求自身的社会、经济目标的同时，还必须明辨是非，抑恶扬善。具体来说，这涉及三个层次的问题。

首先，组织的行为必须守法合规。法律法规是约束组织和个人行为的最基本的准则，是人们行为的底线。不能遵守法律法规的组织不可能也不应该得到发展。

其次，组织的决策和行为不仅要合乎法律法规，而且要符合道德的要求。哲学家康德在《实践理性批判》一书中写道："有两种东西，我对它们的思考越是深沉和持久，它们在我心灵中唤起的惊奇和敬畏就会越来越历久弥新，一是我们头上浩瀚的星空，另一个就是我们心中的道德律。它们向我印证，上帝在我头顶，亦在我心中。"康德甚至把这句话作为自己的墓志铭。也就是说，心中的道德律是一位内在的"上帝"，它无时无刻不在规范和调整着人们的行为。

最后，组织还要承担社会责任，通过自身的努力让这个世界变得更加美好。

第一个层次，亦即守法合规，是由国家机器强制实行的。第二、三个层次，即有关遵守道德和承担社会责任方面的问题，则主要是由组织及其管理者来自由裁量的。本节重点讨论组织的道德管理和社会责任问题。

一、组织的道德管理

组织的道德管理是指组织为了确保和促进其行为恪守道德规范而采取的各种举措。组织的道德管理可以有多种途径，如选拔道德水准高的人员，制定道德准则，高层管理者以身垂范，建立合理的绩效评价制度，提供道德方面的培训，实施社会审计，向面临道德困境的人们提供支持，等等。只靠其中的某一项措施未必能产生多大的作用，但这些措施若能够以一种综合的方式来实施的话，便有可能显著地改善组织的道德风气和道德表现。

1. 在人员选拔上把关

不同的人处于不同的道德发展阶段并拥有不同的个人价值体系。组织可以通过甄选过程——面试、笔试、背景测试等——来剔除那些在道德上不符合要求的求职者。

2. 制定道德行为准则

人们对于道德上的是非问题并非总是一清二楚。道德准则（code of ethics）是组织用于表明期望员工遵守的基本道德规则的正式文件。采用道德准则是许多组织用于减少其成员在道德方面的困惑的一种通行做法。从全球范围来看，发布正式的道德准则这种做法日益流行起来。

3. 高层管理者要以身垂范

组织的高层管理者必须在道德管理方面以身作则。一个行动胜过一万句说教。高层管理者任何不符合道德准则的行为，都等于在向全体员工暗示这些行为是可以接受的。高层管理者还可以通过他们的奖惩行为来设定组织的文化基调。提拔什么人或是奖励什么事，都会向员工传达强有力的信息。一旦发现不符合道德规范的行为，必须使行为者为此付出代价。

4. 确保明确而现实的工作目标和绩效标准

不现实的目标会迫使员工采取"不择手段"的态度。明确而现实的目标会减少员工的困惑并使之受到激励而不是惩罚。绩效评价通常着重于考察目标实现与否，但结果会使手段合理化。如果期望员工保持高的道德水准，组织就应将其体现在绩效评价过程中。例如，对管理者的年度评价不仅要包括其目标的实现程度，或许还应包括其各项决策符合组织道德准则的程度。

5. 提供相应的培训

组织越来越重视通过各种培训来鼓励人们的行为符合道德规范。这类培训有助于灌输组织的行为标准；有助于向人们阐明什么行为是可以接受的，什么是不可以接受的；还有助于在必须采取令人不快但合乎道德的立场时，增强人们的自信。

6. 实施独立的社会审计

借助于独立的社会审计，依照组织的道德准则来评价决策和管理行为，有助于发现非道德的行为。这种审计可以是常规性的评价，就像财务审计一样定期实施，也可以是没有预先通知的随机抽查。审计人员对公司的董事会负责，并直接将审计结果呈交董事会。

7. 建立正式的保护制度

组织可以通过某种正式的制度来保护陷入道德困境的员工按照自己的判断行事。如设立咨询员，当员工面临道德困境时，能够开口向咨询员诉说并寻求指导。此外，组织还可以设立专门的职位或程序来确保组织的道德准则得到遵守。

二、组织的社会责任

（一）组织社会责任的含义

组织社会责任是指组织追求有利于社会的长远目标的一种义务。社会责任超越了只是符合基本的经济和法律要求的限度，加入一种道德上的要求，促使人们做使社会变得更美好的事情，而不做那些有损社会的事情。

组织社会责任：组织追求有利于社会的长远目标的一种义务。

一个具有社会责任感的组织会主动从事有助于改善社会的事情，而不限于法律要求或经济上有利的事情。之所以这样，是因为组织觉得这些事情是应该做的、正确的或是合乎道德的。

但是，这一概念并非看上去那样一目了然。这里的社会应该包括哪些成员，人们并没有达成共识。不同的人对于什么事情是有利于社会的有着不同的认识。还有很多时候，对错并不是泾渭分明的。例如，企业在竞争中取胜而对手落败，胜者符合社会责任的要求吗？企业通过申请破产保护而规避了对债权人的债务责任，这符合社会责任的要求吗？因此，社会责任这一主题无论是在理论上还是在实践中，仍然有许多有待厘清的问题。

（二）利益相关者的概念

过去人们认为，企业存在的唯一目的就是实现利润的最大化，管理者的主要责任就是从股东的利益出发从事经营活动，股东只关心一件事，就是财务方面的回报。这种观点的支持者认为，当管理者自作主张将组织资源用于社会利益时，就是在增加经营成本。这些成本要么通过高价转嫁给消费者，要么通过降低股息回报由股东来承担。这种观点并非反对组织承担社会责任，而是主张这种责任仅限于为股东实现利润最大化。

但是，社会对企业的期望已经发生了变化。越来越多的人主张，企业并非只是对股东负责，还应对社会负责。社会通过各种法律法规认可公司的建立，并通过购买产品和服务而提供支持。企业组织不仅仅是经济机构。社会接受甚至鼓励企业参与社会、政治和法律事务。管理当局的社会责任也不只是创造利润，还包括保护和增进社会福利。

相对于只考虑股东利益的传统观念，今天的组织越来越认识到利益相关者（stakeholders）这一概念的重要性。利益相关者也称相关方、利益攸关者、受益者或干系人，指的是可能从组织的成功中获益或因组织的失败而遭受损失的个人或团体。打个比方来说，一个组织就好比是若干只蚂蚱绑在一起的命运共同体，一荣俱荣，一损俱损。通常认为，顾客、供应商、员工、股东和社会是一个企业组织最基本的五大利益相关者。

> **利益相关者：**可能从组织的成功中获益或因组织的失败而遭受损失的个人或团体。顾客、供应商、员工、股东和社会是一个企业组织最基本的五大利益相关者。

所有的利益相关者都与组织之间存在一定形式的交换关系，都为组织提供某种形式的资源或贡献，相应地就要求组织满足他们的某种期望。各个利益相关者群体做出的贡献不同，期望也有所差异。顾客为组织带来收入和利润，他们希望得到高质量、可靠的产品，希望物有所值；股东提供了资本，期望得到适当的投资回报；员工贡献了劳动和技能，期望得到适当的收入、工作满意度、安全和良好的工作环境；供应商为组织提供了输入，期望得到可靠的买主以及合理的收入，从而获得继续经营的机会；社会为组织的生存和发展提供了环境和空间，如基础设施、公平的竞争环境等，相应地，它期望获得可信赖的社会服务，并要求组织在环境保护和资源合理利用方面承担责任。

对一个组织来说，失去利益相关者的支持可能意味着毁灭性的打击。组织为了持续获得支持，应考虑所有利益相关者的期望和要求，要将这些期望和要求反映到组织的战略中。利益相关者的概念对于组织具有非常重要的意义，认识到这一概念，有利于组织更加明确自身存在的目的和意义，有利于以一种更加开阔的视野去从事组织的活动。

（三）社会责任四阶段模型

下面的四阶段模型阐明了组织的社会责任是一个逐步扩展的过程。

第一阶段，管理者只是追求利润最大化和成本最小化，从而增加股东的利益。虽然遵守所有的法律法规，但管理者并未感到有义务满足其他的社会需要。

第二阶段，管理者认识到对员工的责任，高度重视人力资源管理，希望招聘、留住和激励优秀的员工。这一阶段的管理者将改善工作条件、扩大员工权利、增加工作保障等。

第三阶段，管理者将社会责任扩展到顾客和供应商方面，强调公平的价格、高质量的产品和服务、安全的产品、良好的供应商关系等，认为只有通过满足具体环境中其他各方面的需要，才能履行对股东的责任。

第四阶段，管理者感到他们对社会整体负有责任。他们积极促进社会公正、保护环境、支持社会公益活动，如改善所在地的教育和医疗卫生事业，美化环境，保护资源，服务社区，改善行业及企业的商业惯行，共享非专有信息等。他们还会主动去影响和推动其他的公私机构，共同促进上述目标的实现。即使这些活动会对利润产生消极影响，他们也在所不惜。

每前进一个阶段都意味着管理者自主裁量程度的提高，意味着管理者必须做出更多的判断。显然，管理者有责任遵守法律和创造利润，不能实现这两个目标将威胁组织的生存。但是，除此之外，管理者要识别他们认为对其负有责任的人们。通过关注相关方及其对组织的期望，管理者能够重视关键的问题，也能够做出更有责任的选择。

（四）社会责任的金字塔模型

美国学者阿奇·B. 卡罗尔（Archie B. Carroll）[7]提出的企业社会责任金字塔模型（见图 1－9）阐述了企业社会责任的具体构成。根据这个模型，企业社会责任包括四个层次的内容：第一层次为经济责任，即企业要提供合乎社会需要的产品和服务，确保股东的利益，追求利益最大化；第二层次为法律责任，即企业的生产经营活动要在符合法律规定和市场游戏规则的框架内进行，要在遵纪守法的前提下追求利润最大化；第三层次为伦理道德责任，指企业要遵守商业道德，公平、公正地展开竞争，避免违背道德准则的行为；第四层次为慈善责任，即企业要为社会、教育、文化活动等做贡献，要为慈善事业捐钱捐物，要为社会的繁荣、进步和人类生活水平的提高做出自己应有的贡献。

在卡罗尔看来，企业社会责任包含了在特定时期内，社会对企业组织在经济、法律、伦理道德和慈善方面的期望。卡罗尔认为在这个金字塔结构中，经济责任是基础，也占最大比例，法律、伦理道德以及慈善责任依次向上递减。

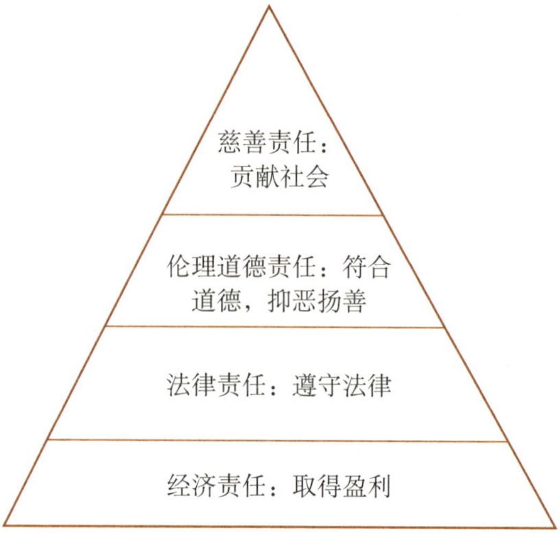

图 1－9　社会责任金字塔模型

资料来源：阿奇·B. 卡罗尔，安·K. 巴克霍尔茨. 企业与社会：伦理与利益相关者管理：第5版. 北京：机械工业出版社，2004.

（五）社会责任的实践

近年来，社会责任不再只是学术研究和探讨的范畴，而成为企业界和其他各类组织的一项重要实践。许多国际组织制定了有关社会责任的标准、准则或指南，还有些国际组织建立了有关社会责任的认证制度，这些都极大地推动了全球的社会责任实践。国际标准化组织的 ISO 26000《社会责任指南》[8]、联合国的《全球契约》[9]、社会责任国际的 SA 8000[10]、社会与伦理责任研究所（Institute of Social and Ethic Accountability）的 AA 1000 AS 标准[11]、全球报告倡议组织（GRI）的《可持续报告指南》[12]等，是最有影响的几个社会责任指南文件。中国国务院国有资产监督管理委员会于 2007 年出台了《关于中央企业履行社会责任的指导意见》[13]，并于 2012 年 5 月成立了国资委中央企业社会责任指导委员会，极大促进了我国国有企业尤其是中央企业对社会责任的重视。定期撰写并发布企业社会责任报告和可持续发展报告已经成为许多企业的一种惯行。

注释

[1] 亨利·明茨伯格. 管理工作的本质. 北京：中国人民大学出版社，2007.

[2] IMPM. International Masters Program for Managers.（2018-02-10）. https://impm.org.

[3] Robert L. Katz. Skills of an effective administrator. Harvard Business Review Classics. Harvard Business School Press，2009.

[4] 同 [1].

[5] 杨瑞龙. 企业理论：现代观点. 北京：中国人民大学出版社，2005.

[6] 沃尔特·J. 萨蒙，等. 公司治理. 北京：中国人民大学出版社，2001.

[7] 阿奇·B. 卡罗尔，安·K. 巴克霍尔茨. 企业与社会：伦理与利益相关者管理：第5版. 北京：机械工业出版社，2004.

[8] International Organization for Standardization. ISO 26000-Social Responsibility. (2018-02-10). https://www.iso.org/iso-26000-social-responsibility.html.

[9] The United Nations Global Compact. (2018-02-10). https://www.unglobalcompact.org.

[10] Social Accountability International. SA8000® Standard. (2018-02-10). http://www.sa-intl.org.

[11] Institute for Social and Ethical Account. AA1000 AccountAbility Principles Standard (AA1000APS) 2008. (2018-02-10). http://www.accountability.org/standards.

[12] Global Reporting Initiative. Sustainability Reporting. (2018-02-10). https://www.globalreporting.org/information/sustainability-reporting/Pages/default.aspx.

[13] 国务院国有资产监督管理委员会. 关于印发《关于中央企业履行社会责任的指导意见》的通知. (2008-01-04). http://www.sasac.gov.cn/n2588035/n2588320/2588335/c4260666/content.html.

复习思考题

1. 试述管理的含义。

2. 效果和效率的含义是什么？

3. 什么是管理职能？管理有哪些主要职能？各个层次的管理者在履行管理职能时有何异同？

4. 什么是管理者？管理者按层次和领域分为哪几种类型？

5. 管理者有哪些技能要求？它们与管理者所处层次有何关系？

6. 简述亨利·明茨伯格所提出的管理者的五种心智模式。

7. 简述亨利·明茨伯格所提出的管理角色理论及其与管理职能的关联性。

8. 试述组织的含义与特征。

9. 说“组织是一个系统”是何含义？

10. 什么是系统？什么是封闭系统和开放系统？

11. 简单讨论熵与负熵的含义。

12. 系统的观点对于组织的管理有哪些主要启示？

13. 什么是次优化？

14. 为什么对系统的边界做出恰当的定义十分重要？

15. 什么是范式？为什么强调范式的转变？今天的组织范式有哪些主要转变？

16. 试述企业的概念与特征。

17. 企业最核心的三大职能是什么？

18. 顾客导向的企业有哪些特征？

19. 试讨论企业制度与现代企业制度。

20. 企业的财产组织形式主要有哪三种？

21. 试述公司制企业的含义和种类。

22. 试述公司制企业在企业法人制度和有限责任制度方面的特性。

23. 试述企业的委托－代理关系。

24. 企业治理的含义是什么？企业治理与企业管理有何区别？

25. 简述企业家与企业家精神的含义。

26. 什么是社会企业家精神？

27. 确保组织恪守道德规范有哪些途径？

28. 试述利益相关者的概念。

29. 社会责任的含义是什么？实践中有哪些重要的社会责任标准或指南？

30. 简述社会责任的四阶段模型。

31. 简述社会责任的金字塔模型。

案例 1.1 马云的左膀右臂

阿里巴巴的成功给马云披上了无尽的光环。但是，阿里巴巴能够攀上今天的顶峰，除了马云居功至伟之外，还有两位重要的人物不得不提，他们便是蔡崇信与关明生。

二号人物蔡崇信

蔡崇信是阿里巴巴集团的联合创始人及执行副主席，与马云同为 1964 年生人，拥有耶鲁大学法学博士学位。蔡崇信是阿里巴巴集团财务、投资方面的总负责人。

1999 年 5 月，在香港一家瑞典投资公司工作的蔡崇信第一次见到马云。蔡崇信回忆说，“与马云见面时，我被他的人格魅力深深吸引了。他非常平易近人，还极有魅力，他一直在谈论伟大的愿景。我们没有谈商业模式、盈利或者其他业务上的东西。当时我觉得马云的创意算得上伟大，却不是什么惊天动地的想法。但我欣赏马云的个性。真正打动我的地方，不是马云本人，也不是他的跟随者，而是马云与一群追随者患难与共的事实。这些追随者基本上都是他的学生。当时我想，我是不是也该加入这个充满冒险精神的团队。我希望跟有能力领导并把各种人才网罗到自己身边的人合作”。此后不久，蔡崇信向马云表达了加盟阿里巴巴的意愿。

蔡崇信的“青睐”起初让马云不敢相信。当时的阿里巴巴还是前途渺茫，甚至没有任何公司实体，只有一个上线刚刚几个月的英文网站，域名为 Alibaba.com。在蔡崇信的一再坚持下，他成了阿里巴巴第 19 号员工。

蔡崇信加盟伊始就把阿里巴巴的员工集合在一起。在杭州湿热的夏夜里，他拿着一块小白板，从最基本的“股份”“股东权益”开始教起，接着又帮创始的“十八罗汉”拟了 18 份完全符合国际惯例的股份合同。这标志着阿里巴巴作为一家“公司”有了最粗略的雏形。

此后，阿里巴巴经历的几次重要的增资都是由蔡崇信谋算操刀的。当时的马云团队根本没有钱。蔡崇信必须在“引进资金”和“掌握控制权”之间充分权衡。在这一过程中，马云和蔡崇信天衣无缝的配合，一步步把阿里巴巴推上电子商务的第一把交椅。

“阿里妈妈”关明生

关明生是阿里巴巴前首席运营官，人称“阿里妈妈”，比马云年长 15 岁，2001 年 1 月 8 日加盟阿里巴巴。关明生是香港人，早年在英国读书，加盟阿里巴巴之前在美国通用电气公司工作了 15 年。关明生是阿里巴巴通过猎头公司寻觅到的，他们希望借助关明生的管理经验把阿里巴巴做成一个“实实在在”的生意。

关明生回忆说：“我记得 2000 年 11 月我们四个人在北京第一次见面，我们谈了大概两个小时，饭都没吃，大家就像在大学寝室里讲话一样，讲未来要怎么样怎么样。很多人问我是什么东西吸引了我，我很肯定是阿里巴巴，特别是马云的魅力。阿里巴巴的这个梦想、方向是绝对吸引人的。”马云对关明生也赞赏有加，决定请她出任阿里巴巴的首席运营官。

2001年1月13日，马云、蔡崇信、金建杭、彭蕾等几位创始人在关明生的办公室里开了一整天会。会上马云滔滔不绝地在讲阿里巴巴的文化。其间关明生问了一句，“这么厉害的文化，有写下来吗？”口若悬河的马云一下子被问住了，沉默许久才说：“你讲得很对，我们没有写下来，我们从来没有把我们的目标、使命、价值观写下来。”

马云虽说脑子灵活、志向远大，但早期并不擅长管理。在创办阿里巴巴的头两年中，马云带着一帮平均年龄不到25岁的年轻人充满激情地投入创业大潮，马云本人也很醉心于“振臂一呼，揭竿而起”的英雄气概。正如马云自己所说的，“在阿里巴巴跟这么多聪明、有热情、充满创新精神的人一起工作，就好像200个人在踢足球。足球场上足球飞到一边去了，大家都冲过去，但是还没到那个地方，球又被踢到另一个地方，大家再一次冲过去，结果来回两个小时，足球都没摸到，却出了一身臭汗”。这就是当时阿里巴巴的真实写照。所以，有关明生这样的人辅佐是一大幸事。

关明生提出必须把马云宣讲的这套东西用白纸黑字写下来。于是，包括使命、愿景、价值观等内容的阿里巴巴的核心理念被正式确立下来。在价值观的提炼上，马云等人想了很多点子。他们最初提出的九条价值观被形象地称为“独孤九剑”，后又浓缩成今天的“六脉神剑”，即“客户第一、团队合作、拥抱变化、诚信、激情和敬业”。在关明生的大力推动下，这套东西真正融入阿里巴巴的“肌体”，成为阿里巴巴这家公司的“灵魂”。

[讨论]

蔡崇信与关明生分别对阿里巴巴做了什么贡献？

案例 1.2 阿里巴巴的合伙人制度

2009 年 9 月 10 日，在公司 10 周年的晚会上，马云宣布阿里巴巴的 18 位创始人辞去创始人的身份，变成集团合伙人。由此阿里巴巴集团开始了合伙人制度的运行，每年选拔新合伙人加入。阿里巴巴将这种合伙人命名为“湖畔合伙人”（马云与合伙人的首次会议是在杭州湖畔花园小区举行的，故此命名）。阿里巴巴的合伙人制度不同于传统的合伙企业法中的合伙制，也不同于双重股权架构。公司章程授予阿里巴巴合伙人在公司战略方向和文化上的发言权。

事实上，从 2005 年到 2009 年，马云与蔡崇信一直在讨论企业传承话题，并且拜访了很多企业、机构，希望了解如何做一个长久的企业。在这个过程中，马云发现，做好一个企业很容易，但做一个可持续的、长期发展的企业并不容易。最终，阿里巴巴设计了合伙人制度。

马云解释说：“为了确保公司长期健康的发展，确保客户、员工、投资者和各方参与者的长期利益，阿里巴巴做任何决定都需基于共识、协作和承担责任的原则，合伙人制度正是这种运营思想的体现。我们相信，这种跨领域合作的制度能促使管理者去除官僚主义和等级制度，实现团队协作，从而更好地提升公司业务。”

马云认为，要运营阿里巴巴这样大而复杂的生态系统绝对不能只靠一两个创始人或管理层，不论他们多么有能力。公司必须借助一个制度并选拔更多在各自领域出类拔萃且有共同信念的人。合伙人制度保障的不是合伙人的利益，而是阿里巴巴的使命、价值观、愿景和文化。这种合伙人制度将通过吸纳新的合伙人来平衡坚守核心信念和保持开放性，确保阿里巴巴的生态系统和运营机制随着时间推移和公司规模发展而不断演进。

执行副主席蔡崇信在 2018 年 9 月 18 日召开的阿里巴巴全球投资者大会上，向与会投资人阐释了阿里巴巴合伙人制度的三大特征：树立道德标准，解决接班人问题，避免关键人风险。

蔡崇信指出，合伙人制度首先为全公司树立了道德上的高标准。确保公司的操守文化是合伙人群体最重要的责任之一。在考察和选举合伙人的时候，道德品质是非常重要的因素。每一位成为合伙人的公司成员一般都要经过长达 3 年的考察，还需获得 75% 的现任合伙人的支持，这是一个非常高的门槛。

合伙人制度对公司治理的第二个作用，是它可以解决公司选拔接班人和培养人才的难题。蔡崇信回顾了阿里巴巴管理层十多年前确立合伙人制度的初衷，公司从初创时就立下了持续健康经营 102 年的宏愿，任何人都不可能陪伴公司走过那么长的时间，要通过一个制度让公司的使命、愿景、价值观和文化得以传承。在谈及合伙人制度和 AB 股制度的差异时，他分析说，AB 股制度保障的是创始人个人，它解决不了创始人离开之后公司的发展问题，而合伙人制度可以保障公司管理职位长期可持续的接替。

在蔡崇信看来，合伙人制度对公司治理的第三个作用，是以集体决策避免少数关键人员变动给公司带来的管理风险。蔡崇信特别强调，在做所有的重大决策（如提名董事、吸收新的合伙人等）时，阿里巴巴的合伙人都遵守“一人一票”的平等决策机制。

马云在这场大会的压轴演讲中重申了“传承计划”以及对阿里巴巴未来发展的信心。“阿里巴巴要做102年，但没有人能够做102年的CEO（首席执行官），我们需要一个传承体系，要良将如潮，要有一个模式来传承公司业务。”关于自己将卸任董事会主席一事，他说这不是突然的决定，而是深思熟虑、审慎的决策，自己为这个计划已经准备了10年。“不要担心，我对阿里巴巴的未来充满信心。”马云说，阿里巴巴的许多年轻管理者可以独当一面，“良将如潮”保证了阿里巴巴可以在未来延续自己的使命、愿景和价值观。

阿里巴巴的合伙人制度并未固定人数，名额将随着成员变动而改变且无上限。截至2018年9月20日，阿里巴巴一共有36名合伙人。除马云和蔡崇信为永久合伙人外，其余合伙人的地位与其任职有关，一旦离职则退出合伙人关系。在现有的36位合伙人中，女性合伙人达到12人，占1/3，其中还有两位“80后”。有32位合伙人在阿里巴巴服务时间超过10年。合伙人团队每年会吸收新成员以保持新鲜的活力。合伙人都持有公司的股权，这让合伙人的财富和阿里巴巴集团的价值密切相关。通过这样的制度安排，阿里巴巴合伙人得以在实现客户价值和员工价值的同时，从长远角度守护股东的利益。

［讨论］

分析阿里巴巴合伙人制度的特征与作用。

案例 1.3 华为的股权激励制度

华为是全球领先的 ICT（信息与通信）基础设施和智能终端提供商。华为成立于 1987 年，是一家由员工持有全部股份的民营企业，业务遍及 170 多个国家和地区，服务全世界 1/3 以上的人口。华为员工约 18 万，员工的国籍超过 160 个，海外员工本地化比例约为 70%。

30 年间，华为从 2 万元注册资本、十几名员工起步，最终发展为跻身世界 500 强的电信业巨头，其独具特色的股权激励制度功不可没。与许多公司只有高管持股的股权结构不同，华为的股权激励是一种普惠的制度，它经历了以下几个发展阶段。

一、初创时期的实股配股方案（1990—2000 年）

创业初期，为了开拓市场，研发上需要巨大的投入，当时的华为只是初创的民营小企业，想要从银行和股市融资相当困难。华为选择了内部发行股票，这种途径不需要支付利息，财务风险较低，同时可以对员工形成激励。当时股票的发行价格为 1 元 / 股，用税后利润的 15% 作为红利。华为员工的薪酬由工资、奖金和股票分红组成，三部分大约各占 1/3。股票只派发给工作满一年的员工，派发份额由员工的绩效、职位和资历等因素确定，购买方式是员工的年终奖。如果新员工的年终奖不够购买，公司可以为员工提供担保，申请银行贷款。

二、“第一个冬天”时期的虚拟股配股方案（2001—2007 年）

进入 21 世纪，随着互联网泡沫的破灭，科技股暴跌，网络和电信设备供应商进入严冬。这时华为公司的员工规模已经过万，不能再用实股作为激励。2001 年，华为采用了虚拟受限股的模式。虚拟受限股可以享受股票增值和分红收益，但是不具有表决权和所有权；在职期间不能转赠或销售；离开公司时，权利自动消失，股票由公司回购。华为还采取了一系列新措施，用期权逐渐取代老员工的股票。员工从股权中获得的最大收益不再是固定的分红，而是股票增值收益。

2003 年的“非典”使得华为的出口受到严重影响。为稳定队伍，华为进行了一次大额度的配股，与员工已有的股票总额基本相当。此次股权激励规定了三年的锁定期，即三年内不允许兑现，如果员工在三年之内离开公司，则所配的股票无效。股权向核心工作人员倾斜，骨干员工的持股比例明显高于普通员工。此次配股华为仍然为员工提供了一些优惠条件，员工只需拿出所需资金的 15%，其余的 85% 由公司和银行协商解决。

三、金融危机时期的饱和配股方案（2008—2012 年）

2008 年，金融危机爆发，许多大型企业开始裁员，一些员工开始怀疑手中持有的股票，出现大批赎回。为了渡过难关，华为开始实施新的股权激励方案，即饱和配股方案。饱和配股是指按照员工岗位级别设定持股上限，例如，13级员工的持股上限为2万股，如果该级员工已经达到2万股，那么将不再参与配股计划。这次配股的激励对象包括在华为工作一年以上的所有员工，配股涉及广大中下层员工，甚至包括刚入职的新员工，增强了企业对新员工的吸引力。大部分老员工已经达到持股上限，因此没有参与此次配股，但是新老员工共同努力为企业创造价值，保证了股票的高分红能够持续，老员工也愿意继续持股。

四、海外扩张时期的TUP计划（2013—2014年）

2013年，华为实施大规模海外扩张，需要大量资金，而银行个人创业扶助贷款被叫停，虚拟受限股信贷暂停。华为员工无法继续购买股票，同时华为股票每年的超额分红使一些老员工产生了懈怠情绪。为了缓解员工购买股票的资金压力，重新激发老员工的积极性，华为实施了“时间单位计划”（Time Unit Plan）。TUP是指每年根据不同员工的岗位、级别和绩效，配送一定比例的期权。这种期权不需要花钱购买，周期一般为5年。持有期权的员工同时享有分红收益和增值收益，其中分红收益由公司拟定。累计增值收益在员工持有期权满5年或者与公司解除劳动合同关系时以现金支付。由于TUP计划的开展，员工不再有用现金购买股票的压力，更加关心股票的增值收益。

截至2017年12月31日，华为员工持股计划参与人数达80 818。创始人任正非作为自然人股东持有公司股份，同时也参与员工持股计划。任正非的总出资占公司总股本的比例约1.4%。

华为公司的员工持股计划将公司的长远发展与员工的个人贡献和发展有机地结合在一起，形成了长远的共同奋斗、分享机制。

［讨论］

华为的股权激励制度有何特点？

案例1.4 Facebook：开放与隐私

Facebook是全球最大的社交服务网站。2004年2月4日，还是哈佛大学学生的马克·扎克伯格在宿舍里创办了这个网站。到2018年，Facebook的月活跃用户已经超过20亿。

Facebook的使命是"让世界连接得更紧密"。2012年，Facebook于首次公开募股时在发表的公开信中提出了公司的三大愿景：（1）巩固人与人之间的联系。通过Facebook创建的"社交媒体基础设施"，让数字时代的人们能够基于兴趣结成线上社区，从而打破物理空间的屏障，拉近人与人的关系。（2）改善人们与企业和经济组织的联系。Facebook相信一个更加开放、联系更紧密的世界有助于创建更强的经济体，在这个经济体中将出现更多可信的企业，生产更好的产品和服务。（3）改变人们与政府和社会机构的联系。通过赋予人们共享的能力，带来更加坦诚和透明的政府对话，赋予人们更多权利，让政府官员更有责任感，为一些重大问题提供更好的解决方案。

Facebook旗下的主要产品包括：Instagram，图片视频分享社交平台；Messenger，基于熟人好友关系的即时通信软件；WhatsApp，服务全世界各地用户的基于通讯录与电话号码的即时通信软件；Oculus，虚拟现实技术与内容平台。不难看出，Facebook已经成为一个连接一切的"超级链接"。

随着人们分享的信息越来越多，庞大的用户数量和高度的依赖性意味着用户将越来越多的个人信息交到企业手中。Facebook可以根据用户发表的帖子、使用的应用、点击的广告，以及年龄、性别、位置等个人信息，甚至他们使用的设备、连接的网络，实现精准广告投放。Facebook还承认从第三方网站收集用户数据。虽然收集数据是正常且必要的，但最重要的是Facebook如何使用这些数据，以及能否为用户隐私提供足够的保护。

2018年3月，Facebook曝出用户数据泄露事件，事件迅速发酵，在政治、经济、金融、科技、法律等多个领域掀起轩然大波。2013年，剑桥大学研究人员科根通过一款性格测试应用获得了包括Facebook 27万用户及其好友在内的近5 000万人的数据。随后，未经Facebook同意，科根将这些数据转移给一家名为"剑桥分析"（Cambridge Analytica）的数据分析公司。2015年，Facebook要求科根和剑桥分析公司删除所有数据，但事后并没有跟踪执行情况。剑桥分析公司通过分析用户的行为模式、性格特征、价值观取向、成长经历，将这些数据用于政治广告的精准投放，之后被认为影响了2016年的美国总统大选进程。2018年4月11—12日，扎克伯格出席了两场美国国会听证会，就用户数据隐私和网站上的虚假信息等问题接受议员的质询。Facebook的市值经历暴跌、反弹，最终蒸发了数百亿美元，公司可能面临巨额赔偿。

隐私风波后，Facebook关停了一批兜售个人信息的账户和网页，网站不允许用户发布包括社保号码和信用卡在内的个人信息，一经发现立即删除；删除了100多个私人讨论小组，涉及30万名用户，因为有人指认这些讨论小组公然宣扬犯罪行径，涉及发送垃圾邮件、网络欺诈、盗用和冒用他人身份、电话诈骗等。在隐私政策方面，Facebook出台了多项新举措，包括终止与多家大数据企业合作、全面更新网站隐私设定选项、向个人数据可能遭到窃取的用户发送提示、限制应用程序的访问权限、关闭使用电话号码或电子邮件地址搜索其他用户的功能等。Facebook还公开了一份8 000字的内容审核指南，规定了用户以后可以或不能在Facebook网站上发布的内容。这是Facebook首次公布如此详细的内容审核指南。此前，Facebook只公开过简短的内容审核标准，并以“太过复杂”为由拒绝进一步公开。

但是，用户对Facebook的隐私政策和数据安全的质疑并未平息，要求加强数据监管的呼声日益高涨。2018年5月25日，欧盟的《通用数据保护条例》（GDPR）正式生效，对用户数据保护提出了非常严格的要求。首先，对数据收集者的操作进行规范，即数据收集者不能用隐藏默认的方式获取用户许可，必须提前做出明确的提示与询问，获得允许后才可以获取并使用用户数据；收集之后还要为用户提供查看收集数据概览及用途、删除等功能。其次，用户对自己的数据有完全的所有权，即便同意收集方收集，也可以随时查看相关协议，在用户撤回相关授权后，数据收集者必须立即对相关数据进行匿名化处理。法案要求所有数据必须是最终用户可以完全控制的。这种控制体现在，他们可以自主决定分享/不分享哪些内容，将自己的数据导出/转移到其他平台上不受限制，以及在注销自己的账号之后，不在原网站上继续留存信息。同时，在长达91条、200多页的法案中规定了使用用户数据生成大数据画像的算法，数据收集者必须向社会公开其基本运行原理，以及输入输出结果；不可以以算法黑箱或商业机密为借口，在收集用户数据的同时不给出理由。根据GDPR的规定，任何公司只要收集欧盟公民的数据，就受到GDPR的管辖，与公司所在地或者数据存储地点无关。被判违法的公司需要支付罚款，数额相当于其全球营业额的4%。一些美国国会议员也呼吁借鉴欧盟的GDPR制定新的法律法规，加强美国数据隐私保护体系。

Facebook并未因隐私泄露而止步，2018年公司还将推出“约会”服务，着眼数量庞大的单身用户。如何安全有效地处理用户庞大的数据是对全球互联网公司的重大考验。

［讨论］

从企业社会责任的角度分析Facebook在保护用户隐私方面的表现。

案例 1.5 “万宝之争”

万科公司成立于 1984 年，经过 30 余年的发展，已成为中国最大的专业住宅开发企业。公司业务聚焦全国经济最具活力的三大经济圈及中西部重点城市。2016 年公司首次跻身《财富》500 强榜单，名列第 356 位；2017 年再度上榜，名列第 307 位。

万科的发展历程

万科的前身是成立于 1984 年的深圳现代科教仪器展销中心，1988 年股份制改造后正式更名为万科企业股份有限公司。万科经历了从多元化到专业化再到精细化，从“做加法”到“做减法”再到“做乘法”的发展过程。万科从生产办公用品起家，1987 年进入制造业，1988 年涉足房地产，1990 年初步形成商贸、文化、房地产、文化传播四大业务板块，1991 年确定综合商社发展模式，不断扩张业务。1993 年，万科确立了以房地产为主业的发展方向，董事长王石开始带领万科“做减法”。一是收缩整体业务，退出与房地产无关的行业，从多元化经营向专营房地产收缩。二是投资区域的集中化，将房地产项目从 13 个城市削减到深、沪、京、津四个城市。三是定位于城市中档住宅，减少项目产品的品种。四是资金的集中化，从 1994 年起，万科把在全国 30 多家企业持有的股权分别转让，回收资金用于主业，最终走上了专业化发展房地产的道路。20 多年来，住宅开发和物业服务一直是万科公司的核心业务。最近几年，公司业务延伸至商业开发和运营、物流仓储服务、租赁住宅、产业城镇、冰雪度假、养老、教育等领域。

万科的股权特征

在 1988 年的股份制改造中，万科将企业 1 300 万净资产折合为 1 300 万股，国家和员工股权配比为 6∶4。王石主动放弃了分到他名下的股权。1991 年万科在深交所上市，通过 4 次扩股逐渐稀释了股份中的国资比例。2000 年，深特发将其持有的 8.11% 股份转让给央企华润，华润以持有 15.08% 的股份成为万科第一大非控股国有股东。2014 年万科启动“事业合伙人”制度，盈安合伙持有万科 3.26% 的股份，成为万科第二大股东。万科至此形成了股权高度分散的混合所有制结构。

“万宝大战”的爆发

2015 年 1 月，姚正华掌管的“宝能系”开始买入万科股票，到 2015 年 12 月中旬，“宝能系”共计持有 24.26% 的万科股份，超越华润成为万科第一大股东。2015 年 12 月 17 日，万科董事局主席王石发表内部讲话，表示“不欢迎野蛮人”。次日，宝能在官网上做出“遵守法律，尊重规则，相信市场的力量”的回应。旷日持久的万宝之争由此拉开序幕。

王石认为，“宝能系”用短期债务做长期股权投资，风险极高。假使“宝能系”以此种方式控股万科，投资公司、金融机构以及商业评级机构对万科的评级将会受到严重影响，万科的无形资产与品牌信用也会受到牵连。对于此种恶意收购，万科是不欢迎的。事实上，“宝能系”举牌万科的资金基本来自理财资金、保险资金及其他杠杆资金，部分杠杆高达14.29倍。同时，“宝能系”存在将银行理财资金作为劣后资金、杠杆套杠杆的行为，风险极高。

2016年6月17日，万科董事会通过了引入深圳地铁为最大股东的重组预案。“宝能系”随即于6月26日提请万科董事会召开2016年第二次临时股东大会，要求罢免万科全部董事、监事，理由是王石在重大资产重组预案相关事项中的行为违反了《公司法》规定的董事义务。2016年6月27日，万科召开年度股东大会，由于第一大股东“宝能系”和第二大股东华润的反对，万科2015年度董事会报告和监事会报告均被否决。

2016年7月4日，万科复牌，“宝能系”随即再次举牌万科，至7月7日持股万科A达25%。“宝能系”表达了对万科管理层经营业绩和管理模式的赞赏，并希望以长期战略财务投资人的身份入驻万科。然而，万科于2016年7月19日向证监会提交报告，指出“宝能系”旗下的钜盛华提交的九个资管计划违反上市公司信息披露规定和资产管理业务相关法律法规，涉嫌操纵证券市场损害中小股东权益，请求证监会予以调查。8月，恒大集团开始陆续收购万科股份，截至2016年12月，持股万科比例达14.07%，逼近第二大股东华润所持有的股份。

落幕

在万宝之争白热化之际，高层人士纷纷公开表态谴责资本市场的“野蛮人”。最终，在深圳市政府出面协调下，华润、宝能、恒大开始妥协。2016年12月，来自深圳国资的深圳地铁集团与华润集团签订万科股份受让协议，受让华润所持有的万科A股股份15.31%，成为万科第二大股东。2017年1月13日，宝能表示欢迎深圳地铁，同时首次正式声明自己的财务投资者身份。2017年6月9日，恒大和深圳地铁集团签署了转让所持全部万科股权的协议，深圳地铁正式成为万科的第一大股东，持股29.38%。历时两年多的“宝万之争”几经跌宕，在多方力量的博弈过程中最终落下帷幕。

2017年6月21日一早，王石在朋友圈发了一张与郁亮在珠峰的合影，宣告退位让贤：“我在酝酿董事会换届时，已决定不再作为万科董事被提名。从当初我们放弃股权的那一刻起，万科就走上了混合所有制道路，成为一个集体的作品，成为我们共同的骄傲。”

2017年6月30日，万科股东大会落幕，新一届董事会候选人提名获通过，郁亮当选董事会主席，第二大股东宝能未能获得董事会席位。

［讨论］

1. 试评价万科发展过程中的业务调整思路。

2. 分析万宝之争的动因及启示。

第 2 章

管理思想的演进

- 管理思想的演进
  - 早期的管理实践与管理思想
  - 古典管理理论
    - 泰罗及其科学管理理论
      - 泰罗与科学管理
      - 原则与特征
        - 劳资双方的精神革命
        - 用科学调查和知识代替经验和习惯
      - 其他代表人物
        - 卡尔 · 乔治 · 巴思
        - 亨利 · 甘特
        - 吉尔布雷斯夫妇
      - 美国管理运动的三次高潮
        - 1912 年泰罗听证会
        - 1920 年通用汽车改组
        - 1924—1932 年霍桑工厂研究
    - 法约尔及其管理过程理论
      - 企业的基本活动与管理的五项职能
        - 技术活动
        - 商业活动
        - 财务活动
        - 安全活动
        - 会计活动
        - 管理活动
      - 14 条管理原则
    - 韦伯及其理想的行政组织体系理论
      - 劳动分工或专业化
      - 自上而下的职权等级系统
      - 正式的规章制度
      - 正规的人员选拔
      - 非个人的人际关系
      - 职业管理人员
  - 人际关系学说与行为科学
    - 人际关系学说的早期贡献者
      - 罗伯特 · 欧文
      - 雨果 · 闵斯特伯格
      - 玛丽 · 帕克 · 福莱特
      - 切斯特 · 巴纳德
    - 梅奥与霍桑实验
    - 行为科学理论的应用和发展
  - 管理科学理论
    - 定性-定量
  - 二战以后管理理论的发展
    - 管理理论的“丛林”
    - 系统管理理论
    - 权变管理理论
    - 战略观点进入管理领域
    - 全面质量管理
    - 变革与学习型组织
    - 组织的“E化”、顾客关系管理与供应链管理等
    - 管理有规律，管理无定式

人类的管理活动源远流长，自古有之。在漫长的历史发展过程中，世界各国有着大量令人称绝的管理实践，积累了丰富的管理智慧和思想。但受生产力发展水平的制约，早期的人们对管理的认识相对零散，系统化的管理理论一直到19世纪末、20世纪初才开始形成。[1][2] 相比而言，管理学是一门比较年轻的学科。过去100多年管理理论演变的轮廓如图2-1所示。[3]

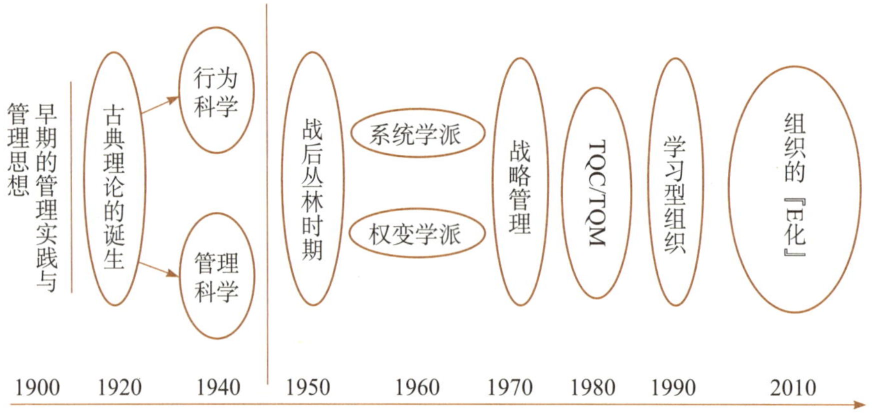

图2-1　管理理论演变的轮廓

第1节　早期的管理实践与管理思想

当人类开始通过集体协作去实现某种目标时，管理便成为不可缺少的活动。这意味着人类的管理活动或管理实践几乎同人类的历史一样久远。素以世界奇迹著称的埃及金字塔、巴比伦古城和我国的万里长城，其宏伟的建筑规模不仅体现了当时人类工程的技术水准，也足以反映出人类的管理能力所达到的高度。我国的万里长城始建于公元前200多年，全长6 700公里，蜿蜒于崇山峻岭和戈壁滩上，总共动用了40多万人工。在当时的条件下完成如此浩大的工程，不愧为人类最伟大的管理实践之一。

古罗马帝国之所以兴盛，在很大程度上应归功于卓越的组织才能。他们采取了较为分权的组织管理形式，从一个小城市发展成为一个世界帝国，在公元2世纪取得了统治欧洲和北非的成功，并延续了几个世纪。

罗马天主教会早在第一次工业革命之前，就成功地解决了大规模活动的组织问题。它按地理区域划分基层组织，并在此基础上采用高效的职能分工，在各级组织中配备参谋人员，既有利于专业人员和下级参与制定决策的过程，又不破坏指挥的统一。罗马天主教会之所以能够有效地控制世界各地5亿以上教徒的宗教活动，在很大程度上同它采用的这一套组织形式有密切关系。

人类在长期的发展过程中所萌发和积累的关于管理的认识大量反映在古代的史籍和

各种著作中。

古巴比伦王国于公元前 2000 年左右颁布了一部著名的法典——《汉穆拉比法典》，其中许多条款都与经济管理有关，如控制借贷、最低工资、会计和收据等。

《圣经》旧约全书的“出埃及记”中记载，希伯来人的领袖摩西在率领希伯来人为摆脱埃及人的奴役而出走的过程中，他的岳父叶忒罗对他处理政务事必躬亲、东奔西忙的做法提出了批评：“你应当把有才能的人挑选出来，让他们充当千夫长、百夫长、五十夫长、十夫长”，“他们应该对每一件小事做出判断，但每一件大事，他们应该向你报告”。这些建议体现了现代管理中的分权、授权和例外管理的思想。

古希腊哲学家苏格拉底则在其著作《对话录》中论述了管理的普遍性。

我国古代典籍中也有大量有关管理的记载和论述。如《周礼》中有对行政管理制度的具体叙述。《孟子》《墨子》《孙子兵法》《三国志》等书对于管理的职能如计划、组织、指挥、用人等，都有不少适用于今天的精辟见解。秦始皇改订李悝的《法经》，从规定到实践都体现了古代管理思想中一种改革和创新的精神。他确立的中央集权体制，建立的一整套行政管理机构，统一的文字、货币、车轨、道宽以及度量衡制度，不仅在当时有巨大的生命力，而且对中国延续两千年的封建制度有重大的影响。

中世纪，管理实践和管理思想都有很大发展。15 世纪，在世界最大的几家工厂之一的威尼斯兵工厂（Arsenal of Venice），采用了流水作业，建立了早期的成本会计制度，并进行了管理的分工，工厂的管事、指挥、领班和技术顾问全权管理生产，而市议会通过一个委员会来干预工厂的计划、采购、财务事宜。

中世纪后期、18 世纪到 19 世纪中期，欧洲逐渐成为世界的中心。这个时期可以说是欧洲各国在社会、政治、经济、技术等方面经历大变动、大改革的时期：出现几次大规模的资产阶级革命；城市（主要是商业城市）有所发展；资本主义生产方式从封建制度中脱胎而出，这期间占主导地位的家庭手工业制逐步被工厂制所代替。始于英国的工业革命使得机器动力代替了部分人力，机器大生产和工厂制度的普遍出现对社会经济的发展产生了重要影响，促使人们对管理的关注达到新的高度。

亚当·斯密（Adam Smith）在其著作《国富论》（1776）中，对劳动分工和专业化进行了详细的讨论。[4] 他仔细考察了英格兰的别针工厂的生产过程，并对实行专业化分工和未实行专业化分工的生产效率进行了比较。他指出，一个合理分工的工人每天可以生产 4 800 只别针，而未做分工的工人每人每天最多只能生产 20 多只。专业化分工所导致的效率的提高有以下三方面的原因：（1）分工使每个工人的熟练程度得到提高；（2）节省了由一种工作转到另一种工作所需的时间；（3）发明了许多机械，简化和减少了劳动，使得一个人能够完成许多人的工作。

在人类历史的浩瀚长河中，关于管理活动的思想火花可以说是不胜枚举。但囿于生产力发展水平的限制，这些管理的思想还没有形成一个完整的体系。管理理论是在近代的科学管理理论和管理过程与管理组织理论的研究中逐步形成的。

第2节 古典管理理论

工业革命以后，西方各国发生了巨大的变化。如何有效利用技术进步的成果来适应不断扩大的企业规模成为人们日渐关注的焦点，促使人们对管理的重视和探索上了一个台阶。正是在这种背景下，以泰罗的科学管理理论、法约尔的管理过程理论和韦伯的组织理论等为主要内容的古典管理理论登上了历史舞台。

一、泰罗及其科学管理理论

（一）泰罗与科学管理

1911年，美国的工程师弗雷德里克·温斯洛·泰罗（Frederick Winslow Taylor，1856—1915）出版了著名的《科学管理原理》一书，这在很大程度上标志着管理作为一门学问登上了历史舞台。[5]

泰罗出生于美国费城一个富有的律师家庭，自幼爱动脑筋，喜欢琢磨，对任何事情都想找出一种“最好的方法”。中学毕业后被哈佛大学录取，但因患眼疾而未能上大学深造。1875年，他进入一家小机械厂当徒工，三年后转到费城米德瓦尔钢铁厂（Midvale Steel Works）当机械工人，在该厂一直干到1897年。他在工作期间通过自学获得了机械工程学位。由于工作努力，表现突出，他先后被提升为车间管理员、小组长、技师、绘图主任和总工程师。

在工作期间，他目睹了因管理当局不懂得用科学方法进行管理，不懂得工作秩序，不懂得劳动节奏和疲劳因素而导致的生产率低下。他也看到工人缺乏训练，没有正确的操作方法和适用的工具大大影响了劳动生产率。更使他感到严重的是，管理当局和工人都认为，他们之间是一种不可妥协的对立关系，任何一方收益的增加都是以对方收益的减少为代价的，从而双方总是选择对抗而不是合作。为此，他和他的追随者怀着极大的热情对这些问题进行了长达20多年的系统研究，逐步形成了一套系统化的管理理论，这便是众所周知的“科学管理”。

（二）科学管理的原则与特征

泰罗提出的科学管理的四条基本原则如下：

（1）确立每项工作的科学的工作方法；

（2）合理地选择工人，做到人适其事；

（3）教育、培训、强化工人以使他们按照科学方法来工作；

（4）管理当局与工人精诚合作，共担工作和责任。

泰罗等人当时在伯利恒钢铁公司做的一个搬运生铁的实验最能体现科学管理的这些

思路。当时，伯利恒有一个 75 人的生铁搬运小组，每人每天装货约 12.5 吨，工人的工资是每人每天 1.15 美元。实验首先对搬运生铁的具体过程进行观察和记录。在准确测时的基础上，把工作分解成小的基本动作，研究这些动作最合理、最省力的具体做法，再把各个基本动作所耗费的时间联系起来，求出正常工作的速率，进而计算出标准定额。另外，还要估算出一天中的休息时间以及必要的迟延、停顿时间。在此基础上，对工人的操作动作进行设计，设计出最合理的标准工作程序。通过挑选合适的工人并推行这种标准工作程序，工人的搬运量达到了每人每天 47.5 吨，其工资由过去的 1.15 美元增加到了 1.85 美元。

科学管理的主张并非一开始就被人们所接受，甚至存在着种种非议，工会团体将之视为对工人利益的威胁。美国国会于 1912 年举行了对泰罗制和其他工厂管理制的听证会，泰罗在这次听证会上做了精彩的证词，向公众阐释了科学管理的理念和主张，引起了极大的反响。

泰罗在其证词中强调，科学管理并不等同于通常人们所认为的动作与时间研究、计件工资制、职能工长制以及其他提高效率的手段，一般人提到科学管理时想到的就是这些东西。

泰罗认为，科学管理最重要、最本质的特征包括以下两个方面：

第一，劳资双方的精神革命。提高劳动生产率的潜力是巨大的，但前提是必须通过一场精神上的革命来实现雇主、管理当局和工人的合作。没有双方的这种精神革命，科学管理就不能存在。要使雇主和工人两方面都认识到，当他们双方不再相互敌视，而是肩并肩地朝同一方向迈进时，通过他们的共同努力所创造的剩余将会多得令人目瞪口呆。蛋糕做大以后，双方都可以达到自己的目的。

第二，用严密的科学调查和知识代替旧的依据经验、习惯和个人判断去处理各项工作的做法。

泰罗主张，在劳资双方的心态都发生这样的变化之前，也就是说，在双方都尽他们的责任合作以产生尽可能多的剩余，并且都认为有必要用严密的科学知识代替一般意见或单凭经验或个人知识办事之前，在任何企业中都不能说实行了科学管理。这两方面是科学管理两个必不可少的要素。

泰罗一生中取得了 100 多项专利，再加上顾问工作的高薪，他的生活非常丰裕，所以，他在 45 岁时就决定不再为工资而工作了。此后，一直到他去世的 14 年间，他成为一个无偿的顾问和演讲者，致力于宣传和推广科学管理思想。鉴于他的贡献，后人将之称为“科学管理之父”，并将这个称号刻在了他的墓碑上。

（三）科学管理理论的其他代表人物

泰罗的科学管理理论在 20 世纪初得到了广泛的传播和应用，影响很大。科学管理并不是泰罗的独角戏，而是有众多的追随者和合作者。其中比较著名的有：

1. 卡尔·乔治·巴思

卡尔·乔治·巴思（Carl George Barth）是泰罗最早、最亲密的合作者之一。他是个很有造诣的数学家，其研究的许多数学方法和公式为泰罗的工时研究、动作研究、金属切削试验等提供了理论依据。

2. 亨利·甘特

亨利·甘特（Henry L. Gantt）是泰罗的亲密合作者之一。他提出的“甘特图”（Gantt Chart）是当时计划和控制生产的有效工具，并为当今的 PERT(计划评审技术）奠定了基础。

3. 吉尔布雷斯夫妇

弗兰克·吉尔布雷斯（Frank B. Gilbreth，1868—1924）是一个建筑承包商，其夫人莉莲（Lillian M. Gilbreth，1878—1972）是一位工业心理学家。[6] 他们深受泰罗的影响，把科学管理的这套东西应用到建筑领域。吉尔布雷斯设计了一套称为“therbligs”（吉尔布雷斯英文名字的倒写）的动作分类体系，将工人的操作动作分解为 17 种基本动作，从而更加精确地分析工人的手的动作。他们用拍影片的方法来记录和分析工人的操作动作，剔除浪费和多余的动作，寻找合理的最佳动作，从而确定了快速准确的工作方法。这些方法的实施大大提高了建筑施工的效率。他们还在医疗领域研究和推动缩短病人做手术的时间，对外科手术的改进产生了重大影响。丈夫去世后，莉莲一边照看 2 ～ 19 岁的 12 个孩子，一边继续管理方面的咨询、演讲和研究事业。莉莲的工作主要集中在工业心理学领域，她在人力资源管理方面做出重要贡献，后来成为美国普渡大学的教授。莉莲被人们誉为“管理领域的第一夫人”。

（四）美国管理运动的三次高潮

从 19 世纪末至 20 世纪 30 年代，美国兴起了一场以科学管理为主要内容的管理运动。这一运动中出现的三次高潮大大促进了人们对管理重要性的认识，对美国乃至世界的经济发展产生了重大的影响。

第一次高潮是 1911 年东方铁路公司提高票价的意见听证会和 1912 年美国国会为泰罗举行的听证会。当时东方铁路公司要提高客货运价，遭到货主和公众的反对。马萨诸塞州州际商业委员会为此举行了一次听证会，公众方的律师布兰戴斯（Brandeis）邀请泰罗等 11 位工程师作证，主张只要采用科学管理的技术和方法，铁路公司不必提高票价同样可以盈利。结果公众方胜诉，同时使得科学管理这一提法广为人知。

第二次高潮是 1920 年美国通用汽车公司的改组。[7] 当时该公司濒临倒闭，小斯隆（Alfred P. Sloan Jr.）就任总经理，对公司进行了大刀阔斧的改组，实行了集中政策控制下的分权制，建立了多个利润中心。这意味着事业部制组织形式的诞生。通过这些改革，公司很快恢复了元气。

第三次高潮是 1924—1932 年在美国西方电气公司霍桑工厂进行的研究（后文详述），这可以看作管理发展历史上的一个里程碑，是一个重要的转折点。

前后持续四五十年的管理运动改变了人们的观念，影响了人们的思想，对社会经济的发展发挥了重要的作用，为管理学的形成和发展奠定了重要的基础。

二、法约尔及其管理过程理论

法约尔（1841—1925），法国人，1860 年从圣艾迪安国立矿业学院毕业，之后进入康门特里福尔香堡采矿冶金公司做采矿工程师。在担任了 6 年工程师之后，他开始从事管理工作，1888 年成为该公司的总经理。在这个公司里，他度过了自己的整个职业生涯，一直到 77 岁退休。他在实践中逐渐形成了自己的管理思想和管理理论，对管理学的形成和发展做出巨大的贡献。

法约尔于 1916 年问世的名著《工业管理与一般管理》，是他一生管理经验和管理思想的总结。[8] 他认为他的管理理论虽然是以大企业为研究对象，但除了应用于工商企业之外，还适用于政府、教会、慈善团体、军事组织以及其他各种机构。所以，人们一般认为法约尔是第一个概括和阐述一般管理理论的管理学家，他的理论概括起来大致包括以下内容。

（一）企业的基本活动与管理的五项职能

法约尔指出，任何企业都存在六种基本活动，管理只是其中之一。这六种基本活动是：（1）技术活动（指生产、制造、加工等）；（2）商业活动（指购买、销售、交换等）；（3）财务活动（指资金的筹措和运用）；（4）安全活动（指设备维护和员工安全等）；（5）会计活动（指货物盘存、成本统计、核算等）；（6）管理活动（包括计划、组织、指挥、协调和控制五项职能活动）。在这六种基本活动中，管理活动处于核心地位，即企业本身需要管理，同样，其他五项企业活动也需要管理。它们的关系如图 2－2 所示。

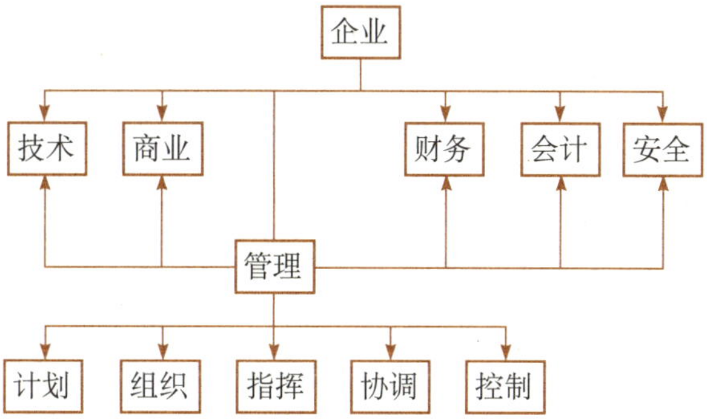

图 2－2 企业的基本活动与管理的五项职能

（二）14 条管理原则

法约尔根据自己的工作经验归纳出简明的 14 条管理原则。

（1）分工。他认为这不仅是一个经济学家研究如何有效使用劳动力的问题，而且是在各种机构、团体、组织中进行管理活动必不可少的工作。

（2）职权与职责。他认为职权是发号施令的权力和要求服从的威望。职权与职责是相互联系的，在行使职权的同时，必须承担相应的责任，有权无责或有责无权都是组织上的缺陷。

（3）纪律。组织成员必须遵守组织的规则。纪律应当尽可能明确和公正。

（4）统一指挥。每个雇员应当只接受一个上司的命令。

（5）统一方向。组织应只有一个计划来引领管理者和工人。

（6）个人利益服从整体利益。任何个人和群体的利益都不能置于组织整体利益之上。

（7）报酬。组织必须为工人的工作支付公平的报酬。

（8）集中。这主要是指下级参与决策的程度。

（9）等级链。管理机构中，从最高层到最低层应该建立关系明确的职权等级系列。但是，等级链原则会导致信息传递的延误。例如，在图 2－3 中，A 代表组织的最高领导，按照组织系统，F 与 P 之间发生了必须两者协商才能解决的问题，F 必须将问题向 E 报告，E 再报告 D，如此层层由下而上，由上而下到达 P，然后 P 将意见向 O 报告，层层上报到 A，再经过 B，C……最后回到 F。这样往返一趟，既费时又误事。法约尔建议 F 与 P 之间可直接商议解决问题，再分头上报，以便及时沟通信息，快速解决问题。这称为“法约尔桥”或“法约尔跳板”。

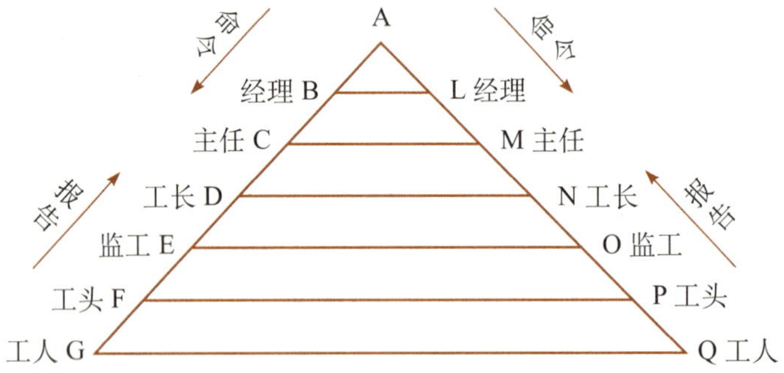

图 2－3 “法约尔桥”

（10）秩序。组织应该规定每个成员的岗位，做到“人皆有位，人称其职”。

（11）公平。主管人员对其下属应当和蔼、公平。

（12）保持人员的稳定。如果人员不断变动，工作将收不到良好的效果。

（13）首创精神。让雇员提出和实施计划会提高他们的努力程度。

（14）团结精神。保持和维护组织中团结、协作和融洽的关系。

法约尔指出，这 14 条原则不是死板和绝对的，而是灵活的。要懂得如何运用它们才可以发挥效力。这是一门很难掌握的艺术，要求具有一定的智慧、经验、判断和分寸。

法约尔关于管理过程和一般管理理论的开创性研究，特别是关于管理职能的划分以及管理原则的描述，对后来的管理理论研究具有非常深远的影响。法约尔还特别强调管理教育的重要性，认为可以通过教育使人们学会管理并提高管理水平。法约尔主张，人的管理能力可以通过教育来获得，这种能力可以也应该像技术能力一样，首先在学校里，然后在车间里得到。他被评价为“欧洲为管理运动做贡献的最杰出的人物”，也被后人尊称为“管理过程之父”。

三、韦伯及其理想的行政组织体系理论

马克斯·韦伯（Max Weber，1864—1920），德国社会学家，曾任报纸编辑、作家、大学教授和政府顾问等。他对许多社会、政治、经济和历史问题都有独到的见解。他在管理方面的研究主要集中在组织理论上，主要贡献是提出了所谓的“理想的行政组织体系”（the ideal bureaucracy）理论，亦称层级官僚制、官僚制、科层制等。这一理论集中反映在他的代表作《经济与社会》《新教伦理与资本主义精神》中。[9][10] 这一理论的核心是组织活动要通过职务或职位而不是通过个人或世袭地位来管理。

韦伯主张，组织是以权力为基础的，通过权力产生秩序，消除混乱。权力是实现组织目标的前提。组织中有三种类型的权力，即传统的权力、超凡的权力及基于法律和理性的权力。只有第三种权力最适合现代组织，因为它为管理的连续性提供了基础，担任管理职位的人是按照其能力选拔出来的，管理者行使权力具有法律基础，所有的职权都有明确的规定和严格的划分。

韦伯的理想的行政组织体系具有如下特征，如图 2-4 所示。

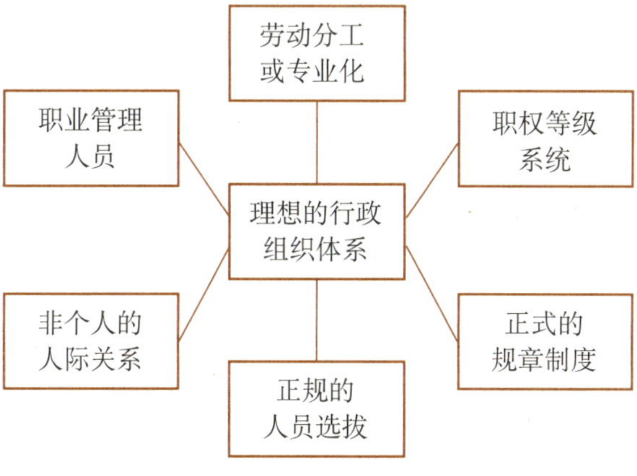

图 2-4 理想的行政组织体系

（1）劳动分工或专业化（division of labor or specialization）。每个职位的权力和义务都应有明确的规定，人员按职业专业化进行分工。

（2）自上而下的职权等级系统（authority hierarchy）。组织的各个职位按照等级原则进行安排，形成自上而下的等级系统。

（3）正式的规章制度（formal rules and regulations）。管理人员必须严格遵守组织中制定的规则和纪律以及办事程序。

（4）正规的人员选拔（formal selection）。人员选拔完全根据职务所要求的技术能力，在职人员要受到评估。

（5）非个人的人际关系（impersonality）。组织中人员之间的关系完全以理性准则为指导，只受职位关系而不受个人情感的影响。

（6）职业管理人员（career orientation）。管理人员有固定的薪金和明文规定的升迁制度，是一种职业管理人员。

韦伯认为，这种高度结构化的、正式的、理想的行政组织体系是工业社会中达到目标、提高效率的最有效形式。这种组织形式在精确性、稳定性、纪律性和可靠性方面都优于其他组织形式，适用于各种管理工作及当时日益增多的各种大型组织，如教会、国家机构、军队、政党、企业等。但是，韦伯也看到了这种制度的另一面，他担心官僚制非人性的一面会导致社会的疏离和脱节，人们会成为“高速运转的大机器中一个小小的螺丝”。

韦伯的理论对后来的管理学家，尤其是组织理论学家有很大的影响，他被人们尊称为“组织理论之父”。

四、评述

泰罗、法约尔和韦伯处在同一历史时期，他们从不同的视角对管理进行了考察。泰罗主要关注工厂现场的管理问题；法约尔则更多从组织整体的角度进行思考；而韦伯则集中研究了管理中的组织问题。强调用事实、理性、逻辑框架和规则来代替随心所欲和个人习惯，是管理的古典理论共同的精神实质。

第3节 人际关系学说与行为科学

古典管理理论的广泛流传和实际运用大大提高了效率。但古典管理理论多着重于生产过程、组织控制方面的研究，较多地强调科学性、精密性、纪律性，对人的因素关注较少，工人常被视为机器的附属品，不是人在使用机器，而是机器在使用人，这就激起了工人的强烈不满。20世纪20年代前后，一方面，工人日益觉醒，工人阶级反对资产阶级剥削压迫的斗争日益高涨；另一方面，经济的发展和周期性危机的加剧，使得传统的管理理论和方法已不能有效地控制工人来达到提高生产率和利润的目的。

在这种背景下，一些学者开始从生理学、心理学、社会学等方面出发研究企业中有关人的问题，如人的工作动机、情绪、行为与工作之间的关系等，研究如何按照人的心理发展规律去激发其积极性和创造性，由此催生了所谓的行为科学。行为科学研究的前期叫做人际关系学说，第二次世界大战后正式定名为行为科学。

一、人际关系学说的早期贡献者

1. 罗伯特·欧文

罗伯特·欧文（Robert Owen）是空想社会主义的代表人物之一，早在 18 世纪末期，欧文就为实践自己的政治主张而进行了“纽兰纳克”（Newlanark）及“新协和村”（New Community）的试验。试验虽未获得成功，但他的实践与思想却对管理学的形成做出了贡献。欧文提出理想的工作场所的设想，并主张花钱改进劳动力的状况是一种明智的投资。他认为：“至少要像对待无生命的机器那样重视对于有生命的人的福利。”[11] 另外，他还注重对工人的行为教育。现代管理中的行为学派公认欧文为其先驱者之一。

2. 雨果·闵斯特伯格

雨果·闵斯特伯格（Hugo Munsterberg）是德国人，工业心理学的创始人之一。他的专业是心理学和医学，但他对实验心理学却很感兴趣，以后更是把兴趣转向心理学在工业中的运用。[12] 1912 年，他在《心理学与经济生活》一书中强调他的目标在于发现：

（1）每个人的心理特性和他适合做什么工作。

（2）处于什么心理状态下才能使每个人达到最高效率。

（3）用什么样的方式刺激、诱导人们进行生产以达到最满意的产量或最高效率。

3. 玛丽·帕克·福莱特

玛丽·帕克·福莱特（Mary Parker Follett）是最早（20 世纪初）认识到应当从个人行为和群体行为的角度来观察组织的学者之一。她比众多科学管理的先驱者提出更多的人员导向的理念。[13] 她提出：“人们在团体中寻求归属，在联合中寻求安慰，在隶属中寻求实现。”她认为组织应建立在群体道德的基础之上，管理的本质就是寻求合作。领导不是对他人的统治和支配，而是领导者与被领导者的相互影响。

4. 切斯特·巴纳德

切斯特·巴纳德（Chester Barnard）认为，组织是一个由人们有意识地加以协调的各种活动的系统。[14] 每个人在克服其生理、心理、物质和社会的限制时，必须自觉地进行协作，组织就是这种自觉协作活动的一个系统。协作固然可以通过命令和指挥的形式来实现，但只有具备以下四个条件，个人才会承认这种命令的权威并接受命令：（1）理解这个命令；（2）认为这个命令同组织的目标是一致的；（3）认为这个命令符合自己的个人利益；（4）有执行这个命令的能力。

巴纳德还把组织分为正式组织和非正式组织，指出正式组织作为一个协作系统包含三个基本要素，即协作的意愿、共同的目标、信息的联系。巴纳德指出，正式组织中还存在一种无形的组织，即非正式组织，它产生于与工作有关的联系中，具有特定的认知、习惯和准则。它的活动对正式组织有双重作用，既有不利的影响，也可能促使组织的效率得到提高。巴纳德的理论为后来的社会系统学派奠定了基础。

二、梅奥与霍桑实验

霍桑实验，也称为霍桑研究，是指在1924—1932年间，美国国家研究委员会和西方电气公司（Western Electric Company）合作，在西方电气公司所属的霍桑工厂为测定各种因素对生产效率的影响而进行的一系列研究。霍桑实验在一定程度上标志着人际关系学说的确立。

最初的实验是在1924—1927年间进行的，主要是研究照明对工人生产率的影响。该实验是选择一批工人，将其分为两组：一组为实验组，先后改变工厂照明强度，让工人在不同照明强度下工作；另一组为控制组，照明度始终维持不变。实验者希望通过实验了解照明度对生产率的影响。但实验人员发现，当照明水平增加时，实验组以及控制组的效率都提高了。更令人吃惊的是，当照明水平下降时，实验组及控制组的生产率继续提高，一直到照明降到月光的程度时，才在实验组观察到了生产率的下降。实验人员无法解释这种出乎意料的结果，他们不得不得出结论，照明强度并不直接与群体的生产率有关，而是有其他因素在发挥作用，但这些因素是什么却不得而知。1927年，正当人们打算宣布实验失败时，哈佛大学的梅奥却从中觉察到一些不寻常的东西，于是加入这项研究。

乔治·埃尔顿·梅奥（George Elton Mayo），原籍澳大利亚，曾获逻辑学和哲学硕士学位，后又学习医学，从事过精神病理学方面的研究。1926年任哈佛大学商学院副教授。1927年，梅奥及其同事加入在霍桑工厂所进行的研究。此后的实验进一步扩大了内容，包括工作的重新设计，工作周和工作日长度的改变，引入工间休息时间，以及基于个人的工资计划和基于群体的工资计划的比较等。

通过历时近8年的霍桑实验，梅奥等人认识到，人们的生产效率不仅受到生理方面、物理方面等因素的影响，更重要的是受到社会环境、社会心理等方面的影响。在霍桑实验的基础上，梅奥于1933年出版了《工业文明的人类问题》一书，提出了与古典管理理论不同的新观点，主要归纳为以下几个方面[15]：

（1）工人是“社会人”，而不是单纯追求金钱收入的“经济人”。作为复杂社会系统的成员，金钱并非调动其积极性的唯一动力，成员还有社会、心理方面的需要，社会和心理因素等形成的动力对效率有更大的影响。

（2）企业中除了正式组织之外，还存在非正式组织，这种非正式组织是企业成员在共同工作的过程中，由于具有共同的社会感情而形成的非正式团体。这种无形组织有它特殊的感情、规范和倾向，左右着成员的行为。

（3）新型领导通过增加员工满足程度来提高人们的士气，从而达到提高效率的目的。士气的高低取决于人们在社会因素方面特别是人群关系方面的满足程度。所以，领导者要善于倾听下属的意见，善于与下属沟通，使正式组织的经济需求和工人非正式组织的社会需求之间保持平衡。

三、行为科学理论在管理学中的应用和发展

行为科学理论应用于管理学，主要是对人在生产中的行为以及这些行为产生的原因进行分析研究。研究的内容包括：人的本性和需要，行为的动机，特别是生产中的人际关系（包括领导者同员工之间的关系）。行为科学在第二次世界大战以后的发展主要集中在以下四个方面：

（1）关于人的需要和动机的理论。

（2）关于管理中的人性的理论。

（3）关于领导方式的理论。

（4）关于企业中非正式组织以及人与人的关系的理论。

行为科学方面的理论研究扩展了管理作为一门科学的领域，为管理理论的宝库作出许多有益的贡献，对组织的管理实践产生了深刻的影响。

第 4 节　管理科学理论

管理科学理论是以现代自然科学和技术科学的最新成果（如先进的数学方法、电子计算机技术以及系统论、信息论、控制论等）为手段，运用数学模型对管理领域中的问题进行定量分析，并做出最优规划和决策的理论。

第二次世界大战期间，运用数学和统计的方法来解决军事方面的问题得到迅速的发展。例如，英国的数学家应用数学模型来解决如何使有限的空军力量在与德国大规模空军力量的对抗中取得最佳效果的问题。美国军方应用运筹学技术来研究如何提高穿越北大西洋的盟军船队的生存概率，以及如何确定飞机和水面舰艇袭击德国潜艇时的最佳投弹深度等问题。战后，这些方法进一步推广到民用领域。从事这一研究领域的人们自称为“管理科学家”，他们所从事的事业也就获得了“管理科学”的称谓。

从历史渊源来看，管理科学是泰罗科学管理的继续和发展，其主要目标也是探求最有效的工作方法或最优方案，以最短的时间、最少的投入，取得最大的效果。但它的研究范围已远远不是泰罗时代的操作方法和作业研究，而是面向整个组织的所有活动，并且它所采用的现代科技手段也是泰罗时代所无法比拟的。管理科学使得管理从以往的以定性描述为主走向定量预测的阶段。

管理科学的方法较多应用在计划与控制领域中的管理决策方面。不过，定量方法对管理的影响程度从来没有达到像行为科学方法那样。这可能是多种因素造成的，如行为问题涉及面广且直观，许多管理者不熟悉数学工具等。有一点可以肯定的是，计算机和

信息技术的快速发展将为管理科学方法的应用创造更好的条件。

管理科学使管理研究从定性到定量在科学的轨道上前进了一大步，同时它的应用对企业管理水平和效率的提高也起到很大作用。但是，把管理中的各种复杂因素全部量化是不可能的，也是不现实的。解决管理问题不可能只依靠定量分析而忽视定性分析。

第5节　第二次世界大战以后管理理论的发展

第二次世界大战之后，科学技术日新月异，生产力迅速发展，生产和组织规模急剧扩大，生产社会化程度日益提高，人们对管理表现出前所未有的重视。

一、管理理论的"丛林"

在美国和其他许多国家，不仅实际从事管理工作的人和管理学家在研究管理理论，一些心理学家、社会学家、人类学家、经济学家、生物学家、哲学家、数学家等也从各自不同的背景、不同的角度对管理问题进行研究，导致管理理论空前繁荣。在已有的古典管理理论、行为科学理论和管理科学理论的基础上，出现许多新的理论和学说，产生一种学派林立的现象。美国著名的管理学家哈罗德·孔茨（Harold Koontz）把这一现象形象地描述为管理理论的"丛林"。[16]

管理理论的这种"丛林"现象一方面反映出管理理论百花齐放；另一方面造成在管理的概念、原理和方法上众说纷纭、莫衷一是。许多学者都在力求将各派的观点兼容并蓄，为走出"丛林"，建立统一的管理理论寻找新的出路。到20世纪六七十年代，在管理理论的"丛林"中出现的两大分支引起人们的普遍关注，这便是管理的系统学派和权变学派。

二、系统管理理论

系统管理理论是运用系统论所提供的范畴、分析方法与一般原理来全面分析组织管理活动的理论。这一理论从系统的整体性出发，运用"输入－转换－输出"的分析模型，着眼于系统与环境的关系，分析管理活动。这一理论的主要代表人物有卡斯特（F. E. Kast）、罗森茨韦克（J. E. Rosenzweig）、约翰逊（R. A. Johnson）、彼得·圣吉（Peter M. Senge）等人，其理论要点如下[17][18]：

（1）企业是由人、物资、机器和其他资源在一定的目标下组成的一体化系统，它的成长和发展同时受到这些组成要素的影响，在这些要素的相互关系中，人是主体，其他要素则是被动的。管理人员需要保持各要素之间的动态平衡和相对稳定，并保持一定的连续性，以便适应情况的变化，达到预期目标。同时，企业还是社会这个大系统中的一个子系统，企业目标的实现不仅取决于内部条件，还取决于企业外部条件，如资源、市场、社会技术水平、法律制度等。

（2）企业是一个由许多子系统组成的开放的社会技术系统。企业是社会这个大系统中的一个子系统，它受到周围环境（顾客、竞争者、供货商、政府等）的影响，同时也影响环境。它只有在与环境的相互影响中才能达到动态平衡。在企业内部又包含着若干子系统，它们是：1）目标和准则子系统，包括遵照社会的要求和准则，确定战略目标；2）技术子系统，包括完成任务所必需的机器、工具、程序、方法和专业知识；3）社会心理子系统，包括个人行为和动机、地位和作用关系、组织成员的智力开发、领导方式，以及正式组织系统与非正式组织系统等；4）组织结构子系统，包括对组织及其任务进行合理划分和分配，协调其活动，并用组织图表、工作流程设计、职位和职责规定、章程与案例来说明，还涉及权力类型、信息沟通方式等问题；5）外界因素子系统，包括各种市场信息、人力与物力资源的获得，以及外界环境的反应与影响等。这些子系统还可以继续分为更小的子系统。

（3）运用系统观点来考察管理的基本职能，可以把企业看成一个投入 - 产出系统，投入的是物资、劳动力和各种信息，产出的是各种产品或服务。用系统的观点来指导，可以使管理人员避免只重视某些与自己有关的特殊职能而忽视了大目标，或是忽视自己在组织中的地位与作用。

系统观点强调，管理必须着眼于整体以及系统各部分之间的相互作用，重视组织与环境的关系，重视从整体角度研究组织。和以前的管理理论相比，古典管理理论较为强调结构分系统和管理分系统，从而重视制定管理原则；行为科学管理理论较为强调社会心理分系统，把注意力集中在激励、群体动力学和其他相关因素上；管理科学理论强调技术分系统，以及在决策和控制过程中使用定量的方法。每个学派都各自侧重于特定的分系统，而忽视其他分系统的重要性。因此，各种学派的管理学理论都有“盲人摸象”式的偏失，无法适应经济与社会发展的要求。系统管理理论则试图运用系统论的整体研究方法来统一各派，在对传统管理理论深刻反思的基础上，实现对组织与管理理论的综合。[19][20]

三、权变管理理论

权变管理理论（contingency theory of management）是 20 世纪 70 年代在美国形成的一种管理理论。这一理论的核心就是研究组织各子系统内部和各子系统之间的联系，以及组织和它所处的环境之间的联系，并确定各种变数的关系类型和结构类型。它强调在管理中要根据组织面临的内外部条件随机应变，针对不同的具体条件寻求最合适的管理模式、方案或方法。

人们常常想当然地认为，昨天的成功可以复制到今天，昨天的经验可以为今天所用，A 公司成功的做法可以移植到 B 公司。权变的观点则认为，不存在放之四海而皆准的普遍适用的管理原则，“橘生淮南则为橘，橘生淮北而为枳”，某种管理举措有效与否，很多情况下取决于当时、当地所面对的具体情境。权变理论主张通过辨识某一具体情境下的权变因素来具体问题具体分析，用对症下药的方式解决特定的管理问题。

美国尼布拉加斯大学教授卢桑斯（F. Luthans）在1976年出版的《管理导论：一种权变学》一书中系统地概括了权变管理理论。[21] 他认为：

（1）过去的管理理论可分为四种，即过程学派、计量学派、行为学派和系统学派，这些学派由于没有把管理和环境妥善地联系起来，其管理观念和技术在理论与实践上相脱节，所以不能使管理有效地进行。而权变理论是要把环境对管理的作用具体化，并使管理理论与管理实践紧密地联系起来。

（2）权变管理理论强调考虑环境与相应的管理观念和技术之间的关系，从而使所采用的管理观念和技术能够有效地实现目标。通常情况下，环境是自变量，而管理观念和技术是因变量。这就是说，要针对特定的环境条件，选用特定的管理原理、方法和技术。比如，在经济衰退时期，企业在供过于求的市场中经营，采用集权的组织结构更适于达成组织的目标。如果是在经济繁荣时期的供不应求的市场中经营，则采用分权的组织结构可能会更好一些。

（3）环境变量与管理变量之间的函数关系就是权变关系，这是权变管理理论的核心内容。环境可分为外部环境和内部环境。外部环境又可以分为两种：一种由社会、技术、经济和政治、法律等组成；另一种由供应商、顾客、竞争者、雇员、股东等组成。内部环境基本上是正式组织系统，它的各个变量与外部环境各变量之间是相互关联的。组织的管理变量取决于特定的环境变量，如表2-1所示。

表2-1 环境变量和管理变量

环境变量			管理变量			
外部环境		内部环境	管理过程变量	计量变量	行为变量	系统变量
一般环境	具体环境	（正式组织系统）				
社会	供应商	组织结构	计划	决策	激励	一般系统论
科学技术	顾客	决策程序	组织	经济批量	动力	系统设计与分析
经济	竞争者	交流与控制	指挥	排队模型	组织发展	管理信息系统
政治	雇员	技术状况	协调	⋮	⋮	⋮
法律	股东	⋮	控制			

权变理论为人们分析和处理各种管理问题提供了一种十分有用的视角。它要求管理者根据组织的具体条件及其面临的外部环境，采取相应的组织结构、领导方式和管理方法，灵活地处理各项具体管理业务。这样，管理者把精力转移到对现实情况的研究上来，并根据对具体情况的分析提出相应的管理对策，这有可能使其管理活动更加符合实际情况，更加有效。同时，权变学派使人们对管理的动态性有了新的认识，而以往人们

对管理行为大多是从静态的角度来认识的。

四、战略观点进入管理领域

20 世纪 60 年代以后，战略观点进入管理领域。在之前的大多数情况下，组织所面对的管理问题相对简单、静态，人们只是在一个比较狭小的时空中思考问题。随着竞争的加剧，管理环境越来越复杂，有关战略管理的研究开始受到人们的关注。

钱德勒（Chandler）在 1962 年发表的《战略与结构》一书对战略概念的探讨是划时代的。[22] 他通过研究美国大型企业深入阐述了环境、战略和结构之间的关系，提出企业要在对环境进行分析的基础上制定相应的战略，战略决定结构，结构必须适应战略并随战略的变化而变化。

安索夫（Ansoff）于 1965 年在《公司战略》一书中把战略限定在三个领域，即提供与企业的业务活动有关的广泛概念，为探索企业新的成长机会制定具体的方针，以及确定在优选市场机会时所遵循的决策原则。[23]

进入 70 年代以后，有关战略管理的研究进入一个系统化的时期，人们力图从系统论的观点出发来进行战略规划，通过详尽的系统分析提出系统化的解决方案。

80 年代，以波特的《竞争战略》和《竞争优势》两部著作为代表的竞争战略分析成为战略分析的标准模型。[24][25] 人们在战略分析中大量应用了经济学、社会学、政治学、数学等相关领域的理论、工具和知识。

一般认为，战略管理是由环境分析、战略制定、战略实施、战略控制四个不同阶段组成的动态过程，这一过程是不断重复、不断更新的。理论上通常是按上述顺序对企业的战略管理进行分步研究。但是，在实践中，这些步骤往往同时发生，或者是按照不同于上述步骤的顺序进行。因此，管理者必须创造性地进行战略思考，以适应时刻变化的外部环境。

五、全面质量管理

全面质量管理最早可以追溯到 20 世纪 50 年代的美国，日本人在第二次世界大战之后迅速接受了这一理念并积极地付诸实践。日本企业是全面质量管理最优秀的实践者，成功的质量管理使得日本产品在全球成为高质量的代名词，也对日本经济在战后的全面复兴起到了不可替代的作用。[26] 日本人依靠这套思路，用了 20 年左右的时间，从战后的一片废墟一跃成为世界第二大经济强国。80 年代前后，日本经济和日本企业的竞争力达到了巅峰。伴随着日本的产品，全面质量管理的理念传播到世界上几乎每一个地方。历史上，从没有哪一次管理热潮如全面质量管理这样，传播如此之广，影响如此之深。全面质量管理的许多举措至今仍然是企业界最为流行、最受欢迎的管理秘方。

全面质量管理是一种综合的、全面的经营管理方式和理念，其根本目的是通过顾客满意来实现组织的长期成功，增加组织全体成员及全社会的利益。全面质量管理的基本特征包括关注顾客，持续改进，一切用数据说话，向雇员充分授权，广泛采用团队的形式来发现问题和解决问题，重视组织中每一个成员的主动性和创造性，重视与供应商和顾客的合作共赢等。全面质量管理方面最著名的代表人物有爱德华兹·戴明（William Edwards Deming，1900—1993）、约瑟夫·朱兰（Joseph Moses Juran，1904—2008）等人。[27][28] 近年来企业界广泛推行的卓越绩效模式、六西格玛管理、ISO 9000 质量管理体系等都可以看作全面质量管理范畴中的方法论。

六、变革与学习型组织

进入 20 世纪 90 年代以来，伴随着全球经营环境剧烈且深刻的变化，变革成为全球管理领域的主旋律。技术的进步，尤其是以信息技术为代表的技术进步，正在从根本上改变人类的生产生活方式。信息和计算机技术的不断创新，市场的日益全球化，这些因素交织起来创造出一个更加混乱的世界。

这种环境对组织的速度、灵活性和创新提出了更高的要求。在这个新的世界中，比竞争对手学习得更快、变化得更快，或许是唯一有效的竞争优势。因而，培育组织的学习能力成为管理当局的最大任务。越来越多的机构都加入力争成为学习型组织的行列。所谓学习型组织，就是能够迅速地获取、传播并在整个组织中分享信息，从而不断改进自身以适应环境的组织。[29]

学习型组织：能够迅速地获取、传播并在整个组织中分享信息，从而不断改进自身以适应环境的组织。

学习型组织是对组织的一种新的思考。组织的学习既包括对当前做法的持续改进，也包括会导致确立新目标、新方法的重大变革。学习不仅有助于组织提供更好的产品和服务，而且能够提升其响应能力、适应能力、创新能力和效率，从而带给组织更强的市场实力和绩效优势，带给员工更高的满意度和追求卓越的动机。组织的学习能力越强，其适应环境的能力越强，成功的可能性也就越大。

七、组织的“E 化”与“外化”

进入 21 世纪以来，信息技术、互联网的发展对组织以及组织的管理产生了深远的影响，组织针对这种影响所作出的应对、反应与适应称为组织的“E 化”。与此同时，管理的重点从组织的内部延伸和扩展到了组织的外部，这一趋势称为组织的“外化”。[30][31][32] 在组织外化的过程中，顾客关系管理、供应链管理以及构筑平台或商业生态系统这些领域日益受到人们的重视。

（一）组织的 E 化

进入 21 世纪以来，对企业和组织的管理影响最大的因素之一便是互联网、移动互联网的发展。根据中国互联网络信息中心（CNNIC）的报告，截至 2017 年 12 月，我国网民规模达 7.72 亿，使用手机上网人群的比例高达 97.5%，网民在线下消费使用移动支付的比例达到 65.5%。互联网模式不断创新、线上线下服务融合加速，以及公共服务线上化步伐加快，成为互联网发展的主要推动力。[33]

网络在改变人们的生活方式的同时，也在改变组织存在和发展的方式。企业通过网络来挖掘顾客的需要，借助依托网络的虚拟团队开发产品，通过互联网来招聘员工，通过微信、微博等社交媒体进行实时的沟通，基于网络技术实施培训、教育，实体产品的采购、生产和分销也要依托基于互联网的供应链管理来实现。除了企业之外，包括政府部门、学校、医院等在内，各行各业的组织都呈现出不同程度的 E 化态势。

（二）顾客关系管理

顾客关系管理（CRM），也称客户关系管理，是企业为了获得顾客满意、留住顾客、挖掘潜在顾客、实现顾客忠诚并最终获得顾客长期价值而致力于与顾客建立长期良好的关系的活动和管理举措。顾客关系管理通常以计算机、数据库技术为基础，致力于获得并管理顾客知识，管理和改善顾客沟通，优化营销过程，方便顾客服务和产品技术支持，实现顾客长期价值的最大化和增强竞争优势。CRM 系统软件是最佳的顾客关系管理惯行的具体化。顾客关系管理的目标在于通过富有意义的交流沟通理解并影响顾客行为，通过提供快速、周到、优质的服务吸引和保持更多的顾客，通过优化面对顾客的工作流程减少获取顾客和留住顾客的成本，创造更大的价值，最终实现赢得顾客、留住顾客和顾客忠诚的目的。

> **顾客关系管理：**企业为了获得顾客满意、留住顾客、挖掘潜在顾客、实现顾客忠诚并最终获得顾客长期价值而致力于与顾客建立长期良好关系的活动和管理举措。

（三）供应链管理

供应链通常指为最终用户提供产品或服务的过程中所涉及的所有活动。其中涉及的每个组织，包括原材料加工商、运输商、元器件生产商、制造商、批发商、零售商以及客户，都是整个过程中的一个环节，这使得整个过程恰似一个链条。供应链管理（SCM）就是对整个链条的管理，这个链条从最初接受消费者的订单开始，然后一直回溯到上游的原材料供应商，最后到将商品提供给消费者为止。供应链管理力图将供应链上的所有活动协调整合成一个无缝的过程，并将链上的所有合作者连接起来，目标在于适宜地将适当的产品在适当的时间送抵适当的场所，并使利润最大化。

> **供应链：**为最终用户提供产品或服务的过程中所涉及的所有活动。

（四）平台与商业生态系统

越来越多的组织正在突破传统组织的围墙，致力于构筑更加广泛的平台或商业生态系统。例如，海尔公司当前所实施的互联网转型就是要把传统的科层制或金字塔式的组织转变为平台型企业。为此，海尔彻底压扁了组织结构，过去几年中减少了1万多管理人员。目前它已从传统制造家电产品的企业转型为面向全社会孵化创业者的平台。阿里巴巴则致力于打造一个开放、协同、繁荣的商业生态系统，通过令生态系统的成员充分参与其中，真正帮助阿里巴巴的客户，也就是小微企业和消费者。作为这一生态系统的运营者和服务者，阿里巴巴的成功只能以客户和合作伙伴的成功为前提。与阿里巴巴类似，小米通过独特的“生态链模式”，投资、带动了更多志同道合的创业者，围绕手机业务构建起手机配件、智能硬件、生活消费产品三层产品矩阵。

八、管理有规律，管理无定式

从本章开头给出的管理百年发展历程图上，我们大致可以看出人类对管理的认识是如何一步一步由低到高不断发展的。相对而言，早期的认识比较静止、机械、孤立、局部，越往后越具有动态、联系、有机、全面等特征。

回望这100多年的发展，我们可以观察到管理的每一个发展阶段具有不同的特征或重点，如图2-5所示。在20世纪初即管理学形成的初期，以泰罗的科学管理为代表的古典管理主要致力于追求秩序，建立“规矩”；随后的人际关系学说及行为科学则凸显了组织对人本和文化的重视；19世纪40年代兴起的管理科学则用定量方法武装管理学的宝库；第二次世界大战后出现的系统和权变理论标志着人们对管理的认识更加注重整体、联系以及与环境之间的适应；20世纪60年代以后出现的战略管理使得人们对管理的认识处于更广、更远的时空中；80年代兴起的全面质量管理和随后的学习型组织运动把持续改进和创新的基因注入组织的管理；E化和外化则成为进入21世纪后管理发展的典型特征。

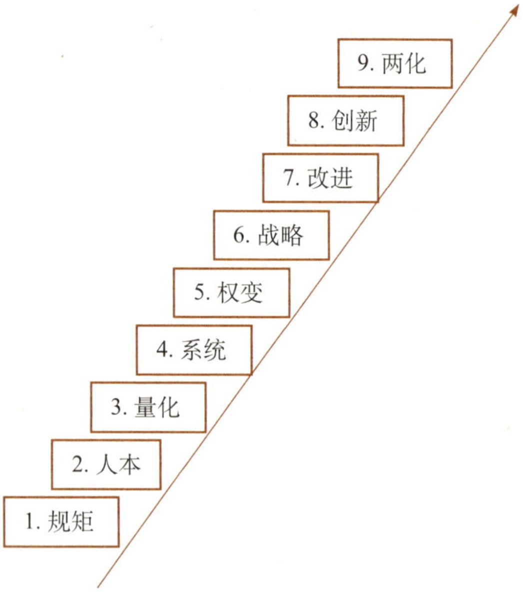

图2-5　管理发展各阶段的特征

如果对管理发展的百年历程做一个总结的话，这便是“管理有规律，管理无定式”。因为管理活动有其规律性，所以我们才能够分析、总结、归纳、提炼、借鉴、学习、共享。但是，管理又没有定式可循，没有放之四海而皆准的标准模式，所以我们要权变，要最大限度地活学活用，要发挥人的主观能动性。有规律反映了管理的科学性的一面，而无定式则反映了管理的艺术性的一面，从这个意义上来讲，管理既是一门科学，又是一门艺术。

《论语》中记载了先哲孔子关于年龄的一段话："吾十有五而志于学，三十而立，四十而不惑，五十而知天命，六十而耳顺，七十而从心所欲，不逾矩。"70 岁意味着从必然王国进入了自由王国。管理理论的发展与此颇有相通之处，随着对管理规律性的不断认识和把握，人类会逐步摆脱各种具体的理论、流派、体系的束缚，最终达到"从心所欲而不逾矩"，那也许才是我们心向往之的最高境界。

注释

[1] 孙耀君. 西方管理思想史. 太原：山西人民出版社，1987.

[2] 丹尼尔·A. 雷恩. 管理思想史：第 5 版. 北京：中国人民大学出版社，2009.

[3] 焦叔斌. 管理的 12 个问题. 北京：中国人民大学出版社，2009.

[4] 亚当·斯密. 国民财富的性质和原因的研究. 北京：商务印书馆，1972.

[5] 弗雷德里克·泰勒. 科学管理原理. 上海：上海科学技术出版社，1982.

[6] Frank Bunker Gilbreth. Fatigue Study. Macmillan，1919.

[7] 艾尔弗雷德·斯隆. 我在通用汽车的岁月：斯隆自传. 北京：华夏出版社，2005.

[8] 亨利·法约尔. 工业管理与一般管理. 北京：机械工业出版社，2007.

[9] 马克斯·韦伯. 经济与社会. 北京：商务印书馆，1997.

[10] 马克斯·韦伯. 新教伦理与资本主义精神. 北京：三联书店，1987.

[11] Robert Owen. A New View of Society and Other Writings. Penguin Classics，1991.

[12] 雨果·闵斯特伯格. 心理学与经济生活. 北京：北京理工大学出版社，2014.

[13] Mary Parker Follett. Creative Experience. Martino Fine Books，2013.

[14] 切斯特·I. 巴纳德. 经理人员的职能. 北京：机械工业出版社，2007.

[15] 乔治·梅奥. 工业文明的人类问题. 北京：电子工业出版社，2013.

[16] Harold Koontz. The Management Theory Jungle. Academy of Management Journal，1961，4（3）：174-188.

[17] 弗里蒙特·E. 卡斯特，詹姆斯·E. 罗森茨韦克. 组织与管理——系统方法与权变方法. 北京：中国社会科学出版社，1985.

[18] 彼得·圣吉. 第五项修炼——学习型组织的艺术与实务. 上海：三联书店，1998.

[19] E. 拉兹洛. 用系统的观点看世界. 北京：中国社会科学出版社，1985.

[20] 冯·贝塔朗菲. 一般系统论：基础、发展和应用. 北京：清华大学出版社，1987.

[21] Fred Luthans，Todd I. Stewart. A General Contingency Theory of Management. Academy of Management Review，1977，2（2）：181-195.

[22] 小艾尔弗雷德·D. 钱德勒. 看得见的手——美国企业的管理革命. 北京：商务

印书馆，1987.

［23］伊戈尔·安索夫. 战略管理. 北京：机械工业出版社，2010.

［24］迈克尔·波特. 竞争优势. 北京：中国财政经济出版社，1988.

［25］迈克尔·波特. 竞争战略. 北京：中国财政经济出版社，1989.

［26］久米均. 质量经营. 东京：日本科学技术联盟出版社，1993.

［27］Rafael Aguayo，Dr. Deming. The American Who Taught the Japanese About Quality. Simon & Schuster，1990.

［28］Joseph M. Juran，Joseph A. De Feo. Juran's Quality Handbook，6th edition. McGraw-Hill，2010.

［29］同［18］.

［30］约翰·奈斯比特，帕特丽夏·阿伯丹. 90年代的挑战——重新创造公司. 北京：中国人民大学出版社，1988.

［31］约翰·奈斯比特. 大趋势——改变我们生活的十个新方向. 北京：中国社会科学出版社，1984.

［32］詹姆斯·迈天. 生存之路——计算机技术引发的全新经营革命. 北京：清华大学出版社，1997.

［33］CNNIC. 第41次《中国互联网络发展状况统计报告》发布.（2018-01-31）. http://www.cnnic.net.cn.

复习思考题

1. 列举早期的一些典型的管理实践和管理思想。

2. 摩西的岳父叶忒罗对摩西处理政务事必躬亲、东奔西忙的做法提出的批评体现了现代管理中的哪些管理思想?

3. 亚当·斯密认为专业化分工所导致的效率提高主要有哪些方面的原因?

4. 简述古典管理理论的主要构成及其代表人物。

5. 泰罗提出了科学管理的哪几个基本原则?

6. 泰罗在美国国会的听证会上强调的科学管理最重要、最本质的特征是什么?

7. 简述美国的管理运动出现的三次高潮。

8. 法约尔提出的企业六种基本活动是什么?

9. 法约尔提出的五项管理职能是什么? 与今天的提法有何异同?

10. 法约尔的 14 条管理原则是什么?

11. 韦伯的理想的行政组织体系的主要特征是什么?

12. 韦伯指出的组织中三种类型的权力是什么?

13. 泰罗、法约尔和韦伯研究管理问题的视角有何不同? 他们的理论有何共通之处?

14. 简述人际关系学说和行为科学产生的背景。

15. 人际关系学说早期有哪些主要的贡献者? 各自的贡献是什么?

16. 什么是霍桑实验?

17. 梅奥在其《工业文明的人类问题》一书中提出了哪些主要观点?

18. 管理科学理论的含义是什么? 它与科学管理有何关联?

19. 何谓管理理论的“丛林”? 其中有哪些主要的管理流派?

20. 系统管理理论的要点有哪些?

21. 什么是权变管理理论?

22. 全面质量管理的基本特征有哪些?

23. 为何要建立学习型组织?

24. 学习型组织具有哪些主要特征?

25. 何谓组织的 E 化?

26. 何谓组织的外化?

27. 顾客关系管理的含义是什么?

28. 什么是供应链? 什么是供应链管理?

29. 简要概括过去百年中管理发展各个阶段的主要特征。

30. 为什么说“管理有规律,管理无定式”?

案例 2.1　德胜洋楼

德胜（苏州）洋楼有限公司（以下简称德胜公司）成立于1997年，专门从事美式木制别墅建造。目前，它占据国内木结构别墅70%以上的市场份额，每年产值约6亿元人民币。公司办公地设在苏州一个称为波特兰小街的样板示范小区内。

德胜的员工不到1 000人，大多是农民工。不同于一般建筑工地上那些朝不保夕，吃住及工作条件都非常简陋的农民工，德胜的员工被训练成真正的产业工人。工人宿舍中“找不到一张扑克牌”，所有的工人被要求“每天至少刷牙一次以上”“勤洗澡勤换衣”“最好常备口香糖”。公司的人员流失率很低。有一年圣诞节，公司在喜来登酒店设晚宴款待所有工人。据说一开始酒店还担心这么多民工会不会造成混乱，但他们看到的却是这家公司的员工“都穿着西服，打着领带，举止文明，很有教养”。

德胜公司的创始人聂圣哲生于安徽农村，大学毕业后在美国留学和工作过很长一段时间。他曾游历过40多个国家，对各民族的特质颇有观察，德国人的严谨、日本人的细致、美国人的开拓和务实等给他留下了深刻的印象。他对于走捷径、耍小聪明、不守规矩的现象深恶痛绝。由此，在创建德胜公司时，他提出了“诚实、勤劳、有爱心、不走捷径”的公司价值观，并将其悬挂在公司的办公室里令员工铭记。

诚实

在创立德胜时，聂圣哲确立了“三不”的商业原则，即“不偷税漏税，不行贿受贿，不做假账”。他要做一家高尚的公司，假如只有与邪恶为伍才能生存，他宁愿选择关门。

德胜公司规定，员工不得接受供应商和客户20支以上香烟、100克以上酒类礼品，以及20元以上工作餐，违者一经查实立即开除。供应商、客户在首次洽谈供应业务时，要签署“禁止回扣同意书”。德胜公司每半年会向供应商和客户寄发反腐公函及反馈表。对于其中至少10%的供应商，公司定期派人上门调查或暗访采购员的品行操守。

德胜公司的财务报销不需要领导签字。聂圣哲认为报销项目的真假是个人信用问题，应该由个人负责。上级签字意味着对下级的个人信用担保。报销前，财务人员要宣读《严肃提示——报销前的声明》：“您现在所报销的凭据必须真实且符合财务报销规则，否则它们将成为您欺诈、违规甚至违法的证据，使您受到严厉的处罚并付出相应的代价，这个污点将伴随您一生。如果因记忆模糊而不能确认报销的真实性，请再一次认真回忆并确认凭据无误，然后开始报销，这是一个极其严肃的问题。”无论是谁，报销了多少次，都必须听财务人员宣读这段声明。人们神情严肃，仿佛在进行某种庄严的仪式。

此外，德胜公司建立了一套个人信用分析系统。这套系统可以分析报销单据的真实性以及费用发生的必要性，还可以分析员工的报销习惯，进而对异常情况进行预警。员工的信用情况都会记录在系统中。

勤劳

“在我们的文化中，一直都有一种蔑视劳动的倾向，推崇不劳而获。我希望大家从不劳而获的思维方式中走出来，成为一个劳动的敬畏者。”聂圣哲说。

每天早晨 6 点半，小区就有行政人员开始打扫卫生，他们除了每天擦拭门窗之外，还要把园区内所有办公楼和住户的信箱、路牌擦拭一遍。室内清洁甚至达到五星级标准。卫生间的镜子和水龙头闪闪发亮，一点水渍和头发丝都没有。

员工在工作时间必须满负荷工作，累了可以在咖啡馆喝杯咖啡，或在室外抽根烟，但绝不允许“磨洋工”。员工在工作时间不能谈论与工作无关的话题或唱歌、吹口哨，违者每次罚款 100 元。门卫在没有人进出时会打扫周边的卫生，擦岗亭的玻璃。保安巡视时会顺便清理池塘水面的落叶，把参观样板房的客人脱在门口的鞋子摆放好。

德胜提倡“无边界劳动”，所有人必须随身携带工牌、笔记本和笔。对于客户提出的问题，无论是不是自己分内的事，都必须记下来，第一时间告知相关人员。看到或想到什么问题，都要及时记录并转告相关人员。

有爱心

爱心文化体现在日常生活中。公司规定，员工发现身体不适必须马上请假，否则将被罚款。工作一年以上的员工，每年可以代表公司招待家庭成员一次，费用不超过 600 元；每年可以代表公司给正在上学（从小学到大学）的孩子赠送一件价格在 200 元之内的礼物。感恩节时，员工会召开茶话会，表演节目，互致感谢，互赠礼物。公司还为每个人准备一份礼物，大家可以赠送给自己想感谢的人。

2006 年，一位工人因为煤气爆炸，全身 90% 的皮肤被烧伤，医院认为没必要抢救了。公司坚持让医院抢救，最终这位工人奇迹般地活了下来，为此公司付了 400 万元的医疗费。如今，德胜公司每个月都给受伤工人的母亲支付工资，帮助她照料儿子生活。

公司还提供免费宿舍；一日三餐在食堂就餐只需 5 元钱；自动售货机里的饮料每罐 1 元钱；公司理发室理一次发 5 元；员工学车公司报销一半费用，领到驾照后可向公司借车使用，费用是每天 20 元；公司给所有员工都购买了商业医疗保险和养老保险。

德胜公司与安徽休宁县第一高级职业中学合办了一所木工学校，德胜每年拿出上百万元经费支持学校的发展。学生免交学费，吃住全包。毕业生被冠以“匠士”头衔，得到公司的优先录用。

不走捷径

聂圣哲认为，中国的很多事情并不是没有制度，而是人们不按制度办事，或者在执行中打折扣、走捷径。这种好走捷径、不守规矩的风气，很难制造出精品。正是出于这样的思考，德胜的价值观中才会有“不走捷径”这一条。

德胜公司有一个程序中心，负责编写所有工作程序和细则并监督执行情况。大到施工流程，小到化粪池多长时间吸一次粪，空调、吸尘器多长时间清理一次，屋顶的鸟粪怎么清扫，全部都流程化地管理起来。车辆进出波特兰小镇，保安放行时都会说一句：“园区里有孩子，请小心驾驶。”一辆车哪怕一天进出小区 20 次，他每次也都这么说。保洁员在装垃圾袋时，要先用水把垃圾桶壁打湿，这样垃圾袋才会贴在垃圾桶边沿。所有行政人员的动向、车辆使用和预约情况必须在前一天下午 5 点钟之前上报并汇总成表张贴出来。

德胜公司的所有建筑工人人手一本《美制轻型木结构操作规程细则》，它对地基与基础、主体结构及装饰、水电安装、燃气管道安装、油漆喷涂五大方面做了详细规定。对于房屋质量，德胜内部质量督查有一票否决权。有一个小细节是，德胜所造的楼房中，所有螺丝钉的顶部必须呈现一个端正的“十”字，而不能是“×”。所有插座上的“一”字螺丝，凹纹也都必须整齐地一字排列，不能有歪斜。工地有督察员随时巡查，发现问题马上整改。

德胜公司坚守本分，决不随便扩张。聂圣哲说：“我要做瑞士名表那样的企业。”“我们只要做强、做精，不想做大。”聂圣哲坦承，“公司保持 20%～25% 的利润率就可以了，没必要赚太多。活得快乐最重要。”他认为，海洋生态圈中有庞大的鲨鱼，也有很多快乐的小鱼。“我就想做一条乐在其中、体魄强健的小鱼。”

德胜的管理实践吸引了许多访客来波特兰小镇参观，许多人回去后成为它的拥趸和热情的传播者。本来是内部使用的《德胜员工手册》居然变成了超级畅销书，迄今已经印刷 30 几次，销量超过 60 万册。

[讨论]

德胜公司的管理有哪些主要特点？

案例 2.2 京东的智慧供应链

京东是中国最大的自营式电商企业，集团的业务从电子商务扩展至金融、技术领域，拥有近 12 万名正式员工，跻身全球十大互联网公司排行榜。

京东经常被人视为中国的亚马逊。两家公司有很多相似之处，都是全品类销售，提供一站式消费平台；都是自采自销，控制供应链；都开放平台给第三方卖家。但与亚马逊不同的是，2007 年，京东决定自建仓配一体的物流体系。截至 2017 年，京东在全国范围内拥有 263 个大型仓库，运营 9 个大型智能化物流中心“亚洲一号”，自营配送覆盖了全国 98% 的人口。由仓储、物流、配送构建起来的强大的供应链体系成为京东的核心竞争力。

一、采购环节

供应链的源头是优秀的商品。京东的经营范围已经从 3C 扩展到大家电、日百、图书、家居、服饰、生鲜，商品的种类不计其数。这不仅要求企业选择最适合消费者需求的商品，而且要求企业按照消费者的浏览和检索习惯，以清晰、简明的方式分门别类地在网页上展示商品。目前，京东有超过 300 万个 SKU（库存量单位）的自营商品，如此庞大的数量已经不可能依靠人工管理，必须有工具和算法的介入以保证商品管理井然有序。

接下来的商品定价要考虑的因素非常复杂，如产品的生命周期、竞争信息、促销信息、季节因素等。在智能动态定价的研发过程中，京东发现了寻找消费者特定的价格弹性的重要性。京东需要找到消费者购物决策因素的真正排序和对价格的敏感度，帮助采销人员设定合理的价格，既让消费者买到物美价廉的商品，也让商品体现价值，让供应链健康可持续。

最后，京东还需要对供应链做出计划和预测。通过了解客户的区域构成、客户密度、订单密度等，根据积累的数据提前对各区域产品销售情况进行预测，在人工智能系统的支持下，京东可以预测某个商品 SKU 当日、7 天、14 天、28 天、半年、全年等不同时间段需要的备货量，同时决定将采购商品分配到哪些区域的仓库，及各仓库的分配数量。

二、仓储分拣环节

当海量订单产生时，供应链系统要智能分配订单配送，实现路径最优化，缩短订单履约时间。京东的每个库房划分为三大区域，分别是收货区、仓储区、出库区。在收货区，首先对供应商送来的商品进行质量抽检，然后利用 EPC 和电子标签技术给每一件商品贴上条形码标签，作为该商品独一无二的身份识别证据。随后全部商品在仓储区域上架入库，每一货架均有唯一编号。上架时，京东仓库商品管理人员会利用

PDA设备扫描商品条形码，和商品关联后输入信息系统。用户订单下达后，系统会根据用户的送货地址，计算最快的送货路径，并自动匹配仓库。系统自动查询商品在仓库中的位置，将信息发送到库房管理人员随身携带的PDA上，工作人员可以依据系统记录直接到相应的货架取货，无须核对商品名称。工作人员分拣完货物后，将货物放在对应的周转箱上并传送到扫描台，确认无误后，打印发票清单送到发货区域。最后由包装区进行打包，进入商品出库环节。京东根据历史数据及时将相关度高的商品摆放在一起，以提高库房完成订单的效率。促销季节时，为配合网站商品促销，库存位置也会改变，以节约取货时间，提高商品出库效率。

三、运输配送环节

配送是电商供应链中最后的环节，也是“最后一公里”竞争的关键。京东在这一环节采用了GIS物联网信息系统，这个系统是京东为了响应客户需求、提升客户体验自主研发的。京东发现有32%的用户咨询电话是货物配送以后打来的。用户大多是询问订单配送了没有，货物目前到哪儿了，什么时候能到，等等。实际上客服人员根本无法回答这些问题。与其让用户打电话来问，还不如让他们自己实时查看。

京东和一家提供地图服务的公司合作，将后台系统与地图公司的GPS系统进行关联，实现了可视化物流。每个包裹都有一个条形码，运货的车辆也有相应的条形码，出库时每个包裹都会被扫描，于是同一辆车上包裹的条形码与这辆车的条形码关联起来。当这辆车在路上行驶时，车上的GPS与地图进行实时的位置信息传递。每个配送员在配送时都有一台手持PDA，这台手持PDA也是一个GPS设备。通过扫描每个包裹的条形码，这个包裹又与地图系统关联。实时位置信息与京东商城的后台系统打通之后开放给前台用户，用户就能实时在页面上看到自己的订单从出库到送货的运行轨迹。

京东的物流管理人员也可以在系统后台即时查看物流运行状况，同时，车辆位置信息、停驻时间、包裹分配时间、配送员和客户交接时间都会形成海量原始数据。通过分析这些数据，可以制定合理的人员安排计划，优化服务区域配送人员分配，缩短配送时间，优化配送流程。

2017年4月，京东物流子集团正式成立，向全社会输出京东物流的专业能力。目前，京东拥有中小件、大件、冷链、B2B、跨境和众包六大物流网络。凭借这六张大网在全球范围内的覆盖以及大数据、云计算、智能设备的引入应用，京东致力于打造一个从产品销量分析预测，到入库出库再到运输配送各个环节无所不包，综合效率最优、算法最科学的智慧供应链服务系统。

[讨论]

京东的智慧供应链具有哪些主要特征？

第Ⅱ篇

计划职能

为了使集体活动卓有成效，首先必须明确所追求的目标是什么，完成这些目标必须通过哪些途径，采取什么方案，这些活动便是管理的计划职能。通过计划活动，那些本来不一定能够实现的事情变得有可能实现，有可能变糟的事情得以朝好的方向转化。计划活动是连接可能与现实、今天与明天、现在与未来的桥梁。

组织中的管理者，无论职位高低，或多或少都要进行计划活动。计划活动既是各级管理人员的一个共同的职能，也是管理活动的首要职能。不管哪个层次的管理，都是从计划开始的。

第 3 章

计划职能概述

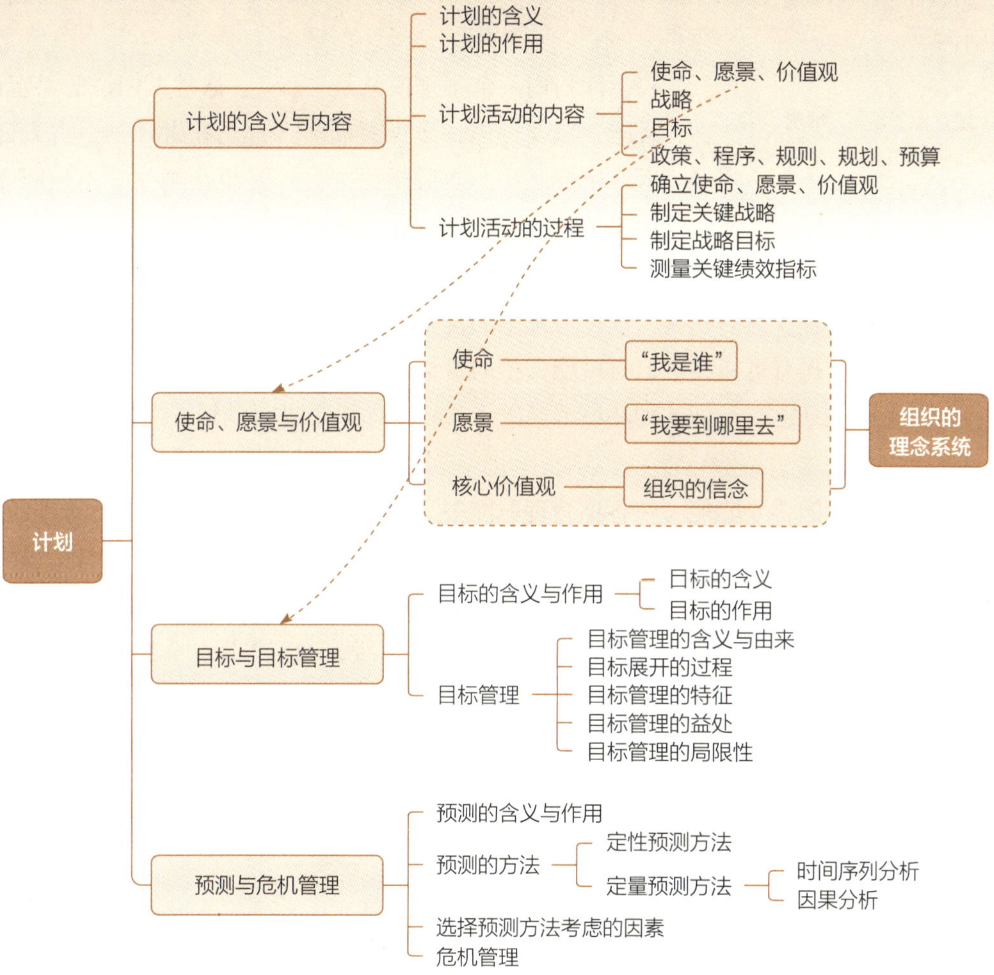
计划
计划的含义与内容
计划的含义
计划的作用
计划活动的内容
使命、愿景、价值观
战略
目标
政策、程序、规则、规划、预算
计划活动的过程
确立使命、愿景、价值观
制定关键战略
制定战略目标
测量关键绩效指标
使命、愿景与价值观
使命
“我是谁”
愿景
“我要到哪里去”
核心价值观
组织的信念
组织的理念系统
目标与目标管理
目标的含义与作用
目标的含义
目标的作用
目标管理
目标管理的含义与由来
目标展开的过程
目标管理的特征
目标管理的益处
目标管理的局限性
预测与危机管理
预测的含义与作用
预测的方法
定性预测方法
定量预测方法
时间序列分析
因果分析
选择预测方法考虑的因素
危机管理

计划是管理活动的起点。组织的活动要卓有成效，必须首先明确所追求的目标，明确通过什么途径、采取什么方案来实现这些目标，这些活动便是管理的计划职能。

第1节　计划的含义与内容

一、计划的含义

计划（planning）就是组织为了明确所追求的目标以及实现目标的行动方案而进行的活动。

计划：组织为了明确所追求的目标以及实现目标的行动方案而进行的活动。

计划用一个字来说就是“谋”。通常人们说的谋定而后动，深谋远虑，多谋善断等，都是在讲计划。古人云：运筹帷幄之中，决胜千里之外；凡事预则立，不预则废，这都是在强调计划的重要性。

计划就是预先决定要做什么、如何去做、何时何地去做和由谁来做。计划活动是连接可能与现实、今天与明天、现在与未来的桥梁。通过计划活动，那些本来不一定能够实现的事情变得有可能实现，有可能变糟的事情得以朝好的方向转化。计划不是万能的，再周密的计划也会受到各种环境因素的干扰，但如果不进行计划，许多事情的发展就只有听之任之。

计划是管理的首要职能。在各项管理职能中，计划活动处于首先的地位。管理的组织、领导和控制职能都是为了促使和保证目标的实现，而组织的目标和实现目标的途径正是通过计划活动确立的。管理者只有在明确目标之后，才能确定合适的组织结构和适当的人员配备，确定按照什么方针来指导和领导下级，确定采取什么样的控制方法。图3-1概略地描述了这种相互关系。

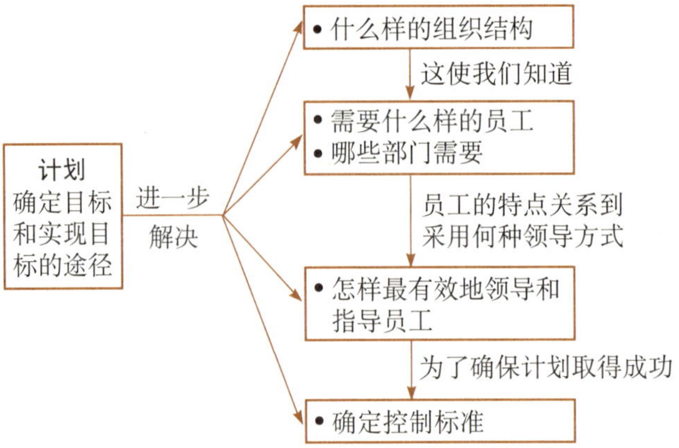

图3-1　计划领先于其他管理职能

计划是各级管理人员的一个共同的职能。组织中的管理者，无论职位高低，或多或少都要进行计划活动，尽管由于所处的位置和拥有的职权不同，管理者所从事的计划活动会有不同的特点和范围。一般来说，高层管理者主要致力于战略性的计划，而中层或基层管理者则主要致力于战术性或执行性的计划。

应该强调的是，管理中的计划职能是一个非常广义的概念，不宜将之等同于一般意义上的制定计划。

二、计划的作用

计划活动的作用表现在如下几个方面：

1. 应对变化和不确定性

未来的不确定和瞬息万变使得计划成为管理的必不可少的活动。为了实现预期目标，管理者必须对未来的变化进行预测，必须推测和估计这些变化对实现组织目标可能产生的各种影响，必须了解在变化发生时应当采取什么对策以及有哪几种可能的备选方案。这样一旦出现变化，便可以及时采取措施，而不至于手足无措、无所适从。尽管有些变化是不可预测的，而且随着计划期变长，不确定性也会随之增加，但这并没有否认计划的作用。相反，周密的计划和科学的预测将使得未来的不确定性和风险被降到最低限度。

有一个小例子颇能说明计划的重要性。有一位特技飞行员曾有过无数次大难不死的经历。当被问及他死里逃生的秘诀时，他的回答是，在自己醒着的时候，花了相当多的时间去想象飞行中可能会出现的各种情况，然后再分析自己应当采取何种应对措施。这样，当飞行过程中真的出现麻烦时，他就能够不慌不忙地立即作出反应。

与此形成对照的是 2011 年日本地震引发的福岛第一核电站的事故。这次灾难在很大程度上与核电站的计划疏失有关。日本国会福岛核事故独立调查委员会的报告指出，福岛核事故在很大程度上是一场“人祸”。该调查委员会的委员长黑川清说：“这是一场巨大的人为灾难，本应能够预见和预防；其影响也本应通过更有效的反应来降低。”当然，管理者不可能避免地震的发生。但是，如果事先在管理中计划得当的话，在灾难面前他们本可以应对得更加冷静、敏捷和有效，而不至于像当时那样惊慌失措、沟通混乱、指挥失灵，甚至让整个世界都陷入恐慌之中。

2. 使组织聚焦于目标

计划有利于使各部门的努力协调一致，有利于推动组织全体人员形成一股指向整体目标的合力，形成一种“上下同欲”的局面，也有利于促使埋头于日常事务的管理者去考虑未来。反之，计划不充分，组织中的成员和各个部门的努力将会导致各自为政，相互损耗，也就难以顺利实现预定的目标。

3. 使组织的活动经济合理

计划活动旨在以目标明确的共同努力来代替互不协作的分散活动，以均匀一致的工作流程来代替缺乏协调的随意行动，以深思熟虑的决策来代替仓促草率的判断。这有利于减少组织活动中的浪费，提高资源的使用效率，使得企业以及其他各种组织的活动经济合理。

4. 为控制奠定基础

控制就是使事情按计划进行。管理人员如果没有既定的目标和计划作为衡量尺度，就无法了解工作的进展情况，也就无法考核下级任务完成的好坏。因此，计划是控制的基础，它为有效控制提供了标准和尺度。没有计划，控制工作也就不存在。

此外，研究表明，计划活动本身能够使人产生成就感。因而，各级人员从事计划活动有利于调动他们的积极性和主动性。

三、计划活动的内容

只是强调计划或“谋”的重要性远远不够，我们还必须知道要“谋”什么。可以认为，在计划活动中，最重要的就是对如下四个问题做出回答：

（1）我是谁？

（2）我的处事原则是什么？

（3）我要到哪里去？

（4）我如何到那里去？

这四个高度抽象的问题涵盖了包罗万象的管理情境。任何类型的机构、任何层次和类别的管理人员都必须面对这些问题。能否对这些问题做出正确的回答，在很大程度上决定了管理的成败。

在这四个问题中，第一个问题“我是谁？”所对应的是一个机构的基本定位，在管理中称为组织的使命或宗旨；第二个问题“我的处事原则是什么？”所对应的是组织的价值观或者核心价值观；第三个问题“我要到哪里去？”所对应的是组织的愿景和目标；最后一个问题“我如何到那里去？”则涉及实现愿景的战略和途径。

对这些问题的回答便构成了组织中各种具体的计划形式（plans），这是一个由上至下的层次结构，如图3－2所示。其中所涉及的各个概念的含义简要说明如下。

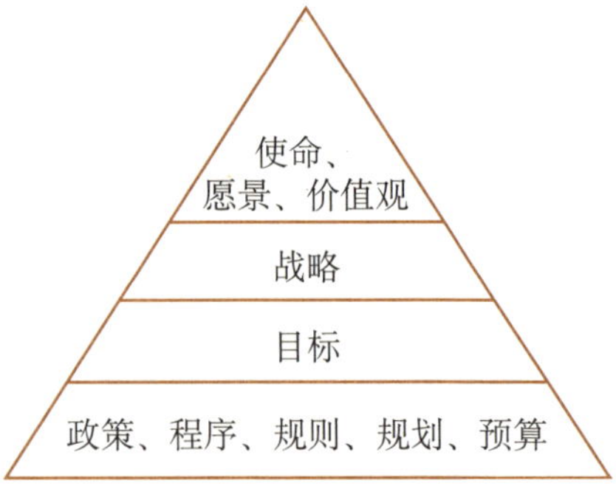

图3－2　计划活动的输出

（1）使命（mission）。也称为宗旨（purpose），是指一个组织的基本定位。任何组织都有其使命。如一所大学的使命是培养人才和研究学问，医院的使命是救死扶伤，而一个工商企业的使命则是向社会提供有经济价值的商品或服务。组织只有明确了自己的使命，其行动才能位于正确的轨道上。

（2）愿景（vision）。愿景是组织未来期望达到的一种状态，是组织远大的目标或追求，是需要花几年甚至十几年来实现的目标。

（3）价值观（core values）。通常也称为核心价值观，指的是一个组织的信念和原则，它决定了组织对好与坏、对与错、美与丑以及善与恶等问题的判断。

（4）战略（strategy）。战略通常表示一个总的行动方案，是指为实现总目标而做的重点部署和资源安排。战略为企业的经营活动指明了方向。

（5）目标（objective/goal）。目标是组织的活动所要达到的结果。

（6）政策（policy）。政策是管理者决策的指南，它规定了行动的方向和界限，使各级管理者在决策时有一个明确的思考范围，同时也有利于统一和协调管理者的思想和行动。政策允许管理者有斟酌裁量的自由。

（7）程序（procedure）。程序是给所要进行的活动规定的时间顺序，它确定了如何处理未来活动的例行方法。人们常常给反复出现的业务制定程序，一旦该项业务再次出现，便可依例而行。程序规定了如何采取行动，而不是说明如何思考问题。通过给例行活动制定程序，有利于管理人员将注意力集中在例外事情上。

（8）规则（rule）。规则可以说是一种最简单的计划，它规定根据一定的情况，是否可以采取某一特定的行动。就其本质而言，规则和程序旨在抑制思考，往往在不希望人们自由行动的场合采用。例如，高考时不得携带移动通信设备进入考场，这就是一个规则。

（9）规划（program）。规划是一种综合性的计划，它包括为实施既定方针所必需的目标、政策、程序、规则、任务委派、资源安排以及其他要素。规划多种多样，在实践中既有像航空公司开辟新航线那样的大型规划，也存在着诸如某企业的车间主任为了提高工人士气而编制的一般规划。

（10）预算（budget）。预算是用数字来表示预期结果的一种计划。它既可以用货币来表示，也可以用工时、机时、产品单位或任何用数字表示的其他指标来表示。

四、计划活动的过程

从时间上看，组织的计划活动可以看作一个依序进行的逻辑过程。这一过程通常由如下步骤构成：

（1）确立和沟通组织的愿景、使命、价值观；

（2）根据愿景和使命制定关键的战略；

（3）制定战略目标，进行目标展开；

（4）根据关键绩效指标测量、评审和审核进展状况。

其中的第 1 个步骤在本章第 2 节中详细讨论。第 2 个步骤构成了第 4 章的内容。第 3 个步骤在本章第 3 节讨论。第 4 个步骤则属于控制职能的范畴，将在本书第Ⅴ篇中介绍。

第2节 使命、愿景与价值观

对前述的“我是谁?”“我要到哪里去?”“我的处事原则是什么?”这几个问题做出回答，就是要确立组织的使命、愿景、价值观，这是管理任何组织的一个逻辑起点。不管是一个企业、一家医院、一所大学，还是任何类型的其他机构，无一例外。这几个基本问题如果含混不清，组织的努力可能就是无意义的，有时甚至会导致南辕北辙、弄巧成拙、适得其反。

托尔斯泰在《安娜·卡列尼娜》一书中写道，幸福的家庭都是相似的，而不幸的家庭各有各的不幸。组织也是如此。失败的组织各有各的故事，但那些成功的组织却极为相似，它们对组织的使命、愿景、价值观都有明确的认识，都清楚自己在追求什么并能够始终如一、坚持不懈。

一、使命

使命：也称宗旨或目的，是一个机构的基本定位，一个机构存在的理由，决定一个组织做什么，不做什么。

使命（mission），也称宗旨（purpose）或目的，是一个机构的基本定位，一个机构存在的理由，回答的是“我是谁”这一问题。它决定了一个组织做什么、不做什么。使命既反映了组织的选择，也表达了组织的承诺。一个组织只有明确了自己的使命，才能够着力去“做正确的事”。

没有明确的使命的组织，就如同一个梦游者。这样的组织往往是混乱或趋于混乱的，看上去似乎无所不能、无所不为，但实际上却一无所长，终究也会一无所成。在这类组织中，其成员追随的是他们的个人目的，而不是组织的共同追求。这样的机构最终分崩离析并不值得大惊小怪。

以下是一些知名公司的使命表述的例子。

迪士尼公司的使命是“让人们快乐”；阿里巴巴的使命是“让天下没有难做的生意”[1]；华为的使命是“丰富人们的沟通和生活，提升工作效率”[2]；谷歌的使命是“汇整全球资讯，供大众使用，使人人受惠”。

组织在确定了使命之后并不是就可以一劳永逸、一成不变。管理层应当定期反思组织的使命，既要避免因埋头赶路而误入歧途，也要防止钻入死胡同而错失良机。当然，组织过于频繁地变换使命也是不可取的。全面质量管理的鼻祖戴明博士在其著名的“戴明14点”中，第一点强调的就是“树立改进产品和服务的长久使命”。[3]其中很重要的教诲就是，组织要立志，更要立长志。一个组织朝秦暮楚、一日三变，没有恒心和坚持，注定是不能有大成就的。

组织在确立自己的使命时，要避免把目的与手段混淆起来。20世纪70年代，石英技术问世后，日本企业制造的物美价廉的电子表迅速占领市场，导致不少瑞士的中小钟表企业倒闭。是瑞士人不知道石英技术可以用于钟表吗？其实不然。按照著名的管理学家德鲁克的说法，瑞士人对钟表齿轮的热爱使得他们对石英技术视而不见。

小米科技的创始人雷军的认识颇为独到。小米科技自创立以来业绩非凡，该公司生产的智能手机在中国出货大有超过苹果 iPhone 的势头。但小米科技的创始人雷军对于将小米和苹果相提并论这一点并不感到高兴。雷军表示，小米更像谷歌和亚马逊，本质上是一家互联网公司。手机只是一个载体。如同微软把 Windows 操作系统刻在 CD 上放在盒子里卖一样，盒子和 CD 只是载体。雷军说："如果人们非要将小米与某家外国公司比较的话，你可以说它有点像苹果，但是它更像亚马逊，也带有一些谷歌的特质。将这三家公司合一块儿，可能更容易清晰地理解何为小米。小米卖移动电话就像亚马逊卖 Kindle 一样。所以你可以理解为什么我们要将它卖得这么便宜。"

二、愿景

愿景：组织未来期望达到的一种状态，是组织远大的目标或追求。

愿景是组织对"我要到哪里去"这一问题的思考。愿景是组织未来期望达到的一种状态，是组织远大的目标或追求，是需要花几年甚至十几年来实现的目标。愿景还常常被人们表述为"BHAG"，即"宏伟、惊险而大胆的目标"(BHAG 是 big，hairy，audacious 和 goal 四个词的首字母缩写)。

确立愿景要求具备相当的远见卓识。愿景应当表现出高度的想象力，并能够给人以巨大的鼓舞。愿景给人们一个努力奋斗的方向，让人们知道他们会变成什么，他们要变成什么。愿景不是狂言或赌博，组织必须有坚定的信心，坚信自己能够美梦成真。好的愿景表述应当具有推动力，且在整个组织中为人们所共享。

福特公司在 20 世纪初提出了"使汽车大众化"的愿景。亨利·福特用生动形象的描述给这一愿景赋予了生命：

> 我要为大众生产一种汽车……它的价格如此之低，不会有人因为薪水不高而无法拥有它，人们可以和家人一起在上帝赐予的广阔无垠的大自然里享受快乐的时光……当我使之实现时，每个人都能买得起它，每个人都将拥有它。马会从我们的马路上消失，汽车理所当然地取代了它……（我将会）给众多的人提供就业机会，而且报酬不薄。

再看看其他一些知名公司的愿景的例子。中国工商银行的愿景是"建设最盈利、最优秀、最受尊重的国际一流现代金融企业"[4]；中国移动的愿景是"成为卓越品质的创造者"[5]；腾讯公司的愿景是成为"最受尊敬的互联网企业"[6]；吉利汽车的愿景颇有点意思——"让世界充满吉利"[7]。

三、核心价值观

越来越多的组织在管理中表现出对价值观的重视。[8] 人们认为组织应当成为一种有信念的存在，这种信念便是组织的价值观或核心价值观，它是一个组织所拥护和信奉的东西，是一个组织最重要和永恒的信条，是一小部分不随时间的变化而改变的原则。

核心价值观决定了组织对好与坏、对与错、赞赏与不屑等问题的判断。核心价值观不是一种功利性的选择，而是一个组织的信仰。正如强生公司的首席执行官（CEO）拉尔夫·S.拉森（Ralph S. Larsen）所言，“体现在我们经营宗旨中的核心价值观可能是竞争优势，但这并不是我们拥有它的原因。我们之所以拥有它，是因为它界定了我们的支持和主张，即便它成为竞争劣势，我们也会坚守”。

核心价值观：一个组织所拥护和信奉的东西，是一个组织最重要和永恒的信条，是一小部分不随时间的变化而改变的原则。

价值观必须以管理层的行动和行为作为支持，否则只会成为一些空洞的口号。组织的方针政策必须符合组织价值观的要求。

一个企业的核心价值观一般来说不会太多，通常只有三五条而已。一个公司的核心价值观应当包括什么内容并没有一定之规。但一般来说，绝大多数公司会在其核心价值观中表达对人、诚信等这些根本性问题的看法。此外，顾客、社会责任、创新、团队精神等也是常常包括的主题。

价值观必须经得起时间的考验。当组织初步拟定了一个核心价值观的清单后，可以针对每一个项目进行提问：如果环境改变了，我们因为拥有这一条价值观而受到惩罚，我们还会保留它吗？如果你不能坦然地回答“是”，那么它就不是核心价值观，应该排除在外。

关于价值观在企业管理中的作用，万通董事会主席冯仑的见解颇有见地。他认为企业应当通过向宗教组织学习来做好价值观的培训工作。

四、使命、愿景、价值观与理念系统

使命、愿景、价值观综合起来就构成了一个组织的理念系统（mind identity，MI），它相当于一个机构的“魂”，也是企业文化最核心的构成。对使命、愿景、价值观进行正式的书面表述已经成为一种管理的常规。确立正式的MI系统有助于组织的理念得到充分的沟通，有利于组织成员的自我控制和自我激励，有利于确保组织的文化得到传承，还有利于组织通过迅速复制而成长、壮大。

如果说理念系统相当于一个机构的“魂”，这个机构还必须有一个安放灵魂的“体”，这个“体”便是组织的行为系统（behavior identity，BI），它由组织的规范、程序、制度、结构等组成。如果说“魂”是抽象的理念的话，“体”就是影响世界、改变世界的行为，“魂”要通过“体”才能具有力量，才能改变世界。

如同一个人一样，无论多么高贵的灵魂和强健的身体，赤身裸体是无法行走江湖的，总还是需要一身体面的行头才能游走在这个社会中，这身行头称为一个机构的视觉系统（visual identity，VI），即通过标志、标准色、标准字体及环境、建筑、服装、交通工具、产品、包装、广告、办公用品等形成的视觉上的机构形象。

一个组织的理念系统（MI）、行为系统（BI）和视觉系统（VI）结合起来，便构成了这个组织的身份特征系统（corporate identity，CI），CI 是一个特定的组织区别于其他组织的最基本的特征系统。在 MI、BI、VI 这三个子系统中，MI 作为机构的“魂”起着决定性的作用，它支配组织做出特定的行为（BI），并影响着公众对该机构的观感（VI）。一个组织的 CI 系统如图 3-3 所示。

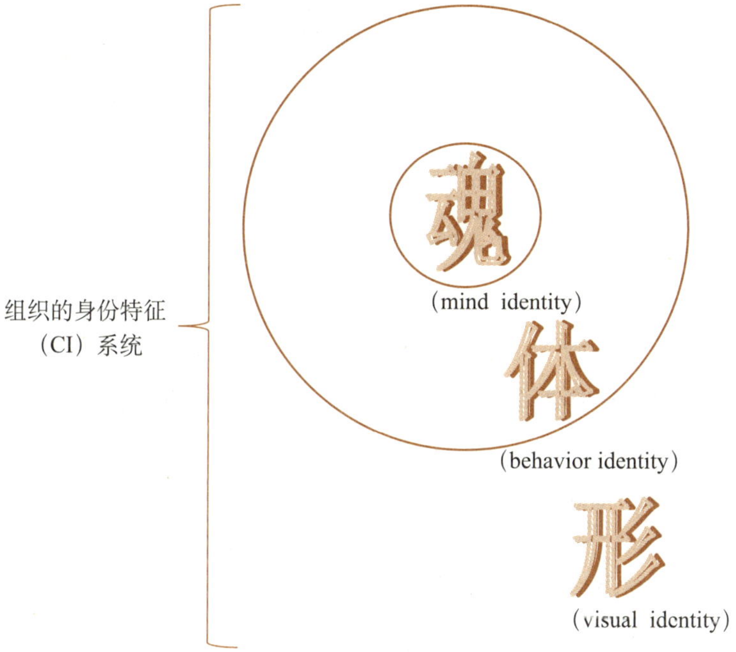

图 3-3 组织的 CI 系统

第 3 节 目标与目标管理

一、目标的含义与作用

（一）目标的含义

目标反映了个人、群体和组织活动的终点。组织的使命是通过完成一定的目标得以实现的。一个组织的目标可以看成是由自上而下多个层次的目标所构成的一个等级结构，如图 3－4 所示。处于顶层的是组织的愿景和使命，以下依次为组织的中长期目标、分领域目标、分系统目标、各部门目标，最后是组织成员的个人目标。在这个目标等级结构中，相邻两层目标间构成了一种目标－手段链的关系，下一层次的目标是保证上一层次目标得以实现的手段。

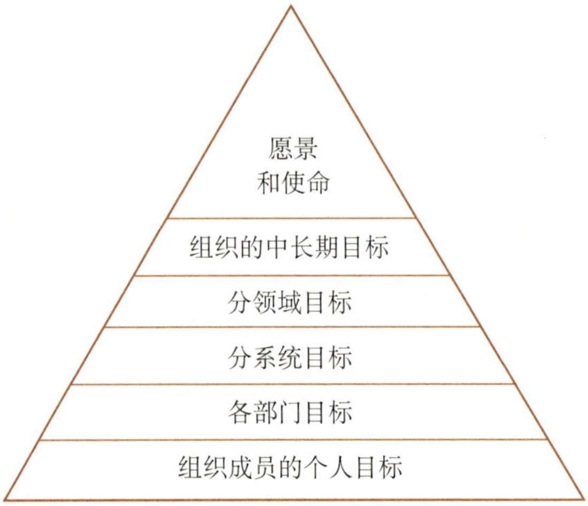

图 3－4　目标的等级结构

目标是长短期目标相协调的整体。组织的长期目标和短期目标之间必须形成相互协调的整体关系，才能使组织的活动取得成效。短期目标的设定是为了长期目标的实现。确定短期目标的过程，也就是为了实现长期目标而给各项工作评定轻重缓急的过程。

目标应当是具体（specific）、可测量（measurable）、可实现（attainable）、相关（relevant）且具有特定时间要求（time-bound）的，这通常称为目标的 SMART 原则。

（二）目标的作用

明确的目标能够为管理工作指明方向，对组织的成员起到激励作用，能够促使组织的成员及各部门凝聚成一个有机的整体，也是考核各级管理者和员工绩效的客观标准。

（1）为管理工作指明方向。管理是一个为了达到共同目标而协调集体努力的过程。如果不是为了达到一定的目标就无须管理。明确的目标为管理指明了方向。

（2）激励作用。目标是激励组织成员的力量源泉。从组织成员个人的角度来看，目标的激励作用具体表现在两个方面：

1）个人只有明确了目标，才能调动其潜能，尽力而为，创造出最佳成绩；

2）个人只有在达到目标后，才会产生成就感和满意感。

（3）凝聚作用。共同的目标对组织的成员具有一种凝聚力，特别是当组织目标充分体现了组织成员的共同利益，并能够与组织成员的个人目标和谐一致时。

（4）是考核管理者和员工绩效的客观标准。大量管理实践表明，将上级的主观印象和价值判断作为对管理者绩效的考核依据是不客观、不合理的，不利于调动下级管理者的积极性。

二、目标管理

（一）目标管理的含义与由来

目标管理（managing by objectives，MBO）是 20 世纪 50 年代发源于美国的一种综合的管理方法。它要求组织中的上级和下级一起协商，根据组织的战略确定一定时期内组织的战略目标或总目标，由此决定上下级的责任和分目标，并把这些目标作为组织评估和奖励每个单位和个人贡献的标准。目标管理最突出的特点是强调成果管理和自我控制。由于目标管理被认为更适合作为对管理人员的激励和评价，所以常常被人们称为“对管理者的管理”。

著名管理学家彼得·德鲁克是目标管理最热心的倡导者之一。德鲁克在其 1954 年出版的《管理的实践》一书中主张，并不是有了工作才有目标，而是相反，有了目标才能确定每个人的工作。[10] 企业的使命必须转化为目标。如果一个领域没有目标，这个领域的工作必然被忽视。管理者应该通过目标对下级进行管理，当组织最高层管理者确定了组织的战略目标后，必须对其进行有效分解，使其转变成各个部门以及每个人的分目标，管理者根据分目标的完成情况对下级进行考核、评价和奖惩。

目标管理提出以后便在美国迅速流传。正值第二次世界大战后西方经济由恢复转向迅速发展的时期，企业亟须采用新的方法调动员工积极性以提高竞争力，目标管理的出现可谓应运而生，遂被广泛应用，并很快为日本、西欧国家的企业所效仿。目标管理于 20 世纪 80 年代传入我国，受到了我国企业界、政府和各种社会组织的广泛关注。日本在开展全面质量管理中将目标管理的过程称为“方针管理”。受日本企业的影响，我国企业界一度将之称为“方针目标管理”。

（二）目标展开的过程

最高管理层确立了组织的中长期战略目标后，目标要加以展开，将目标转换为操作方案和项目。实践中，这类活动常常称为战略展开、战略部署等。

这里的展开意味着将目标分解为子目标后再将之分配到较低层次上去。在转换时必须注意这样一些细节，比如实现这些目标需要采取哪些行动，谁来采取这些行动，需要哪些资源，以及计划好的日程安排和重要的管理点。目标最终将被展开到各个部门、跨部门的团队以及个人。目标展开的过程也就是将大目标分解为短期目标或项目的过程。通过目标的分解，确定了所要采取的具体行动并委派了完成这些行动的具体责任。

目标展开的起点是识别组织和高层管理者的要求，这些要求决定了所要采取的行动，再考虑采取这些行动所需的资源，从而产生一整套子目标。子目标最终落实到具体的项目上。在某种程度上，目标的展开可按照组织等级层次的职权线来进行，如由总公司到事业部，再由事业部到职能部门等。然而，当目标涉及跨职能的业务过程或跨职能的影响顾客的问题时，这种简单的展开方式就会招致失败。这种情况下往往需要采取跨职能团队的做法，指定一个过程的拥有者来监测和维护这一业务过程。

目标确立后，就要在上下级之间进行沟通。最高领导者会询问同一层次的副手们："你们需要什么来支持这一目标？"下一个层次的主管也会同其下属讨论目标并且提出类似的问题，依此类推。各个层次的回答经过归纳后又返回到最高层。这一过程可能会重复几次，直到对最后的方案满意为止。日本人将这一双向沟通的过程称为"传球"，美国一些公司则称为"对话"。通过这一"传球"的过程，最高管理层与组织的各个层次清晰地沟通来年战略计划的关键核心领域，最高层以下各个层次的主管人员则辨识和提出组织应当重视的其他领域，最后决定计划所确定的领域分别由哪些部门和职能来负责。

通过这一系列的活动，组织将进入一种"上下同欲"的状态。

（三）目标管理的特征

目标管理具有如下一些特征：

1. 目标管理是参与式管理的一种形式

在目标管理中，目标的制定者就是目标的执行者。在传统管理中，组织目标的制定是最高层管理者的特权，下级管理者和一般员工只有执行的义务，目标的制定和目标的贯彻是相分离的；目标管理强调组织目标的制定要由上下级共同参与，目标的制定方式是由上而下和由下而上的结合，目标的达成过程也是上下级共同参与的。

2. 强调自我管理、自我控制

传统的管理采用的是一种监督和强迫的方式，而目标管理注重自我控制和自我管理。目标管理的主旨在于，用自我控制的管理代替压制性的管理，它使管理人员能够控制自己的行为。这种自我控制可以成为更强大的动力，促使人们尽力把工作做好，而不仅仅是过得去就行。

3. 促使下放权力

集权和分权的矛盾是组织的基本矛盾之一，唯恐失去控制是阻碍授权的主要原因之一。推行目标管理有助于协调这一对矛盾，促使权力下放，有助于在保持有效控制的前提下，使组织更有活力。

4. 注重成果第一

传统管理的考评工作常常以被考评对象的品质、态度等为依据，考评是上级单方面的权力，下级无发言权；目标管理强调考核要以工作实绩为依据，员工首先对照目标进行自我检查，然后上下级共同确定考核结果，并以此作为奖惩的依据。

（四）目标管理的益处

目标管理的益处可以简单归纳为以下几点：

1. 有利于组织全面提高管理水平

现实可行的目标依赖于计划工作的保证，同样，计划必须以最终目标为依据才有意义。这就迫使管理人员为实现最终目标而制定计划，同时也促使他们考虑为实现目标所采用的手段。

2. 有利于改善组织结构

为了将目标落实到岗位上，人们必须明确组织结构的状况，从而发现组织结构设计中所存在的缺陷，以及授权不足与职责不清等缺陷。

3. 有利于激发人们的主动精神和责任感

通过实施目标管理，每一个员工都参加了为自己拟定目标的工作，他们不再是被动的接受者，而是有着明确目标的、能够掌握自己命运的主动的追求者。

4. 有助于开展有效的控制工作

控制就是对进行中的业务活动加以衡量，发现计划实施过程中发生的偏差并采取措施加以纠正，从而保证既定目标的实现。能否正确适当地衡量业务活动取决于所使用的标准，而一套明确的、可考核的目标是最好的控制标准。

（五）目标管理的局限性

在实践应用中，目标管理也有一些局限性，包括：

1. 目标常常难以确定

有许多工作难以量化、具体化，在技术上难以分解，再加上环境的变化越来越快，组织活动日益复杂，组织活动的不确定性越来越大。这使得组织的许多活动难以制定量化的目标。

2. 缺乏灵活性

组织必须根据变化的内外部条件对目标进行修正，但目标管理要取得成效，又必须保持稳定性，从而产生了不灵活的危险。

3. 注重短期

目标管理所确定的目标一般都是短期的，很少超过一年。过于强调短期目标的弊病是显而易见的。

4. 增加管理成本

目标的商定要上下沟通、统一思想，这很费时间。每个单位、个人都关注自身目标的完成，可能忽略相互协作和组织目标的实现，致使产生本位主义、临时观点和急功近利的倾向。

5. 目标管理的哲学假设不一定都存在

目标管理在一定意义上建立在 Y 理论（参见第 11 章第 2 节）的基础之上，依据的是一套对人类动机的乐观假设。这种假设并非总是成立的，许多情况下，目标管理所要求的承诺、自觉、自治的气氛难以形成。

第 4 节 预测与危机管理

计划是对未来的事先安排，而未来存在着很大的不确定性。为了充分考虑未来不确定因素的发生、发展和变化，必须进行预测。管理者不仅要在情况发生变化时能够及时做出反应，还必须能预见到变化并采取相应的措施。显然，如果预见到那些可能对既定计划产生影响的重要变化，就有更多的机会取得成功。

一、预测的含义与作用

预测是对未来环境进行的估计，具体来说，就是对未来事件或现在事件的未来后果做出的估计。这种估计不是凭空的臆测，而是根据事物的过去和现在推测它的未来，由已知预计未知。

预测与计划虽然都与未来有关，但预测不同于计划。计划是对未来行动的部署，预测则是对未来事件的陈述。预测要说明的问题是将来会怎样，即在一定的条件下，采取或不采取某些措施和行动，估计将会发生什么变化。而计划要说明的问题是使将来成为怎样，即应当采取什么措施和行动来改变现有的条件，并对未来做出安排和部署以达到预期的目的。

在竞争中取胜与对未来的重要问题进行准确预测之间存在着紧密的关系。不对未来进行一定程度的预测，计划就很难切合实际。即使是计划一个简单的聚会，也要预测有多少人参加，需要多少食物，人们喜欢什么样的小吃和饮料以及会待多久等。

具体来说，预测的主要作用在于：

（1）帮助人们认识和控制未来的不确定性，提高管理的预见性，使对未来的无知减少到最低限度。

（2）使计划的预期目标与可能变化的环境和约束条件互相协调。

（3）事先估计计划实施可能产生的后果。

（4）促使各级管理人员向前看，面向未来，做到有备无患。

（5）发现当前存在的问题。

二、预测的方法

预测方法可以按照不同的方式加以分类。图 3-5 中将预测分为正式的和非正式的，后者如直觉、猜测、想象等。正式的预测方法则可以划分为定性方法和定量方法两大类。

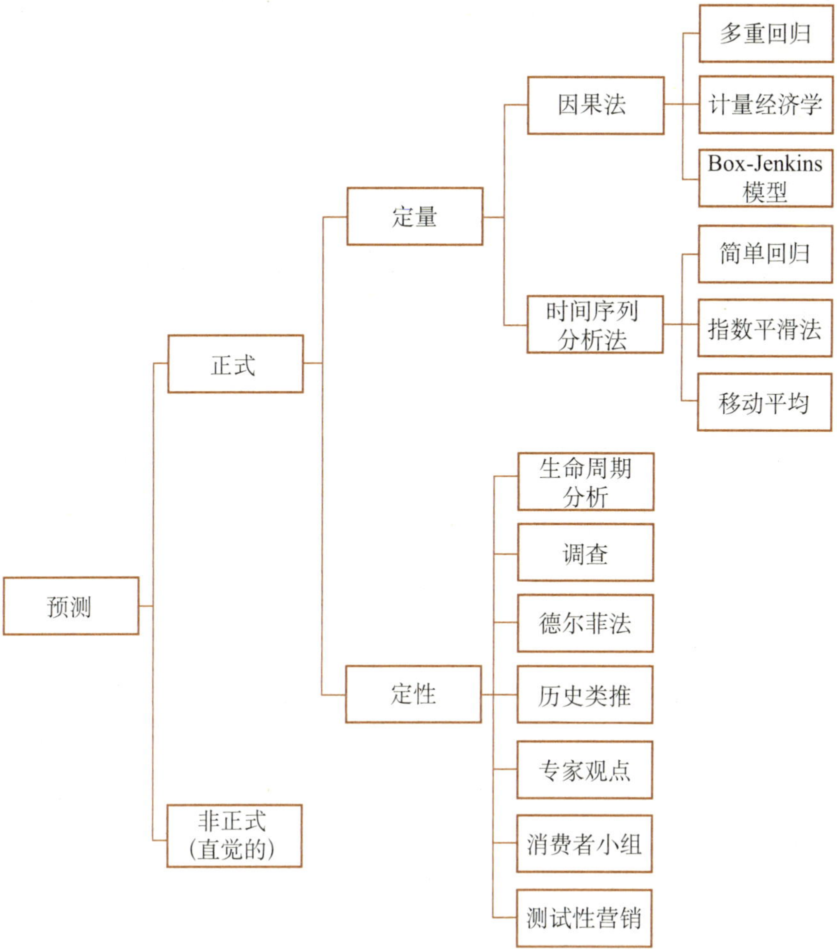

图 3-5 预测方法分类

(一) 定性预测方法

一般来说，定性预测方法通常用于长期预测，尤其是在外部因素产生重要影响的情况下。在缺乏甚至完全没有历史资料数据时，如导入某种新产品或新服务，常采用定性的方法。

定性预测通常采用如下方式：通过电话或邮件来调查消费者的态度与意图，消费者反应研究小组，在有限区域中进行营销测试，专家意见及小组调查，相似产品或服务的历史需求分析等。

情境规划（scenario planning）是用于理清扑朔迷离的未来的一种重要方法，也称为脚本法、情境分析法等。这种方法要求组织先设计几种未来可能发生的情形，接着再去想象会有哪些出人意料的事发生。它类似于一种虚拟的身临其境的博弈游戏，在问题没有发生之前，进入可能的情境中进行预演，当想象过的情境真正出现时，组织就能够处变不惊、沉着应对。

（二）定量预测方法

定量预测方法通常分为两类，一种方法只是将变量的历史或行为投射到未来（时间序列分析），另一种方法还要包括外部的数据（因果关系），如图 3－5 所示。

时间序列分析是两者中较为简单的一类，其范围从对过去数据进行的算术平均到纠正数据季节性的回归分析。那些简单的预测技术显然限于并主要用于极为短期的预测。这些方法通常在稳定的环境中表现良好，但对产业因素或国民经济的变化却不能做出反应。

因果分析方法通常相当复杂，需要用到外部因素的历史数据和高级统计技术。关于定量方法有许多套装的计算机预测软件包，既有时间序列分析，也有因果分析。

三、选择预测方法考虑的因素

预测方法的选择取决于诸多因素。这些因素主要有：

1. 预测的期限

长期（2～5 年）预测要求的准确性最低且仅需要大致的计划，而短期预测则要求较高的准确性。因此，短期预测应用的是最为精确的方法，当然，近期的数据通常是最准确的。

2. 有无数据可用

如果有数据可用，就可以应用某种定量预测方法，否则，就要应用非定量的方法。没有历史数据的预测就如同通过算卦来预测一般棘手。在预测时，只要可能就应当使用一些历史数据，历史数据并不需要十分完整。

3. 时间与费用

如果可用的时间与金钱的限制很多，就必须采用那些不太复杂的方法。总的来说，管理层希望所用的预测方法不仅预测成本要最小，因预测不准确所产生的代价也要最小，也就是说，要保持总预测成本的最小化。

4. 可用的手段

随着计算机的出现，基于历史数据的统计预测方法所需的成本及时间显著降低，因而使得应用这些高级方法进行预测更为划算。

5. 预测人员的能力

选择预测方法的另一个主要考虑因素是预测人员的专业知识水平、能力和经验。

四、危机管理

一项针对《财富》500 强的领导者所做的专项调查表明，80% 的被调查者认为，危机对于现代企业就如同死亡对于人一样，是不可避免的事情。危机管理（crisis planning）就是组织为了应对突发的危机事件，尽量使损害降至最低而事先建立的防范、处理体系和相应的措施。[11] 通常可将危机管理分为两大部分，即危机发生前的预防管理和危机发生后的应急善后管理。

危机管理：组织为了应对突发的危机事件，尽量使损害降至最低而事先建立的防范、处理体系和相应的措施。

危机发生前的预防管理包括树立正确的危机意识，居安思危，未雨绸缪；建立有效的危机预警系统，常备不懈；成立危机管理小组，确立组织保证；定期进行危机管理的模拟训练，培养和提升组织的危机管理能力。

危机发生后的应急善后管理包括危机一旦发生，组织必须迅速做出反应，果断行动，采取有效的措施隔离危机，不让事态继续蔓延，力求在损害扩大之前控制住危机，并迅速着手找出危机发生的原因。面对危机时，要沉着镇静，遵照事先制定的预案行动，避免手足无措。要设身处地为受到危机影响的公众减少或弥补损失，避免搪塞推诿，要认识到对公众负责是组织的最大利益。作为妥善处理危机的一个关键环节，组织必须建立有效的信息传播系统，保证信息通畅，做好传播沟通工作，争取媒体的理解与合作。还要注意发挥权威机构（如政府主管部门）、新闻媒体及中立机构和人士的作用，以增强公众的信赖。

危机既包含导致失败的根源，也孕育着成功的种子。处理不当的危机会成为葬送组织的灾难，三鹿公司因三聚氰胺而破产便是典型的例子。危机如果处理得当，就有可能演变为成功的“契机”。强生公司当年在面对投毒事件时的成功应对成为组织危机管理的典范。

注释

[1] 阿里巴巴集团公司简介.（2018-02-10）. http://www.alibabagroup.com/cn/about/overview.

[2] 关于华为：华为是谁？.（2018-02-10）. http://www.huawei.com/cn/about-huawei.

[3] 爱德华兹·戴明. 戴明论质量管理. 海口：海南出版社，2003.

[4] 中国工商银行企业文化.（2018-02-10）. http://www.icbc.com.cn/ICBC/html/guanggao/2012nian/1203qywhzq/main.html.

[5] 中国移动企业文化理念.（2018-02-10）. http://www.10086.cn/aboutus/culture/culture1.

[6] 腾讯公司愿景.（2018-02-10）. https://www.tencent.com/zh-cn/index.html.

[7] 吉利汽车企业文化.（2018-02-10）. http://www.geely.com/brandworld#ToCulture.

[8] 吉姆·柯林斯. 基业长青. 北京：中信出版社，2009.

[9] 冯仑. 理想丰满. 北京：文化艺术出版社，2012.

[10] 彼得·德鲁克. 管理的实践. 北京：机械工业出版社，2009.

[11] 罗伯特·希斯. 危机管理. 北京：中信出版社，2004.

复习思考题

1. 计划职能的含义是什么？
2. 为什么说计划是管理的首要职能？
3. 计划是哪个层次的管理者承担的职能？
4. 计划活动的主要作用有哪些？
5. 计划活动要对哪些问题做出回答？这些问题各自对应管理中的哪个概念？
6. 计划活动的过程由哪些步骤构成？
7. 什么是使命？
8. 什么是愿景？
9. 什么是核心价值观？
10. 政策、程序、规则、规划、预算的含义分别是什么？
11. 核心价值观是否必然表现为组织的竞争优势？
12. 何谓一个组织的理念系统（MI）？
13. 确立正式的MI有何作用？
14. 何谓组织的CI？它与MI、BI、VI是何关系？
15. 目标的含义是什么？
16. 何谓目标的SMART原则？
17. 一个组织的目标体系可以看成是由哪几个层次构成的？
18. 目标的作用是什么？
19. 简述目标管理的含义与由来。
20. 目标是如何展开的？
21. 目标管理具有哪些特征？
22. 目标管理有何益处？有何局限性？
23. 将愿景和目标转化为具体行动的过程通常由哪些步骤构成？
24. 什么是预测？
25. 预测主要有哪些作用？
26. 什么是情境规划？
27. 什么是危机管理？
28. 通常可将危机管理分为哪两大部分？
29. 危机发生前的预防管理包括哪些内容？
30. 危机发生后的应急善后管理包括哪些内容？

案例 3.1 大学艺术博物馆

访客来到这所著名大学的校园，经常被带到学校引以为豪的大学艺术博物馆参观。这座富丽堂皇的新古典主义建筑的照片长期被用作学校宣传册和招生目录的封面。

1912 年前后，一位校友向母校捐赠了这一建筑和一笔丰厚的善款，他同时捐出了自己为数不多但十分珍贵的收藏品。直至去世前，他一直充当博物馆不拿报酬的馆长。在任期内，他从其他校友手中募集到了更多的收藏品。在其管理期间，只有学校艺术史系的部分教师可以进入馆内参观。

20 世纪 30 年代末，博物馆创始人去世，艺术史系的研究生科考夫临时接管了这项工作。她接手后，将藏品编目，寻觅新的赠品，建立了专为博物馆筹集的基金。最重要的是，她将博物馆与学校的工作结合起来。第二次世界大战后，由于大学用房紧张，科考夫将博物馆的三楼提供给艺术史系作为教师的办公室。她还在博物馆设置了教室和一座现代化的礼堂，创立了全国最好的艺术史参考书阅览室。她还组织了一系列特展，每次都邀请一位艺术史系的杰出教师来撰写展品目录，这些目录很快成了重要的学术文献。

科考夫管理大学艺术博物馆达半个多世纪，72 岁时，在经历一次严重的中风后，她选择了退休。在辞职信中她骄傲地提到博物馆的发展和她在职期间的成就，“现在我们的赠品和那些规模几倍于我们的博物馆一样多。在我们致力的领域，我们的收藏品虽然数量不多，但有着一流的质量和重要性。我们举办的系列演讲由艺术史系的教师向全校师生介绍一些主要的专题，我们的展览参观人数仅次于那些大型博物馆举办的展览。博物馆开办的课程和研讨会成了大学最著名和发展最快的教学特色之一。没有一家博物馆如此成功地将艺术融入大学生活，同时将大学与博物馆相融合”。

科考夫建议学校任命一位专职的博物馆馆长作为她的继任。学校采纳了科考夫的建议。候选人是该校一位毕业生，取得了艺术史和博物馆方面的博士学位。他的教学和行政履历都非常完美，曾在一座中等城市的博物馆担任馆长，且表现不俗。

新馆长上任之初宣布，他将博物馆视为一项“重要的公众资源”，他计划“使博物馆庞大的艺术和学术资源像对学术团体一样，对大众完全开放”。当他在接受校园新闻报采访谈到这些时，每个人都表示赞同。但人们很快意识到，他所谓的“公众资源”与学校师生对这个词的理解是不同的。新馆长做的第一件事是增加来自附近公立学校的参观者。他很快开始改变展览方针。博物馆不再举办以自有藏品为主的小型展览和编撰具有极高学术性的展品目录，而是开始组织诸如“各时代的女性艺术家”之类的公众喜闻乐见的大众化展览。更有甚者，新馆长没有设计自己的展览，而是引入其他著名博物馆的巡回展，直接使用现成的展品目录，而不再请本校的教师制作。他在报纸、广播和电视访谈中，特别是在当地的中学热情地宣传这些展览。很快，这个原本繁忙却安静的大学就被中学生淹没了，他们被专门的巴士带到博物馆，挤满了博物馆周围的道路甚至整个校园。

教师们开始对参观者带来的噪声和混乱感到不满，尤其是艺术史系德高望重的老主任在从博物馆大厅前往自己办公室途中被几个中学生用水枪袭击的事件，更使他们彻底失望。

在最初的几个月里，学生们几乎把新馆长当成校园英雄，但很快他们的热情开始消退。艺术博物馆举办的课程和研讨会的参加人数锐减，晚间演讲的情况也是如此。当校园新闻报的编辑就博物馆的现状采访学生时，他们说现在的博物馆太“闹”了，他们无法从课程中得到享受，获取知识。

这年年底的一次伊斯兰艺术展将这一切推到了顶峰。因为博物馆只有很少的伊斯兰艺术藏品，故这次展览得到了一些阿拉伯政府的协助，没有人对此提出批评。但是，馆长并没有请自己学校的成员在开幕式上做演讲，而是从华盛顿邀请了一位阿拉伯大使馆的文化专员。据称，演讲人利用这个机会抨击了以色列以及美国支持以色列反对阿拉伯人的政策。一个星期后，大学董事会决定任命一个主要成员——来自艺术史系的顾问委员会——负责批准未来的所有展览和演讲计划。馆长尖锐地批评校方是“精英分子”和“势利小人”，6个月后，他辞职了。

根据常规，学校董事会任命了一个委员会来选拔继任者。通常这只是一种形式。主持人说：“很明显，上次我们选错了人。这次我们必须慎之又慎。”

他的话立刻被一位经济学家打断了，“我承认上一位馆长可能不是恰当的人选，但我绝对相信人选不是问题的关键。他尝试让我们的博物馆成为一项公众资源，让大众走进博物馆，让大多数人有机会接触艺术，这才是我们所痛恨的。也许他的方法不是最恰当的，但他的目的是正确的。我们最好将他努力推行的作为政策的中心，否则我们就真的是他所说的‘精英分子’和‘势利小人’了”。

“这是胡说，”一贯安静有礼的艺术史系的教授说，“让我们的博物馆成为某种公众资源没有任何意义。我们这座城市拥有全世界最好和最大的博物馆之一。我们的博物馆是全国甚至是全世界唯一的与学术团体和教学机构结合的博物馆。没有哪座博物馆像我们这样帮助本科生接触艺术。我们给那些以前没有机会接触艺术品的艺术史系学生授课，他们对我们的课程最感兴趣，因为他们是从学术而不仅仅是‘艺术欣赏者’的角度出发。这是独一无二的，是我们的博物馆能够且应该做的事。”

“我怀疑这是不是我们应该做的，”数学系的系主任评论道，“据我所知，这座博物馆是研究生院的一部分。它应该致力于艺术史系博士生的培养和学术研究。我主张博物馆应该作为研究生教育特别是博士生教育的一个辅助工具，限制其活动范围，停止一切‘大众化’的努力。博物馆的荣耀是我们的教师和博士生制作的学术性的藏品目录，这些博士生成了全国各地艺术史系追逐的对象。‘大众化’的企图只会带来损害。”

“这些观点非常有意思，而且很重要，”主持人打圆场说，“但我想我们可以等到新馆长的人选确定后再讨论。到时我们可以把这些问题提交给他。”

“我必须表示异议，主持人，”一位年长的教授说，“我认为我们面临的恐怕不是人选的问题。如果说上一位馆长有什么错误，那就是他代替你们做了一些根本性的管理决策。老实说，是你们而不是这位馆长造成了今天的这种局面。我认为，此时此刻讨论应该由谁来管理是没有意义的。”

这时主持人意识到如果不想面对无用的争吵，就不得不让会议延期。但他也意识到，必须在下个月开会之前明确所面对的问题和可能的决议。

［**讨论**］

这个大学博物馆面对的问题是什么？应当采取哪些对策？

案例 3.2 蚂蚁金服的普惠金融

蚂蚁金服成立于2014年10月，以“给世界带来更多平等的机会”为使命，由支付宝起步一路发展而来，业务范围涵盖银行、保险、支付、理财、征信等多个金融领域，向全球6亿消费者用户以及数千万小微企业提供金融服务，是国内乃至全球最具代表性的金融科技企业。

蚂蚁金服董事长彭蕾是这样解释“蚂蚁”的内涵的：“我们只对小微世界感兴趣，就像蚂蚁一样，虽然渺小，但齐心协力，爆发出惊人的力量，在前往目的地的道路上永不放弃。”自诞生之初，蚂蚁金服就专注于小微世界，从支付宝到余额宝、网上银行、芝麻信用等，致力于服务80%得不到良好金融服务的广大草根消费者和小微企业，这正是选择“蚂蚁”这个名字的原因所在。

支付宝是以个人为中心、以实名和信任为基础的生活平台。自2004年成立以来，支付宝已经与超过200家金融机构合作，为近千万小微商户提供支付服务，拓展的服务场景不断增加。支付宝吸引了超过8亿注册用户，活跃用户数超过5.2亿。在覆盖绝大部分线上消费场景的同时，支付宝通过餐饮、超市、便利店、出租车、医院、公共服务多种场景的拓展，激活传统商业和公共服务，通过互联网方式的营销、大数据服务等，助力传统商业和公共服务体验的升级。通过淘宝和支付宝，阿里成功建立了一整套信用评价体系与信用数据库，积累了大量的原始商户数据。

余额宝于2013年的问世让“1元钱就能理财”成为现实。余额宝被大众誉为草根理财神器，其“1元起存，随时申购赎回，申购操作快捷方便，收益率大大高于银行理财”的美名迅速在坊间流传。由于支付宝对接了800万以上的淘系商户和80万以上的支付宝外部合作商户，所以它可以为余额宝用户提供一站式的生活场景服务，极大地拓展了余额宝这种货币基金的价值。余额宝的这一创新准确定位了网购支付人群这一海量长尾客户群，帮助客户实现了资金价值。

阿里小贷面向小微企业和个人创业者推出无抵押、无担保的纯信用贷款产品，网上作业，审批快捷，服务对象主要是淘宝和天猫卖家等。阿里小贷的特点是小额、快速。平均每笔贷款不到4万元，户均授信额度约13万元。信贷成本非常低，线上放1元贷款和100万元几乎没有区别。3分钟申请，1秒钟授信，0员工介入，最短放贷时间仅需3分钟。以淘宝、天猫卖家使用最频繁的订单贷款为例，全部商家平均全年使用订单贷款的次数为30次，每次贷款使用的平均时长仅4天。典型的淘宝小商户不设库存，当天晚上收齐订单，向阿里小贷申请一笔订单贷款，第二天去批发市场取货、发货。卖家确认货款到账，系统自动扣去相应金额还贷，无须用到商户的自有资金。80后、90后的年轻人是阿里小贷的主要客户群体，有近80%的获贷者从未有过贷款记录。这意味着，从阿里小贷获得的贷款是这些年轻人人生中的第一笔贷款。2015 年，蚂蚁金服主导成立了国内首批民营银行之一的浙江网商银行。从阿里小贷到网商银行，基于大数据的征信与风控体系以及互联网贷款的模式，为小微企业融资这个世界性难题提供了一个新解。

芝麻信用通过免押金、先享后付的利器，在众多行业打开突破口，让人和机构之间的商业关系发生颠覆性的改变，使得信用的便利与普惠悄然进入普通人的生活。与支付宝“因为信任，所以简单”的理念一脉相承，芝麻信用以科技的力量助力社会信用体系，通过构建覆盖多元生活与商业场景的信用闭环，在普惠民生、创新金融发展的同时，真正让守信者一路畅通，失信者寸步难行。此外，以蚂蚁花呗、借呗以及消费保险为代表的消费金融发展火热，助推了公众消费观念的转变与潜在消费需求的释放。

2015 年，蚂蚁金服推出“蚂蚁金融云”，将自己积累的云计算能力和技术向金融机构全面开放。蚂蚁金融云整合了蚂蚁技术经多年“双十一”大促锤炼的大规模交易处理能力，让金融机构，尤其是国内广大的中小金融机构降低了运行成本和创新成本，提高了运行效率，其开放的风控模型可以帮助金融机构更好地对金融服务进行风险定价。

蚂蚁金服正在加速其全球化的布局。蚂蚁金服董事长井贤栋表示：“对全球化我总结出一个 4G。一是 Global vision，即全球化视角，未来服务全球 20 亿用户；二是 Global mindset——全球化思考，理解不同的需求；三是 Global knowledge——全球化的知识，尊重文化差异，找到共同愿景；四是 Global talent——全球化人才。”过去两年多，蚂蚁金服通过与当地合作伙伴合作，在印度、泰国、印度尼西亚、马来西亚等 9 个国家落地了移动支付，力争让国内的成功经验在海外落地，让不同国家和地区的人民都享受到普惠金融服务。

［讨论］

试评价蚂蚁金服的经营思路。

案例 3.3 三联书店与南方科技大学

南方科技大学

位于深圳的南方科技大学自2010年创办以来，一直受到舆论的极大关注。作为一所“体制外”的高校，南科大承载了人们对教育体制改革的诸多期望和憧憬。南科大的一举一动都会引起社会各方的热烈讨论。

受命筹建南方科技大学的朱清时教授是中国科学院院士，曾担任中国科技大学校长达10年之久。朱校长曾把即将诞生的南方科技大学比喻成一栋一流的别墅，表达了他对创建一所世界一流大学的憧憬。创校之初，南方科技大学明确把香港科技大学作为改革的模板和方向。2010年，在香港科技大学与南方科技大学签订的合作协议框架下，香港科技大学的3位教授来到南方科技大学协助筹建工作。

香港科技大学的创建有其独特的思路，他们首先进行了周密而精心的筹划和设计，包括组建理事会、遴选校长、起草章程、全球招聘教师等。香港科技大学的第一任校长吴家玮在谈及当初建校的体会时说道：“很多东西一开始就得定好，比如根据专业设置，要建微电子实验室的话，为了绝缘，地下基石都得事前规划好，不能先造再拆。你得根据专业告诉建筑师怎么去设计，这些是学校需要自己做的准备工作，与政府、教育部没关系。”

但是，朱清时校长认为，在中国内地办大学，必须采取“边开车，边铺轨”的模式，不能等待一切完备。这所尚在搭建的“别墅”已开始接纳“住客”，而作为关键“砖头”的教师团队也在招募之中。南方科技大学的规章制度、行政架构、培养计划、学术委员会等，都未能在招生前完成，实验室也没准备好。在诸多行政架构缺失的情况下，朱校长必须亲自处理许多细节事务。

由于办学理念上的分歧，香港科技大学的3位教授于2011年年初先后退出，并公开在媒体发文质疑南方科技大学的一些做法违背了教育规律，认为“你不能还没有设计图纸就开工建设什么一流别墅，更不能别墅还没建好就让‘住客’入住”。

朱校长则认为，去年决定招生是因为外部条件已经具备，从教育部到深圳市政府都表态支持，在内地大学对优秀生源的争夺白热化的情况下，如此时机不容错过。

支持朱校长的观点认为，能否抓住机遇决定了改革的成败。任何现实的改革都是不同利益、不同价值平衡妥协的结果。但质疑者认为，大学的生存土壤当然有差别，但办学是有规律的。

在担任第一任校长5年后，朱清时于2014年9月卸任，继任者是原北京大学副校长、中国科学院院士陈十一教授。

“三联保卫战”

生活·读书·新知三联书店（简称三联书店）是一家历史悠久的出版社。它的前身是现代新文化运动的先辈邹韬奋、胡愈之、徐伯昕、李公朴、艾思奇、钱俊瑞、薛暮桥等人在上海创立的三家书店，即成立于1932年的生活书店、1935年的新知识书店和1936年的读书生活出版社。1948年10月，三家书店在香港组成生活·读书·新知三联书店。1951年起，三联书店与人民出版社合并。1986年1月起，三联书店恢复独立建制，成为国家新闻出版总署直属的综合性出版社。三联书店以出版高品位的人文科学和社会科学的译著图书形成了独特的文化品牌，受到读书界的广泛尊敬。

2000年之后，随着网络时代的到来，出版业面临前所未有的挑战。三联书店的经营业绩日益下滑，亏损巨大。时任三联负责人开始发力“地图、文学和教材”的所谓“新三联”战略，此举引起了人们的广泛不满和抵制。2004年3月19日，有媒体报道，三联书店发行的《中国公务员》杂志竟用了《读书》的刊号。《读书》曾被认为是中国读书人的精神家园。三联书店主要领导人的行为引起了公愤，并引发了中国文化界长达半年的一场轰轰烈烈的“三联保卫战”。

2004年4月5—30日，三联书店针对主要领导人的问题开了7次社委会“专题会议”。绝大多数社委认为三联书店出版了大量的教材教辅，给三联书店的品牌、形象带来了严重的负面影响。

2004年4月30日，中国42家民营书店联名递呈了“致北京三联书店暨中国出版集团的公开信”。公开信的发起单位是北京万圣书园、上海季风书园、广州学而优书店和贵州西西弗书店等中国4家著名的民营人文书店。公开信写道：“……使三联七十余年之基业，有堕隳之虞，宇内一片哗然，我等亦深感痛切。我辈虽以贾书为业，然亦颇以传播文化为己任，私意与三联休戚一体，唇亡齿寒，敢不直言以告?”

万圣书园的董事长对记者说：“我们热爱三联，我们是三联20多年来的忠实读者。……大家觉得要发出一种共同的声音，不能任由一个著名的出版社因为区区一个人而毁于一旦。”

同一时期，杨绛、邵燕祥等作家、学者在很短的时间里不约而同地写回忆老“三联”的文章，以另一种方式表达了他们的忧虑和期待。

三联书店的上级主管部门中国出版集团对举报信、公开信的内容进行了广泛调查。2004年9月14日，时任主要负责人的W被调离三联书店，从2004年3月19日被媒体曝光，历时180天的“三联保卫战”最终尘埃落定。

［讨论］

试比较分析南方科技大学与三联书店当时所面对问题的异同。

案例 3.4 三鹿与强生

虽然已经过去了整整十个年头，但人们对于2008年9月发生的震惊全国的“毒奶粉”事件仍然记忆犹新。在这次事件中，成千上万的消费者受到伤害，企业、股东、员工付出了沉重的代价，我国的整个奶制品产业遭受重创，全国消费者的信心仍未得到完全的恢复。这次事件的主角三鹿集团在整个事件发生过程中的表现令人扼腕。与之相对照，强生公司当年也曾遭遇类似的危机。但是，两家公司却有着迥然不同的命运。

1. 三鹿“毒奶粉”

三鹿集团位于河北省石家庄市，其奶粉销量连续11年位居全国第一。2008年9月11日，中国卫生部宣布，“高度怀疑石家庄三鹿集团股份有限公司生产的三鹿牌婴幼儿配方奶粉受到三聚氰胺的污染”。按照石家庄市政府的说法，是不法分子在原奶收购过程中添加了三聚氰胺。然而，没有多少人相信三鹿集团对此毫不知情。国务院调查组公布的信息显示，三鹿集团2007年12月就接到患儿家属投诉，但直到2008年3月才开始调查。这意味着，在接到投诉后的3个月时间里，三鹿集团明知奶粉中含三聚氰胺，还在继续生产和对外销售。至2008年11月27日卫生部通报，全国累计报告因食用三鹿牌奶粉和其他个别问题奶粉导致泌尿系统出现异常的患儿29万余人，住院的患儿高达5万余人，6例死亡。

9月16日，当地政府宣布免去三鹿集团党委书记、董事长及总经理田文华的职务，三鹿集团全面停产整顿。9月17日，因认定三鹿集团涉嫌生产、销售有毒、有害食品罪，带领这家企业前行21年的田文华被警方刑拘。中国奶业龙头企业的形象瞬间崩塌。2008年12月25日，当地政府通报：目前三鹿集团净资产为-11亿元，宣告破产。“三鹿”这一曾经广为人知的品牌从此成为历史。12月31日，三鹿集团4名高管接受法律审判。2009年1月22日，石家庄市中级人民法院一审宣判，田文华因犯生产、销售伪劣产品罪，判处无期徒刑，剥夺政治权利终身，并处罚金人民币2 468万元。

2. 强生“毒泰诺”

1982年9月29—30日，在芝加哥地区发生有人因服用强生公司主打产品泰诺而中毒死亡事件。消息传开后，在美国引起一片恐慌。强生公司并没有掩盖事实，而是一方面同警方合作，展开对事件的调查；另一方面在全美范围内回收了数百万瓶泰诺，同时花费50万美元向那些可能与此有关的内科医生、医院和经销商发出警报。经过对800万药片的检验，发现所有这些受污染的药片只源于一批药，总共不超过75片。最终的死亡人数只有7人，且限于芝加哥地区。最后的调查结果显示，是有人故意在泰诺的胶囊里投放了氰化物，而强生公司是无辜的。此事件的发生给强生公司造成上亿美元的损失，但公司由于成功的善后处理而赢得了消费者和社会舆论的同情。在事件发生后仅 5 个月内，该公司就夺回了该药原来所占市场的 70%，并在两年后重新夺回市场老大的位置。

《华尔街日报》报道说："强生公司选择了一种自己承担巨大损失而使他人免受伤害的做法。如果昧着良心干，强生将会遇到更大的麻烦。"强生公司有一个"做最坏打算的危机管理方案"，其重点是首先考虑公众和消费者利益。之所以能够做到这一点，是因为强生公司有一套传承百年之久的信条。强生公司的信条最终挽回了公司的信誉。

在强生公司精心经营百年间保持不变的原则与理念中，最显著的就是强生的信条。这些信条的精神深入每个强生员工的心中。在过去 80 多年间，强生的信条被译成近 50 种语言和方言，在世界各地传播。

强生信条教诲每一位员工，首先要关注客户，对医生、护士、病人、父母以及所有使用强生的产品和接受强生的服务的人负责。其次要关注员工，维护他们的尊严，尊重他们的价值；关注社会和世界，积极支持社会发展，促进人类健康。最后，如果能够依照这些原则经营，股东就会获得合理的回报。

强生公司的信条

我们首先要对医生、护士、病人、父母以及所有使用我们的产品和接受我们的服务的人负责。为了满足他们的需求，我们所做的一切都必须是高质量的。我们必须不断地降低成本，以保持合理的价格。客户的订货必须迅速而准确地供应。我们的供应商和经销商应该有机会获得合理的利润。

我们要对世界各地和我们共事的男女同仁负责。每一位同仁都应视为独立的个体。我们必须维护他们的尊严，赞赏他们的优点。要使他们对工作有一种安全感。薪酬必须公平合理，工作环境必须清洁、整齐和安全。我们必须设法帮助员工履行他们对家庭的责任。让员工在提建议和申诉时畅所欲言。对于合格的人必须给予平等的聘用、发展和升迁的机会。我们必须具备称职的管理人员，他们的行为必须公正且符合道德。

我们要对社会、对整个世界负责。我们必须做一个好公民——支持对社会有益的活动和慈善事业，缴纳应付的税款。我们必须鼓励全民进步，促进健康和教育事业。我们必须维护好我们所使用的财产，保护环境和自然资源。

最后，我们要对全体股东负责。企业经营必须获得可靠的利润。我们必须尝试新的构想；必须坚持研究工作，开发革新项目，承担错误的代价并加以改正；必须购置新设备，提供新设施，推出新产品；必须设立储备金，以备不时之需。如果我们依照这些原则进行经营，股东就会获得合理的回报。

[**讨论**]

试比较上述两家公司在面临危机时的不同反应。

第 4 章

战略管理

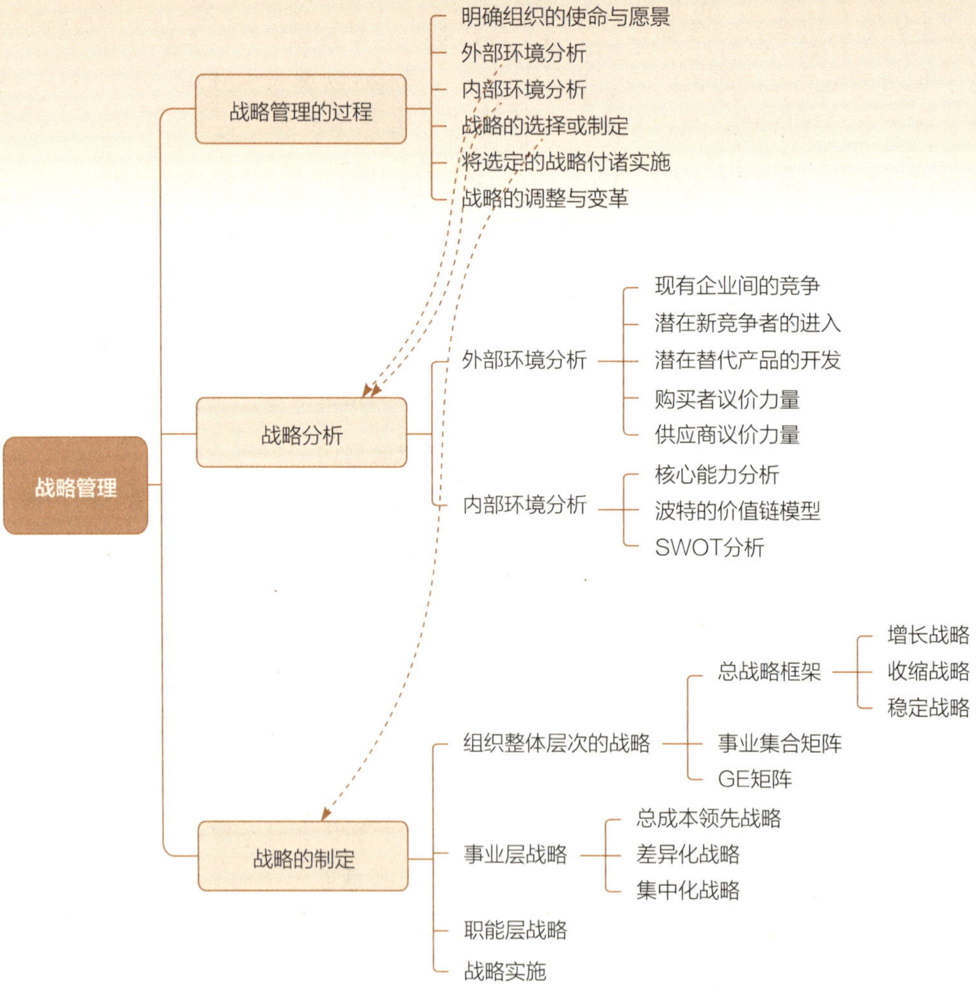
战略管理
战略管理的过程
明确组织的使命与愿景
外部环境分析
内部环境分析
战略的选择或制定
将选定的战略付诸实施
战略的调整与变革
战略分析
外部环境分析
现有企业间的竞争
潜在新竞争者的进入
潜在替代产品的开发
购买者议价力量
供应商议价力量
内部环境分析
核心能力分析
波特的价值链模型
SWOT分析
战略的制定
组织整体层次的战略
总战略框架
增长战略
收缩战略
稳定战略
事业集合矩阵
GE矩阵
事业层战略
总成本领先战略
差异化战略
集中化战略
职能层战略
战略实施

战略管理在很大程度上决定着组织的成败。在高度竞争的环境中，管理者能否有效地制定战略和执行战略，往往决定了一个组织是领先还是落后，决定了组织的命运是掌握在自己的手中，还是在竞争的激流中左支右绌、苟延残喘。

第 1 节　战略管理的过程

战略：组织的总体行动方案，是为实现总目标而做的重点部署和资源安排。

战略是最重要的计划形式之一。战略是组织的一种总体行动方案，是为实现总目标而做的重点部署和资源安排。战略是一个总方向，是对组织向何处发展以及如何发展的一个总规划。战略还具有对抗的含义，它是针对竞争对手而制定的。战略反映了外界环境中所存在的机会与威胁同组织自身能力的一种现实的结合。明智而清晰的战略是使组织在竞争中取胜并保持生机和活力的重要前提。[1]

战略管理是对组织的战略进行系统的分析、制定、实施和调整的过程。

在确立战略时，不同的组织有不同的做法，但总的来说，大多数组织遵循一个基本相似的过程：首先，明确组织的使命、愿景，以确定组织所从事业务的实质以及今后的发展方向；其次，对组织所面临的环境进行分析和研究，以把握机会，避开威胁；再次，对组织自身进行分析评价，明确组织的优势和劣势、长处和短处；最后，在此基础上，选择组织所要采用的战略，实现组织与环境的最佳匹配。

1. 明确组织的使命与愿景

这是战略计划的起点。使命与愿景体现了组织的基本定位和发展方向，是指引组织各项活动的航标。

2. 外部环境分析

对组织所面临的当前和未来的外部环境进行分析，就是要准确把握环境的变化和发展趋势及其对组织的影响，充分发掘组织能够利用的机会，明确必须回避的威胁。组织的环境在很大程度上决定了管理当局的选择，成功的战略必然是与环境相适应的战略。

3. 内部环境分析

对组织的内部环境的分析也就是对组织自身的分析，通常包括对组织的人、财、物、信息资源、市场位置、研发能力等方面的分析研究。通过这些分析明确组织具有的优势和劣势，从而使管理当局识别出组织具有的能够作为竞争武器的独特的能力和资源。

外部环境分析和内部环境分析的综合便是所谓的 SWOT 分析。

4. 战略的选择或制定

在战略目标已经设定，内外部环境分析已经完成的基础上，从发挥优势、克服劣势、利用机会、避开威胁这一原则出发，提出各种可能的备选战略方案，经过进一步的分析、评价和比较，确定最有利于实现组织目标的战略方案。战略的选择通常涉及三个层次，即公司层战略、事业层战略和职能层战略。

5. 将选定的战略付诸实施

再好的战略如果不能实施只是一纸空谈。实施战略意味着设计与战略相适应的组织结构，匹配符合战略要求的人力资源，设计相应的控制系统以确保战略的实施位于正确的轨道上。

6. 战略的调整与变革

当然，当内外部环境条件发生变化时，或是当所选择的战略不能满足组织的要求时，要对战略进行及时的调整与变革。

一个典型的战略管理过程如图 4－1 所示。

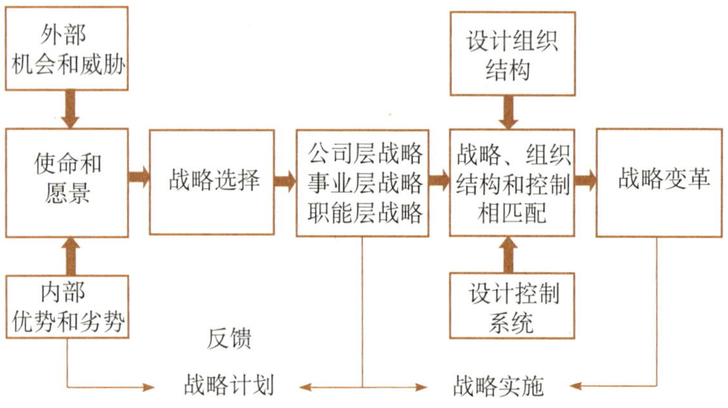

图 4－1　战略管理的过程

第 2 节　战略分析

这里的战略分析主要是指对组织的外部环境和内部环境的分析。

一、外部环境分析

外部环境分析包括一般环境分析和产业环境分析。一般外部环境或宏观环境，是指给企业带来市场机会或威胁的主要社会因素，对所有企业都会产生影响。一般环境分析（简称 PEST 分析），即政治与法律因素（political and legal）、经济因素（economic）、社会文化因素（social and cultural），以及技术因素（technological）分析。

产业环境是对企业经营活动有直接影响的外部环境，主要的分析内容和方法有产业组织分析、市场细分和竞争对手分析。有关产业分析的方法很多，其中，美国战略学者、哈佛商学院教授迈克尔·波特于 1979 年所提出的五力模型是最为著名的分析方法之一，这一模型构建了一个规范化、标准化的战略分析框架（见图 4－2）。[2]

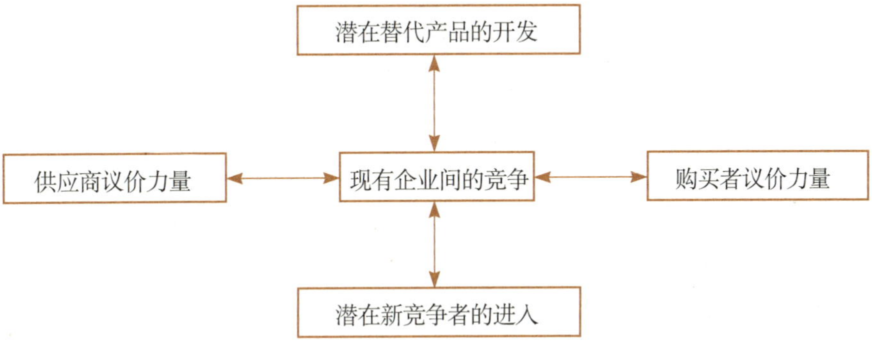

图 4－2 五力模型

波特主张战略的制定要以分析行业吸引力和企业在该行业中的地位为基础。在行业分析中，波特提出有五种力量左右着企业的战略选择。这五种力量分别是：现有企业间的竞争；潜在新竞争者的进入；潜在替代产品的开发；供应商议价力量；购买者议价力量。波特认为，“这五种竞争力量的集合决定一家公司的盈利能力。这五种力量的强弱在不同行业中会有所差别，并且会随着行业的发展发生变化”。

1. 现有企业间的竞争

任何企业在制定战略和开展经营活动时，首先必须面对现有竞争者。同行竞争的激烈程度是由竞争各方的布局结构和所属产业的发展水平决定的。竞争各方的情况包括企业自身的固定成本和库存成本、产品差异化程度、产业的市场容量和市场增长速率、竞争对手的复杂程度、退出壁垒的高低等。这些因素通常相互作用，共同决定着竞争的激烈程度。

2. 潜在新竞争者的进入

任何一个产业只要有可观利润，就必然会吸引对这一产业的投资。投资必然带来本产业的产量增加，价格回落，利润率下降，并冲击原有在位企业的市场份额。进入威胁的大小通常取决于两个因素：一是进入壁垒的高低；二是现有在位企业的报复手段。如果这一产业的进入壁垒巨大，或者新进入者预期在位者会进行激烈的报复，那么进入威胁就相对较小。

3. 潜在替代产品的开发

替代品指的是那些与现有产品具有相同功能的产品。替代品影响着行业的总需求弹性。如果替代品能够提供比现有产品更高的价值 / 价格比，并且买方的转移壁垒很低，即转向采购替代品而不会增加采购成本，那么这种替代品就会对现有产品构成巨大威胁。

4. 购买者议价力量

作为生产性的顾客，企业的产品就是顾客的原材料。而顾客的利润与原材料的采购价格具有密切的关系。如果顾客能够以较低价格采购，在其他条件不变的情况下，其利润率就会上升。

5. 供应商议价力量

一般而言，供应商的价格谈判能力与以下几个因素有关：供应商所属行业的集中度、供应商产品的替代性、供应商产品在企业成本组成中的重要性、供应商进行前向一体化的能力等。

波特的五力模型清晰简明，容易理解，被人们广泛接受，几乎成为战略分析的一种标准工具。但有不少批评者认为五力模型存在着一些显著的缺陷，如分析时要求收集完整的信息，只看到组织间的竞争关系，把行业规模看作一种固定的存在等。特别是2012年11月，由迈克尔·波特于1983年创立的管理咨询公司Monitor Group的破产倒闭更是为批评者提供了口实。

二、内部环境分析

内部环境分析主要是分析组织的资源和能力。识别并构建组织为成功实施其战略所需的核心能力，是组织的最高管理层的首要任务之一。

（一）核心能力分析

核心能力是使一个组织与其竞争者相区别的一整套知识、技能、组织的惯行与业务过程。组织的核心能力是顾客价值的源泉，正是这些能力提供了对顾客而言非常重要的那些产品和服务的特性。核心能力为新产品与服务的开发提供了基础，是决定组织长期竞争力的主要因素。

> **核心能力：**使一个组织与其竞争者相区别的一整套知识、技能、组织的惯行与业务过程。

那些成功的企业都有自己独特的核心能力。例如，索尼的核心能力被公认为在小型化方面的专长，这一能力使其在随身听、便携摄像机等领域取得巨大成功。波音的优势在于其整合大型复杂系统的能力，这些能力在商用喷气式客机、空间站、轰炸机以及导弹制造方面体现得淋漓尽致。本田擅长发动机及传动系统。联想集团则被认为其核心能力是在硬件方面进行大规模制造和营销。

核心能力体现在组织为顾客提供的产品和服务的关键价值上。例如，索尼在小型化方面的专长直接转化成一些重要的产品特性，如可携带性及美学设计等。

核心能力常被用作进入多种市场的手段。例如，佳能利用其在光学、成像及电子控制方面的核心能力进入复印机、激光打印机、照相机以及扫描仪市场。类似地，本田在发动机和传动系统方面的核心能力构成其进军其他领域（如汽车、摩托车、割草机、发电机等）的基础。

核心能力具备以下几方面的特征：

- 优胜的

- 不可迁移的
- 不可替代的
- 不可模仿的
- 持续的

正是由于具备这些特征，核心能力才能为组织提供持久的竞争优势。

（二）波特的价值链模型[3][4]

波特提出的价值链模型也是一种重要的分析方法，如图 4－3 所示。

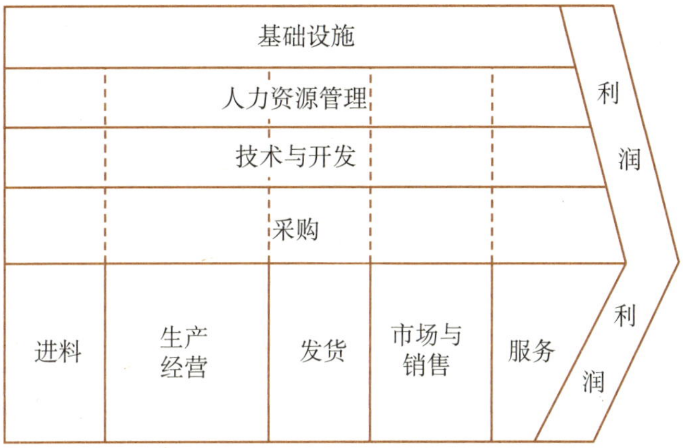

图 4－3 价值链模型

根据这个模型，企业内外价值增加的活动可以分为基本活动和支持性活动，基本活动涉及企业的生产、销售、进料后勤、发货后勤、售后服务。支持性活动涉及人事、财务、计划、研发、采购等，基本活动和支持性活动构成了企业的价值链。

要注意的是，在这个价值链中，只有某些特定的活动才真正创造价值。这些真正创造价值的活动就是价值链上的战略环节。企业在价值链某些特定的战略环节上的优势就是企业要保持的竞争优势。企业要特别关注和培养在价值链的关键环节上的核心竞争力，以形成企业的竞争优势。

（三）SWOT 分析

SWOT 分析是对企业内外部环境条件各方面内容进行综合和概括，进而分析组织的优势（strength）、劣势（weakness）、机会（opportunity）和威胁（threat）的一种方法。通过 SWOT 分析，企业可以更加明确自己的战略，把资源和行动聚焦于自己的强项和机会最多的地方。

优劣势分析主要着眼于企业自身的实力及与竞争对手的比较，而机会和威胁分析将注意力放在外部环境的变化及其对企业的影响上。在进行 SWOT 分析时，应把所有的内部因素（即优劣势）集中在一起，然后用外部的力量对这些因素进行评估。

1. 机会与威胁分析（OT）

机会与威胁分析是针对外部环境而言的。环境的趋势可以分为两大类：一类是威胁，另一类是机会。环境威胁是指环境中不利的发展趋势所形成的挑战，如果不采取果断的战略行为，这种不利趋势将导致公司的竞争地位受到削弱。环境机会就是对公司行为富有吸引力的领域。

2. 优势与劣势分析（SW）

竞争优势是指一个企业超越其竞争对手的能力，这种能力有助于实现企业的主要目标。竞争优势可以指消费者眼中一个企业或它的产品有别于竞争对手的任何优越的东西。虽然竞争优势实际上指的是一个企业有比竞争对手更大的综合优势，但是明确企业究竟在哪个方面具有优势更有意义，因为只有这样才可以扬长避短，或者以实击虚。进行优劣势分析时必须在整个价值链的每个环节上与对手做详细的对比。显然，一个企业及其产品是否具有优势，只能站在顾客的角度来衡量。图 4-4 是克莱斯勒公司的一个 SWOT 分析的示例。

	优势——S 1. 前两年产品质量提高了 35% 2. 劳动力成本比福特、通用更低 3. Gulfstr 航空发动机处于领先地位 4. 盈亏平衡点从 240 万辆降至 150 万辆 5. 微面市场占有率达 50%	劣势——W 1. 兼并 AMC 使负债率达 60% 2. 固定资产占 42% 3. 合资企业比福特、通用更少 4. 生产厂只限于美国、加拿大、墨西哥
机会——O 1. 美元贬值 2. 航空 / 航天业年增长 20% 3. 公司收入年增长 5% 4. 银行利率下降 5. 通用新车计划遇到问题	SO 战略 1. 兼并一个航空企业（S3，O2） 2. 增加微面出口 50%（S1，S5，O1）	WO 战略 1. 建立航空 / 航天合资企业（W3，O2） 2. 在西欧建生产厂（W4，O2）
威胁——T 1. 进口汽车增加 2. 石油涨价 3. 福特新建了先进的生产线	ST 战略 1. 增加广告投入 50%（S1，S5，T1，T3）	WT 战略

图 4-4　克莱斯勒公司的一个 SWOT 分析的示例

SWOT 分析法的特点是直观、简单，便于理解和应用。但这种直观和简单使该方法具有一定的局限性，如偏重于某一个时点的静态信息和定性资料，具有一定程度的主观性和模糊性。

第 3 节 战略的制定

在充分的战略分析的基础上，组织制定其战略。根据组织战略活动重点的不同，通常可以将组织中的战略划分为三个层次，即组织整体层次的战略、事业层战略和职能层战略。除此之外，近年来有关企业与企业间关系的战略也日益受到关注，这便是供应链层次的战略。

战略的层次如图 4－5 所示。

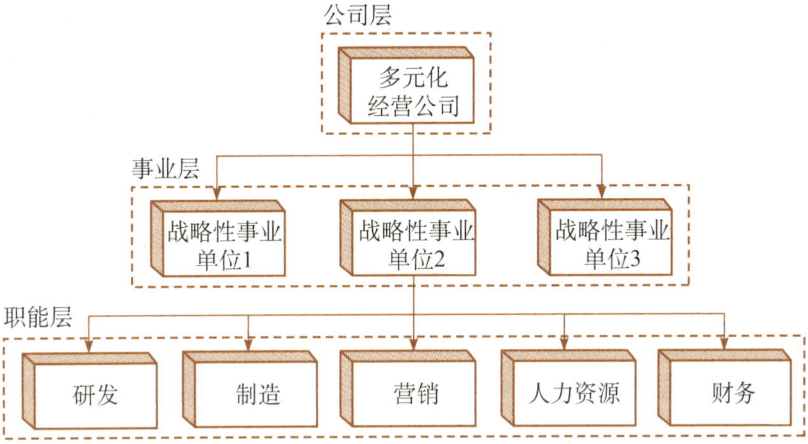

图 4－5 战略的层次

一、组织整体层次的战略

组织整体层次的战略也称为公司层战略，是对组织整体的行动路线和发展方向的规划。这个层次的战略主要回答诸如组织是继续扩张还是维持或收缩，是集中于单一市场还是进行多角化经营之类的重大的全局性问题。这方面有两大类分析方法值得关注，即总战略框架和事业集合矩阵。

(一) 总战略框架

总战略是一种规划组织整体行动的指南，一般有三种基本类型可供选择，即增长战略、收缩战略和稳定战略。

1. 增长战略

增长战略旨在实现组织总体的增长。实现增长的途径有内外两种，内部途径包括引入新产品、开辟新渠道、增加市场相对份额等方式；外部途径则有收购其他企业、与其他企业合并、创办合资企业等方式。一般地，在同一事业领域或相关事业中的增长称为关联多元化，如某大型钢铁企业对小冶炼厂的购并；而在与现有业务无关的领域中的增长则称为非关联多元化，如上述钢铁企业涉足金融业务。当企业拥有充分的资源且面对有利的增长时机时，采用增长战略无疑是一种合理的选择。

2. 收缩战略

收缩战略旨在紧缩当前的事业、削减经营领域或处理那些不盈利的业务。亏损、运营费用过高、能力多余、进入了本不该进入的领域等，都是促使企业采取收缩战略的原因。在经历了一场坚苦卓绝的价格大战后，或必须采取极端措施保护自己时，往往也有必要采取这一战略。

3. 稳定战略

稳定战略是一种维持现状的战略。采用这种战略的组织，可能是由于缺乏支持增长的资源，也可能是因为没有增长的机会，还可能只是由于管理当局对增长不感兴趣。这种战略有利于组织养精蓄锐、等待时机。在经历了一段激烈的增长或收缩之后，稳定战略往往是一种可取的选择。

（二）事业集合矩阵

事业集合矩阵（business portfolio matrix）也称为 BCG 矩阵，是由美国波士顿咨询集团（BCG）在 1970 年前后为通用电气公司所开发的一种战略分析工具。

应用事业集合矩阵时，首先要把组织划分为多个战略性事业单位（strategic business unit，SBU）。通常，每个战略性事业单位就是一个单独的事业部。每个战略性事业单位都有各自的使命、竞争对手和竞争战略。这一概念是由通用电气公司为了分析其庞大而又多样化的组织最早提出来的。

明确了组织的战略性事业单位之后，下一步就是利用事业集合矩阵，根据行业增长率和相对市场份额这两个指标进行归类分析，如图 4－6 所示。

图 4－6　BCG 矩阵

图 4－6 中，左上角的吉星是在高增长率的市场上占有较大份额的战略性事业单位。为了支持其快速增长，吉星单位一般需要大量的资金支援，这种支援实际上是为潜在的未来实力而投资。随着市场的成熟，许多吉星成长为组织的现金牛。

现金牛是在低增长率的市场上占有大份额的战略性事业单位。它几乎不需要资金用于进一步的增长和扩张，可以产生可投资于其他领域（如吉星）的盈余。

问号是在高增长率的市场上占有较低份额的战略性事业单位。管理当局必须决定是继续注入资金以使之向吉星转化，还是果断加以放弃。

瘦狗是在低增长率的市场上占有小份额的战略性事业单位。瘦狗一般难以维持，常常成为其他单位的包袱。

一般而言，应用事业集合矩阵的大多数组织都希望在其事业集合体中保有现金牛以及吉星，因为现金牛是现在的创利源泉，而吉星则有可能成为将来的现金牛。问号具有一定的潜力，人们也愿意适当保有。对于瘦狗则一般采取卖掉或清理的做法。

（三）GE 矩阵

BCG 矩阵在 20 世纪 70 年代颇为流行，但也有人指责其过于简单。此外，BCG 矩阵仅用增长率来衡量一个行业的吸引力，仅用市场份额来判断竞争位置，这种做法是否充分还存在疑问。为了弥补这些缺点，通用电气公司在事业集合矩阵的基础上进行了改良，提出了一个称为“事业视屏”(business screen）的新矩阵，通常也称为 GE 矩阵（见图 4－7）。

GE 矩阵的一个坐标轴是产业吸引力，取决于诸如行业增长率、边际利润、技术等因素；另一个坐标轴是竞争力，用市场份额、竞争优势及劣势、管理绩效以及其他一些因素来衡量。产业吸引力及竞争力分别区分高、中、低三个档次，这样矩阵就被分割为九个象限，而不是像在 BCG 矩阵中那样只有四个象限。

产业吸引力 \ 竞争力	高	中	低
高	尽量扩大投资，谋求主导地位	市场细分以追求主导地位	专门化，采取购并策略
中	选择细分市场大力投入	选择细分市场专门化	专门化，谋求小块市场份额
低	维持地位	减少投资	收缩或放弃

图 4－7　GE 矩阵

根据某一事业在 GE 矩阵中的位置，可以对其经营状况进行判断。两个指标都取高值或一高一中的单位可视为“优秀”；两个指标都取低值或一中一低的单位应视为“差”，属于放弃或清理的对象；两个指标都取中值或一高一低的属于临界状态，可能放弃，也可能保留，但必须予以严密的监视。GE 矩阵在管理企业总体战略方面的优点初步得到肯定。包括通用电气、AT&T 在内的美国的一些大企业都采用这种方法来管理它们的总体战略。

二、事业层战略

事业层战略着重回答在一个特定的事业领域中，或者说在一个选定的市场中如何同对手竞争这样的问题。企业的总体战略确立之后，还必须为每一个战略性事业单位制定事业战略，确定在一个给定的市场中如何有效地竞争。当然，即使那些并未进行多角化经营而只是在某一特定市场中经营的企业，也必须开发相应的竞争战略。波特提出了三种典型的竞争战略，这便是总成本领先战略、差异化战略和集中化战略。

（一）总成本领先战略

这种战略的主导思想是以低成本取得行业的领先地位。按照这一基本方针，要求建立起大规模的、高效的生产设施，利用经验曲线全力以赴降低成本，尽量压缩各项管理费用。尽管质量、服务以及其他方面不容忽视，但贯穿于整个战略之中的是单位产品成本低于竞争对手。

成本领先的优势有利于建立起行业壁垒，有利于企业采取灵活的定价策略，将竞争对手排挤出市场。为了成功地实施总成本领先战略，所选择的市场必须对某类产品有稳定、持久和大量的需求，设计的产品要便于制造，要广泛地推行标准化、通用化和系列化。

这方面一个最典型的例子是美国的麦当劳快餐连锁店。麦当劳把快餐业的夫妻店这种旧的经营方式，改造成大批量、标准化的大规模工厂化生产，使每块肉、每片洋葱、每个圆面包和每根炸薯条看起来都一模一样，并且在精确的加工时间内由全自动化的流程生产出来。同时，为适应大规模生产的要求，在产品质量、服务速度、清洁卫生、服务态度方面建立了严格的标准，从而树立了极高的信誉，确保了市场需求持续稳定增长。[5]

（二）差异化战略

所谓差异化战略就是使企业在行业中别具一格，具有独特性，利用有意识形成的差异化建立起差别竞争优势，以形成对“入侵者”的行业壁垒，并利用差异化带来的较高的边际利润补偿因追求差异化而增加的成本。实现差异化战略可以有多种方式，例如树立品牌形象，设计产品技术特点和性能特点，在顾客服务上别具一格，等等。

海尔集团是成功实施差异化战略的典范。海尔在不同的发展阶段，分别围绕质量、服务、个性化与速度等方面实施差异化战略，取得了竞争优势，成为中国企业的翘楚。

（三）集中化战略

集中化战略是指主攻某个特殊的细分市场或某一种特殊的产品。这一战略依据的前提是：业务的集中化使企业能够以更高的效率、更好的效果为某一狭窄的战略对象服务，从而在某一方面或某一点上超过那些有较宽业务范围的竞争对手。

全球最大的连锁便利超市 7-Eleven 的成功在很大程度上得益于集中化战略。7-Eleven 通过清晰定位便利店目标客户人群，集中精力在产品开发、物流配送支持，以及门店销售和服务的全价值链上形成强大优势，避开与传统超市和大卖场的直接竞争，通过跨国发展及全球化运营快速扩张，成功在发达国家及高增长发展中国家和地区抢占了先机。目前 7-Eleven 在日本、美国、泰国、中国等 20 多个国家及地区拥有 50 000 多家店铺。[6]

波特指出，企业应根据自己的情况，主要采取某一种类型的战略并全力以赴，而不应当徘徊其间，丧失特色。

三、职能层战略

职能层战略是对组织各个主要的职能活动领域所做的规划和部署，如生产制造战略、研发战略、人力资源管理战略、财务战略等。

四、战略实施

战略实施碰到的首要问题是组织保证。必须认识到，组织是手段，是实现战略和目标的手段。“战略决定结构”应作为战略实施阶段所依据的原则，不同的战略要求不同的组织结构与之相适应。

例如，总成本领先战略一般要求一种集权化的按职能划分部门的专业化分工体制；而差异化战略则要求适于激发创新精神的项目管理，或是分权化的按产品或市场划分部门的组织体制。将不同的战略混同在一种组织体制下实施，往往会造成上述徘徊其间的结果。

不同的战略不仅要求不同的技能和组织结构，而且要求企业的文化能够与之相适应。例如，差异化战略所要求的往往是一种鼓励革新、发挥个人积极性和勇于冒险的精神；而总成本领先战略则要求一种勤俭节约、追求极致和注重细节的办事作风。

注释

[1] 小乔治·斯托尔克，等. 企业成长战略. 北京：中国人民大学出版社，1999.

[2] Michael E. Porter. How Competitive Forces Shape Strategy. Harvard Business Review，1979，March-April：137-145.

[3] 迈克尔·波特. 竞争战略. 北京：中国财政经济出版社，1989.

[4] 迈克尔·波特. 竞争优势. 北京：中国财政经济出版社，1988.

[5] 肖建中. 麦当劳大学：标准化执行的 66 个细节. 北京：经济科学出版社，2004.

[6] 铃木敏文. 零售的哲学：7-Eleven 便利店创始人自述. 南京：江苏凤凰文艺出版社，2014.

复习思考题

1. 战略的含义是什么？
2. 什么是战略管理？
3. 简述战略管理的过程。
4. 简述 SWOT 分析。
5. 简述战略的三个层次。
6. 什么是 PEST 分析？
7. 简述波特提出的五力模型。
8. 什么是核心能力？
9. 核心能力具备哪些特征？
10. 简述波特的价值链模型。
11. 公司层战略主要回答哪些问题？
12. 简述总战略的三种基本类型。
13. 什么是关联多元化？什么是非关联多元化？
14. 什么是 BCG 矩阵？
15. 什么是战略性事业单位（SBU）？
16. 什么是 GE 矩阵？它与 BCG 矩阵有何联系？
17. 简述波特提出的三种典型的竞争战略。

案例 4.1 腾讯：模仿与创新

腾讯是中国成功的互联网公司之一。腾讯的发展深刻地影响和改变了数以亿计网民的沟通方式和生活习惯。腾讯的产品和业务延伸至互联网的方方面面。对于业内出现的新领域，腾讯一向采取“密切关注、低调跟进、厚积薄发”的策略，及时跟进调研，根据用户体验进行“微创新”，然后凭借庞大的用户数量和强大的产品能力一举超越竞争对手。这使得腾讯的产品常常被人们质疑模仿了他人的创意。腾讯创始人马化腾并不讳言：“模仿是最稳妥的创新。”

腾讯的第一款即时通信产品 OICQ（2000 年更名为 QQ）模仿了以色列公司 Mirabilis 的 ICQ，不过做了几项非常成功的微创新。首先，当时中国网民很少拥有自己的电脑，大多在网吧上网，OICQ 把用户内容和朋友列表存储在后台服务器上，用户用任何一台电脑都能找到自己的朋友列表。其次，OICQ 将软件的体积缩小到 ICQ 的 1/10，用户下载只需要 5 分钟，因此，OICQ 成功占领了当时每一家网吧的电脑桌面。此外，ICQ 只能与在线的好友聊天，只能按照用户提供的信息寻找好友。OICQ 则设计了离线消息功能，允许用户直接添加当时在线的陌生网友为“好友”，还增加了个性化头像和消息提示音等功能。这一系列看似细微的创意和设计使 OICQ 成为一款属于中国用户的产品。这款成功的产品在后来的十几年里先后迭代了 100 多个版本。随后，腾讯陆续推出了 QQ 群聊、QQ 会员、QQ 秀，以及基于虚拟货币 Q 币的支付体系，在收费和服务模式上进行了独特的探索，建立了以特权和等级制为特色的会员服务体系。

2011 年，腾讯推出了移动互联网上最受瞩目的产品——微信。这也是一款微创新的产品，源自一款叫做 kik 的软件。微信诞生后迅速发展为一款平台级产品，逐步形成了将即时沟通、娱乐社交和生活服务融为一体的新移动生活方式。用户可以通过发送语音、图片和文字信息实现多种形式的即时沟通；“摇一摇”及“附近的人”创造了一种全新的社交体验；“朋友圈”分享生活点滴，带动熟人社交；“游戏中心”及“表情商店”提供更多娱乐休闲生活体验；“公众平台”让每一位用户都能打造自己的品牌，也让更多的创新不断涌出；微信支付更是开启了移动生活的大门；小程序连接更多线下商家与线上用户。其中，仅微信公众号就达到千万量级。

现在腾讯已经发展为拥有 CDG（企业发展）、SNG（社交网络）、IEG（互动娱乐）、MIG（移动互联网）、OMG（网络媒体）、TEG（技术工程），以及 WXG（微信）七大事业群的互联网巨头。如何使今天这个庞大的组织继续保持小公司的创新活力？腾讯坚持了以下几方面的战略。

1. 用户驱动

“亲近用户，体验第一”是腾讯最重要的产品理念。作为用户数量最多的互联网公司，腾讯所掌握的用户数据日益丰富，形成了大数据下的用户反馈机制。腾讯有一个“10/100/1 000法则”：产品经理每个月必须做10个用户调查，关注100个用户博客，收集反馈1 000个用户体验。腾讯把各个产品线上的用户体验人员整合起来，成立了用户体验与研究部。每一款产品，腾讯都专门提供官方博客、产品论坛等用户反馈区，还专门建立了Support产品交流平台，让用户与产品经理直接交流与沟通。通过数据挖掘发现用户的反馈与需求，成为腾讯在多元业务扩展时屡试不爽的秘密武器。

2. 试错迭代

与以标准化、精确化为特征的工业经济相比，互联网经济的速度意味着放弃完美主义。腾讯把这种渐进式创新解释为“小步快跑，试错迭代”。产品经理根据用户反馈和竞争对手的情况发现需求，界面设计和开发同步进行，直到产品上线，依然有一些待解决的Bug（漏洞）和需要调整的UI（用户界面）。或许每一次的产品更新都是不完美的，但是如果坚持每天发现、修正一两个小问题，就能在有限的时间里将产品打磨成型。在微信从发布到用户增长至1亿人的433天中，微信团队发布了4个平台共44个版本更新，平均10天更新一次。经过快速的产品迭代，微信先后加入了语音对讲、LBS（基于位置的服务）、摇一摇和漂流瓶等功能，历次更新和产品迭代促进了用户数和活跃度的激增。

3. 内部赛马机制

在腾讯内部，产品层面的创新往往不是最高层调研决策的结果，而是中基层的自主突破。诞生于腾讯广州研发部的微信就是内部竞争的结果。2010年前后，腾讯内部还有其他团队也在开发同类产品，微信与手机QQ在功能上也有重叠之处。腾讯内部在产品孵化上实施自下而上的机制，对于可行的方案会以小团队、小投入的形式探索，随着产品成长匹配相应的资源，让市场去检验和决定产品的命运。一方面，对成熟业务采取比较稳健的管理方式；另一方面，对新兴的模糊地带鼓励自下而上，成熟业务帮助未成熟业务。内部竞争在一定程度上激发了公司内部的创新活力，提升了产品研发速度。

腾讯已经不止一次出现几个部门同时开发同一类产品的情况。为了抢先发布、占领市场，经常某一类产品的两个不同版本会同时出现在应用市场，发布时间相距不过两三天。这常常会让用户感到困惑。如何既维持竞争，保护创新和新业务，又防止过多的内耗，是一个具有挑战性的问题。

[讨论]

如何评价腾讯的创新能力？

案例 4.2 富士胶片的第二次创业

富士胶片曾经是胶卷行业的常年老二，经过 67 年的奋力追赶，终于在 2001 年超越了行业霸主柯达公司（柯达公司于 2012 年 1 月提交了破产保护申请，退出传统业务领域）。但是，数码相机的兴起让彩色胶卷的市场规模大幅萎缩，这场迟来的胜利似乎失去了原本的意义。2000 年以后，在数码化大潮的冲击下，胶片业以每年 20% ～ 30% 的速度锐减，市场规模大幅萎缩。富士胶片的核心业务迅速陷入亏损的境地。2004 年，富士胶片在古森重隆就任 CEO 后发布了中期经营计划“VISION 75”（愿景 75，5 年后的 2009 年是富士胶片创立 75 周年）。这个计划明确了改革的三个基本战略，即“实施彻底的经营结构改革”“构筑新的发展战略”“强化关联经营”。

VISION 75 的第一个基本战略是“实施彻底的经营结构改革”。富士胶片要用两条腿走路，亦即在保持模拟技术的同时发展数字技术。“尽管改变了经营结构，但是无论在当时还是现在，我丝毫没有考虑过退出胶卷市场，公司的股东们曾问，‘为什么不停止胶卷生产？’但是，企业不能只追求利润。”古森重隆认为照片是人类社会极为宝贵的文化，记录着充满喜悦、欢乐、幸福的记忆，还有和亲人度过的美好时光，是截取人生精彩瞬间的媒介，守护影像文化是富士胶片的使命。“我认为富士胶片今后要坚持不懈地守护影像文化。”古森重隆说道。

经营结构改革首先要做减法，整编全球工厂和整合专业洗印公司。2006 年，在当时奉行“终身雇佣”的日本，富士胶片痛下决心裁员 5 000 人，包括补偿费用在内，公司用于经营结构改革的经费高达 2 000 多亿日元。改革使得公司在 2007 年创下了净利润 2 073 亿日元的最高纪录，帮助公司平稳度过了 2008 年金融危机。

VISION 75 的第二个基本战略是“构筑新的发展战略”。数码技术市场的价格竞争异常激烈，只依托这一个领域无法获得昔日胶卷行业的利润，必须创造出新兴领域的核心业务。古森重隆要求公司技术开发部门的负责人汇报富士胶片掌握的核心技术，对比市场需求，完成四象限定位图，横轴表示现有技术和新开发的技术，纵轴表示现有市场需求和未来新市场需求。根据定位图，发动全员探讨以下四个问题：

- 如何利用现有技术巩固现有市场？
- 如何开发新技术并将其应用到现有市场？
- 如何将现有技术应用到新市场？
- 如何研究新技术以开拓新市场？

经过反复论证，富士胶片没有进入全新的、自己不熟悉的领域，而是不断在自己擅长的方面延伸自己的技术。通过对现有技术、新兴技术和现有市场、新兴市场做交叉整理，富士胶片最终确定了将技术强项应用到数码影像、光学元器件、生物医药、化妆品、高性能材料等新领域的发展方向，选定了六大行业板块，实施了

“强化现有收益项目”和“开拓新市场”两手抓的新成长战略。

生物医药、化妆品、高性能材料等领域看似与胶片不搭界，但富士胶片清楚地认识到其技术强项正是生产这些新产品所需的核心技术。比如，让女性消费者竞相追逐的胶原蛋白其实是影像技术中着重研究的化合物，富士胶片在开发研制胶卷技术近80年的历史中，已经掌握了胶原蛋白的原理；而让人津津乐道的“抗氧化延缓皮肤衰老”技术因为能够有效防止照片发黄，被广泛运用在胶片领域。富士胶片把这种做法称为“技术复用”。再比如，由于在胶片生产中积累了大量的精细化工核心技术，因此可以充分发挥这些技术的医疗生命科学成为富士胶片转型的重要方向。富士胶片研发新药用的是自己多年来在化学方面积累的技术。当然两者之间有较大的差别，富士胶片通过并购其他药厂来解决这些问题。早在2006年，富士胶片就出资收购了两家法国医疗设备公司，随后，又在医疗领域陆续完成了十几次收购与合并；2008年，富士胶片进军药品与医疗领域，两年后又启动再生医疗业务；2012年通过并购索诺声公司，富士胶片正式进入超声诊断市场。

VISION 75的第三个基本战略是“强化关联经营”。富士胶片重新组建了富士胶片控股株式会社，下设富士胶片和富士施乐两家公司，形成控股公司体制，以此强化关联经营，促进技术人员的合理配置和交流，增强协同效应。

富士胶片的成功转型是企业家洞悉最优资源，在原有技术基础上开拓新业务，努力开拓生存空间的过程。经过壮士断腕般的改革，尽管富士胶片在公司名称中还保留“胶片”一词，却早已脱胎换骨，成为一家拥有生命科学、医疗系统、高性能材料、印刷系统、光学元器件、文件处理、数码影像、化妆品等多元化业务的全新企业。

[讨论]

试分析富士胶片扭转困局的战略思路。

第 5 章 决 策

- 决策
  - 决策的含义与类型
    - 决策的概念
    - 决策中的两类问题
      - 例行问题
      - 例外问题
    - 决策与管理 —— 决策≠管理
    - 决策的类型
      - 按所面临的条件分类
        - 确定状况下的决策
        - 风险状况下的决策
        - 不确定状况下的决策
      - 按范围和影响程度分类
        - 战略性决策
        - 战术性决策
      - 按重复程度和有无先例分类
        - 程序化决策
        - 非程序化决策
      - 其他分类
  - 两种决策模式
    - 决策的理想模式
    - 决策的管理模式
  - 决策的过程
    - 辨识和确定问题
    - 确定决策的目标
    - 拟定解决问题的备选方案
    - 对方案进行评估
    - 选择方案
    - 实施方案并评价效果
  - 影响决策的各种因素
    - 政治因素与结盟行为
    - 直觉和执著
    - 对待风险的倾向
    - 伦理观
  - 群体决策
    - 群体决策的形式
      - 互动小组
      - 德尔菲小组
      - 名义小组
    - 群体决策的优缺点
      - 优点：更多信息，避免重大错误，容易沟通……
      - 缺点：时间和费用，妥协，“群体思维”……
  - 决策的方法
    - 主观决策方法 —— 德尔菲法、头脑风暴法……
    - 计量决策方法
      - 风险决策和决策树法
      - 现值分析
      - 线性规划

对于管理者来说，决策常常是最重要、最困难、最花费精力和最冒风险的事情，它是对管理者的经验、学识、判断力等各方面综合素质的考验。例如，TCL 收购汤姆逊公司和阿尔卡特公司，联想收购 IBM 的 PC 业务，迪士尼在上海设立主题公园，华为进军美国市场，等等，这些重大决策都会对组织产生长远的影响，甚至关乎组织的成败。也正因为如此，决策活动引起了管理学家、心理学家、社会学家、数学家和计算机科学家的极大关注，并且成为一个独立研究领域——决策科学。本章主要讨论决策的含义、类型、过程和方法等。

第 1 节　决策的含义与类型

一、决策的概念

决策就是为了解决问题或实现目标，从若干备选的行动方案中进行抉择的分析、判断过程。

决策：为了解决问题或实现目标，从若干备选的行动方案中进行抉择的分析、判断过程。

决策要在诸多行动方案中选出一个最适当的方案，但这并不总是意味着取得最大收益、最高产量或者其他的最佳结果等。人们的决策除了追求某些最好的结果，往往还会追求使损失最小、费用最低，它可能是召回一批产品，终止某个合同，撤出某一领域，解雇某些人员，等等。一般来说，要知道一项决策是否正确、效果如何也许要花很长的时间，尤其是那些事关战略性的、重大的长期问题的决策。

二、决策中的两类问题

尽管决策是管理人员最重要的任务之一，但一位管理人员整天忙于做出各种各样的决策，常常是一种管理不善的征兆。事实上，当面对问题时，应首先自问一下："是不是需要一项决策？"这里，思考的出发点是正确判明问题的性质，即该问题属于例行问题还是例外问题。

例行问题是指那些重复出现的、日常性的问题。对于这类问题，要建立某些制度、规则或政策，当问题重复发生时，只需根据例行程序处理即可，而不必每次重新再做决策。管理者每天遇到的大部分是例行问题，如产品质量、设备故障、现金短缺、供货期等方面的问题。

例外问题是指那些偶然发生的、非常规的问题。例如，组织结构的变革、重大的投资、开发新产品或打入新市场、重要的人事任免等。这类问题为数不多，但却是真正要求主管人员倾注全部精力进行正确决策的问题。

处理例行问题和例外问题，无论从决策的性质还是方法来看，都是两种不同类型的决策。前者一般有先例可循，有政策和规则可依；后者往往缺乏信息资料，无先例可循，无固定模式，往往需要运用创造性思维。

三、决策与管理

决策理论学派的代表人物赫伯特·A. 西蒙认为："为了理解决策的含义，就得将决策一词从广义上予以理解，这样，它和管理一词几近同义。"[1] 也就是说，在西蒙看来，决策实际上就是管理本身。这一观点流传甚广，颇有影响。

但是，过分地扩展决策的定义，甚至认为管理就是决策，是不恰当的。如果把管理看作只是做决策，无疑会使管理的定义失之偏颇，既不便于对管理学的理论体系进行科学的分类，也无法将许多实际上属于管理的重要内容包括进来。例如，领导者利用他的个人权威（性格、品德、价值观、威信等）对下级施加影响使之为组织目标做出积极贡献，就不是一个决策过程。反之，将决策都看作管理，又使得管理的含义过于宽泛。因为任何活动，无论是组织的还是个人的，都涉及选择和决策。然而，家庭主妇到超市去选购商品与一个公司的总经理决定公司的投资方向，无论如何是不能相提并论的。

决策≠管理

决策是管理的一个重要因素。管理涉及计划、组织、领导和控制诸方面的活动。有效的管理固然要求正确的决策，同时也要求做好大量其他方面的工作。

四、决策的类型

根据不同的角度，可以对决策进行如下几种分类。

（一）按决策问题所面临的条件分类

决策所面临的条件（自然状态）各不相同。决策者有时对与决策问题相关的事实和环境条件了解得相当清楚，有时只有支离破碎的印象，有时则是根本一无所知。一般可以把决策者所面临的条件归纳为三种情况，即确定的状况（certainty）、不确定的状况（uncertainty）和存在风险的状况（risk），决策也相应地分为三种类型。

1. 确定状况下的决策

如果决策者确切地知道存在哪些备选方案以及与各方案相关的各种事实和条件，可以认为此时的决策所面临的是一种确定的状况。例如，某航空公司需要购买五架新的大型客机，这时需要做的决策是选择卖主。该公司只能有两种选择，即美国的波音公司和欧洲的空中客车公司。两家产品的质量和性能难分伯仲，需要做出决定的是价格和交货期。在这种情况下，该航空公司所面临的状况是比较明确的，因此可以说这是一种确定状况下的决策。

即使是确定型决策也未必能凭经验和直觉做出选择。著名的"货郎担"问题就是这样的。有一个“货郎担”要到10个村庄去巡回售货，选取哪条线路会使所走路程最短？这里可供选择的路线有3 628 800条！要从300多万个方案中进行抉择不太容易，但线性规划法可以很方便地解决此类问题。

2. 风险状况下的决策

在这种情况下存在各种不完整的信息。各种方案实现的可能性、可能的收益和费用都可以用概率来估计。例如，某企业关于新产品的决策有三种可能的方案：建设一座大厂；建设一座小厂；先建小厂，如果销路不错再扩建。新产品的销路不能完全确定，有畅销、一般和滞销三种情况，三种情况出现的概率可以根据经验或统计资料大致确定。每种方案盈利和亏损的可能性也可以用概率来估计。显然，选择任何一种方案，都存在可能亏损的风险。这种状况下的决策就称为风险型决策。决策树方法是这种状况下的一种常用分析工具。

3. 不确定状况下的决策

现代组织中相当多的决策是在不确定状况下进行的。决策者既不知道所有可能的备选方案，也不清楚各种方案可能具有的风险，对各种方案可能产生的后果也不甚了解。当今组织所面临环境的复杂性和动态性是造成这种不确定性的原因。为了在不确定状况下进行有效的决策，决策者必须尽可能地收集各种相关的信息，并尽量采用一种逻辑的、理性的方式去解决问题。决策者的经验、直觉和判断力在很大程度上影响着决策的效果。

（二）按决策的范围和影响程度分类

根据决策的范围和影响程度的不同，可以将决策分为战略性决策与战术性决策。

1. 战略性决策

战略性决策是那些事关组织未来生存与发展的大政方针方面的决策。战略性决策多是复杂的、不确定的决策，常常依赖于决策者的直觉、经验和判断能力。属于战略性决策的例子如企业使命目标的确定、企业发展战略与竞争战略的制定、收购与兼并、高层经理人选的确定、组织机构改革等。

2. 战术性决策

与战略性决策相对应的战术性决策通常包括管理决策和业务决策，它们均属于执行战略性决策过程中的具体决策。其中，管理决策是对企业的人、财、物等有限资源进行调动或改变其结构的决策，例如营销计划与营销策略组合、产品开发方案、员工招收与工资水平、机器设备的更新等。业务决策则主要是解决企业日常生产作业或业务活动问题的一种决策，如生产进度安排、库存控制、广告设计等。

（三）按问题的重复程度和有无先例可循分类

按决策问题的重复程度和有无先例可循，可以将决策分为程序化决策和非程序化决策。

1. 程序化决策

程序化决策是指那些例行的按照一定的频率或间隔重复进行的决策。程序化决策主要处理的是常规性、重复性的问题。应针对这些问题预先建立相应的制度、规则、程序等，当问题再次发生时，只需根据已有的规定加以处理即可。现实中有许多问题都是经常重复出现的，如员工请假、日常任务安排、常用物资的采购、“三包”产品质量问题的处理等，这些问题因为反复多次出现，所以人们可以制定出一套例行程序，每当这些问题出现时就可以依例处理。

2. 非程序化决策

非程序化决策是指那些非例行的、很少重复出现的决策。这类决策主要处理的是非常规的问题，例如，重大的投资、组织变革、开发新产品或打入新市场等。决策时往往缺乏信息资料，无先例可循，无固定模式，常常需要管理人员倾注全部精力进行创造性思维。一般来说，由组织的最高层所做的决策大多是非程序化的。这类决策问题无先例可循，只能依靠决策者的经验、直觉、判断以及将问题分解为若干具体小问题逐一解决的通用问题解决过程进行处理。

现实中的决策大都居于程序化决策和非程序化决策之间。正如赫伯特·西蒙曾经论述的：“它们并非真是截然不同的两类决策，而是像光谱一样的连续统一体：其一端为高度程序化的决策，另一端为高度非程序化的决策。我们沿着这个光谱式的统一体可以找到不同灰色梯度的各种决策，我采用程序化和非程序化两个词也只是用来作光谱的黑色频段和白色频段的标志。”[2]

（四）其他的分类方法

对于决策的类型，还可以从其他各种角度加以划分。如按照决策者是个体还是群体分为个体决策和群体决策，按照决策者所处的层次分为高层决策、中层决策和基层决策，按照决策问题的覆盖面大小分为宏观决策和微观决策，按照决策影响的时间长短分为长期决策和短期决策，按照决策问题所在的专业领域分为生产决策、营销决策、财务决策和人事决策等。

显然，越是组织的上层主管人员，所做的决策越倾向于非程序化的、战略的、科学的、非确定性的；越是组织的下层主管人员，所做的决策越倾向于程序化的、战术的、经验的、确定性的。

第 2 节　两种决策模式

管理者的决策通常受到两种决策模式的支配，无论其面对的决策问题确定性程度如何，是程序性的还是非程序性的。第一种模式称为决策的理想模式或古典模式，第二种模式称为决策的管理模式。

一、决策的理想模式

决策的理想模式也称古典模式，主张管理者是理性的经济人。这种决策模式认为管理者在决策时依据理性和逻辑，且总是从组织的最佳利益出发。

要达到这种理性的要求，必须满足以下几个条件：

（1）决策者对于决策所面临的状况和决策问题拥有完全的信息；

（2）决策者有能力找出实现目标的所有可能的备选方案；

（3）决策者能够有效地排除各种不确定因素从而实现确定条件下的决策；

（4）决策者总是能够按照理性和逻辑对决策方案的各个方面进行评估；

（5）决策者具有始终不渝的通过选择最佳方案来获取最佳结果的愿望或决心。

如果所有的决策都能满足上述这些条件，尽可能依据逻辑和理性的方法进行，则决策的成功率会高得多。但现实中影响决策的因素如此之多，真正遵循理性原则的决策者的人数很难令人乐观。另一方面，有些决策尽管只不过是直觉和经验的产物，但往往也能取得相当不错的效果。

二、决策的管理模式

现实中的决策很少按照理性和逻辑进行，赫伯特・西蒙是最早认识到这一点的学者之一。后来，西蒙因在决策研究方面的出色贡献而荣获 1978 年的诺贝尔经济学奖。西蒙所提出的决策模式称为决策的管理模式。[3][4]

西蒙认为，传统的、完全理性的经济人模式有两个缺陷：第一，人不可能是完全理性的，人们很难对每个措施将要产生的结果有完全的了解和正确的预测，现实中人们常常必须在缺乏完全信息的情况下根据主观判断进行决策。第二，决策过程中不可能将所有方案都列举出来，因为这受到人们的能力和决策的成本、时间的限制。人们不是去寻找一切方案中的最好方案，而是在已知方案中寻找能满足要求的方案。

西蒙认为现实中的管理者或决策者是介于完全理性与非理性之间的有界理性的“管理人”。这里的有界理性（bounded rationality）是指决策者通常要受到各种各样的限制，这些限制因素包括决策者的价值观、思维、技能、习惯、不完全的信息和知识、组织中的各种因素等，因而决策者能做到的理性是有限的或有界的。即使人们在主观上希望自己是一个理性的决策者，客观上其理性也是有限的。在实际决策中，有界理性表现为：决策者无法找到全部备选方案，无法预测全部备选方案的后果，没有一套明确的、完全一致的偏好体系驱使他在多种多样的决策环境中选择最优决策方案。

满足或满意（satisficing）是西蒙等人提出来的另一个重要的概念。这一概念是指，在实际决策时，人们并不会为了得到一个最好的方案而一直苦苦追寻，决策者在获得一个符合某些最低或最起码标准的方案之后，往往就会停下来而不再进一步去寻找更好的方案。例如，一个企业的副总经理受命为新工厂寻找厂址，他可能在找到第一个大致符合交通条件、相关设施条件和价格方面基本要求的场所后就会确定下来，尽管进一步寻找也许还会找到条件更好的地点。导致这种满足和满意产生的原因有很多，如决策者不愿多花时间，决策者不具备评估许多方案的能力，其他方面的主观因素和个人的考虑，等等。

正是因为存在不完整的信息、有限的理性和决策者的满足，所以管理者做出的决策不一定会像传统模式所假设的那样能够实现最佳的结果。正如上面所举的选择厂址的例子一样，该副总经理可能在做了最大的努力之后，找到一个符合各方面要求的最佳厂址，但也可能只因为是自己的故乡或是自己希望将来能在那里生活而选定某个地方。

与传统的决策模式相对照，西蒙所提出的模式对决策活动做了完全不同的描述，但两者都有助于我们加深对决策活动的理解。传统的古典模式可以说是一个指导性的模式，告诉我们在决策时如何才能做到尽可能地符合理性和逻辑。而西蒙的模式则是一个实证的或说明性的模式，它有助于我们更好地理解人们在决策中的偏向和局限性。

第 3 节 决策的过程

管理者为了有效地解决问题、达成目标，在决策时应当遵循以下一些步骤。

1. 辨识和确定问题

一切决策都是从问题开始的。决策过程既要辨识问题又要解决问题。这里所提到的问题指的是现实状态与期望状态之间存在差异。正因为存在这种差异，才使得管理者有了决策的动因，才需要通过某种决策来消除这种不一致，从而达到人们所期望的状态。显然，正确地识别问题是解决问题的前提。决策首先要求找出关键问题并认准问题的要害。要找出针对这个问题而不是其他问题做决策的理由。

决策者要在全面调查研究、系统收集环境信息的基础上发现差距，确认问题，并抓住问题的要害。发现问题是解决问题的前提。导致必须决策的问题各种各样，可以是消极的，也可以是积极的。前者如生产设备突然发生故障，管理者必须决定是进行修理还是加以替换。后者如管理者经过深思熟虑，为了改善本企业的竞争地位而做出开发新产品的决策。

在意识到决策的必要性之后，管理者必须对所面临的问题给出准确的定义。决策者必须明确究竟面临什么问题，其原因是什么，它与其他各种因素之间存在着怎样的关系。

2. 确定决策的目标

决策目标是管理者希望通过决策活动取得的成果或达到的预期状态。发现麻烦或者察觉到机会之后，是否要采取行动及采取何种行动就取决于决策目标。决策目标既是选择和评价决策方案时的依据，又是衡量决策行动是否取得预期结果的尺度。

一项决策往往存在多个目标，各个目标间可能会存在冲突。为了克服多目标决策的困难，通常的方法是根据目标的相对重要性排出先后次序，然后通过加权求和的方式将其综合为一个目标；或者将一些次要目标看作决策的限制条件，通过使某个主要目标达到最大（或最小）来选择方案。

3. 拟定解决问题的备选方案

为了解决问题，需要设计出多个可行的、供决策者抉择的方案。决策者必须努力发掘各种可能的方案，以免遗漏实现目标的最佳途径。决策的基本含义是抉择。如果只有一种方案，无选择余地，也就无所谓决策。没有比较就没有鉴别，更谈不上所谓“最佳”。国外有一条管理者熟悉的格言：如果看上去只有一种解决的方法，这种方法很可能就是错的。寻求多个可行方案的过程，通常是一个创造性思维的过程。

4. 对方案进行评估

对方案的评估可以从方案的可行性、满意性和综合影响几方面进行。方案的可行性就是方案实现的可能性和现实性。例如，对于一家资金紧张的小企业而言，一个需要巨大投资的方案显然是不现实的。许多方案都会因法律方面和人财物资源方面的限制而不具有可行性。

对于通过可行性评估的方案，还要考察其实现目标的程度，也就是方案的满意性。例如，某企业正在探索一条实现生产倍增的途径，方案之一是并购另一家工厂。仔细的测算表明购买该工厂只能使产量增加 45%，因而这个方案不能令人满意。

即使是一个可行性和满意性兼备的方案，也必须对其可能产生的各种后果进行综合的考察分析。这一方案对组织的其他部门会产生什么影响？这些影响又会有多大的代价？这些都是必须考虑的问题。例如，一个降价促销方案会影响企业的现金收入、原有的广告计划、销售人员的行为等各个方面，必须对其进行综合的评价。即使在可行性和满意性方面符合要求，但如果代价过大，这个方案也是不可接受的。

5. 选择方案

经过上述评估过程，许多不符合要求的方案已经被淘汰。此时决策者必须从所剩的若干方案中选择一个最好或者说最满意的方案。方案的选择一般有三种做法，即根据经验、实验或研究和分析进行选择。

管理人员的经验在决策中起着极为重要的作用。经验是最好的老师，实际的决策以及对以往成功和失败的总结，在很大程度上有利于管理人员做出更好的决策。但是，完全依赖于过去的经验往往也隐藏着犯错误的危险。这是因为需要决策的问题可能是与过去完全不同的新问题，或者人们并不清楚他们成功或者失败的真正原因。因此，对经验必须进行仔细的分析，不能一味地盲从。

通过实验来选取方案也是一种通常的做法。有些场合下，只有经过实施和验证，才能真正把握方案的效果。这时实验就是非常必要的。有时则是因为方案实施后影响过于巨大，有必要通过局部实验对方案的效果有一个大致的把握，然后再决定是否可以全面实施。这种方法也有其局限性，如有时实验费用很高，有时即使是经过实验证实的东西仍然会有问题，因为未来不可能是现在情况的简单重复。

研究和分析在选取备选方案时是最有效的方法之一。应用研究和分析方法解决问题，首先要求对问题本身有清楚的了解，明确各个关键因素、限制条件以及前提条件之间的关系，将问题区分为各种定性和定量因素并加以分析。建立模拟真实问题的模型是应用研究和分析方法的主要特征。将实际问题抽象为数学模型对于最终解决问题具有重要的意义。

6. 实施方案并追踪、评价其效果

选出行动方案之后，为了实现预期的目标，管理者必须将方案付诸实施。有些方案的实施非常简单，有些则困难得多。因此，对于所选定的方案还必须制定适当的辅助计划加以支持。为了保证决策方案的顺利实施，管理者还必须对由于方案的实施而引起的人们的抵制有所准备。这些抵制可能来自人们对变革的不安、变革所引起的不便或利益的受损以及其他一些未知的原因。

方案实施后，决策者还必须对决策的效果进行追踪和评价，保证所选定的方案与既定的目标是相符的。如果评价结果表明所选方案不尽如人意，管理者就必须采取适当的措施：或者更换其他的方案，或者对环境重新进行分析研究，或者考虑方案的实施方式是否适当，等等。

第 4 节 影响决策的各种因素

组织中的决策受到各种因素的影响，这些因素主要包括决策中的政治因素与结盟行为、人们的直觉和执着、人们对待风险的倾向、伦理观等。[5]

1. 决策中的政治因素与结盟行为

组织中的政治行为是通过获得、强化或使用权力以实现某种期望结果的活动。政治力量是影响管理者的决策行为的重要因素之一。

组织的政治行为中的结盟行为对决策的影响尤其不可忽略。结盟是指个人或群体之间为了实现某种共同目的而形成的一种非正式的联合。例如，企业的股东为了某种共同的目的而联合起来向董事会施压，以迫使其做出对自己有利的决策。

组织中的结盟行为既有有利的一面，也有有害的一面。高明的管理者有时能够利用结盟行为以促进组织目标的实现，有时精心制定的战略和决策也会因结盟行为而毁于一旦。管理者必须懂得如何利用结盟，如何把握其影响以及如何避免其有害的一面。

2. 直觉和执着

直觉是人们不经有意识的考虑而形成的对某种事物的信念或认识。管理者有时会根据感觉或预感做出决策。很多情况下这种感觉或预感并不是毫无道理的，而是以在类似

环境下长期进行决策的经验和实践为依据的。直觉在某些情况下可以帮助管理者不必经过完整的理性决策的步骤就迅速做出决策。但是，管理者在决策时不应过度依赖自己的直觉，尤其是那些并不具备多少经验的管理者。习惯于用“我觉得如何”来代替理性和逻辑的思维，其结局不言而喻。

执着则是指人们对特定决策方案的偏爱，甚至当实践已经证明这个方案不妥当或不正确时，仍然要坚持下去而不愿回头。这种执着使得人们不能面对现实，感情压倒了理智，往往是损失已经到了不可弥补的程度人们才醒悟过来。这种在过去决策的基础上不断增加承诺的现象在心理学上称为承诺升级（escalation of commitment）。管理者应当了解这种现象，避免受其所害。

3. 对待风险的倾向

人们对风险的态度在很大程度上影响着决策。对风险的态度因人而异，有的人天生酷爱冒险，凡事喜欢赌一把；而有的人则生性小心翼翼，万事只求保平安。同一个人也会因为所面对问题的不同、在组织中位置的高低、所面临风险的大小以及其他一些因素而表现出不同的风险态度。

4. 伦理观

个人的伦理观决定着人们的行为取向。伦理观是人们判断对错的尺度，也是人们做出选择的指南。正如上面所讨论的各种因素一样，伦理观也从各个不同的方面影响着人们的决策行为。

此外，组织所处的环境、组织的文化、过去所做出的决策以及时间对决策问题的重要程度等因素都不同程度地影响着管理者的决策。

第5节　群体决策

很多情况下，组织采取群体决策的方式，而不是仅仅依靠个人的判断。因此，了解群体决策的形式及其优缺点具有重要的意义。

一、群体决策的形式

最常用的群体决策的形式有三种，即互动小组、德尔菲小组与名义小组。

（一）互动小组

互动小组（interacting groups）是最普遍的群体决策的形式。它可能是一个已经存在的群体，如组织中的某个职能部门、某个部门中的科室或者某个常设委员会，也可以是一个特意成立的小组，如一个攻关小组、一个特别委员会等。小组成员就某一问题交谈、讨论、争论，达成一致，进一步讨论，最后完成决策。这种方法的一个好处就是小组成员间的相互作用有利于产生新主意、新点子，同时也有利于促进小组成员间的互相理解和沟通。缺点在于政治行为容易起过大的作用。

（二）德尔菲小组

德尔菲小组（Delphi groups）是由美国兰德公司提出的一种方法，最初是为了获得一致的专家意见而开发的。这种方法是就某一问题向一组互相独立的专家征求意见，然后对他们的意见进行综合和平均。例如，假设问题是对人类何时能够攻克癌症做出预测，德尔菲法的第一步就是要取得一组来自各方的专家的协作。然后要求每一个专家无记名地提出自己的看法。组织者负责收集专家的回答并加以综合和平均，然后将结果反馈给专家再进行第二轮预测。在这轮预测中特别要求那些持极端看法的专家详细说明自己的理由。这些理由之后被分发给其他各位专家。经过若干次反复，大多数专家的意见趋于集中，最后趋于一致的意见便成为这些专家的群体决策。由于时间、费用等方面的限制，这种方法一般不用于日常事务的决策，但在许多重大问题的预测和决策中被认为具有显著的效果。

（三）名义小组

名义小组（nominal groups）也是一种常用的群体决策方法。与德尔菲法有所不同，名义小组的成员要求集中在一起工作。名义小组也不同于互动小组，小组成员之间不允许自由讨论，因而称为名义小组。这种方法主要用于提出新颖且富有创造性的方案和主意。应用这种方法的步骤是：首先由组织者挑选适当的成员形成小组，再告之大致的问题轮廓，然后请小组成员写出尽可能多的他们所能想到的各种方案。完成上述步骤之后，小组成员轮流发表他们的想法，并记录在黑板上。此时允许提问以明确发言者的意思。当所有的方案都列出之后，进行开放的讨论。最后由全体成员对各种方案进行打分，得分最高的方案便成为小组决策的结果。

二、群体决策的优缺点

与个人决策相比，群体决策的一个最明显的优点就是能够获得更多的信息、知识和解决问题的方案。正如俗话所说，“三个臭皮匠，赛过诸葛亮”，群体比任何单个成员具有更广泛的知识和经验。群体成员互相评价各自的想法，还有助于避免重大错误。参与群体决策的成员了解决策的意义和必要性，更容易接受所做出的决策并促进其在组织中的沟通。

群体决策的最大缺点也许就是它比个人决策要花更多的时间和费用。此外，在群体决策中往往会产生妥协，有的成员具有非常强的个性，主导整个小组，以至于最后的结果只是其个人的主张。

再一个缺点是群体中有时会产生所谓的“群体思维”（group thinking）的现象，即要求在群体成员中取得一致的愿望会比取得最好结果的愿望更强烈。这种情况下只是避免了群体成员之间的冲突，大家彼此相安，但只能得到一个既不符合群体利益也不符合组织利益的结果。

为了有效利用群体决策技术，管理者首先必须了解其本质及优缺点。可以采取设定最后期限的办法来控制时间和费用。对于个性特别鲜明的成员，或者从名单中剔除出去，或者可以将几位性格相近的成员安排在一起，以避免决策群体被某个人所主导。为了避免群体思维现象的产生，每个成员都应该以一种批评的态度评价所提出的方案。群体的领导者应当避免过早暴露自己的观点。在作出最终决策之前应当给每个成员提出不同意见的机会。

从根本上说，群体决策的效果取决于管理者的领导水平。作为群体的领导者，应力求创造一种鼓励每个成员参与和做贡献的环境。管理者要善于引导群体的讨论，以得到质量高、符合规定目标的决策。另一方面，主管人员必须承担起最后抉择并坚持实施的责任，而不应滥用表决的方式，把责任推给大家。

第6节　决策的方法

随着决策理论和实践的不断发展，已经产生许多有效可行的决策方法，但没有任何一种方法是万能的。问题在于如何根据具体决策问题的性质和特点灵活运用。一般可以把决策方法分为两大类，即主观决策方法和计量决策方法。管理人员应当根据决策过程的性质和决策过程各阶段的特点，灵活地应用各种方法。

一、主观决策方法

所谓主观决策方法，是指运用心理学、社会学的知识，采用有效的组织形式，在决策过程中直接利用专家（指在某些专业方面积累了丰富的知识、经验和能力的人）的知识和经验，根据已掌握的情况和资料提出决策目标以及实现目标的方法，并做出评价和选择。

主观决策法有很多种，如德尔菲法、头脑风暴法等。主观决策法的优点是灵活，具有通用性，容易接受，且特别适用于非程序化的决策。但是主观决策法也有其局限性，因为它建立在专家直觉思维的基础上，缺乏严格的论证，容易产生主观性。另外，参与决策的专家人选是由决策组织者选择确定的，因此专家的意见容易受决策组织者个人倾向的影响。

二、计量决策方法

计量决策方法是指决策中的那些“硬技术”，是建立在数学、统计学基础上的决策方法。它的核心就是把决策的变量与变量、变量与目标之间的关系用数学公式表示出来，建立数学模型。然后，通过计算求得答案。由于决策所包含的变量数目不同，决策环境的不确定程度不同，分析有静态和动态之分，决策时要使用复杂程度不同的数学工具。

下面简要介绍几种常见的计量决策方法。

（一）风险决策和决策树法

企业经营中大量的决策属于风险决策。例如，新工厂投资决策、新产品开发决策、企业兼并决策等。风险决策的特点是：（1）决策目标一般是经济性的，可以用货币来计量；（2）存在多个可行方案，每个方案的收益或损失（包括直接损失或机会损失）可以根据项目的生产能力和市场预测资料比较准确地进行估计；（3）未来可能出现多种自然状态；（4）各种自然状态发生的概率可以根据历史资料或经验进行判断；（5）决策标准是使期望净收益达到最大或期望损失减至最小。

将决策过程各个阶段之间的逻辑结构绘成一张箭线图，称为决策过程流程图（见图 5-1）。

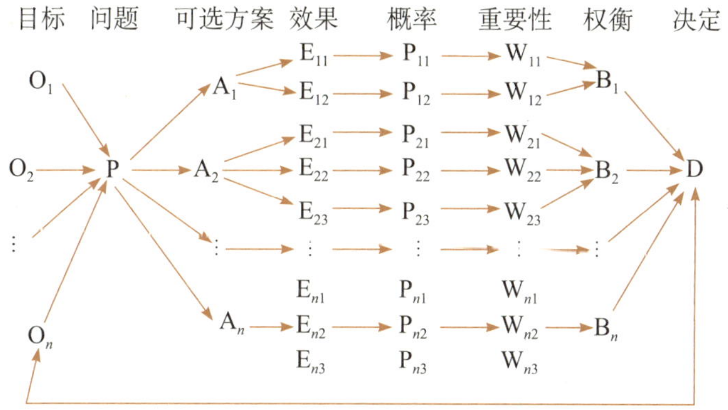

图 5-1　决策过程流程图

从决策过程流程图中可以看出，现状与目标间的差距便是需要决策的问题。根据问题的特征设计出几个可行方案，每个方案都对应一个最终的结果，而方案的实现具有一定的概率。决策者在权衡各方案时，除了要考虑方案的平均收益，有时还加入主观的倾向和偏好，最后的选择是在全面衡量各方案的利弊并参照目标要求的基础上做出的。把这一过程加以抽象就得到了决策树。

决策树是一个探索式决策过程的模型，实际上它早已存在于人们的思维过程中，一直被决策者有意无意地使用着。下面通过一个简单的例子来说明决策树的原理和应用。

假设某公司为满足某种新产品的市场需求，拟规划建设新厂。预计市场对这种新产品的需求量比较大，但也存在销路差的可能性。另一种可能是最初几年销路很好，几年后可能保持旺销，也可能需求量减少。

该公司面临以下几种可能的选择：

第一种选择，建一座大厂。如果需求量很大，则产品可完全占领市场，并获得很大的收益；但如果需求量小，工厂会亏损。

第二种选择，建一座小厂。在需求量小的情况下仍可收回投资并获得一定的收益；但如果遇到需求量大的情况，则很快会让竞争对手占领市场，这样不仅会失去获得高收益的机会，还可能因竞争而使小厂原有的收益降低。

第三种选择，先建小厂，若试销期需求量很大再将工厂扩大。这个看上去较为稳妥的方案也存在一些问题。首先，对同样的生产规模来说，两次投资的总和要大于一次投资；其次，由于没能及时占领市场，会给竞争对手以可乘之机，最终可能会失去一部分收益。

为了叙述的方便，我们将问题做适当的简化。上述问题的三种可行方案如下：

方案一：新建大厂，需投资 300 万元。据初步设计，销路好时，每年可获利 100 万元；销路不好时亏损 20 万元。服务期限 10 年。

方案二：新建小厂，需投资 140 万元。销路好时，每年可获利 40 万元；销路不好时仍可获利 30 万元。服务期限 10 年。

方案三：先建小厂，三年后销路好时再扩建，追加投资 200 万元，服务期限 7 年，每年估计获利 95 万元。

我们进一步假设，根据市场预测，新产品销路好的概率为 0.7，销路不好的概率为 0.3。现在来看看根据这些情况应如何选择最优方案。该问题的决策树如图 5－2 所示。

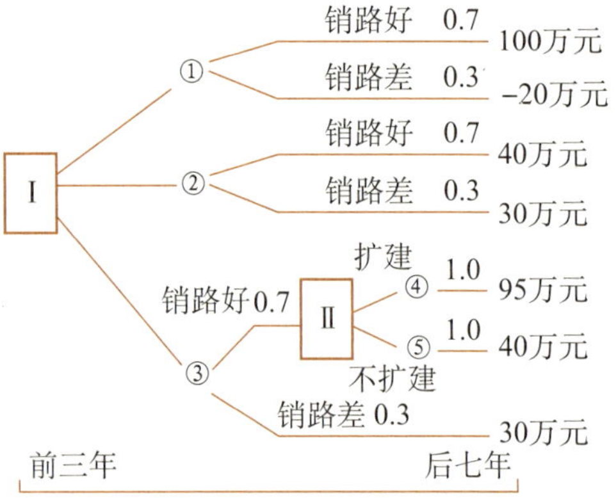

图 5－2　一个多阶段决策的决策树

图 5－2 中的矩形节点为决策点。从决策点引出的若干条树枝代表若干个方案，称为方案枝。圆形节点称为状态节点。由状态节点引出的若干条树枝表示不同的自然状态，称为状态枝。在我们的问题里有两种自然状态，即销路好和销路差，且已知其出现的概率。在状态枝的末端列出了不同状态下各方案的收益值（或损失值）。

各方案的期望收益计算如下：

点① $[0.7\times100+0.3\times(-20)]\times10-300=340$（万元）

点② $(0.7\times40+0.3\times30)\times10-140=230$（万元）

点④ $95\times1.0\times7-200=465$（万元）

点⑤ $40\times1.0\times7=280$（万元）

由于 $280<465$，故

点③ $(0.7\times40\times3+0.7\times465+0.3\times30\times10)-140=359.5$（万元）

计算结果表明，应选择先建小厂，三年后销路好时再扩建的方案。注意，这里为简化问题忽略了时间因素对不同时期收益和投资的实际价值的影响，也就是说，没有考虑资金的时间价值。但现实中，这种多阶段决策的时间差别可能对决策结果有重要影响。

（二）现值分析

现值分析是考虑资金的时间价值，也就是要考虑利息的影响。其基本原理是将不同时期发生的收益或追加的投资和经营费用都折算为投资起点的现值，然后与期初的投资比较，净现值大于零的方案为可行方案，净现值最大的方案为最佳方案。利息一般分为单利和复利两种，在方案评价中多采用复利计算。

（三）线性规划

线性规划是实现多变量、最优决策的方法，是在各种相互关联的多变量的约束条件下，解决一个对象的线性目标函数最优的问题，即给予一定数量的人力、物力、资源，如何应用以取得最大经济效益，或给予一定的任务，如何统筹安排才能以最小的消耗完成。其中目标函数是指决策者要求达到的目标的数学表达式，用一个极大值或极小值表示。约束条件是指实现目标的能力资源和内部条件的限制因素，用一组等式或不等式表示。

注释

[1] 赫伯特·西蒙. 管理决策新科学. 北京：中国社会科学出版社，1982.

[2] 同 [1].

[3] 同 [1].

[4] 赫伯特·西蒙. 管理行为. 北京：机械工业出版社，2004.

[5] 休·考特尼，等. 不确定性管理. 北京：中国人民大学出版社，2000.

复习思考题

1. 什么是决策？
2. 如何认识“管理就是决策”的观点？
3. 例行问题和例外问题的决策有何差异？
4. 程序化决策与非程序化决策有何不同？
5. 不确定状况下的决策与风险状况下的决策有何不同？
6. 要达到决策中的理性要求需要满足哪些条件？
7. 传统的理性经济人模式有哪些缺陷？
8. 什么叫有界理性？
9. 决策中的满足或满意是何意思？
10. 决策的理想模式与管理模式的侧重点有何不同？
11. 什么是决策中的结盟行为？
12. 承诺升级是何含义？
13. 决策有哪些主要步骤？
14. 组织中的决策有哪些主要影响因素？
15. 群体决策有哪些主要形式？
16. 什么是互动小组？
17. 什么是德尔菲小组？
18. 什么是名义小组？
19. 群体决策有哪些优缺点？
20. 决策中的群体思维是何含义？
21. 什么是决策树法？
22. 风险决策有哪些特点？
23. 主观决策法有哪些优缺点？

案例 5.1 TCL 的国际化探索

一、公司概况

TCL 集团股份有限公司创立于 1981 年，是中国最大的全球经营的消费类电子企业集团之一，旗下拥有四家上市公司：TCL 集团（SZ.000100）、TCL 多媒体科技（01070.HK）、TCL 通讯科技（02618.HK）、TCL 通力电子（01249.HK）。正如 TCL 的英文诠释“the creative life”（创意感动生活）所反映的那样，TCL 在发展壮大过程中确立了自主创新方面的优势和能力。TCL 目前有 7.5 万名员工，23 个研发机构，21 个制造基地，在全球 80 多个国家和地区设有销售机构，业务遍及全球 160 多个国家和地区。2017 年 TCL 全球营业收入达 1 115.8 亿元人民币，连续 4 年过了千亿大关。2017 年 TCL 电视全球出货量突破 2 377.4 万台，稳坐中国彩电行业龙头位置，位居全球彩电行业前三强。

二、跨国并购

从 1997 年到 2004 年，TCL 每年都保持着超过 40% 的复合增长率，实现了连续 20 多年高成长的辉煌，曾经被业界评价为“超常企业”。TCL 于 1996 年进军彩电业时采用的是“先店后厂”的方式，先做销售，积累客户和资源，市场做到足够大时才收购工厂，建立自己的制造基地。创业时期所倡导的企业家精神，让 TCL 积累了敢于冒险与创新的文化。

2004 年 1 月 29 日，羽翼丰满的 TCL 与全球电子消费产品巨头法国汤姆逊集团在法国总理府签订协议，成立 TCL 汤姆逊电子有限公司（TTE），使其成为全球最大的彩电供应商。仅仅半年后，TCL 又宣布与阿尔卡特共同组建 TCL 阿尔卡特手机公司（T&A）。TCL 在短时间内对集团两大主营业务进行了国际化改造，成为中国企业国际化进程中的急先锋。

但是在短暂的兴奋之后，TCL 就遭遇了前所未有的严峻挑战。2005 年集团出现巨额亏损，并购后的整合困难重重，两家合资公司都不得不进行重组，TCL 为国际化交了巨额学费。整合的困难主要表现在五个方面：

第一是组织结构方面。T&A 成立以来，无论是海外市场还是国内市场都在延续原来阿尔卡特和 TCL 两套人马、两套运行体系的模式。整合 7 个月后，阿尔卡特的大部分产品还是外包生产，而 TCL 自己的工厂却产能过剩。TTE 在欧洲的业务模式极其复杂，导致效率低下、反应缓慢，还容易产生差错。

第二是欧洲人力成本之高大大超乎预期。根据并购协议，TCL 必须负担汤姆逊 2 000 名左右的员工，T&A 方面有 700 多名欧洲的阿尔卡特技术和管理人员整体转入。在法国养活一个工人，可以在国内雇用 5～6 个工人。在法国想解雇一个人非常难，解雇一个法国的普通研发工程师要花 30 万欧元，而一个研发中心大概有四五十人需要解雇。

第三是两个企业的国内外资源难以实现共享。在国内，渠道优势与灵活的市场反应能力是TCL的竞争优势所在。然而并购之后，TCL在渠道方面的竞争优势并没有表现出来。

第四是企业文化磨合的困难超出想象。阿尔卡特手机业务与TCL相比在经营业绩上处于弱势，但阿尔卡特作为全球主要通信设备系统厂商在规模、技术、品牌和市场影响力上却要强于TCL。T&A中的主要职位多由TCL的员工来担任，且执行TCL的薪酬方式与销售模式。原阿尔卡特的员工对TCL的文化很难认同，归属感下降，一些重要岗位的员工流失，工作效率大受影响。董事长李东生有一次想在周末开个会，却发现所有外籍管理人员的手机都关机。而法国方面的管理人员则埋怨中国人天天工作，毫不放松。

第五是未能如愿获得技术优势。TCL海外并购的意图之一是想通过收购汤姆逊彩电业务和阿尔卡特手机业务来弥补自己在技术和研发上的不足。然而汤姆逊彩电业务的CRT技术已经落后于时代，T&A的技术整合也流于形式。并购后外方工程师心神不定，一年间基本上没有有竞争力的产品问世。

TCL在并购后的2005年、2006年连续两年亏损，作为上市公司面临着摘牌的危险，企业一度跌入谷底。

三、浴火重生

TCL管理层达成共识：国际化是一场持久战，不是一个结果而是一个过程。TCL将此后的国际化战略划分为扭亏、健康、成长三个步骤。

2004—2007年是扭亏阶段，主要任务是在重塑企业文化的基础上进行战略调整和改变治理结构。2008—2010年则围绕健康来做文章，在资源有限的条件下，培养自我造血的能力。2008年4月15日液晶模组奠基到12月22日投产用了8个多月的时间。2011年华星光电生产出8.5代线液晶面板，标志着向产业链上游的渗透。同时在自主创新方面，企业从整机向LCD、从LCD向LED背光源扩展，进一步扩展到互联网电视。

为了适应移动互联网的高速发展和跨界竞争的需要，集团于2014年年初提出“智能＋互联网”“产品＋服务”的“双＋”战略转型；为了尽快实现下一个千亿目标，2015年年初TCL集团制定了“双＋”转型和全球化的双轮驱动发展战略：通过“双＋”转型建立新的业务能力；通过全球化完善全球业务布局，提升海外市场份额。

李东生宣称：“如果把近几年TCL的国际化探索看作被动适应国际化带来的冲击和挑战，那么从现在开始，我们就已经进入一个主动谋划国际化未来发展目标和任务的新阶段。我们将站在新的历史起点上，力争把TCL建成一个富有竞争力的国际化企业！”

［**讨论**］

1. 评价TCL跨国并购的决策。
2. 评价TCL走出困局的思路。

案例5.2 西南航空：做正确的事

美国西南航空公司的总部设在得克萨斯州达拉斯。西南航空以廉价航空公司而闻名，其经营理念和公司战略被定位为低成本、低票价、高回报。1971年西南航空艰难起步时，只有三架飞机，在得克萨斯州内运营，后来它逐步成长为美国最大的国内航空公司，其市值超过世界上任何一家航空公司。

西南航空的使命决定了公司所期望的文化。西南航空的每个员工都理解他们的岗位是如何对公司使命做出贡献的，也理解公司整体使命的成功依赖于每个岗位员工的优秀表现。西南航空这样描述自己的使命：

> 西南航空公司的使命是通过热情、友好、尊重和公司精神，提供最高质量的客户服务。
>
> 我们承诺为员工提供稳定的工作环境和平等的培训与晋升机会。公司鼓励提高运行效率的创新与改革。除此以外，员工将得到他们所期望的同等的关心、尊重和人文关怀。

西南航空公司的CEO凯莱赫（Herb Kelleher）的行为就是对公司使命的最好诠释。在公司中他因精力充沛而被传为佳话。无论什么时候，只要需要，他就会帮忙为乘客检票，搬运行李箱，顶替空中乘务员，做任何让顾客感到舒适愉快并印象深刻的事情。

2001年的“9·11”事件揭开了美国航空业一段饱受创伤、动荡不安的历史。在恐怖分子将飞机变成导弹之后，航空公司的未来充满了风险和不确定性，航空业前途未卜，没有人知道人们是否还愿意乘坐飞机。一个棘手的问题摆在所有航空公司面前：如果乘客打电话来要求取消预订的航班，公司应该如何作答。

航空业是一种现金流生意，绝大部分机票都是提前付款。在任何时间点，由于顾客提前支付了未来的机票费用，航空公司可能持有数亿美元的现金。航空公司就依靠这种持续不断的现金流来支付公司的账单和员工的薪水。一旦需要把手中的现金还给顾客，公司就会陷入缺乏流动资金的困境。

然而在西南航空公司，问题在产生之前就已经有了答案。在“9·11”事件当天，西南航空的管理者没有时间去进行经济分析，也无法对未来做出预测。在没有得到准确的信息之前，他们必须依靠自己的判断，做他们认为正确的事情。无论乘客持有的是哪一类机票，西南航空始终保证无条件退票，不提任何问题，没有退票费。

在恢复正常的航空运输之前，西南航空的飞机、飞行员、空乘人员和乘客散布在全美各个地方，远离目的地。机组人员远离家人，待在飞机上，以便在允许重新飞行后随时起飞。只要有可能，公司就租用大巴将乘客运送到他们的目的地。公司为乘客安排了酒店，让机组人员照顾和招待这些滞留外地的乘客。有的机组人员安排乘客观看电影，有的机组人员安排乘客去打保龄球。飞行员和空乘人员刷自己的信用卡，尽量照顾好乘客。

由于乘客数量大幅下降，其他大型航空公司不约而同地宣布将运输能力减少20%，停飞20%的飞机，暂时解雇20%的员工。在解雇员工时，有几家航空公司引用所谓的大规模裁员条例，以避免支付高额的退休福利金。数万个航空业家庭突然间失业，没有薪水和退休金来帮助他们渡过这个艰难时刻。

西南航空则做出完全不同的决定：不解雇员工，不停飞飞机。公司没有削减员工的工资，9月14日是原本支付员工利润分享奖金的日子，西南航空如期支付了1.798亿美元的奖金。当其他航空公司裁员10万之众时，西南航空公司的员工仍然享受着稳定的工作。只有高级管理人员选择自愿降低10%的工资。董事会成员和公司最高管理层都放弃了自己在2001年第四季度的薪水。

西南航空公司有一条“黄金法则”，就是按照人们希望被对待的方式去对待他们。“9·11”事件之后，公司就是按照这条黄金法则去对待员工、顾客和股东的。

顾客是如何反应的？事实上，预期的退票狂潮没有出现，恰恰相反，很多人表示要向西南航空捐款或者放弃他们的退票款。很多人讲了一些感人的故事，说西南航空是如何影响他们日常生活的。有人在西南航空的航班上结识了自己的伴侣，有人乘坐西南航空的航班定期探望异地的亲人，正是西南航空的廉价航班让更多的人享受到飞行的便利和乐趣。

股东是如何反应的？面对困境，股东表示，他们理解西南航空的文化，并认为这正是公司的独到之处，是公司最强有力的竞争优势。这些长期投资者都期望公司在面临危机时，可以牺牲短期利益，维护员工和客户对公司的信任。事实上，从长远来看，西南航空的市值超过了其他各大航空公司市值的总和。股东的长远利益并没有受到损害。

员工的反应如何？在这段航空业最为动荡不安的时期，员工们完成了很多人认为在要求的期限内无法完成的事情。为了达到新的要求，员工一次次讨论研究，很多员工24小时连续工作，很多人提出降低工资或者不支付工资，但是公司不允许降低机长级别以下任何雇员的工资。

依靠员工和客户的忠诚，西南航空在2001年第四季度实现盈利，创造了一个奇迹。当其他一些大型航空公司损失数十亿美元时，西南航空却在2001年连续第29年盈利。这骄人的纪录也在之后的每一年延续着。

［讨论］

评论美国西南航空公司在“9·11”危机中的管理决策。

第Ⅲ篇

组织职能

组织是管理的基本职能之一。在计划职能确定了组织的目标并对实现目标的途径做了安排之后，为了使人们能够为实现目标而有效地工作，还必须对包括人、财、物和信息在内的各种资源在一定的空间和时间范围内进行有效的配置，明确组织中的每一个职位所起的作用以及职位间的相互关系，建立起一种既有分工又有协作的集体活动的结构。此外，还需要根据组织内外诸要素的变化，不断地对组织结构做出调整和变革，以确保组织对环境的适应性。设计和维持这种结构就是管理的组织职能所承担的任务。

第6章 组织职能概述

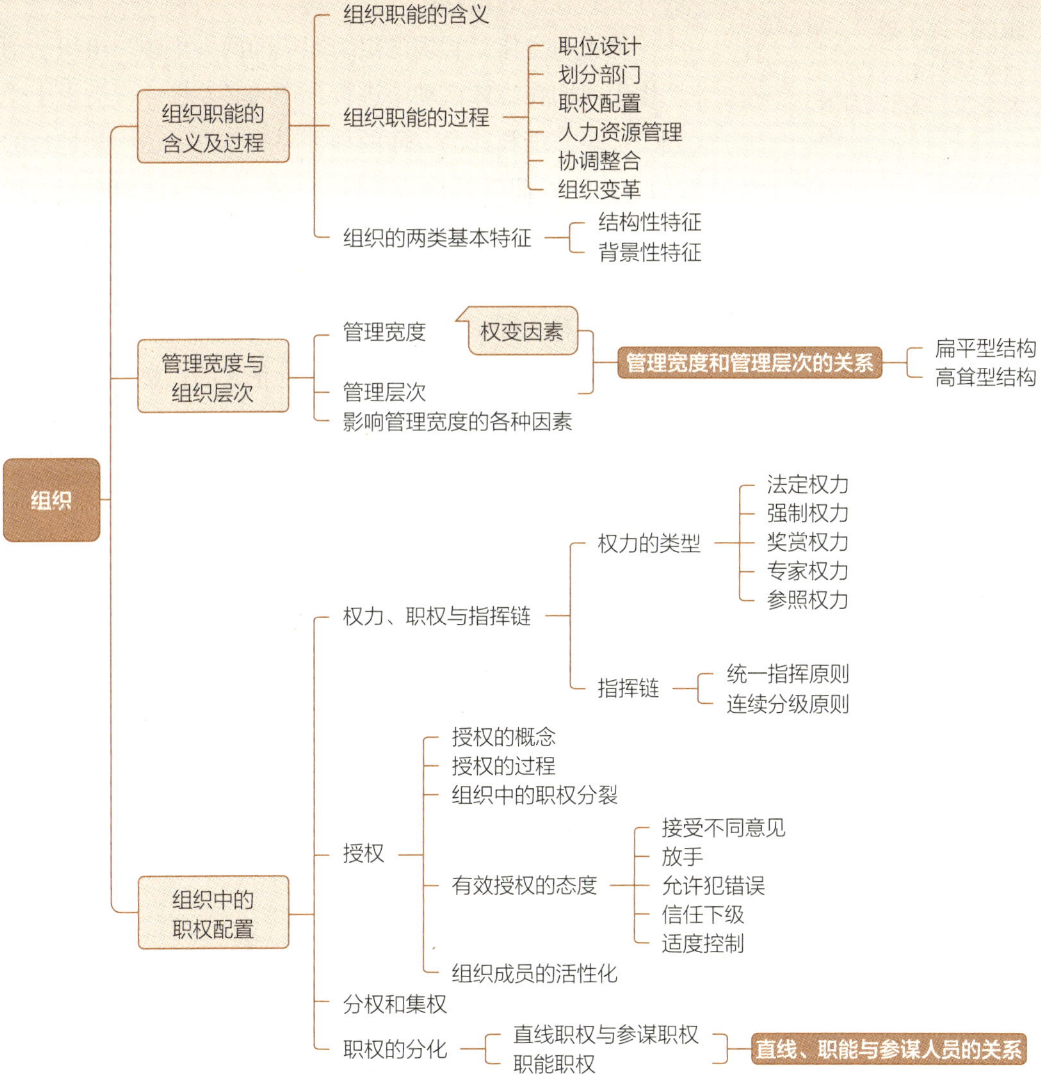
组织
组织职能的含义及过程
组织职能的含义
组织职能的过程
职位设计
划分部门
职权配置
人力资源管理
协调整合
组织变革
组织的两类基本特征
结构性特征
背景性特征
管理宽度与组织层次
管理宽度
权变因素
管理层次
管理宽度和管理层次的关系
扁平型结构
高耸型结构
影响管理宽度的各种因素
组织中的职权配置
权力、职权与指挥链
权力的类型
法定权力
强制权力
奖赏权力
专家权力
参照权力
指挥链
统一指挥原则
连续分级原则
授权
授权的概念
授权的过程
组织中的职权分裂
有效授权的态度
接受不同意见
放手
允许犯错误
信任下级
适度控制
组织成员的活性化
分权和集权
职权的分化
直线职权与参谋职权
职能职权
直线、职能与参谋人员的关系

计划职能确定了组织的目标以及实现目标的途径之后，要使人们为实现目标而有效地工作，就需要对人们进行分工和协作。这就是管理的组织职能所要解决的问题。

第1节　组织职能的含义及过程

一、组织职能的含义

管理的组织（organizing）职能就是通过建立、维护并不断改进组织结构以实现有效的分工、合作的过程。[1]

组织：通过建立、维护并不断改进组织结构以实现有效的分工、合作的过程。

分工与合作是管理的组织职能的两大主题。组织活动产生于人们在集体活动中进行合作的必要性。人类由于受到生理、心理和社会方面的种种限制，为了达到某种目的就必须进行合作。要进行有效的合作，人们就必须清楚各自所扮演的角色和所起的作用，这种角色和作用越明确，人们的工作就会越有效。这又意味着要进行有效的分工。人类正是通过这种分工和合作来实现集体活动的共同目的或目标的。

组织职能的目的就是设计和维持一种有助于进行有效的集体活动的组织结构。所谓组织结构就是组织中划分、组合和协调人们的活动和任务的一种正式的框架。组织结构体现了组织各部分的排列顺序、空间位置、聚集状态、联系方式和相互关系。组织结构犹如人体的骨架，206块骨头组成的骨架在人体中起着支撑、保护的作用，正是在这一骨架中，消化、呼吸、循环等系统才能发挥正常的生理功能。

事物的结构在一定程度上决定了其功能，这一道理对于自然界和社会领域都是适用的。例如，同样数量的一队士兵会由于排兵布阵的不同而表现出完全不同的战斗力。石墨与钻石都是由碳原子构成的，但由于原子间结构不同，两者的性质有着天壤之别。采用社会化大生产的企业组织也是如此，由于系统内部分工和协作关系不同，组织的效能会表现出巨大的差异。

二、组织职能的过程

管理的组织职能的过程由一系列具体步骤构成。

1. 职位设计

组织首先必须明确实现目标所必需的各种活动并加以分类，这关系到组织中的职位或岗位的设计问题。

2. 划分部门

这意味着要将实现组织目标所必需的活动进行组合以形成可以管理的部门或单位。由于组织活动的分类和组合方式不同，因此形成了各种不同的组织结构类型。

3. 职权配置

在上述分类和组合的基础上，还必须将监督各单位或部门所必需的职权授予各个单位的管理者。在组织工作中，这些内容主要涉及职权配置。

4. 人力资源管理

组织结构是由各种类型的职位所构成的。在建立起这种职位结构后，下一个步骤便是为组织中的职位配备适当的人员，这就是管理中的人员配备工作或人力资源管理工作。

5. 协调整合

最后，还必须从纵横两个方面对组织结构进行协调和整合。在组织结构基本建立，组织中的职权配置基本完成的基础上，应当进一步明确和协调组织结构中上下左右的相互配合关系，通过对各部分、各层次和各种要素的协调与整合，使组织成为一个精干高效的有机整体。

6. 组织变革

组织活动是一个动态的过程。通过组织活动建立起来的组织结构不是一成不变的，而是随着组织内外部要素的变化而变化。当原有的组织结构不再适应实现组织目标的要求时，组织结构就必须进行相应的调整和改变。

应当注意的是，当我们谈到管理的组织职能或组织活动时，“组织”这个词是个动词，对应着英文的“organizing”这个词。“组织”也常常用作名词，这时对应着英文的“organization”这个词。从管理的角度来看，大部分学者及管理人员都把组织看成一个“有意识形成的职位结构”。

三、组织的两类基本特征

人们可以从各种不同的角度来认识一个具体的组织。应用结构性特征（structural dimensions）和背景性特征（contextual dimensions）这两类基本特征或基本维度来描述一个组织的做法颇具代表性。[2] 结构性特征描述了一个组织的内部特征，这类特征使得我们能够对不同的组织加以衡量和比较；背景性特征是对组织的整体性描述，这类特征是形成和影响结构性特征的组织框架。要了解、认识或评价一个组织，必须同时从结构性特征和背景性特征这两个方面加以考察。这些特征彼此之间存在着紧密的交互作用，人们可以通过调节这些特征以实现组织的目标。

（一）结构性特征

结构性特征包括正规化、专门化、标准化、职权层级、复杂性、集权化、专业化和人员构成这八个方面。

正规化（formalization）反映了一个组织中的规章、制度、程序等正式书面文件的多寡程度。这些书面文件规定了组织的各种行为和活动。一个组织正规化程度的高低可以根据其拥有的正式文件的数目判断出来。

专门化（specialization）反映了一个组织专业化分工的程度。专门化程度越高，员工的工作内容便越窄。

标准化（standardization）指的是相似的活动以统一的方式实施的程度。

职权层级（hierarchy of authority）描述了人们之间的报告指挥关系以及每个管理者的控制幅度。这一层级的形状与控制幅度之间存在着反向变化的关系。控制幅度越大，职权层级就越扁平，反之则会越高耸。

复杂性（complexity）反映了组织中活动或子系统的多少。复杂性可以从横向、纵向和区域三个方面加以考察。纵向复杂性反映了组织构造中的层次数目；横向复杂性指的是组织的水平方向上职位或部门的数目；区域复杂性反映了组织的地理区域分布情况。

集权化（centralization）反映了决策权在组织职权层级上的分布情况。当决策权保持在最高层级时，组织就是集权化的；若决策权被授予较低的组织层次，则可以认为该组织是分权化的。

专业化（professionalism）反映了组织成员接受正规教育和训练的程度。若雇员为了履行组织中的职位必须经过较长时间的训练，就认为该组织的专业化程度较高。专业化程度一般可以用雇员的平均受教育年限加以衡量。

人员构成（personnel ratios）反映了组织中的人员在不同的职能和部门间的配置情况，如管理人员的比例、行政人员的比例、专业人员的比例等。

（二）背景性特征

背景性特征包括组织的规模、组织技术、环境、目标和战略以及文化这五个方面。

规模（size）是以组织中的人数来反映的组织的大小程度。这一指标既可以用来衡量一个组织，也可以用来衡量组织的一个组成部分，如一个分厂或一个事业部等。之所以用人数来衡量一个组织的规模，主要是从组织是一个社会系统这一角度来考虑的。尽管其他一些指标如销售额、资产等在一定程度上也能反映出规模，但却看不出作为一个社会系统的主要构成要素的人的情况。

组织技术（organizational technology）指的是组织的生产子系统的性质，它包括组织将输入转化为输出所采取的措施和手段。

环境（environment）包括组织的边界之外的所有要素。行业、政府、客户、供应商等是环境中的一些最主要的要素。对一个组织影响最大的环境要素常常是其他的组织。

组织的目标和战略（goals and strategy）规定了一个组织区别于其他组织的宗旨和竞争的手段。目标反映了一个组织要到达的终点。战略则是为了实现组织的目标以及因应环境变化而就资源分配和所需活动所拟定的行动计划。组织的目标和战略规定了组织的活动范围以及组织与雇员、顾客和供应商之间的关系。

组织的文化（culture）是雇员共同拥有的基本价值观、信念、观点和信条等的集合。这些东西影响着人们的伦理行为，影响着组织对雇员的态度、组织效率以及顾客服务，是使组织中的成员结合为一体的黏合剂。

这里所讨论的关于组织的 13 个特征彼此之间存在紧密的联系。例如，在稳定的环境下采用常规技术经营的大型组织通常会表现出较显著的正规化、专门化和集权化特征。有了这些特征指标，我们便能够对一个组织进行详尽和深入的分析。对组织进行的任何变革都必然会由这些特征指标反映出来。

第 2 节 管理宽度与组织层次

我们周围的各种各样的组织通常表现为由各种部门和若干个层次所组成的结构，如政府机构的部、司、处、科，企业的分厂、车间、工段、班组等。但是，这种部门和层次安排并不是理所当然的。

一、管理宽度

每个管理者所能直接指挥和监督的下属人数总是有限的，这个限度称为管理宽度或管理跨度。从一定意义上来讲，正是由于管理宽度的存在，当组织规模扩大到一定程度时，才产生了部门划分的必要性。

如果组织的最高领导者是一个万能的领导者，我们是否还需要这种部门和层次的安排？答案是否定的，因为这个万能的领导者可以指挥和监督一切活动而无须他人的帮助。但现实世界中的管理者做不到这一点，人类面临生理、心理和社会方面的种种限制，每个管理者只能直接指挥和监督有限的下属。

二、管理层次

当组织规模有限时，一个管理者可以直接管理每个成员的活动。当规模的扩大导致管理工作量超出一个人所能承担的范围时，为了保证组织的正常运转，管理者必须让他人分担自己的一部分管理工作。随着组织规模的进一步扩大，受托者也不得不让他人分担自己的工作，依此类推形成了组织的等级制或层次性的管理结构。由以上分析可知，由于存在着管理宽度的限制，或者说因为管理者能有效监督的下属人数是有限的，才形成了这种层次性的管理结构。

从一定意义上讲，组织层次是一种不得已的产物，它本身具有一定的副作用。这些副作用主要表现为：

（1）层次多意味着费用也多。层次的增加需要更多的管理者，管理者又需要辅助人员，每个人都需要一定的设施和设备的支持，部门之间的协调工作量有所增加，所有这些都意味着费用的增加。

（2）层次的增加加大了沟通的难度和复杂性。信息经由层次自上而下传达时，不可避免地会产生曲解和遗漏，自下而上的信息流动同样也会变得更加复杂和困难。

（3）众多的部门和层次使得计划和控制活动更为复杂。一个在最高层显得清晰完整的计划方案会因为逐层分解而变得模糊不清。随着层次和管理者人数的增多，控制活动会更加困难，尽管此时由于计划的复杂和沟通的困难而使控制显得更为重要。

三、管理宽度与管理层次的关系

显然，当组织规模一定时，管理层次和管理宽度之间存在着一种反向的关系。管理宽度越大，管理层次就越少；反之，管理宽度越小，管理层次就越多。

这两种情况对应着两种类型的组织结构形态，前者称为扁平型结构，后者称为高耸型或锥形结构，如图6－1所示。一般来说，传统的企业结构倾向于高耸型，偏重于控制和效率，比较僵硬。近年来，企业组织结构有一种由高耸向扁平演化的趋势，扁平型结构被认为比较灵活，容易适应环境，组织成员的参与程度也相对较高。

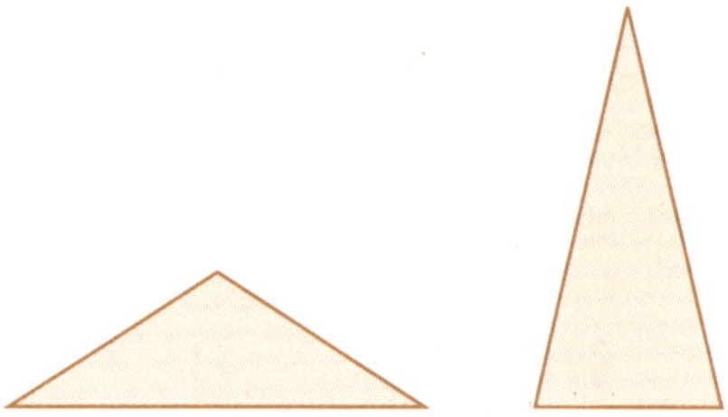

图6－1　扁平型结构与高耸型结构

四、管理宽度是一个权变因素

多年来，许多学者和管理者对管理宽度这一问题进行了研究。早期，人们试图寻求一个广泛适用的最佳管理宽度值[3]，但现在一般认为这种普遍最佳的管理宽度是不存在的。管理者能有效监督的下属人数在客观上是有限度的，但具体的人数取决于特定条件下各种因素的综合作用。

因此，找出特定情境下影响管理宽度的各种具体因素，考察哪些因素使得管理者在处理上下级关系上消耗了过多的时间，哪些措施有利于减少这些时间，将会有助于确定在这种情境下适当的管理宽度。这要比追求一个普遍适用的最佳管理宽度更有价值，也更有现实意义。

五、影响管理宽度的各种因素

一个管理者能够有效管理的下级人数受到多种因素的影响。在这些因素中，有些属于个人方面的因素，如有的人理解问题较快，有的人长于与人相处，有的人善于得到人们的尊敬等。除了这些个人因素，影响管理者管理宽度的还有以下一些共通的因素：

- 上下级双方的素质与能力；

- 计划的完善程度；
- 所面临的变化的剧烈程度；
- 授权的情况；
- 沟通的手段和方法；
- 面对的问题的种类；
- 个别接触的必要程度；
- 其他因素，如下属人员的空间分散情况、下属人员承担责任的意愿以及面对风险时的态度等。

第 3 节　组织中的职权配置

如果把组织看成具有特定功能的一台机器，各个部门就是组成机器的各种零部件，组织结构就是这台机器的构造。要使一台机器能够运转起来，只是把各种零部件组合在一起还不够，还必须供之以动力。组织也是如此，除了要对各个部门进行安排外，还要在组织中对职权进行合理有效的配置，才能使组织运转起来。

一、权力、职权与指挥链

权力是指个人或群体影响其他个人或群体的行为或信仰的能力。这种能力之所以能够存在并发挥作用，或者说人们之所以会受影响，是因为它有一定的存在基础。

> **权力：** 个人或群体影响其他个人或群体的行为或信仰的能力。

（一）权力的类型

根据存在基础的不同，人们一般将权力分为五种类型。[4]

1. 法定权力

法定权力（legitimate power）就是人们所熟知的职权，是领导者在组织中身处某一职位而获得的权力。有了法定权力，企业总经理、学校校长、银行行长、医院院长有什么指示时，员工、教师、职员和大夫通常都会聆听和照办。

2. 强制权力

强制权力（coercive power）来自领导者拥有的惩罚或控制的能力。下属因惧怕不利后果（如果不遵守则会导致不利后果）会对强制权力做出反应。管理者经常使用的强制权力包括：延缓员工的晋级或降级，分派给他们不喜欢的工作，等等。

3. 奖赏权力

奖赏权力（reward power）是一种可以给人们带来好的结果（奖赏）的权力。这些奖赏可以是人们看重的任何东西，如金钱、荣誉、晋升、有趣的工作任务、有利的岗位等。

4. 专家权力

专家权力（expert power）是来自专业技术、技能或知识的影响力。组织对专业人员的依赖日益加强。如果一名员工拥有关键的技能、知识或专业技术，这个人便具有专家权力。

5. 参照权力

参照权力（referent power）源自人们所具有的令人羡慕的魅力或人格特点。一个人如果得到人们的敬重和赏识，他就拥有一种权力，因为人们想取悦于他。参照权力来自我们对他人的敬重，以及我们希望自己也成为那样的人。如果你敬重某人，以至于你的行为以他为榜样，你的态度追随他的态度，那么这个人对你就有参照权力。

职权： 在组织的某一职位上做出决策的权力。

组织中的管理者所拥有的权力主要是职权，当然，管理者也可以不同程度地同时拥有其他几种权力。职权是在组织的某一职位上做出决策的权力，它只与组织中的管理职位有关，而与占据这个职位的人员无关。承担某一职位的主管一旦离职，其拥有的职权也就随之消失。

（二）指挥链

正如人类依靠遍布全身的神经系统来控制身体的运动一样，组织主要依靠职权来操纵各个部分。职权从组织的大脑——最高管理层出发，途经各个管理层次，一直贯穿到组织的基层，形成一条条自上而下的权力线。这种权力线通常称为“指挥链”（chain of command）。它形如金字塔，组织的最高主管高居塔顶，之后每经过一个层次便发生一次职权的分裂，最终指挥链延伸至组织的最底层，形成一个遍布整个组织的职权网络，使得组织具有较强的行为能力。

一般认为健全的指挥链有两个基本要求：一是统一指挥原则（unity of command）；二是连续分级（scalar）原则。[5]

1. 统一指挥原则

统一指挥原则要求组织中的每个成员必须同一个上司，而且只能同一个上司建立起一种明确的报告关系。换个角度来说，就是组织中的每个成员都只能接受一个上司的指挥。如果出现“一仆二主”的情况，即两个或两个以上的上级同时对一个下级、一个部门或一项工作行使权力，组织就会出现混乱的局面。

2. 连续分级原则

连续分级原则主张组织的最底层职位到组织的顶点之间的每条职权线都应当是明确且不间断的。组织中从最高职位至每个下属职位的职权线越清晰，决策责任也就越明确，组织中的沟通也就会越有效。这一原则说明，在组织中每项决策最终都必须有人为之负责。

二、授权

组织是依靠指挥链来行动的。职权在组织中各个职位上的分配或配置，亦即指挥链的建立，是通过授权（delegation of authority）来进行的。

（一）授权的概念

授权：管理者将自己的部分决策权或工作负担转授给下属的过程。

授权意味着在上下级之间建立起某种形式的职权关系。具体而言，授权就是管理者将自己的部分决策权或工作负担转授给下属的过程。

授权可以说是组织规模扩大的结果。没有人能够承担实现组织目标所需的一切任务，同样也没有人能够行使所有的决策权。由于存在管理宽度的限制，管理者必须将职权授予下属，以使他们在各自的职责范围内进行决策。

（二）授权的过程

授权的过程由以下三个步骤构成：

第一，将任务委派给接受授权的下属，并明确应当取得的成果。这一步骤是使下属明确他将承担什么任务，这些任务应当完成到什么程度或应当取得什么样的成果。

第二，将完成任务所需的职权授予下属。

第三，使下属承担起对所接受的任务、成果要求和职权的义务。也就是要使下级认可或同意上级所授予的任务和职权，并作出完成任务的承诺。

授权的这三个步骤是不可分割的。只是要求某人完成某一任务而不授以相应的职权，或者授予职权但却不明确最终要取得什么成果，都不能算是真正的授权。

在授权过程中，责任是不可下授的。这称为授权的绝对性原则。上级管理者即使授权下属去完成某项任务，也仍然对该项任务负有责任。这也是一些管理者不愿授权或不敢授权的原因之一。

管理者对下属授权并不意味着永久地失去了这部分职权，他可以随时收回授予的职权。组织的变动或改组总是意味着职权的收回和重新授出。当发现下属不能胜任或负担过重时，需要将授出去的部分或全部职权收回，并进行重新授权。

（三）组织中的职权分裂

组织中有时会出现职权分裂的情况。当解决一个问题或作出一项决策必须汇总两个或更多管理者的职权时，就认为解决这一问题的职权是分裂的。例如，在某企业一个横跨两个车间的生产过程中，如果对工序做一点点变动就有可能大幅降低生产成本，但两个车间主任无论谁都无法单独做出决定，此时就只有两人的共同上司——分管生产的副厂长才能解决问题。在副厂长这里，解决这一问题的职权是完整的，但对两位车间主任而言，他们处理这一问题的职权均是分裂的。当职权分裂的问题涉及许多管理者时，常常需要通过会议来协调解决。例如，许多城市为了解决一些老大难问题，常常采用联合办公的形式，这实际上就是在解决职权分裂的问题。在有些场合下，尽管职权分裂的问题出现在基层，但只有最高层才有解决该问题的完整的职权。

（四）有效授权的态度

管理者必须从思想上认识授权的必要性和重要性。为了实现组织的目标，维持组织的成长，授权是管理者所面临的不可回避的选择。授权不当常常是造成许多管理问题的最主要原因。为了进行有效的授权，管理者必须树立以下几方面的态度。

1. 要有善于接受不同意见的态度

管理者要能够听得进他人的意见，而且能够接受和欣赏下属所做出的不同于自己的决策。

2. 要有放手的态度

在某些问题上，或许上级管理者比下级更高明，更有经验，但即使如此也不应越俎代庖。正如在国际贸易中存在着“经济上的比较利益”规律一样，组织中也存在着“管理上的比较利益”规律。也就是说，如果管理者能够集中精力于那些最有利于实现组织目标的工作，同时将其他工作委派给下属去做，虽然这些工作他或许会比部下做得更好，但这时他对组织整体的贡献将是最大的。

3. 要允许别人犯错误

谁都难免犯错误，应当把下属的错误看做一种人才投资。通过对组织目标和方针政策的解释和说明，通过耐心指导和循循善诱，有助于下属避免那些特别严重的或重复性的错误。

4. 要善于信任下级

授权本身就意味着对他人的信任。下属不能胜任、能力不够等不能成为不授权的理由。如果确实如此，应当做的是或者培养他们，或者撤换他们。

5. 要善于适度控制

由于管理者的责任不会随着授权而消失，所以必须确保所授出的职权确实是在为实现组织目标而使用。管理者必须对下属的工作绩效心中有数。

（五）组织成员的活性化

活性化（empowerment）是员工参与的一种高级形式，它意味着这样一种状态，员工在规定的限度内拥有作出决定和采取行动的知识、技能、职权以及意愿；同时，他们对自己行动的后果及企业的成功又有着高度的责任感。[6]

在一个活性化组织中，员工主动地采取行动去应对他们每天面对的需要和机会，这些需要和机会涉及顾客满意、安全生产、产品和服务的质量、环境保护、业务成果、过程与产品的持续改进等各个方面。在这样的活性化组织中，员工的目标与组织的目标达到高度一致，员工拥有必要的职权和机会使自己的贡献最大化，有能力采取适当的行动，会全身心地投入到实现企业使命的事业当中，拥有实现目标所需的手段。

在活性化组织中，管理是要营造使人成长的环境，而不是去控制他们。成功的管理者善于“托起”员工，使他们对自己、自己的工作和自己的企业有高度的自豪感和责任心。

管理者的重点不应放在监督和评判员工的工作绩效上，而是要着重训练员工监测自己的工作绩效并进行持续的改进。管理者不应陷入日常事务的管理当中，而是要促使团队实现自我管理、自我控制。

三、分权和集权

分权和集权是用来描述决策权在组织中或在指挥链上的分布情况的一对概念。分权指的是系统地将决策权授予中下层管理者的过程。这实际上就是给下级授权的过程。相应地，集权则是系统地将决策权集中于高层主管手中的过程。集权和分权反映了职权在指挥链上分布的两种趋势。

在现实中，既不存在绝对的分权，也不存在绝对的集权。绝对的集权意味着职权全部集中在一个人手中，因而不存在下级管理者，这实际上等于组织是不存在的；绝对的分权也是不存在的，因为这意味着没有管理者，组织也不可能存在。一个组织的存在必然意味着某种程度的分权。集权和分权同时也是两个彼此相对、互相依存的概念。说一个组织是集权还是分权，意味着或者是在同它的过去做比较，或者是在同其他的组织做比较。

集权或者分权不能简单地用“好”或“坏”加以判断。在成功的企业中，既有许多被认为是相对分权的企业，也有许多被认为是相对集权的企业。一个组织中职权分散或集中的程度，除了受到管理者个性的影响，还取决于许多其他的因素。这些影响因素主要包括：

- 决策的重要性
- 高层主管对一致性方针政策的偏好
- 组织的规模
- 组织的历史
- 最高管理者的人生观
- 获取管理人才的难易程度
- 控制手段
- 组织营运的分散化
- 组织的变动程度
- 外界环境的影响

四、职权的分化——直线与参谋

(一) 直线职权与参谋职权

指挥链上的节点意味着一个个管理职位，承担这些职位的管理者对直接下属行使着监督、指挥和命令的职权。人们一般把指挥链上这种上下级之间监督和命令的职权关系称为直线职权，因为在这种情况下，在上级和下级之间有一条直通的职权线。

随着组织规模扩大和外界环境日益复杂，管理工作也变得越来越艰巨和困难。管理者在决策时，必须依靠各个领域的专业人员或专家来出主意，想办法，提供咨询和建议。这些专业人员或专家便是组织中的参谋，直线主管与参谋人员之间的这种建议和咨询的关系便是参谋职权关系。显然，直线职权是一种决策的权力，或者说是指挥和命令的权力，而参谋职权则仅限于提供咨询和建议。

直线和参谋不应视为一种部门划分。从组织整体的角度来看，有的部门与其他部门之间或许是一种直线或参谋关系。但必须明确的是，区分是参谋关系还是直线关系的标志，是某一部门或某一职位与其他部门或职位之间的职权关系，而不是该部门和职位的活动内容。任何一个职位都有可能既行使直线职权，也行使参谋职权。例如，对于企业的主要生产经营活动而言，公关部经理的工作一般是建议性的，因而通常被认为是行使参谋职权。但在公关部内部，他与部下之间则是直线关系。

（二）职能职权

组织的最高管理者拥有管理和指挥组织所有活动的完全职权。人事、采购、研发等专门领域的参谋人员或部门一般只是提出建议，不具有指挥和命令的直线职权。但是，当最高管理者认为自己没有必要亲自处理这些专门领域的事务时，他可以授权给参谋人员，允许他们在各自的专门领域直接向直线部门发布指示。这样，参谋人员便有了在这些特定领域中行使直线职权的权力，于是就产生了所谓的职能职权。职能职权是一种赋予个人或部门的，对某些特定的程序、业务、政策等进行控制的权力。这些专业人员所具有的特殊的知识和技能构成了职能管理的基础。

应当引起注意的是，为了不至于削弱直线主管的职权，职能职权的应用必须适度，必须只限于那些确实需要专门知识和技能的复杂问题。职能职权的产生意味着对统一指挥原则的一定程度的破坏，意味着多头指挥，因此必须注意避免职能职权过度和滥用。

（三）处理直线人员、职能人员与参谋人员的关系

在实际工作中，三种职权（人员）关系若处理不当，就有可能导致混乱，管理效率低下。在处理各种职权关系时应注意以下几个问题：

（1）直线职权意味着作出决策，发布命令并付诸实施，是协调组织的人、财、物，保证组织目标实现的基本权力。

（2）参谋职权仅仅意味着协助和建议的权力，它的行使是保证直线主管人员做出的决策更加科学与合理的重要条件。

（3）职能职权由于是直线职权的一部分，因此也具有直线职权的特点，但职能职权

的范围小于直线职权，它主要解决的是怎么做和何时做的问题。

注释

[1] 斯蒂芬 · P. 罗宾斯. 组织行为学. 北京：中国人民大学出版社，1997.

[2] Richard L. Daft. Organization Theory and Design. South Western College Publishing, 1998.

[3] 哈罗德 · 孔茨，等. 管理学. 北京：中国社会科学出版社，1987.

[4] 同 [3].

[5] 同 [3].

[6] 焦叔斌. 企业组织变革管理. 北京：中国人民大学出版社，2003.

复习思考题

1. 组织职能的含义是什么？
2. 组织职能的两大主题是什么？
3. 组织职能的目的是什么？
4. 组织结构是什么？
5. 组织职能的过程由哪些具体步骤构成？
6. 组织的结构性特征是什么？
7. 组织的背景性特征是什么？
8. 管理宽度是什么？
9. 什么是管理层次？
10. 组织的层次有哪些副作用？
11. 管理层次和管理宽度之间存在何种关系？
12. 扁平型结构和高耸型结构各有什么特点？
13. 为什么说管理宽度是一个权变因素？
14. 影响管理宽度的因素主要有哪些？
15. 什么是权力？权力一般分为哪几种类型？
16. 什么是职权？
17. 什么是指挥链？
18. 指挥链的统一指挥原则和连续分级原则分别是何含义？
19. 什么是授权？授权的过程由哪几个步骤构成？
20. 授权的绝对性原则是什么？
21. 组织中的职权分裂是什么？
22. 为了进行有效授权，管理者必须保持哪些态度？
23. 活性化的含义是什么？
24. 分权和集权的含义是什么？
25. 影响集权或分权的因素主要有哪些？
26. 什么是直线职权？
27. 什么是参谋职权？
28. 为什么说直线和参谋不是一种部门划分？
29. 什么是职能职权？

案例 6.1 小米：让每个人都能享受科技的乐趣

2010 年 4 月，抱着“做一款让自己喜欢、觉得够酷的智能手机”的信念，以雷军为首的 8 位消费电子设备的狂热发烧友作为联合创始人创办了小米公司。小米公司自创办以来，保持了令世界惊讶的增长速度。8 年来，小米已经发展成为全球第四大智能手机制造商。2018 年 7 月 9 日，小米在中国香港成功上市，用 8 年时间完成了从零开始到市值突破 500 亿美元的历程。

小米的商标“MI”是 Mobile Internet 的缩写，代表小米是一家移动互联网公司。按照雷军的诠释，小米并非一家单纯的硬件公司，而是一家以手机、智能硬件和 IoT 平台为核心的互联网公司。小米以智能手机起家，并且创造了众多智能硬件产品，建成全球最大消费类 IoT 平台，连接超过 1 亿台智能设备。与此同时，小米还拥有 1.9 亿 MIUI（小米基于安卓系统开发的第三方手机操作系统）月活跃用户，并为他们提供一系列创新的互联网服务。

用极客精神做产品

按照雷军的说法，小米的使命是坚持做“感动人心，价格厚道”的好产品，让全球每个人都能享受科技带来的美好生活。在小米的 8 位联合创始人中，有 6 位是工程师，另外 2 位是设计师。极客精神贯穿公司诞生和成长的始终。对创新科技和顶尖设计的追求成为小米的基因。小米的工程师坚持“为发烧而生”的产品理念，醉心于探究前人从未尝试的技术与产品，反复雕琢每一处细节，立志每款产品都远超用户预期。目前，小米的智能手机覆盖了全球 70 多个国家和地区的市场，在印度市场占有率更是高居榜首，在其他 15 个国家也名列前茅。

构筑全球生态平台

按照雷军的设想，小米要构建的绝不是一个封闭的商业帝国，而是一个全球的生态平台。在大数据、人工智能的时代，这一全球生态平台所生成的大量独特的消费和行为数据，能让小米更为敏锐、精准地洞察用户的需求，从而使小米具有更多的发展机遇、更广阔的边界和更稳健的根基，在未来赢得更大优势。小米生态链建设将秉承开放、不排他、非独家的合作策略。

2016 年 3 月 29 日，小米推出了全新的生态链品牌——MIJIA，中文名为“米家”。通过独特的“生态链模式”，小米投资、带动了更多志同道合的创业者，围绕手机业务构建起手机配件、智能硬件、生活消费产品三层产品矩阵。现在，小米已经投资了 90 多家生态链企业。其中紫米科技的小米移动电源、华米科技的小米手环、智米科技的小米空气净化器、万魔声学的小米活塞耳机等产品均在短时间内迅速成为影响整个中国消费电子市场的明星产品。

"铁人三项"商业模式

小米在创办之初就有一个宏大的理想，即改变商业世界中普遍低下的效率。根据雷军的观察，长期以来，许多产品的成本构成中，生产成本只占10%左右，而流通成本则高达90%。这些中间环节的巨大耗损都是由顾客来买单的。小米决心用互联网模式干掉中间环节，创造性地实施"硬件＋新零售＋互联网服务"的"铁人三项"商业模式，即给设计精良、性能品质出众的产品紧贴硬件成本定价，通过自有或直供的高效线上线下新零售渠道将产品直接交付到用户手中，从而持续为用户提供丰富的互联网服务。创业仅7年时间，年收入即突破千亿元大关，这一非凡的成长速度说明了这一商业模式的巨大威力。

高效灵活的组织结构

小米崇尚创新、快速的互联网文化，没有森严的等级，强调平等和伙伴关系，希望员工能在轻松的伙伴式工作氛围中发挥自己的创造性。

2018年9月13日，雷军通过向全体员工发布内部邮件的方式，宣布对公司结构进行重大调整。集团新设参谋部和组织部。参谋部将协助雷军制定发展战略，并督导各个业务部门的战略执行。组织部负责中高层干部的聘用、升迁、考核等。此外，将原先的电视部、生态链部、MIUI部和互娱部四个业务部门重组为十个新的业务部门，公司结构呈现出更加扁平化的形态。公司还任命了多位80后少壮派。雷军在邮件中称，"没有老兵，没有传承。没有新军，没有未来"。他期望有能力、有冲劲的年轻人能够快速成长。值得注意的是，此次新上任的10个业务部的总经理将直接向董事长兼CEO雷军汇报，这对雷军的时间和精力是个不小的挑战。

这次调整进一步突出了小米"互联网业务"的特征，10个业务部中竟然有4个互联网业务部。虽然小米一直以互联网公司自称，但并未得到外界的一致认可。在几个主要业务板块中，硬件仍是小米的主要营收来源。此次小米重组也体现了进一步提高互联网业务的权重以及细分管理的趋势。

［讨论］

1. 小米公司的经营有何特征？

2. 试评价小米组织结构调整的思路。

案例 6.2 Gumroad 的自然扁平化

Gumroad 是一个供人们交易图书、画作、音乐等数字产品的网上交易平台。2012 年，19 岁的萨希尔·拉文杰（Sahil Lavingia）创办 Gumroad 时是硅谷最年轻的创业者之一，被媒体誉为神童和奇才。拉文杰对此不以为然。他觉得自己无非就是与一帮同样优秀的人泡在一起并顺其自然而已。凭借激情与常识，这个二十几岁的年轻人使得 Gumroad 这个初创公司的管理结构极为扁平且运转良好。Gumroad 的管理有如下几方面的特点：

1. 建立共识

扁平化意味着以高度自治代替事无巨细的管理，每个人都有权做出重要的决定。这就要求每个团队成员都能获得完全相同的信息，都能理解公司的目标和市场定位，都能用相近的方法来解决问题和面对挑战。为了让每个人都认同付诸行动、自主和扁平化，Gumroad 提炼出自己的核心价值观。

Gumroad 的核心价值观

1. 快速行动。行动迅速，不要拖延。一旦做出决策，就要尽快执行。快速交付。实施与测量，切忌空谈。完美是优秀的敌人。

2. 拥抱变化。习惯并乐于接受挑战。没有什么必须敬畏，任何事情都在改变。每个人都要好好学习、天天向上。

3. 校准自我。找准位置，所做的事情要最适合自己，也最适合团队整体。

4. 开放透明。简化你的人际关系。卸下防备。说出你在乎的事情和你面对的问题。获取反馈并变得更好。

5. 保持专注。追问自己，你正在做的是你能做的最有价值的事吗？推己及人：相信他人在履行职责，这样你就可以专注本职工作。

6. 微笑面对。快乐无憾。不想太多。乐观面对，期待最好。事情总能解决，你说呢？

公司必须有统一的使命感，必须使用相同的软件工具——这是拉文杰最重要的经验之一。这并非限制员工的创造性和自主选择。确立了这些前提，就可以相信员工在没有监管的情况下能做好工作。这将节省大量时间，员工也会获得更多工作上的满足感。

2. 沟通无极限

Gumroad 通过持续的内部沟通建立起共识。大家沟通时使用的是 HipChat（一种适合团队沟通和共享的网络聊天工具）和 Asana（一种团队追踪工作进展状况的在线工具）而非电子邮件。这意味着一对一的对话也是在公共空间中进行的。这使得人人都了解信息，人人都可贡献智慧。使用 HipChat 和 Asana 的好处不限于随时随地沟通，沟通也是存储信息、建立文件和记录的过程。这些信息在需要时非常方便检索。

3. 符合直觉的设计

“我做过产品经理，知道只要某个功能不好用或者不好找，用户就不会去用。”拉文杰说。产品是这样，团队所使用的工具和流程也是同样的道理。

在扁平化的组织里，团队成员需要共享信息，需要知道其他人在做什么。消除信息的不对称至关重要。每个成员所做的事情都要符合其他人的直觉。新进员工需要立刻加入相应的群组以了解状况。如果有人需要获得另一个团队的数据，他应该单凭直觉就能猜到数据在哪里。

根据拉文杰的经验，符合直觉的设计有三层境界：

第一层：遇到问题，知道该问谁。这种方式最差，会给别人带来负担，耽误大家的时间。

第二层：通过搜索可以找到所需信息，但要花时间来归纳和整理这些信息。这一层也不是完美的方案。

第三层：按照直觉设计的工作界面，自动引导你进行下一步工作，呈现你所需信息并告诉你如何使用。这才是最高的境界。

Gumroad 始终把第三层境界作为产品的设计标准。在公司组织结构上，这一理念得到了延伸。公司鼓励员工查阅 Asana 和 HipChat 上的信息，并对其进行补充和完善，而不是遇到问题就去问身边的人。

4. 管理两件事：明确与信任

在拉文杰看来，管理无非就是两件事情：明确与信任。如果你是一个管理者，你的工作就是尽可能使事情得以明确，让每个人都明确当前的状况，明确什么事情是最重要的。再就是信任，和每一个人都建立信任，他们会知道你在留意他们，你需要他们把事情做好。

要想保持公司的扁平化，就要在避免层级的前提下，找到创新的方式来实现明确和信任。为此，Gumroad 建立了季度 OKR 系统（objectives and key results，谷歌等硅谷公司常用的一种目标管理制度），以确保每个人的工作得到追踪，每个人的工作与组织的目标协调一致。

拉文杰并不认为规模更大的公司就不能维持扁平化。他说：“对于一个创业公司，最爽的事情就是可以自己设立规则，然后观察事态的发展并做出调整，快速迭代。我想我们总是倾向于保持扁平，给员工更多的自主权。”拉文杰也清楚，扁平化并非目的。建立正确的组织结构，做出最好的产品，这才是最重要的。

［讨论］

Gumroad 公司的管理有哪些主要特点？

第7章

组织的职位设计与结构设计

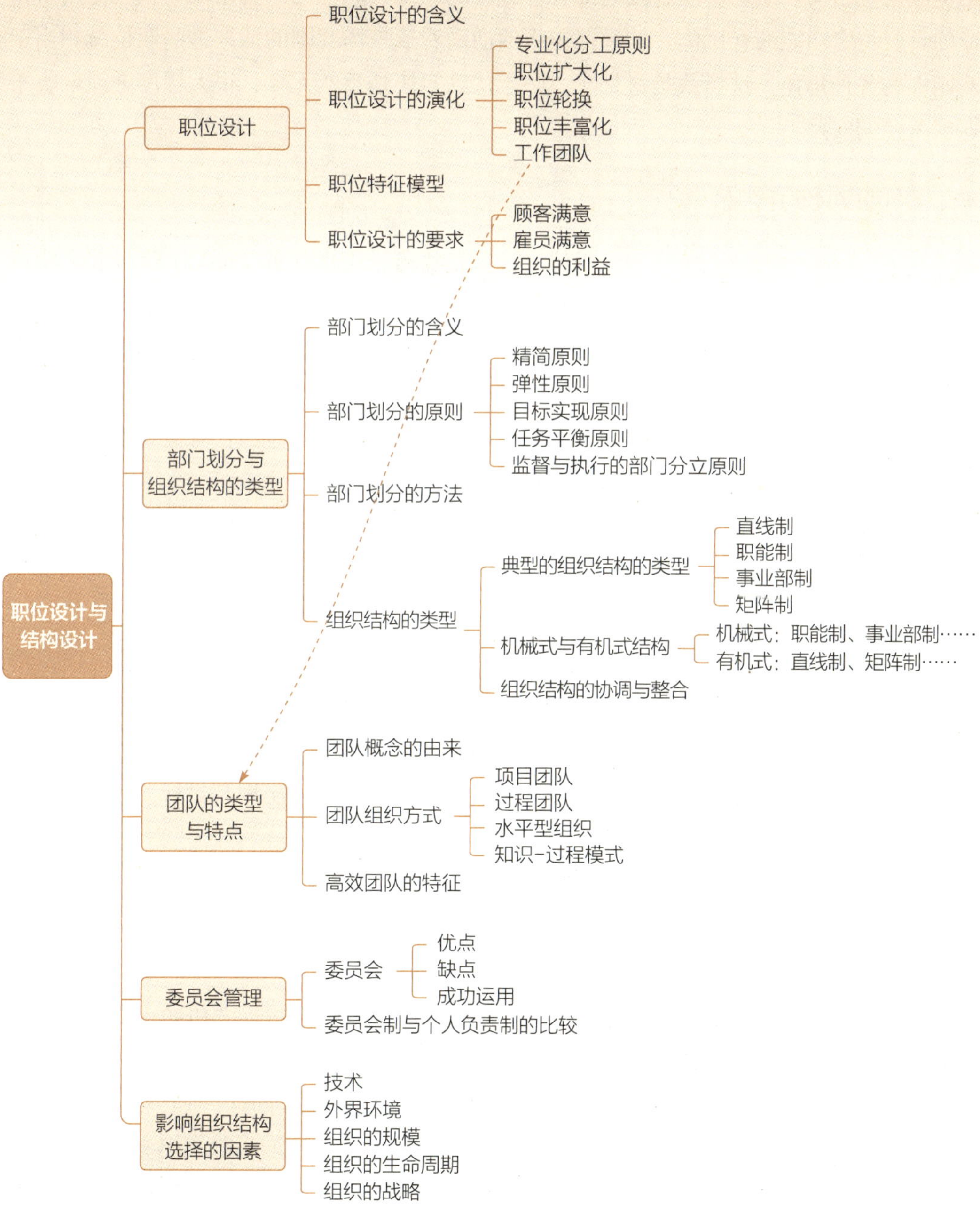

职位设计和结构设计构成了管理的组织职能中最具实质性的内容，反映了组织中分工和协作这两大主题。

第1节 职位设计

从分工和协作这一意义上讲，组织（organization）实际上是一种有意识形成的职位结构或角色结构。组织可以看成是由各种各样的职位、职位间的关系及其相互作用所构成的具有特定功能的有机体。如果把组织的活动看成一场戏剧的话，这些职位就相当于戏剧中的各种角色。这场戏是喜是悲，是起伏跌宕还是索然无味，很大程度上就取决于这些角色的安排。

一、职位设计的含义

职位设计：将若干工作任务组合起来构成一个完整的职位。

职位设计就是将若干工作任务（tasks）组合起来构成一个完整的职位（job）。现实中有些职位是常规性的、经常重复的，有些则是非常规性的。有些职位要求广泛、多样的技能，另一些只要求范围狭窄的技能。有些职位规定了非常严格的程序，另一些则具有相当大的自由度。总之，职位因任务组合的方式不同而各异，而这些不同的组合则形成了多种职位设计方案。

职位工作内容的确定，既要考虑工作效率的要求，同时又要兼顾员工从中体会到满足感（这是调动人的积极性的一个重要因素），以便在任务和人员两方面要求的相互平衡中，确定职位的合理广度与深度。

一个职位要存在并有意义，必须满足以下几个条件：

（1）具有明确而且能够检验的目标，这是一个职位存在的理由。

（2）具有明确的职责，也就是必须清楚该职位所承担的任务或活动。

（3）具有明确的职权，以使占据该职位的管理者有可能去实现其目标。

二、职位设计的演化

从历史上来看，职位设计经历了如下变迁和发展。

1. 按照专业化分工的原则设计职位

20世纪上半叶以前，职位设计与劳动分工、工作专业化的意义相同，人们力求将组织中的工作设计得尽可能简单、单纯、易做。

亚当·斯密曾这样描述一家大头针制造厂的劳动分工的情形：一个人抽钢丝，另一人拉直，第三个切割，第四个削尖，第五个打磨顶部以便接上头部；而头部的制作又需要两三项单独的作业；接上头部又是另一项作业。如此将大头针的制造划分为各项独特的、专业化的操作，分别由专门的人员来承担，使得劳动生产率比传统的方式（即一个人从头到尾负责制作整根大头针）提高了 200 多倍。[1] 这就是专业化分工的巨大吸引力。

时至今日，大量的工作仍然按照专业化分工的原则进行。生产工人在装配流水线上从事简单、重复的工作，办公室职员坐在计算机前从事范围狭窄的、标准化的工作，甚至护士、会计及许多其他的工作也是按照同样的原则组织起来的。

专业化分工的好处毋庸置疑，如有利于提高人员的工作熟练程度，有利于减少因工作变换而损失的时间，有利于使用专用设备和减少人员培训的要求，有利于扩大劳动者的来源和降低劳动力成本等。但职位设计得过于狭窄不可避免地会带来负面影响，诸如在流水线上每天上千次地拧紧螺栓这样枯燥、单调、乏味的工作给人们带来生理、心理上的伤害，导致员工的厌烦和不满情绪，工作之间的协调成本上升，从而影响总体的工作效率和工作质量。

早期，人们在职位设计方面基本上都是通过提高专业化和分工的程度来取得规模经济和高效率。后期的大量努力则转向如何克服过度专业化和分工带来的各种弊端。

2. 职位扩大化

这是为了克服过度分工导致工作范围过于狭窄这一弊端所提出的一种职位设计思想。它主张通过把若干狭窄的活动合并为一项工作来扩大工作的广度和范围。以装配收音机为例，原先每个人只负责一两项简单的操作，如将某个电容器插在焊孔上，现在改由每个员工装配一个部件甚至整台收音机。这样在一定程度上拓宽了职位的内容，降低了工作的单调程度。

3. 职位轮换

职位轮换是让员工定期从一项工作更换到另一项工作上去。如在仓库工作的工人，可以在卸货、出货、记录、盘点等多个职位上定期轮换。这样有利于促进员工技能的多样化，同时在一定程度上减少了工作单调和枯燥的感觉。有些企业在中低层管理职位上进行定期或不定期的职位轮换，以更好地培养和激励管理人员。

4. 职位丰富化

职位扩大化是指工作的横向扩展，职位丰富化则是指从纵向上充实和丰富工作内容，也即从增加员工对工作的自主性和责任心的角度，使其体验工作的内在意义、挑战性和成就感。在强调劳动分工的时代，一般主张在管理人员和作业人员之间进行明确的职责划分，由管理人员来决定工作的内容和工作的方法，作业人员只需俯首听命即可。职位丰富化设计就是将部分管理权限授予下级，使其在一定程度上自主决定工作的内容、方法和进度等。

5. 工作团队

上述几种方式均是依据个人来进行职位设计的。当职位设计是围绕群体而不是个人时，就形成了工作团队（work team）。近年来，工作团队代表一种日益盛行的职位设计方案，越来越多的组织采用这一方式来安排工作以期提高组织的竞争力。工作团队有多种类型，自主管理工作团队便是其中最具代表性的一种。这种团队享有相当大的自主权，除了安排工作进度、决定工作方法之外，团队甚至可以自主挑选成员、自主考评工作绩效以及决定对团队成员的奖惩。

三、职位特征模型

理查德·哈克曼（J. Richard Hackman）和格雷格·奥尔德姆（Greg R. Oldham）所提出的职位特征模型（job characteristics model，JCM）对于组织的职位设计颇有指导意义。[2] 该模型有助于我们理解职位设计是如何影响激励、满意和组织绩效的，其理论模型如图 7－1 所示。该模型由四个重要部分组成，即关键心理状态、核心职位特征、调节因素和结果。

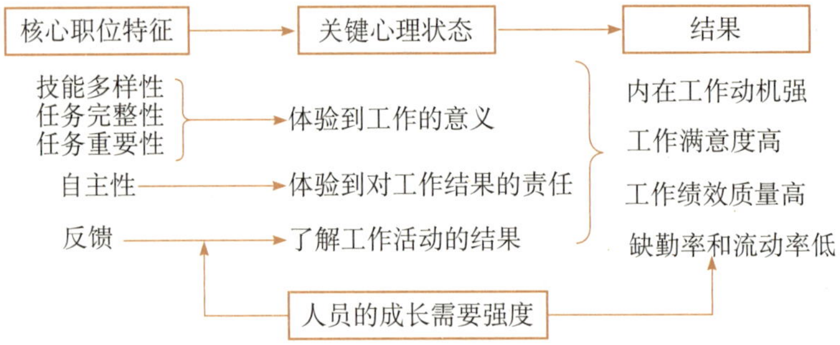

图 7－1　职位特征模型

从该模型中可以看出，三种关键心理状态导致了四个方面的结果。这三种关键心理状态分别是体验到工作的意义、体验到对工作结果的责任和了解工作活动的结果。四种结果则是内在工作动机强、工作满意度高、工作绩效质量高以及缺勤率和流动率低。

根据这一模型，可以用一个称为激励潜力分数（MPS）的指标来衡量一个职位本身对人们的激励程度：

$$MPS = [(\text{技能多样性} + \text{任务完整性} + \text{任务重要性}) \div 3] \times \text{自主性} \times \text{反馈}$$

技能多样性、任务完整性、任务重要性、自主性和反馈这五个因素称为核心职位特征。这五个核心职位特征决定了三种关键心理状态。其中，技能多样性、任务完整性和任务重要性这三个因素决定了工作的意义。一个职位如果具有这三个特征，可以预期任职者会将他的工作视为重要和有价值的。而具有自主性的职位会给任职者带来对工作结果的责任感，反馈能够使人们了解自己的工作绩效。MPS 得分较高的职位将对人们的动机、绩效和满意度产生积极的影响。

该模型指出，要是一个人知道（对结果的了解）他自己（体验到责任）在其关注（体验到意义）的任务中完成得很好，他就会获得一种内在的激励。一个职位越是具备这三个条件，员工的动机、绩效和满意度水平就会越高，而缺勤和辞职的可能性会越小。

该模型还指出，上述结论受到个人的成长需要强度，亦即对自尊和自我实现的需要的强度的中和与调整。也就是说，具有高成长需要的员工，面对 MPS 得分较高的职位，在心理状态上要比那些只有低成长需要的员工有更好的体验。

根据职位特征模型，组织可以采取以下五个方面的策略来提高 MPS 的得分：

（1）形成自然的工作单位，使工作具有完整性。

（2）归并任务，将现有的过细分割的任务组合起来，形成一个新的内容丰富的职位，从而提高技能的多样性和任务的完整性。

（3）建立客户联系，这有助于增加技能多样性、自主性和绩效反馈。

（4）纵向扩展职位，缩小计划、实施和控制之间的距离，增加员工的自主性。

（5）开通反馈渠道，使员工了解其工作做得如何，有无改善。

四、职位设计的要求

总的来说，职位的设计必须均衡地满足顾客、雇员以及组织的利益。对任何有关方面的忽视都会导致组织设计的失衡。

1. 着眼于顾客满意

组织职位的成功设计应着眼于顾客满意。雇员必须清楚顾客的需要以及满足这些需要的方式，必须知道这些需要是否得到了满足以及通过哪些改进能够使顾客感受到更大的愉悦。雇员必须有机会来努力确保顾客的需要得到满足，确保这方面绩效得到持续的改进。职位的设计必须能够确保了解、理解并沟通顾客的需要，对于满足顾客需要的绩效有所反馈。组织职位的设计应当能够为雇员提供实现绩效持续改进的机会。

2. 着眼于雇员满意

雇员满意是实现顾客满意的关键。全面质量管理的理念主张，人们从本性上渴望成长和学习。为了使之成为现实，就必须使雇员理解工作的目的以及实现这一目的的策略，使人们理解组织对他们的期望。此外，充分的薪酬、成长的机会、工作中的职权、足够的培训、工作环境中的安全感等也都是不可缺少的。许多组织认为雇员满意与顾客满意之间存在着正相关关系。

3. 着眼于组织的利益

除了雇员满意与顾客满意之外，组织职位的设计还必须确保作业安全，产品和服务的质量与价值，环境保护，以及过程、产品和人员的持续改进，确保组织能够实现卓越的绩效。

第2节 部门划分与组织结构的类型

将实现组织目标所必需的活动进行组合便形成了可以管理的部门或单位。根据组织活动的分类和组合方式的不同，形成了各种不同的组织结构类型。部门的划分反映了对组织活动的分工和安排，其目的是通过实施这些活动高效率地实现组织的目标。

一、部门划分的含义

部门：组织中的管理者为完成规定的任务有权管辖的一个特定领域。

部门是指组织中的管理者为完成规定的任务有权管辖的一个特定领域，它在不同的组织中有着不同的称呼，企业称为分公司、部、处等；军队称为师、团、营、连；政府机关则称为部、局、处、科等。

部门划分就是要确定组织中各项任务的分配与责任的归属，以求分工合理、职责分明，从而有效地实现组织的目标。正如法约尔所指出的，它是“为了用同样多的努力生产更多和更好的产品的一种分工”。

从一定意义上可以认为，部门划分使得组织的规模突破了管理宽度的制约。至少从理论上来说，把组织的各种活动和人员划分为部门，使得组织的扩大具有无限的可能性。

二、部门划分的原则

部门的划分是为了实现组织的目标。在划分部门时应遵循如下一些具体原则。

1. 精简原则

所谓精简，就是要力求维持最少的部门。组织结构是由管理层次、部门结合而成的。组织结构要求精简，部门数量力求最少，但这是以有效地实现组织目标为前提的。现实中大概是出于美学和控制方面的原因，有人常常会对组织结构第一级以下的所有部门按照完全相同的方式来设置，建立各级平衡且以连续性和对等性为特征的刻板的组织结构。这是对部门划分的误解，建立组织结构的目的不是供人欣赏，也不是控制，而是有效地实现组织的目标。

2. 弹性原则

组织结构应具有弹性。部门应随业务的需要而增减。在一定时期划分的部门并不是永久性的，增设和撤销部门应随业务工作而定。临时出现的问题可通过设立临时部门或工作组的方式加以解决。

3. 目标实现原则

必要的职能均应具备，以确保目标的实现。在企业中，主要职能包括生产、销售和财务等。在医院里，主要职能是医疗服务等。这些职能都必须有特定的部门予以对应。

当某一职能涉及两个以上的部门时，每个部门所承担的职能要有明确的规定。

4. 任务平衡原则

各部门的任务指派应达到平衡，避免忙闲不均，工作量分担不均。

5. 监督与执行的部门分立原则

承担监督检查职能的部门与承担执行职能的部门要分别设立。

三、部门划分的方法

部门的划分有多种方法，但必须强调的是，并不存在适合所有情况的唯一的最佳方法。到底应采用何种划分方法，取决于所面对的具体情况，取决于在特定情境下如何才能获得最佳结果。下面将对这些部门划分的基本方法逐一加以讨论。

1. 按职能划分

根据职能划分部门是应用最广泛的方法之一，几乎所有类型组织的结构中都可以找到它的踪迹。因为任何一个企事业组织存在的目的都是创造某种为他人所需要的产品或服务，所以可以说生产（创造或增加产品或服务的效用）、销售（寻找愿意按一定价格购买产品或接受服务的顾客）和财务（资金的筹措、保管和运作）是所有企事业组织的基本职能。因此，以这些基本职能为依据便可以将组织划分为生产部门、销售部门、财务部门等。

由于各种组织的活动领域不同，同一职能在不同组织中的重要程度不同等，现实中这些职能部门在不同类型的组织中会有不同的具体名称。

按照职能划分部门的好处是：有利于确保组织的主要基本活动得到重视；由于遵循专业化原则，有利于提高人员使用的效率，同时也简化了培训工作；由于最高主管要对最终成果负责，因此为最高层实施严格控制提供了手段。

这种方法的不足在于：容易使人们过度局限于自己所在的职能部门而忽视组织整体目标，部门间的协调比较困难；由于只有最高主管才能对最终成果负责，因而对各部门的绩效和责任很难进行评价；不利于培养综合全面的管理人才，组织适应环境变化的能力较差。

这种划分部门的方法如图 7－2 所示。

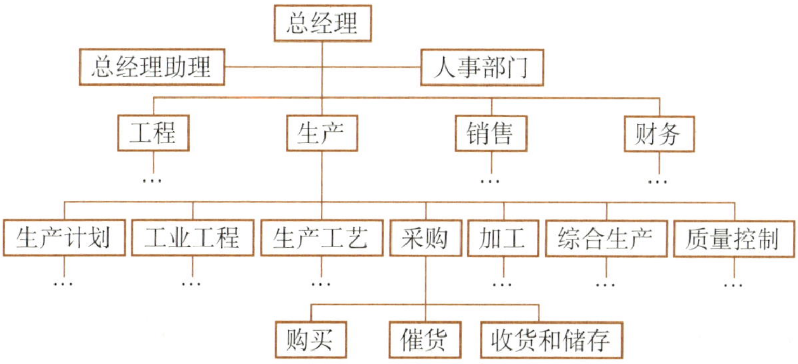

图 7－2 某制造业公司按职能划分的部门

2. 按产品划分

按产品划分部门是指根据产品或产品系列来组织业务活动。许多多元化经营的大企业采用这种划分部门的方法。这种方法最早是从按职能划分部门的企业中发展起来的。随着企业规模的扩大，管理工作越来越复杂，部门主管的工作负担越来越重，管理宽度的限制使得他们难以通过增加直接下属的办法来解决问题，因而有必要按照产品来重新组织企业活动。在这样的结构下，在某产品或产品系列的生产、销售、服务等职能活动方面，该产品分部的主管拥有充分的职权，同时他们也在很大程度上对该产品的利润负责。

这种划分部门的方法的好处是：有利于采用专门设备，促进协调，充分发挥人员的技能和专门知识，也有利于产品和服务的改进和发展；能够明确利润责任，便于最高主管把握各种产品或产品系列对总利润的贡献；有利于培养和锻炼独当一面的总经理型人才。

按产品划分部门的不足主要有，要求部门主管具备全面的管理能力，各产品部门的独立性较强而整体性较弱，各产品分部也需要保有职能部门或职能人员，从而使得部门重叠、管理费用增加。

这种划分部门的方法如图 7－3 所示。

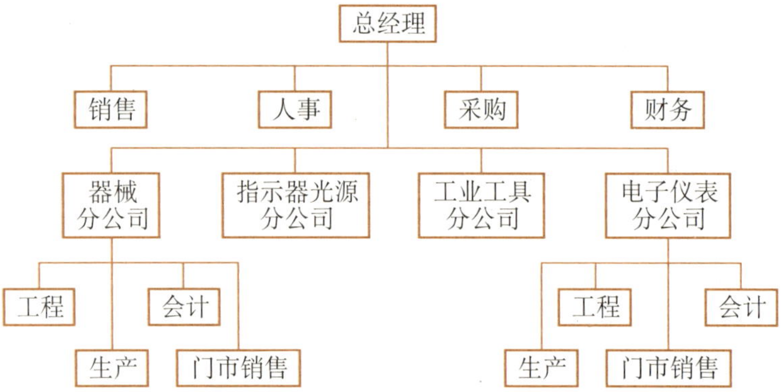

图 7－3　某制造业公司按产品划分的部门

3. 按地域划分

按地域划分是经营活动在地域上比较分散的企业常常采用的一种方法。其做法是将某一地区的业务活动集中起来，并委派相应的管理者，形成区域性的部门。

按地域划分部门，有利于鼓励地方参与决策，促进地区活动的协调，有利于管理者注意当地市场的需要和问题，有利于培养能力全面的管理者，生产的当地化有利于降低运输费用、缩短交货时间。

这种方法的主要不足是：机构重复使得费用增加，总部对地方控制的难度较大，要求管理者具有全面的管理能力。

这种划分部门的方法如图 7－4 所示。

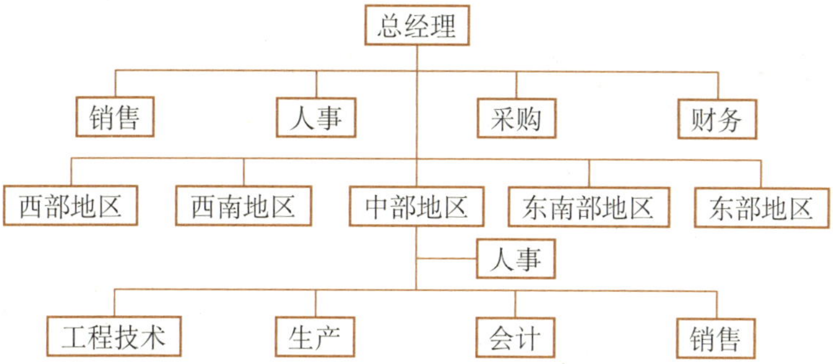

图 7-4 某制造业公司按地域划分的部门

4. 按顾客划分

许多组织按照自己所服务的顾客来划分部门。这种方法是将与某一特定顾客有关的各种活动结合起来，并委派相应的管理者以形成部门。采用这种方法的目的是更好地迎合特定顾客群体的要求。

采用这种方法有利于重视顾客的需要，增加顾客的满意度，并有利于形成针对特定顾客的技能和诀窍。不足之处主要有，按顾客组织起来的部门常常要求特殊对待，从而造成部门间协调困难，管理者必须熟悉特定顾客的情况，在有些情况下很难轻而易举地对顾客进行区分。

这种划分部门的方法如图 7-5 所示。

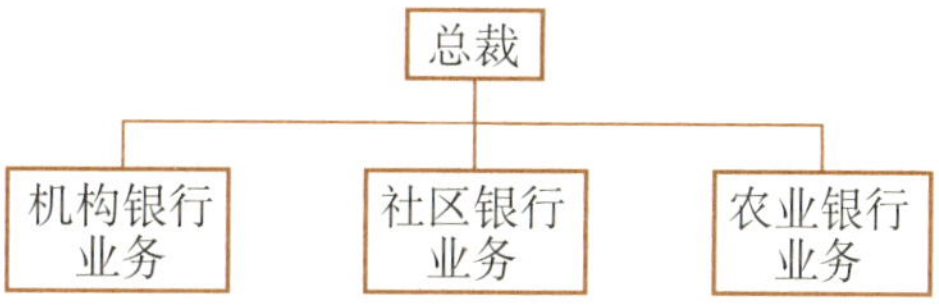

图 7-5 某银行按顾客划分的部门

5. 按工艺或设备划分

有些组织按工艺或设备组织业务活动，例如，制造业企业中设立的焊接车间、冲压车间、电镀车间，医院的放射科、CT 室等，就是按照这种原则组织起来的。

这种方法有利于充分发挥设备的能力和专业技术人员的特长，便于设备维修和材料供应。不足之处是容易强调局部利益而忽视整体目标。

这种划分部门的方法如图 7-6 所示。

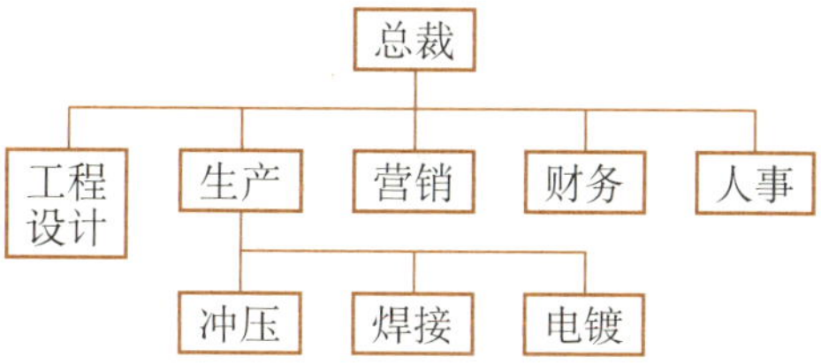

图 7-6 按工艺或设备划分的部门

6. 按时间划分

根据时间来组织业务活动是最古老的划分部门的方法之一，多见于组织的底层。在许多组织中，由于经济的、技术的或其他一些原因，正常的工作日不能满足要求，必须采用轮班的做法。例如，炼钢厂、医院的重症监护室、消防队等，均采用这种方法来进行组织。

采用这种方法有利于连续、不间断地提供服务和进行生产，有利于使设备、设施得到最充分的利用。缺点在于夜间可能会缺乏监督，人员容易疲劳，协调和沟通有时会比较困难。

7. 按人数划分

单纯地按人数来安排业务活动是一种最原始、最简单的划分部门的方法，早期的部落、氏族和军队普遍采用这种方法。当最终成果只是取决于总人数时，或者说每个人的贡献都是单纯无差别的简单劳动时，采用这种方法是有效的。在现代社会中，单纯根据人数来划分部门一般局限于基层等场合，从总体上来看，这种方法有逐渐被淘汰的趋势。当代科学技术的发展要求组织中的成员必须具备更加专业化和多样化的知识和技能，由各种专业人员构成的群体能够发挥出更大的效能。

四、典型的组织结构的类型

组织结构反映了组织的各个组成部分的相互联系和相互作用，它是实现组织目标的框架或体制。[3] 从一定意义上来讲，对部门划分的探讨是一种分析性的研究，目的在于揭示组织结构形成的机理；而对组织结构类型的考察则是一种综合的研究方法，有利于从总体上把握组织结构的全貌。

（一）典型的组织结构的类型

1. 直线制组织结构

这是一种最简单、最单纯的组织结构形式。职权或命令的流向呈一条直线，由上至下贯穿组织，每个下属只有一个直接上级，只接受一个上级的指挥，只向一个上级报告。这种结构的特点是结构简单、职权集中、责任分明、指挥统一、沟通便捷。直线制是最原始的组织结构形式，在现实中只应用于最简单的小型组织。

2. 职能制组织结构

这种结构是采用按职能划分部门的方式建立起来的，因而它继承了职能部门化的长处和短处。这种结构分工明确，有利于发挥职能专业化的优势，同时各个部门之间相互依赖，任何一个部门都不可能离开其他部门而独立存在。各部门容易过分强调本部门的重要性而忽视与其他部门的配合，忽视组织的整体目标。为了使组织顺利运营，最高主管必须对各部门活动进行有效的协调。这种结构比较适合中小型组织，便于最高主管对整个组织的活动进行监督和协调。当组织规模不断扩大达到某一程度时，职能制结构的适用性会越来越差。

3. 事业部制组织结构

这是一种在大企业中普遍采用的组织结构形式。它是在产品部门化的基础上建立起来的。每个事业部都有其独立的产品和市场，实行独立核算，有其独立的责任和利益，实行高度自治的分权化经营。同时，事关大政方针、长远目标以及一些全局性问题的重大决策集中在总部，以保证企业的统一性。事业部制的最主要特点就是“集中政策指导下的分散经营”。

事业部制组织结构的优缺点类似于产品部门化。另外，由于事业部高度自主经营，每个事业部都相当于一个独立的企业。同一企业的不同事业部之间往往存在着竞争关系。尽管一定程度的竞争是有利的，但如果协调不好就存在损害企业整体利益的危险。

4. 矩阵制组织结构

矩阵组织是由按职能部门化建立的结构和按产品（或项目）部门化建立的结构形成的一个双重结构，如图 7 - 7 所示。在这个矩阵组织中，每个成员既隶属于纵向的职能单位，同时又隶属于一个或几个横向的产品单位或项目单位。也就是说，矩阵中的每个成员要接受至少两个上级的指示，同时也必须至少向两个上级报告。矩阵组织一般适合这样一些情形，外界环境变化非常剧烈，组织需要处理的信息量非常大，分享组织资源的要求特别迫切等。

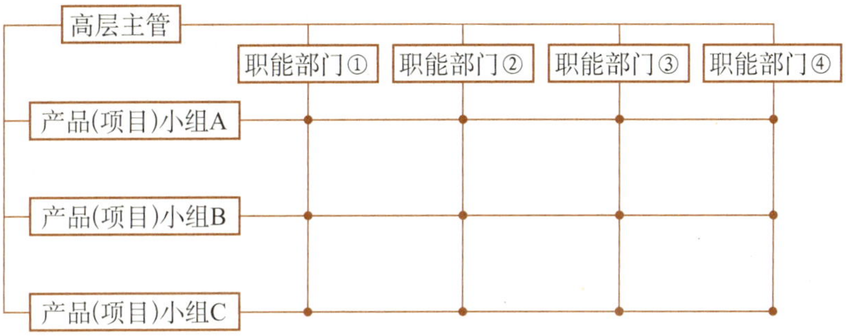

图 7 - 7　矩阵制组织结构

矩阵制组织结构的优点在于：灵活应变的能力较强，这是因为横向的产品或项目单位可以根据需要随时设立、调整或撤销；产品或项目单位的成员参与决策的程度很高，这有利于提高他们的积极性，同时他们也有更多的机会学习新知识和新技能；有利于人力资源的充分利用；有利于加强部门间的横向联系；有利于最高主管实施分权管理，并将注意力集中于重大的战略性问题。

这种结构的缺点主要有，由于实行纵向和横向的双向领导，职能主管和项目主管之间容易产生冲突和互相推诿，项目单位成员的职责不够明确等。

上面所介绍的几种典型的组织结构形式，从一定意义上来讲是对千姿百态的现实世界中的各种组织形态所进行的理论上的抽象。现实中很少有真正不折不扣地按照上述典型形式构造起来的组织，大多数组织是以其中的某种结构形式为基础形式，然后结合环境的特点和组织战略的要求进行改造，从而形成一种最有利于实现组织目标的“特制的”组织结构。普遍适用的、最好的组织结构是不存在的。管理者必须根据面临的内外部环境和所追求的目标，确定一种最适合自己的方案。

（二）机械式与有机式结构

有学者将上述这些组织结构分为两大类：一类称为机械式组织结构，其中包括职能制结构、事业部制结构等；另一类称为有机式结构，其中包括直线制结构、矩阵制结构等。

比较而言，机械式组织结构的正规化程度较高，注重内部的效率和纪律，灵活性和适应性要差一些；而有机式结构的正规化程度较低，但灵活性和适应性均优于机械式结构。

（三）组织结构的协调与整合

分与合是一对矛盾。分工的目的是合作，但现实中的分工却常常会成为合作的障碍。各个部分、各种活动之间存在着内在的相互联系和相互作用，把它们简单地相加或堆砌并不能构成一个高效的组织。这种相互联系、相互作用的方式和状况决定着组织的产出和效率，也决定着组织的目标能否实现。组织的各种组成要素、各种活动、各种力量只有有效地协调和整合起来，才能形成一个高效精干、协调一致的有机整体。组织的协调与整合有多种形式，如组织的等级链，程序、规则和其他的计划形式，信息系统，直接的接触交流，任务小组，专门的协调人员或部门，团队等。

1. 组织的等级链

随着劳动者人数的增加和劳动分工协作关系的发生，组织通常需要有人来负责指挥和监督其他人的活动，以达到行动上的配合一致。组织规模的进一步扩大，使得在最高管理者与基层人员之间往往需要设置若干个中间管理层，这样就形成了组织的等级链体系。运用等级链进行指挥和监督是组织整合协调的基本手段。

2. 程序、规则和其他的计划形式

随着组织规模的进一步扩大，单纯依靠等级链进行监督和协调已不能满足需要。为减轻等级链的负担，对那些经常进行的、重复性的工作可以制定出详细的程序和规则。组织成员可以依据这些程序和规则自主行事，从而达到各方面行动的协调配合。ISO 9000标准所规定的各种工作程序便起到了保证各部门、各岗位间协调配合的作用。除了程序、规则以外，预算安排等计划形式也有助于实现各方面的协调配合和员工的自我控制。

3. 信息系统

覆盖整个组织的计算机信息系统是当今组织中进行横向联系和协调的最重要手段之一，它打破了传统的部门界限和地理界限，使不同部门各个层次的管理人员甚至一线员工能够方便地就组织的活动、决策、机会及问题等进行信息的交流。

4. 直接的接触交流

不同部门的管理人员或员工就某一共同的问题进行直接的接触和交流，是实践中常常可以见到的横向协调的形式。有些部门为了促进这种直接的接触和联系，常常指定本单位的某人作为联络员，专门负责与其他部门的沟通与协调工作。这种方式的协调便是所谓的“法约尔桥”或“法约尔跳板”。

5. 任务小组

当需要在两个以上的若干部门之间加强联系与协作时，常常会采用任务小组（task forces）或项目团队的形式。任务小组是一种临时性的类似于委员会的群体，由来自不同部门、具有不同专业技能的人员所构成，目的是解决涉及多个方面的某些特定的问题。企业中的攻关小组、项目小组，医院里的会诊小组，政府部门的现场办公小组等，均可以看成某种形式的任务小组。这类任务小组的设置，使组织可以打破部门划分的界限，机动灵活地调配使用各方面的力量，更好地完成复杂的任务。

6. 专门的协调人员或部门

当需要更高程度的横向协调时，组织可以采用设置专门职位或建立正式部门的方式。这样的职位常常冠之以产品经理、项目经理、品牌主管等头衔。一般来说，这些职位的责任重大但却没有足够的职权，因而承担这些职位的人员就需要有较强的人际技能，他们必须依靠自己的技巧甚至人缘来说服和协调各个部门，促进各方面鼎力合作去实现共同的目标。当这样的协调方式成为一种正式的组织构造时，便形成了矩阵制结构。通常，这样的安排对过程的实施只有有限的控制权，必须依靠对直线部门的影响和说服来协调人们的行动，从而实现有效的过程整合。有效的过程整合只有在不同的职能部门同意合作的情况下才能实现。如果过程经理缺乏威信或不能有效影响戒备森严的职能群体，则全部努力都会白费。

7. 团队

团队相当于永久性的任务小组，这是一种横向协调能力最强的组织手段。当某种活动涉及许多不同的部门且需要长期的紧密协作时，组织常常会采用跨部门的团队形式。近年来，团队这种方式在全球范围内受到越来越多的关注，日益成为一种普遍的组织形式。

第 3 节　团队的类型与特点

“团队”是过去 20 多年中最为人们所关注的管理概念之一。所谓团队就是执行相互依存的任务以完成共同使命的群体，既有临时性的团队，也有常设的或永久性的团队。前者如新产品开发团队、攻关团队、过程改进团队等，后者如过程管理团队等。

> **团队**：执行相互依存的任务以完成共同使命的群体。

一、团队概念的由来

今天的许多团队理念都可以追溯到 20 世纪六七十年代发端于日本的“品管圈”（quality circle）和员工参与运动。[4]“品管圈”一般简称 QC 小组，是指在同一工作现场自主开展质量管理活动的小团体，在我国称为质量管理小组。由于在企业质量管理中所发挥的巨大作用，这种做法迅速传播开来，形成了世界性的 QC 小组的热潮。QC 小组运动对整个世界的企业管理产生了巨大的影响。

几年前一项对全美476家大公司的调查表明，有7%的员工是在团队中工作的。估计全美有800万～900万人在团队方式下工作。该调查还发现，受调查公司的半数以上都打算在不久的将来大幅增加这种工作团队的组织方式。团队如此受人们青睐的原因包括培养团结精神，使管理层有时间进行战略性思考，提高决策的速度，发挥员工队伍的集体智慧，以及提高绩效等。

团队形式并不能自然而然地提高生产率。最近的一些研究揭示了一个高效的团队应当具备的主要特征，如清晰的目标、相关的技能、相互的信任、一致的承诺、良好的沟通、谈判技能、恰当的领导以及内外部的支持条件。

二、企业采用团队组织的方式

企业在采用团队组织时可以有多种选择，如采用临时性的项目团队，永久性团队与职能构造并存，以及用永久性团队取代职能构造，等等。

1. 临时性的团队——项目团队

项目团队是过去几十年中在大多数组织中最常见的团队类型。通常，项目团队是为了实现某个特定的业务目标，在一段特定的时间内组建的跨职能团队。

许多组织早就认识到，跨职能团队对于实现特定的目标是非常有效的。项目团队的成员来自不同的职能部门，企业提供充分的资源来支持他们实现预定的业务目标。团队成员可以是专职的，也可以是兼职的，即一部分时间在团队工作，一部分时间在原部门工作。大多数情况下，经过一段特定时间或完成了预定任务后，项目团队解散，成员回到原部门。这样的团队如常见的新产品开发团队、质量改进团队、问题解决团队等。

项目团队是非常普遍的，成为一些工程技术公司的常规运作方式。在其他行业（如咨询业和律师事务所等）中也有广泛的应用。许多公司经常依赖项目团队来激发创造性。IBM的第一台个人电脑的开发便是由一个非常成功的项目团队来完成的。

项目团队有其不足之处。由于它是一种临时性的存在，一旦团队解散，在执行项目时形成的关于过程[①]的知识就会“丢失”。为了克服这一不足，组织可以采取多种补救措施，如编制过程文件，使项目团队成员参与后续的团队，分派关键雇员在涉及同一过程的多个项目团队中工作，等等。

2. 永久性团队与职能构造并存——过程团队

一些组织为了强调在过程整合和过程学习中所要求的知识，采取在原有的职能结构基础上创建永久性团队的方式。

在职能结构上叠加永久性团队的做法大大增加了公司组织结构的复杂性，使职能结构和团队结构之间很容易出现目标的不一致甚至冲突。如何有效地界定过程团队与职能部门的职责与分工，是这种方式所面临的一个重大挑战。

---

① 有关“过程”这一概念的详细讨论参见本书第9章第2节。

3. 永久性团队取代职能构造——水平型组织

为了实现进一步的过程整合，一些组织采取了以过程团队取代职能部门的做法，从而导致所谓“水平型组织”的出现。水平型组织具有如下特点，即“工作主要是围绕少数业务流程或工作流来组织的，它把雇员的活动与供应商和顾客的需求和能力以一种同时能改善三者绩效的方式联系在一起。工作和团队管理更多是由团队而不是个人来进行的，这些团队具有真正的管理职责……职业升迁随工作流而定，那些掌握多项工作、具有团队技能和持续改进能力的员工会得到晋升”。

下列原则通常被看成是形成水平型组织的核心，即组织围绕过程而不是职能任务来构造；根据过程目标来设定业绩目标和确立考评制度；管理者要以教练的角色提供全方位的指导，以取代日常的控制和管理。要贯彻这些原则，就必须从整体上对整个组织的结构和制度加以根本性的变革。

实践中，很少有哪个公司算得上是纯粹的水平型组织。过程团队很难完全取代职能等级制，因为职能部门决定了职能性技能和知识的发展，而这些技能和知识是所有组织都不可或缺的。

4. 知识 – 过程模式

知识 – 过程模式主张职能部门和跨职能的过程团队均有存在的价值，明确承认一个组织具有双重需要，一是创造知识的需要，一是在顾客导向过程中运用这些知识为顾客创造价值的需要。职能部门负责知识的开发，而过程团队则负责为顾客创造价值。

知识 – 过程模式不同于前述的在职能结构上叠加永久性团队的方式，在上述叠加方式中，控制资源和执行任务的职责留给了职能部门。与此相对照，知识 – 过程模式下的过程团队负责创造价值，而职能部门几乎变成“学校”，它有两方面的主要职责：其一是总结当前的知识，寻求新知识并把这些知识传授给所有员工；其二是为在价值创造过程中运用这些知识提供准则和最佳做法。

知识 – 过程型的组织形式可以在不同的领域出现。例如，本田公司通过学习—应用—学习的循环来不断提高工程师的水平。本田的工程师交替在工程职能部门和开发团队中工作，他们在工程职能部门训练复杂的工程技能，在开发团队把所获得的知识应用于创造价值的过程。许多咨询公司和软件公司也采用这样的组织形式，雇员大部分时间在跨职能团队中工作，唯一的目标是为顾客提供价值。他们定期或根据需要返回知识中心去学习新知识，提升自己的技能，为开始另一个跨职能团队的工作打好基础。

近 20 年来，组织越来越重视团队的作用。企业试图通过创建过程团队克服职能结构的一些缺点，以更好地满足顾客的要求。向过程团队的演变必须面对以下几方面的挑战：

首先，必须了解顾客真正需要的是什么，哪些因素对顾客是重要的，哪些是无关紧要的。

其次，企业必须真正理解为顾客创造价值的过程，在有些情况下必须对现有的过程进行重新设计或从零开始设计新的过程。

再次，必须重新设计组织的结构和制度，仔细地重新审视业绩考评和奖励制度，以使组织的各项制度支持组织过程的整合。

最后，必须在组织的所有层面发动文化的变革，要使每个成员理解和接受新的组织理念并按其要求的方式行事。

三、高效团队的特征

一个高效的团队有如下特征，如图7-8所示。

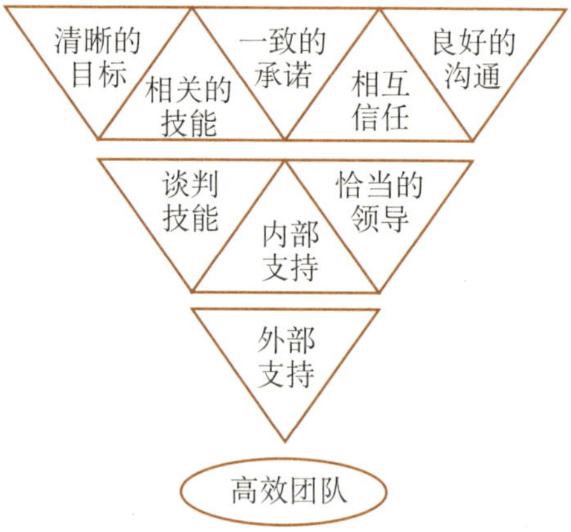

图7-8 高效团队的特征

1. 清晰的目标

高效团队对所要达成的目标有清晰的了解，并坚信这一目标具有重大的意义和价值。这种目标的重要性还激励着团队成员把个人目标升华到群体目标中去。在高效团队中，成员愿意为团队目标做出承诺，清楚地知道团队希望他们做什么工作以及他们怎样共同工作以最终达成目标。

2. 相关的技能

高效团队是由一群有能力的成员组成的。他们不但具备实现目标所必需的技能，而且具有良好合作的个性品质，从而能够出色地完成任务。后者尤其重要，但常常被人们忽视。具有精湛技能的人不一定有处理人际关系的高超技巧，高效团队的成员往往兼而有之。

3. 相互信任

团队成员对其他成员的品德和能力都确信不疑。组织文化和管理层的行为对形成相互信任的群体内气氛至关重要。如果组织崇尚开放、诚实、协作的办事原则，同时鼓励员工的参与和自主性，在组织中就比较容易形成信任的环境。

4. 一致的承诺

高效团队的成员对团队表现出高度的忠诚，表现为对群体目标的奉献精神，愿意为实现这一目标而调动和发挥自己的最大潜能。对成功团队的研究发现，团队成员对其所在群体具有认同感，他们把自己属于该群体看成是自我的一个重要方面。

5. 良好的沟通

群体成员通过畅通的渠道交流信息，包括各种言语和非言语信息。此外，管理层与团队成员之间有效的信息反馈也是良好沟通的重要特征，它有助于管理者了解团队成员的行动，消除误解。

6. 谈判技能

在以个体为基础进行工作设计时，员工的角色由工作说明、工作纪律、工作程序及其他一些正式文件明确规定。但对于高效团队来说，其成员角色具有灵活多变性，总在不断地进行调整，这就要求成员具备充分的谈判技能。团队中的问题和关系时常变换，团队成员必须能面对和应付这种情况。

7. 恰当的领导

有效的领导者能够让团队和自己共同渡过最艰难的时期，因为他能为团队指明前途和方向。他能向成员阐明变革的可能性，鼓舞团队成员的自信心，帮助他们更充分地了解自己的潜力。

8. 内部支持和外部支持

高效团队的最后一个条件就是它的支持环境。从内部条件来看，团队应拥有一个合理的基础结构，包括适当的培训，一套易于理解的、用以评估员工总体绩效的测量系统，以及一个起支持作用的人力资源系统。恰当的基础结构应能支持并强化成员行为以取得高水平绩效。从外部条件来看，管理层应该为团队提供完成任务所必需的各种资源。

第 4 节　委员会管理

委员会可以解释为执行某些方面管理职能的一群人。在现代社会的各种组织中，委员会作为一种集体管理的形式得到广泛采用，在管理中，尤其是在决策方面扮演着越来越重要的角色。[5]

委员会：执行某些方面管理职能的一群人。

一、委员会

存在于各种组织中的委员会，其形式和类型可以说是多种多样。它可以是直线式的，也可以是参谋式的；可以是组织结构的正式组成部分，有特定的职权和职责，也可以是非正式的，虽未授予职权，但常常能发挥与正式委员会相同的作用。此外，委员会既可以是永久性的，也可以是临时性的，达到特定目的后就解散。在组织的各个管理层次都可以成立委员会。在公司的最高层，一般叫做董事会，负责行使制定重大决策的职权。在中下层也有类型不同的各种委员会，负责贯彻落实上级决策，切实保证任务完成。

尽管委员会的形式与种类比较多，但是在委员会管理的利弊、如何成功地运用委员会等方面却是相通的，下面我们将就这些问题展开论述。

（一）委员会方式的优点

1. 集思广益

委员会由一群人组成，其知识、经验与判断力均优于其中任何个人。因此，通过集体讨论、集体判断，可以避免仅凭管理者个人的知识和经验所造成的判断错误，实现集思广益。

2. 协调作用

部门的划分可能会产生职权分裂。这一问题可以通过提交给上一级管理者来解决，也可以通过委员会把具有决策权的一些部门召集起来予以解决。这样既可减轻上层管理者的负担，又有利于促进部门间的合作。

3. 避免权力过于集中

通过委员会做出决策，一方面可得到集体判断的好处；另一方面可避免个人独断专行、以权谋私等弊端，委员之间起到权力互相制约的作用。

4. 激发管理者的积极性

委员会使下级管理者和组织成员有可能参与决策与计划的制定过程。这样做可以激发和调动下级管理人员的积极性，让他们以更大的热情去接受和执行这些决策或计划。

5. 加强沟通联络

委员会对传输信息有好处。受共同问题影响的各方都能同时获得信息，都有同等的机会了解所制定的决策，这样可以节约信息传递的时间。这是一种非常有效的沟通方式。

6. 代表各方面利益

委员会的成员一般由各方利益集团的代表组成，因此，委员会做出的决策必然能广泛地反映各个利益集团的利益。

7. 有利于管理者的成长

通过委员会，下级管理人员能够了解到其他管理者及整个组织所面临的问题，同时，还能有机会学习上层管理者的管理经验。另一方面，上层管理者可以在委员会中观察和发现下级管理人员的能力。

（二）委员会方式的缺点

1. 成本较高

这里所说的成本，除了资金之外，还包括时间。委员会召开会议，讨论问题，一般都需要花很多钱。委员会花在会议上的时间也相当多。会议期间，要讨论各种观点，每个人都有发言权，要为得出集体结论而反复推敲，所有这些都需要耗费时间。

2. 妥协折中

当对议题的意见分歧较大时，委员会成员常常出于礼貌、互相尊重或屈于权威而采用折中的方法，以求取得全体一致的结论，这样得出的结论往往不是最优的结论。

3. 优柔寡断

由于委员会成员各自的地位、经历、知识等不同，当为某一议题争论不休，难以取得一致意见时，往往会导致议而不决。

4. 职责分离

委员会是集体负责，这样也就没有一个人能对集体的行动负责。换句话说，都负责往往导致都不负责。

5. 一个人或少数人占支配地位

委员会的决议应该反映集体的最完善的决断。但是，往往有少数人要把自己的意志强加给他人乃至整个集体，以个人的主张代替集体的结论，这种做法会从根本上否定委员会存在的前提。

（三）成功地运用委员会

要想成功地运用委员会，发挥其长处，克服其缺陷，就必须注意下列问题。

1. 权限和范围要明确

委员会的权限究竟是决策，还是提供建议供直线主管参考，应该明确加以规定。必须让与会者了解会议议题，以免讨论时超出范围，造成各种浪费。

2. 规模要适当

一般来说，委员会要有足够的规模，以便集思广益和容纳为完成其任务所需要的各种专家，但是又不能过大，以免开会时浪费时间和助长优柔寡断。有人认为，委员会成员的适宜数量一般是 5 ～ 6 人，最多不超过 15 ～ 16 人。

3. 选择委员

人员的选择与委员会目的的性质有密切关系。要尽可能选择与目的相关的专业人员。同时，还要求成员具有一定的集思广益的才能，成员的组织级别一般要相近，这样在委员会中才能真正广开言路，得出正确的结论。

4. 选择议题

委员会的议题内容必须适于讨论，否则，即使有良好的议程也无济于事。

5. 主席的重要性

委员会的成就取决于主席的领导才能。一个好的主席可以使委员会避免很多资金、时间的浪费。委员会主席至少要做到：先计划好会议的内容；安排会议的日程；检查提前向委员提供的研究材料；有效地主持会议，使委员会的讨论融为一体，从而做出正确的决议等。

6. 决议案的审校

会议完毕后，会议主席应将作出的决议向大家宣布，全体与会人员可以对决议表示同意或不同意，并且可以对决议进行修正和补充。

二、委员会制与个人负责制的比较

委员会制与个人负责制是组织中两种不同的高层次职权分配体制。委员会制指的是组织中的最高决策权由集体来行使，这个集体通常是一个委员会，因而叫做委员会制。

如果组织中的最高决策权集中在一个人身上，由他对整个组织负责，即为个人负责制。委员会制相对于个人负责制来说，其实质是职权在同一管理层次上的分配。

委员会制的特点及其优缺点如前所述。

个人负责制的特点是权力集中，责任明确，行动迅速，效率较高。但因个人的知识、经验以及管理能力有限，所以难免有考虑不周之处。虽然现代管理中广设专家智囊机构帮助管理者进行决策分析，但因决策权在一人手中，所以不能完全弥补这一缺陷。此外，如果权力落在不合适的人手中，还有可能导致专制和滥用职权，因为这种体制无任何制约机制。

通过委员会制和个人负责制的比较，委员会制在组织的高层管理中，尤其是在决策方面所表现出的优势是显而易见的，个人负责制则在执行决策的效率方面占绝对优势。

第5节　影响组织结构选择的因素

一定条件下有效的组织结构，取决于一组相应的情境变量或情境因素。这些因素主要包括技术、环境、规模、组织的生命周期以及战略等。

一、技术

技术可以认为是将组织的输入变为输出的转化过程。组织中往往存在多种技术，在其中起支配作用的称为核心技术。这里的技术既包括制造业中的装配线和机器设备，也包括服务性组织中的各种转化过程。

较早对这一问题进行比较系统的研究的是英国的琼·伍德沃德（Joan Woodward）[6]，她调查了南英格兰的100家制造业企业，收集了关于这些企业的历史、制造过程、类型、财务数据等信息，期望发现组织的规模和结构之间的关系，但未能如愿。她又对造成组织结构上的差异的其他原因进行了研究，结果发现组织结构与技术之间存在一定的关系。

她首先把各种类型的组织所对应的技术分成三大类：

（1）单件或小批生产技术。产品一般属于定制，常常是小批量生产。例如船舶、大型发电机组等产品的生产。

（2）大批量或集中生产技术。产品通常采用装配线方式生产，由零件组合成部件或成品。汽车、家电的生产都属于这种类型。

（3）连续流程型生产技术。通过机器系列或流程性转化装置将原材料转化为成品。经过这一流程，材料的成分发生了变化。化学工厂、炼油厂的生产便属于这种类型。

将这些技术类型按照复杂性程度加以排列，单件或小批生产技术的复杂性最低，而连续流程型生产技术是最复杂的。伍德沃德发现组织结构的特征与生产技术类型之间存在着一定的对应关系。随着技术复杂性的增加，组织结构的层次也随之增多，管理宽度变窄，组织趋向高耸型。但是，在技术复杂性增加时，管理宽度是先增加后减少。这主要是由于在连续流程型生产技术下，大多数工作都实现了自动化，员工人数减少，但所要求的技能却提高了。在进一步的分析中，伍德沃德发现，在两个端点的场合（单件或小批生产、连续流程型生产）下，组织常常趋向有机式结构。而中间区域（大批量或集中生产）的组织则非常趋近机械式结构。她还发现，组织成功与否与实际结构同典型结构的符合程度有关。例如，成功的连续流程型组织非常趋近有机式组织模式，而不太成功的则没那么相似。

二、外界环境

环境因素与组织结构之间也存在着特定的关系。比较早的关于环境与组织结构之间关系的分析是由汤姆·伯恩斯（Tom Burns）和 G. M. 斯托克（G. M. Stalker）在英国进行的。[7] 他们研究的第一步是确定两种极端的环境形式：稳定的和不稳定的。他们接着对各种环境下的组织结构进行分析。结果发现，在稳定的环境下对应着机械式结构，而在不稳定环境下则对应着有机式结构。

美国的保罗·劳伦斯（Paul R. Lawrence）和杰伊·洛尔施（Jay W. Lorsch）在上述基础上进行了进一步的研究[8]，他们同意上述的环境因素影响组织结构的观点，但是又指出，这种影响在同一组织的不同部分之间是不同的。他们认为，组织的每个子单位有其相应的外界环境，以各自特有的方式来适应环境。

三、组织的规模

组织的规模是影响结构的另一个因素。这里用一个组织的正式雇员人数来表示其规模。英国伯明翰阿斯顿大学的一个小组的研究人员相信，伍德沃德的研究之所以未能发现组织规模与结构的关系，是因为她所选择的研究对象都相对较小，因此他们决定进行更广泛的研究，以确定规模和技术对组织结构的影响，以及两者的交互作用对结构的影响。结果他们发现，技术确实影响小企业的结构特征，这可能是因为小企业的所有活动基本上都是以其核心技术为中心。但在大企业中，这种技术与结构的对应关系却不明显，主要是因为大企业的活动并非完全以技术为中心。该研究还发现，与小型组织相比，大型组织的职位专业化程度更高，具有更多的标准程序、规则、规章制度等，同时分权化的程度也更高。

四、组织的生命周期

组织的规模不是永远不变的。有的小企业转瞬即逝，有的永远长不大，少数却突然变成了巨人。大型组织有时则会通过减员或分裂而变小。尽管不存在明确的规律来解释规模的变化，但一般可以用一个四阶段的组织生命周期来描述。

第一个阶段是诞生。第二个阶段是青年阶段，特征是全面的扩张和成长。第三个阶段为壮年阶段，是一个由成长逐渐转为稳定的阶段。第四个阶段为成熟阶段，这是一个相对稳定的阶段，最终也许还会向衰落转化。

在组织的不同生命周期阶段，主管人员都面临着大量的组织结构问题。一般来说，当组织由一个阶段发展到另一个阶段时，它将变得更大、更机械、更分权，专业化程度更高，计划工作量更大，参谋职位更多。最终，对协调的要求进一步增加，组织更加正规化，组织的构成单位在地理上更为分散，控制系统变得更加昂贵。如此，组织的规模和结构便清楚地连接起来，但这种连接因为组织生命周期的存在而具有一定的动态性。

五、组织的战略

影响组织结构的另一个重要因素是组织所采取的战略。如前所述，组织的战略可以划分为三个不同的层次，即组织整体层次的战略、事业层战略和职能层战略。各个层次的战略均在不同程度上影响着组织结构及其特征。

一个组织可以采用多种形式的整体战略。不同的战略选择在一定程度上决定了最有效的结构类型。例如，一个实施内部增长战略的企业就需要有一个强有力的产品研发部门。如果实施了多元化增长战略，主管人员就必须决定如何配置新购并的单位。若是采用了收缩战略，有些单位的规模就必须缩小，有些单位也许就得卖掉，主管人员还必须决定如何重新组织剩下的单位。如果采取的是稳定战略，组织结构可能就会表现得较为集权，管理宽度也会较宽。

事业层战略既影响组织中相应的事业领域的结构，也影响组织的总体结构。例如，采用防守型战略的企业的组织结构常常表现为高耸型，职权相对比较集中，管理宽度比较窄，倾向于按照职能来组织。成本领先战略特别注重效率和控制，因此这类组织的集权程度通常较高。而采用集中化战略的企业一般会按照所集中的因素，如顾客群体、地理区域等来组织活动。

注释

[1] 亚当·斯密. 国民财富的性质和原因的研究. 北京：商务印书馆，1972.

[2] Hackman，J. R.，Oldham，G. R. Development of the Job Diagnostic Survey. Journal of Applied Psychology，1975，60（2）：159-170.

[3] Richard L. Daft. Organization Theory and Design. South Western College Publishing，1998.

[4] 石川馨. 日本的品质管理. 东京：日本科学技术联盟出版社，1981.

[5] 亨利·西斯克. 工业管理与组织. 北京：中国社会科学出版社，1985.

[6] Woodward J. Management and Technology. HM Stationery Off.，1958.

[7] Burns T. E.，Stalker G. M. The management of innovation. Administrative Science Quarterly，1961，8（2）.

[8] Lawrence P. R.，Lorsch J. W. Organization and environment：managing differentiation and integration. Harvard Business School Classics. Harvard Business School Press，1986.

复习思考题

1. 什么是职位设计？
2. 一个职位要存在并有意义，必须具有哪几方面的特征？
3. 从历史上来看，职位设计经历了哪些变迁和发展？
4. 专业化分工有哪些好处？
5. 什么是职位扩大化？
6. 什么是职位轮换？
7. 什么是职位丰富化？
8. 什么是职位特征模型？
9. 何谓激励潜力分数（MPS）？
10. 根据职位特征模型，组织可以采取哪些策略来实现 MPS 的提高？
11. 职位设计要满足哪些要求？
12. 什么是部门划分？
13. 划分部门时应遵循哪些具体原则？
14. 分别讨论按职能、产品、地域、顾客、设备、时间和人数划分部门的含义与优缺点。
15. 分别讨论直线制、职能制、事业部制、矩阵制组织结构的含义与优缺点。
16. 讨论机械式与有机式结构。
17. 组织的协调与整合有哪些形式？
18. 简述团队概念的由来。
19. 团队组织有哪些类型？
20. 企业向过程团队演变必须面对哪几方面的挑战？
21. 委员会管理的特点是什么？
22. 影响组织结构选择的因素有哪些？
23. 英国的琼·伍德沃德把各种类型的组织所对应的技术分成哪几类？
24. 伍德沃德发现组织结构与生产技术类型之间存在着何种对应关系？
25. 环境因素与组织结构之间存在着何种关系？
26. 组织的规模对组织结构有何影响？
27. 组织的生命周期由哪几个阶段构成？
28. 组织的不同生命周期阶段对组织结构分别有何影响？
29. 组织的战略对组织结构有何影响？

案例 7.1 招商银行的“二次转型”

招商银行是中国境内第一家完全由企业法人持股的股份制商业银行，也是国家从体制外推动银行业改革的第一家试点银行。招商银行于1987年在深圳成立，凭借持续的金融创新、优质的客户服务、稳健的经营风格和良好的经营业绩，现已发展成为中国境内最具品牌影响力的商业银行之一。在英国《银行家》杂志公布的2017年全球银行品牌500强中，招商银行品牌价值名列全球第12位；在《财富》世界500强榜单中，招商银行连续6年强势入榜，2017年名列世界第216位。招商银行在2018年首获“亚太区最佳零售银行”大奖，这是中国银行业首次获得该奖项。2017年年末，招行市值突破7 100亿元，位居全球上市银行第11。

招商银行将自身定位于“金融科技银行”，自成立以来，创新始终是使其从国内同业中脱颖而出的法宝。一卡通是国内第一张基于客户号管理的银行借记卡，被誉为客户最喜爱的银行卡之一；一网通是国内第一家网上银行，网上银行和电话银行等电子银行渠道的持续完善有效分流了营业网点的压力；信用卡是国内第一张符合国际标准的双币信用卡；金葵花理财是国内首个面向高端客户的理财产品，在高端客户中享有很高的美誉度；私人银行服务在国内股份制银行中率先推出，被国内外权威媒体多次评为“中国最佳私人银行”；跨银行现金管理在国内同业首开先河，成为大型企业集团资金管理的首选。

2004年，招行开展了第一次业务战略调整，加速发展零售业务、中间业务和中小企业业务，逐步形成了有别于竞争对手的业务结构与经营特色。招行的第一次转型大获成功，让其跑在了股份制银行的前头，并且树立了创新先锋的形象。但是到了2009年，招行的加权风险资产收益率突然下滑，2009年上半年实现净利润82.62亿元，同比下降37.62%，这是招行上市后第一次出现利润负增长。竞争压力不仅来自拥有庞大密集网点的四大国有银行，股份制银行的追赶也不容小觑，尤其是民生银行、浦发银行、兴业银行三家进步飞快。

2009年，招行提出了“二次转型”，目标是降低资本消耗、提高贷款定价、控制财务成本、增加价值客户、确保风险可控，实际上是要提高自身的风险管理能力、资本管理能力、成本管理能力。二次转型中，招行提出三个转变：由大客户为主向中小企业客户转变；由传统产业向新兴产业转变；由简单的存贷款业务向多元化综合金融服务转变，旗帜鲜明地把服务创新型成长企业作为招行二次转型一个全新的着力点。招行在“一个银行”（One Bank）的经营战略主导下，对涵盖零售、对公、风险、运营等银行经营管理主要架构的完整的流程体系进行了优化。

为推进会计流程改造，2010年，招行逐步将会计业务回收到后台集中处理，每个支行分配1～2个会计人员到分行的运营中心，柜员扫描之后，复杂的审核单据瞬间被切割成若干碎片，运营中心 100 人同时处理这项业务。处理流程也比以前更加"智能"，每项业务用时都比之前节省了 10 秒钟以上，柜员只需要跟踪业务完成就可以了。此举降低了支行工作量，缓解了网点人员紧张的状况，提升了全行会计运营效能。招行希望柜员把省下来的时间贡献给提升服务质量和交叉销售。二次转型后，招行小企业信贷中心的客户经理不再只做贷款，信用卡直销部门不再只兜售信用卡，私人银行客户经理也不再只售卖理财产品。每个人的绩效考核都加入了交叉销售。

招行的全员交叉销售并不是盲目进行的，背后涉及精细化的管理。首先需要有一套强大的 CRM 系统，在充分收集客户信息的基础上进行准确的数据挖掘和分析。招行的 IT 架构必须在支持内部信息化数据管理的同时，转向以客户为中心，通过分析客户数据提升客户价值。2011 年 8 月，招行升级了信用卡用户的核心 IT 系统。升级后的系统能够更加自如地应对遍及 213 个国家和地区的每小时 26 万笔交易，而且能够在短时间内对交易数据进行分析，从而向信用卡用户发送每天 200 万笔消费短信提醒。核心系统的升级也为以后外围系统的改革创造了条件。招行可以进一步开发新的算法模型，抓取和分析用户的消费习惯，从而提供为用户量身定制的细分服务。

2012 年元旦以后，招行的信用卡和一卡通客服号码合二为一。表面上简单的号码合并背后需要复杂的系统整合。这是招行贯彻"一个银行"理念的积极尝试，要真正实现以客户为中心，就要变"部门银行"为"流程银行"。所谓的流程银行是指业务流程不是以某个部门为出发点进行设计，而是从客户端发起，按照有效服务客户的原则来设置，所有部门的职责要服从流程的需要。零售业务整合后，信用卡用户、零售银行客户、中高端私人银行客户都在更为统一完整的零售平台上得到了更为有效的服务。

招行的二次转型取得了显著成果，主要体现在资本使用效率提高、风险定价水平稳定、高价值客户占比提高、经营效能改善、资产质量稳定和业务流程继续优化。此后，招行从三个方面进一步推进了二次转型的深化：一是继续巩固零售的优势，在财富管理、私人银行、小微企业、电子银行这些方面加大拓展的力度；二是按照风险偏好，在监管的原则下，着力拓展表内和表外的创新业务；三是通过流程改造，进一步优化流程，降低成本，从而提高资本回报率。

［讨论］

1. 招行二次转型的意图是什么？涉及哪些方面的变革？

2. 招行柜员的职位设计是何思路？其结构设计又是何思路？

案例 7.2　谷歌的创新基因

谷歌是全世界最成功的互联网科技公司之一。谷歌的使命是整合全球信息，供大众使用，让人人受益。谷歌开发并提供大量基于互联网的产品与服务，包括搜索引擎、云计算、广告平台、邮件系统、浏览器、视频平台，以及移动设备操作系统等。自诞生之日起，创新就深深地植入谷歌的基因当中，成为谷歌持续发展的动力源泉。谷歌形成了自由、开放的企业文化，创造了民主、平等的职场环境，吸引了最聪明的创意精英，并采取了一系列措施来激发员工的创造力。

开放透明

在谷歌，一切信息都是开放共享的，甚至包括董事会报告。每个季度，高管团队会向董事会呈交一份关于企业现状的深度报告，其中包括许多不对外公开的数据和意见。董事会会议结束后，CEO 会在面向公司全体员工召开的会议上原封不动地播放给董事会播放的幻灯片，致董事会的信函则通过邮件发送给公司的每位员工。

谷歌的内部网站 Moma 上几乎包含即将上市的新品的一切相关信息，每周五的 TGIF（Thank god, it's Friday，意为"感谢上帝，今天是星期五！"）大会经常让产品团队与大家分享即将推出的有趣项目，演示正在研发的产品。TGIF 大会还有一个不设限的问答环节，CEO 必须回答员工抛出的所有问题，无论多么尖锐。如果有人不愿意当面提问，可以把问题发到网上，其他人对问题进行评选，好评最多的问题会出现在 TGIF 的大屏幕上，要求 CEO 回答。

谷歌的 OKR（objectives and key results）考核制度也是一个例子。这个指标是由每个人的目标（即需要达成的战略目标）以及关键成果（用以衡量达成目标的进度）构成的。每个季度，每位员工都要更新自己的 OKR，并在公司内网上发布，以便让大家迅速了解彼此的工作重点。CEO 也会发布自己的 OKR，在全公司的会议上，各产品和业务负责人都会上台，逐一讨论自己的 OKR 及其对自己团队的意义，并根据自己上一季度的 OKR 为本季度的表现打分。每个员工和高管都能看到老板和其他同事的工作计划，这样员工既能知道公司既定的发展方向和目标，提出建设性的意见，又能监督老板是否完成了目标。

人人平等

走进谷歌总部，首先引人注目的是五花八门的娱乐设施：排球场、保龄球场、攀岩壁、幻灯片放映室、带有私人教练的健身房、小型游泳池、供人在办公楼间代步的彩色自行车、免费的高档餐厅，以及配有各式小食、饮品和顶尖意式咖啡机的厨房。不过，来到办公区，映入眼帘的却是一排排物品堆积、拥挤混乱的隔间。谷歌对工作场所的理念不同于传统的组织，他们认为办公状态应该鼓励交流，员工伸出手就能轻松拍到同事的肩膀，大家在喧闹拥挤的办公室里畅所欲言。在谷歌，从CEO到普通员工，没有人拥有自己专门的办公室。

谷歌的组织结构非常扁平化。创意精英渴望扁平的企业结构，谷歌的两位创始人甚至尝试过取缔整个管理层，还将这次改革称作“解散组织”。改革过后，一位工程负责人竟然一下子收到130份直接报告。最终敲定的解决方案没有这么极端，称为“7的法则”，即每位管理者桌上至少要放7份直接报告。虽然谷歌仍然保留正式的企业组织结构，但这一原则能够减少管理层的监督并赋予员工更多的自由。

谷歌采用灵活的小团队工作方式，针对关键问题，将有智慧、有激情的员工分成3～5人的小团队，实现自下而上的创新。小团队比大团队更有效率，更亲密无间，在紧要关头更加团结一致。在激发全体成员创造力的同时，进行小范围的绩效考核，所得到的结论会更加客观。谷歌鼓励小团队之间相互对话，而极力避免对部门结构和业务单元结构进行分类，因为这会妨碍各单元之间的协作。

20% 时间

谷歌的“20%时间”制度允许工程师拿出20%的时间来研究自己喜欢的项目。语音服务Google Now、谷歌新闻、谷歌地图上的交通信息等，都是“20%时间”的产物。这个制度的重点在于自由，而不是具体的时间长短。在谷歌的工程师看来，与其说是20%的时间，不如说是120%的时间，因为这个时间往往安排在夜晚和周末。想利用20%时间做项目的人要先做出产品原型，吸引感兴趣的同事，让他们把自己的20%时间也投入进来。谷歌的一个研究团队设立了一种“演示日”方案：用一周的时间为新的构想建立原型，并且在周末之前向大家做原型展示。大家往往会在星期五下午以科学展会上开放参观活动的形式分享成果。虽然这些原型大多止步于演示日，但是谷歌明白，产品原型的成败并不重要，重要的是对创新精神和团队合作的推动。绝大多数的“20%时间”项目需要人们运用或磨炼日常工作之外的技能，也需要他们与在工作上不常打交道的同事相互协作。虽然这些项目很少能够演变为让人眼前一亮的新发明，却总能催生出更多的创意精英。

创新成功与否是由用户来决定的。谷歌的用户多达数十亿，即使其中一小部分也能组成庞大的测试平台和焦点小组，对新产品的潜力进行评估。谷歌在产品初步成型后就推出试用版，放在Google Lab这个创意展示工具里供外部用户试用，并根据用户反馈对产品加以修改完善。有的产品会越来越受欢迎，而有的产品则逐渐变得无人问津，公司的战略自然就能呈现出来。

[讨论]

谷歌公司是如何激发员工的创造力的？

第 8 章

人力资源管理

- 人力资源管理
  - 人力资源管理的含义及过程
    - 人力资源管理的含义
    - 人力资源管理的系统过程
    - 21世纪的挑战
  - 人员的选拔
    - 人力资源的供需分析
      - 所需人员的数量和种类
      - 人才的储备
      - 供需分析
    - 职位要求与人员的素质和能力
      - 职位要求与职位说明书
      - 人员的条件或资质
      - 彼得原理
    - 选拔人员的途径和方法
      - 选拔的途径
        - 外部招募
        - 内部提拔或调整
      - 选拔的过程及方法
        - 申请表
        - 测试
        - 口头审查
        - 评审中心
    - 使新聘人员进入角色
  - 人员的考评
    - 考评的目的
    - 考评的基准
      - 管理者的个人品质特征
      - 可考核的目标
      - 管理的基本原理和原则
  - 人员的培训与发展
    - 培训的目的
    - 培训的计划与实施
      - 培训需求分析
      - 制定培训计划
      - 培训的形式
        - 脱产培训
        - 在职培训
        - 业余学习
      - 培训的方法
      - 培训效果的评估
    - 职业生涯管理
      - 职业生涯管理的含义
      - 职业生涯的发展阶段
        - 成长阶段
        - 探索阶段
        - 创立阶段
        - 维持阶段
        - 衰退阶段
      - 职业生涯管理的内容
        - 个人自我分析
        - 组织对员工的评估
        - 提供公平竞争的机会
        - 提供培训

组织结构是一种职位结构，职位是由具有一定技能、拥有一定资格的人员来占据的。组织的目标能否实现，任务能否完成，在很大程度上取决于占据这些职位的人员能否满足相应的职位要求。“得人者昌，失人者亡”，人力资源对组织的重要性无论怎么强调都不为过。

第 1 节 人力资源管理的含义及过程

一、人力资源管理的含义

人力资源管理（human resource management，HRM）就是用合格的人力资源对组织结构中的职位进行填充和不断填充的过程。它包括明确组织的人才需求，把握现有的人力资源状况，以及招募、选拔、安置、提拔、考评、奖酬、训练和培养等一系列的活动。

> **人力资源管理**：用合格的人力资源对组织结构中的职位进行填充和不断填充的过程。

将合适的人选填充和不断地填充到组织的各个职位上，始终是管理者的重要使命，人力资源管理是管理者不可推卸的责任和义务，尽管人力资源部门起着重要的辅助作用。这里的填充指的是对于现有的职位空缺进行人员选拔、安置或从组织内部提拔或调整的各项活动；不断地填充指的是针对未来可能出现的人才需求所开展的各种活动，包括人事考评、薪酬制度以及管理人才的训练和开发等。

组织中任何一项管理职能的实施，任何一项任务或工作的完成都是经由人来进行的，可以说，人是实现组织目标的直接推动力。人力资源管理的成效在很大程度上关系到组织的活动是否有效、组织的目标能否实现。

二、人力资源管理的系统过程

人力资源管理是一个系统的逻辑过程。图 8－1 从系统的角度显示了人力资源管理工作的实施过程及其与其他各项管理活动之间的关系。

由此图我们可以看出，组织的目标和计划构成了实施组织职能进而建立组织结构的前提和基础。现行和预期的组织结构则决定了组织所需要的人员的总数和类别。通过将这一总数与组织目前的人员实际拥有量进行比较分析，便可以明确所需补充的职位的数量和类别。在此分析基础上，或是面向外部进行招募、选拔、安置，或是从组织内部调整和提拔合格的人选去填充各个职位。之后，为了解占据各个职位的人员是否合格地履行了职责，为保证人们在实现目标和计划的过程中不出现偏差或出现偏差时能够及时纠正，还必须进行考核和评价。进一步地，为了保证未来组织职位的源源不断的人才供给，必须对人员进行系统有效的培训、培养和职业生涯管理。

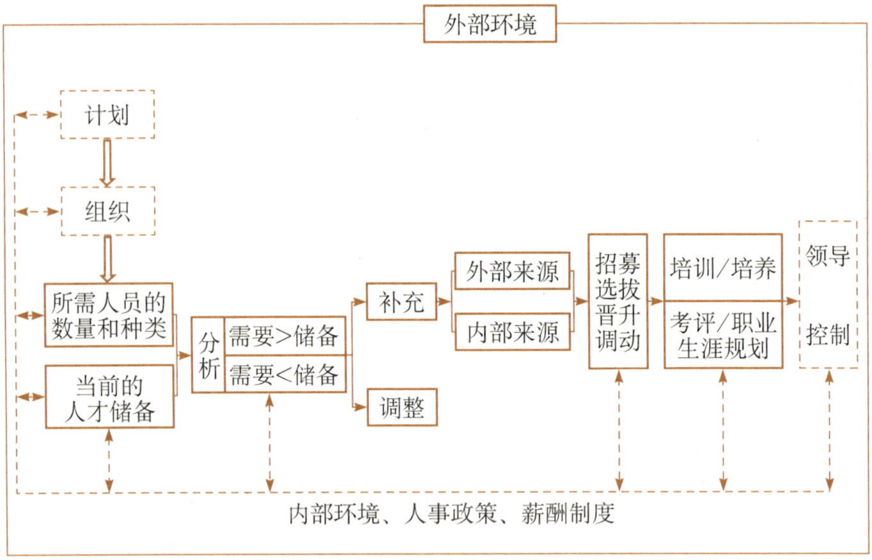

图 8-1 人力资源管理的系统过程

人力资源管理对领导职能也有非常重要的影响。训练有素的管理者能够创造一种环境，使得在其中工作的人能够将组织目标与个人目标统一起来，这促进了领导职能的实施。同样，成功的人力资源管理也有利于有效地控制。选拔合格的人员将使得计划执行过程中可能出现的偏差最少，即使出现偏差也能够及时加以纠正，不至于酿成不可挽回的损失。

从图 8-1 中还可以看出，人力资源管理同时也要受到组织的内外部环境因素的影响。组织内部的人事政策、组织文化以及薪酬制度等各种因素必然影响和制约着人力资源管理工作。例如，不合理的薪酬制度不仅会使得组织对外部人才缺乏吸引力，也会挫伤现有人员的士气甚至导致人才的流失。外部的影响同样是不可忽略的。例如，经济高速成长时期的人才供给会相对不足，而萧条时期的人才供给又会相对过剩。这些因素都是组织的人力资源管理工作所必须考虑的。

三、21 世纪的人力资源管理所面对的挑战[1]

人类正在快速进入知识经济时代。在这个新的时代，组织的人力资源管理面临着前所未有的挑战。

（一）资本所有者与知识所有者之间的博弈关系的改变

在新经济时代，资本所有者与知识所有者之间的博弈关系正在发生深刻的变化。这主要体现在：

（1）知识与职业管理者成为企业价值创造的主导要素。

（2）资本追逐人才，而不是人才追随资本。人才具有更多的就业选择权与工作的自主决定权，人才的稀缺性使得资本在疯狂地追逐人才。

（3）知识雇佣资本。在知识创新型企业，人才通过引入风险资本将知识转化为资本，实现知识雇佣资本。

（4）知识带来了权力。一个人的影响力及其对企业的价值不再仅仅取决于职位的高低，而且取决于拥有知识和信息的多少。

（二）人力资源越来越被视为人力资本

知识创新者和职业管理者对企业的贡献与价值，使得他们具有对剩余价值的索取权。人才不是简单地通过劳动获得工资性收入，而是要与资本所有者共享创造成果。也正是从这个意义上，人力资源越来越被视为人力资本。

（三）知识型员工的特点要求领导方式的根本改变

在几乎所有类型的组织中，知识型员工所占的比重都在不断地增加。知识型员工具有很强的独立性和自主性，这加大了职位设计、授权和控制的难度；知识型员工具有较高的流动意愿，这增加了企业在人力资源方面投资的风险；知识型员工的工作过程难以监控，工作成果难以衡量，致使评价体系的建立变得复杂而不确定；知识型员工之间的能力与贡献差异很大，使得报酬的设计更为复杂。

知识型员工的这些新特点要求领导方式的根本改变，要求领导者与被领导者之间建立信任、沟通、承诺、学习的互动方式。企业与员工之间的关系不再体现为简单的劳动合同，而要求建立一种全新的模式，也就是建立以劳动合同和心理契约为双重纽带的战略合作伙伴关系。一方面，要依据市场法则确定员工与企业双方的权利、义务关系；另一方面，企业与员工一道建立共同愿景，就核心价值观达成共识，实现企业与员工的共同成长和发展，达到双赢的目标。

第 2 节 人员的选拔

人员选拔就是从组织内外的候选人中，为组织的当前或未来职位挑选最适当的人选的过程。有效的选拔建立在对组织的人力资源的供需状况进行深入分析的基础之上。然后对有待填充的职位进行认真的分析，明确职位要求，同时必须明确这些职位的候选人应当具备的条件或资质。在此基础上，应用各种方法，从组织内外两个来源进行招募和选拔，通过对每个候选人的认真审查和遴选，做出采用或不采用的决定。对于新录用的人员，还必须充分做好必要的上岗培训、介绍和说明工作，以使他们迅速进入自己的新角色，很好地履行自己的新职责。

一、人力资源的供需分析

（一）所需人员的数量和种类

一个组织中未来人才的需求量，基本上取决于组织的计划、组织结构的规模与复杂程度，以及组织的扩充发展计划和人员的流动率。在计划工作确定了组织的目标以及实现目标的大致安排之后，就要求建立一个与之相适应的组织结构。组织结构建立之后，所设计的职位数量就是组织需要的人员数量。这只是从静态的方面来考察未来人员的需求量。

在现实中，由于组织随着所处环境的不断变化而不断调整，组织要随时修正其目标和计划，组织所需的人员数量也随着组织结构的变化而增减。此外，人员是在不断流动的，退休、调出、降级等原因会造成职位的空缺，需要有新人来填补这些空缺。这也是影响人员需求量的一个重要的动态因素。

一个组织中未来人才的需求量通过以上几个方面的分析可以基本确定。当然，对人员的需求分析除了数量之外，在质量上，亦即每一职位所要求的资格上也应有所要求，二者结合起来才能选拔出最合适的人选。

（二）人才的储备

明确当前的人才储备状况也是非常重要的。通过分析组织的人才储备状况，可以发现可提拔的对象，避免人才流失。识别出表现欠佳的人员有助于对他们进行培训或是调整，发现储备不足的情况可以提早安排补充，还可以避免有为的下属被平庸的上级所掩盖。

人员年龄分布是人力资源管理中必须考虑的一个非常重要的因素。对于任何组织而言，如果不注意人员的年龄因素，可能会带来许多麻烦。例如，相同层次的几个人同时退休，或同一部门相邻级别的人员同时退休等，就可能会使组织出现青黄不接，从而给组织的继续发展带来很大的困难。因此，决不能忽视组织中的人员年龄结构问题。

（三）供需分析

把组织中人员的供给与需求结合起来，可归纳为四种不同的状况，如图 8－2 所示。

对于高供给、高需求的情况，重点应放在人员的选拔、调配和晋升上。要确保所获得的人选符合组织的需要。

高供给、低需求的情况意味着人才的供给相对超出了企业发展的需要，这时组织可以通过改变计划，实施成长策略，从而提供更多的岗位。也可以采取收缩型策略，如分流、下岗、提早退休等。

对于低供给、高需求的情况，组织可以从两个方面来确保人才的供给：一是加强内部的培训、培养工作；二是面向外部，广纳贤才，同时还要加强“留人”的工作，以使现有的人才不致流失。

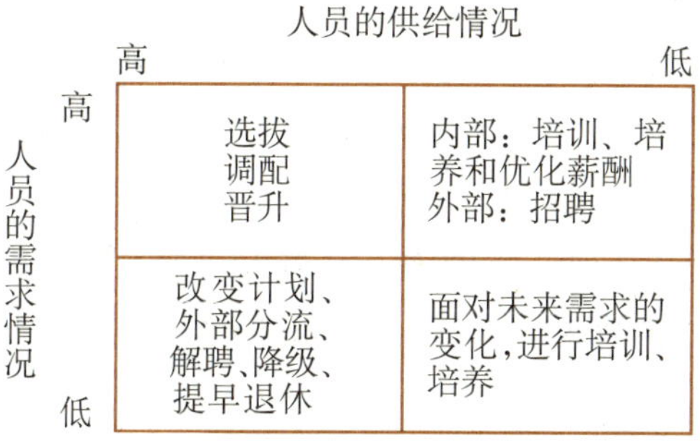

图 8－2 人员的供需状况与相应对策

供给低、需求也低的情况应当引起组织的足够重视，这意味着组织陷入某种停滞状态。在这种情况下，应当认真审视组织的计划，及早对未来可能的发展机会做出安排。人才的培养需要时间，临阵磨枪会使组织陷入被动。当今世界的全球化程度日益提高，人、财、物及信息资源在一定意义上是在全球范围内流动的。因此，对人员供需状况的分析应有一个广阔的视野，而不应局限于某个地区或国家。

二、职位要求与人员的素质和能力

在选拔人员时，主要考虑两个方面：一是职位本身的要求；二是人员应当具备的素质和能力。

（一）职位要求与职位说明书

一个职位的要求主要包括如下一些问题：该职位要做些什么？如何做？要求具有哪些技能和知识背景？该职位的任务是否可以通过其他方式完成？为了获得这些问题的答案，必须通过观察、调查、系统分析等手段对职位进行详细的分析。职位要求应当既满足实现组织目标的要求，也满足个人的需要。

职位说明书是一种关于职位要求的书面文件，它的内容通常包括：该职位所承担的主要任务，享有的职权以及相应的责任，与其他职位之间的关系，有时还包括应当达成的目标或预期的成果。

根据组织环境和职位的不同，职位说明书也会各不相同。在一个非常正规且稳定的组织中，职位要求可能会规定得非常具体和明确；而对于一个处于多变、不稳定的环境中的组织而言，其职位要求可能就会相对概括和简略，而且要求经常进行重审和修订。

在确定职位要求时，要注意以下几点。

1. 职位的范围应当适当

一个职位如果范围过窄，就会使人感到缺乏挑战性和成就感，缺少成长的机会，优秀的人才会因此而产生厌烦和不满。当然，职位范围也不应过宽，否则会使人难以有效地驾驭，从而给人们带来压力和挫败感。

2. 职位任务应饱满

一个设计不够饱满的职位不能充分利用人们的时间和精力。占据这样的职位的人员会感觉有力无处使，转而去干扰别人或下属的工作，给他人的工作带来麻烦。

3. 职位设计中应体现出对技能的要求

职位的设计首先应考虑所要完成的任务，同时也要考虑人员的需要和期望。职位说明书中要明确对工作绩效的要求，也要有一些灵活性以便发挥个人的特长。

（二）人员的条件或资质

正如制造机器零件的原材料必须具备一定的性能一样，组织职位的人选也必须具备一定的资格、素质和特征。如前所述，要成为一个有效的管理者，必须具备各种必要的管理技能，包括技术技能、人际技能、概念技能等，各项技能的相对重要性因职位在组织中的层次不同而有所差异。

对于管理岗位而言，除了上述这些技能之外，还有一些个性特征也是十分重要的。这些特征包括：从事管理工作的欲望、与人沟通的能力、正直和忠诚的品质以及从事管理工作的资历等。

所谓从事管理工作的欲望，亦即管理的欲望，是指人们希望从事管理的主观要求。一个管理者的工作成效与他是否具有强烈的管理愿望有着密切的关系。一个人只有抱着强烈的管理愿望，才能积极地去学习与管理实务有关的知识和技能，才能将其所有的才干都发挥出来，真正成为一个合格的管理者。如果没有对管理工作的强烈欲望，是不可能干好这项工作的。这种从事管理工作的欲望常常表现为长时间的工作、过人的精力和时间的投入。

通过书面的报告、讲话、讨论等方式与人沟通的能力是有效的管理者必备的另一特征。沟通能力不只是表达的能力，还包括设身处地、善解人意等方面的能力。管理者不仅要与所在的群体沟通，随着在组织中地位的提升，还必须能够同本群体之外的有关各方进行沟通。

从事管理工作还要求有很强的道德信念，要有坚定的“是”与“非”的观念。在涉及金钱方面，在与他人相处方面，要坚持诚信、正直。对上司应坦率、诚实、实事求是。

关注管理人员以往的工作业绩也是十分重要的，以往的业绩是对以后的工作表现的可靠预测。尤其在选拔中高层主管时，候选人过去的成就是一个非常重要的参考因素。许多成功的经理人都认为，以往的经验对于他们的成功具有关键作用。

（三）彼得原理

应当注意的是，过去的成功并不是未来成功的保证。在这方面人们常常提到所谓的彼得原理，即“管理人员往往被提升到他们所不能胜任的级别”这一现象。[2]某一位主管在其职位上取得了成就，得到提拔，但新职位的要求却超出了他的能力。这告诫我们在决定人员的选拔和提升时要慎重。

> **彼得原理**：管理人员往往被提升到他们所不能胜任的级别。

三、选拔人员的途径和方法

（一）选拔的途径

在明确职位要求和候选人条件的基础上，组织便可以开展具体的招募和选拔工作。招募是指吸引众多符合条件的人前来申请组织的职位空缺的过程，而选拔则是从众多的候选人中遴选和决定最适当的人选。选拔的途径有两个，一是从组织外部招募，二是从组织内部提拔或调整。

立足于组织内部的选拔可以根据组织的总体人力资源规划并借助组织的计算机信息系统来进行。提拔内部人员填补组织中的职位空缺，有利于保持和提高组织中的士气，避免有才能的人员因怀才不遇而愤然离去。内部选拔的缺点之一在于，一个人被提拔后他所空出来的职位必须由其他人加以补充，从而引起连锁反应。

面向外部的招募可以采用多种方法。可以利用广告面向社会招募所需人才，也可以到高等院校招募毕业生，还可以通过人才中介机构获得所期望的人选。猎头公司就是一种为企业和其他组织发现和招募中高级管理人才的专门机构。

必须注意的是，组织与候选人之间是一种双向选择的关系。组织在选拔最适当的人才，而候选人则在选择自己最中意的职业和职位。在招聘人才时，组织必须真心实意，尊重每个应聘者，以实现“人”与“职”的最佳匹配。显然，组织雇用不称职的管理者要比雇用不合格的一般人员付出的代价更大。

为了提高招募和选拔工作的效能，组织与应聘者之间充分的信息交流是非常必要的。作为招募方的组织要向应聘者提供详细、客观的有关本组织及空缺职位的资料；应聘者要向招募方提供有关自己的能力、背景、资历等的详细资料。从某种意义上讲，双方的关系有点类似于婚姻关系，彼此之间如果不能达成充分的了解，会为未来的美满生活带来隐患。

（二）选拔的过程及方法

通过利用各种招募手段，大量的应聘者被吸引前来竞逐组织的空缺职位。下一步将是通过选拔决定谁是最适当的人选。选拔就是收集能够说明应聘者未来能否胜任职位的信息，以此为依据甄别出那些最有成功希望的人选。

选拔过程大致由如下步骤组成：

（1）根据职位要求制定选拔标准。

（2）应聘者填写申请表。

（3）通过初步筛选确定较有希望的人选。

（4）进行测试以获得候选人的进一步信息。

（5）由未来的上级主管及其他人员对候选人进行正式面试。

（6）对候选人的各种信息进行查对和核实。

（7）体检。

（8）根据上述各步骤的结果决定是否录用。

在这一过程中，经常用到的方法或手段包括申请表、测试、口头审查、评审中心等。

1. 申请表

申请表对于收集应聘者的工作经历、教育背景等信息以及其他与工作有关的资料颇为有用。通过审查申请表可以判断应聘者是否值得进一步考察。另外，主持口头审查的人员可以利用申请表提前熟悉接受审查者的基本情况。

2. 测试

对与职位有关的能力、技能、知识等的测试，通常是判断应聘者能否成功胜任未来职位的最好依据。一般的智力和个性测试偶尔会有所帮助。测试除了要求妥当之外，一致性也是至关重要的。候选人接受测试的环境和时间长短等因素都应当是一致的。

3. 口头审查

尽管在选拔中广泛采用口头审查的方法，但其效果却常常不尽如人意。主持审查的人员可能会为第一印象所左右，不同的人可能会得出不同的结论。为了改进口头审查的有效性，可以对参与审查的人员加强训练，使他们知道应当了解哪些问题，也可以提高口头审查的规范化程度，在规范化的口头审查中，所提的问题是事先拟好的。主审人可以不同，但针对所有的应聘者提的问题都是一样的。在招募管理者和专业人员时，口头审查的规范化程度可以稍微降低一些。所提问题的范围和收集信息的目的仍是预先确定好的，但具体的提问可以根据候选人背景的不同而有所区别。

4. 评审中心

评审中心不是一个场所，而是选拔主管人员的方法。这种方法主要用于基层主管的选拔，近年来也常用于中层主管的选拔。这种方法最早在第二次世界大战中为军方所用，一般认为在民用领域是 20 世纪 50 年代 AT&T 公司开始运用的。

这种方法是让候选人参加一系列的练习，以判断其在典型的管理情境中的表现。在此期间，由心理学家或有经验的经理对他们进行评价。一个典型的评审中心方法要求候选人参加以下一系列活动：

（1）接受各种心理测验。

（2）参加以小组为单位进行的管理游戏。

（3）参加“抽签”活动，处理一系列在管理职位上会面临的问题。

（4）参与就某些问题进行的无领导的群体讨论。

（5）针对特定的题目进行简要的口头发言，通常要向假定的上级提出一种可行的行动方案。

（6）参加其他各种练习，如草拟一份书面报告等。

在活动结束时，评审人员要概括地对候选人的成绩做出鉴定，然后通过比较各位评审员所做的评价，共同对候选人是否适于担任主管职位得出结论，写出有关他的书面总结报告。这些报告除了可作为是否选聘的指导性文件，也可以作为培养的指南。在多数场合下要向候选人提供反馈，在有些情况下则是根据候选人的要求来决定是否提供反馈。

从一定意义上说，这种方法的有效性令人鼓舞，尽管并不是毋庸置疑的。当然也存在不少问题，例如时间花费较长，评审者是否客观公正，练习的内容和评审标准是否符合组织空缺职位的要求等。

四、使新聘人员熟悉情况，进入角色

这一环节通常称为定向或入职培训（orientation）。为组织的职位选拔最适当的人选只是建立一支精干高效的管理队伍的第一步。尽管人们在招募和选拔方面不惜花费，但却常常会忽略新聘主管们的需求和愿望。事实上，在新聘人员进入组织的最初一段时间，如果能够做好介绍和说明工作，做好传、帮、带，这对于他们迅速同组织融为一体是十分关键的。

新聘人员对新环境的适应包括两个方面：一方面是对组织的历史、产品和服务、机构构成、福利待遇、保密规定、安全条例等内容的了解；另一方面则是适应新角色、掌握工作技能和能力，以及适应组织的行为准则和价值观等。人们在一个新单位中的最初体验对他们以后的行为影响极大，因而，由优秀的主管人员对新人进行一段时间的传、帮、带，对于他们今后的成长是非常有利的。

第 3 节 人员的考评

人员的考评是人力资源管理工作的一项重要内容，也是整个组织管理体系的一个重要组成部分。通过选拔活动为组织中的职位配备了适当的人员，这并不意味着万事大吉。占据职位的人员是否确实符合要求？是值得进一步提拔还是应当加以调整？人员的培训和培养工作是否做到了点子上？他们的薪酬应当依据什么标准来确定？这些问题在对人员进行考核和评价的基础上才能找到答案。

另外，对管理人员的绩效考评不仅是人力资源管理工作的重要内容，而且是整个管

理系统的必要组成部分。只有了解一个管理者在计划、组织、领导和控制方面工作做得如何，才能知道占据某个管理职位的人员是否在有效地进行管理。这是关系到能否有效地实现组织目标的一个重大的问题。任何一个组织都应重视并切实做好人员的考评工作。

一、考评的目的

考评的目的可以分为两大类：其一是作为决定人员提拔和调整工资或进行奖励的依据；其二是作为激励和改进的手段。在这两种情况下，上级管理人员所承担的角色是不同的。在前者的场合，上级管理人员所承担的是“法官”的角色，对被考评者的升迁、待遇起着判决的作用；而在后者的场合，上级管理人员则承担的是“教练”或“老师”的角色，对被考评者的工作或业务起着指导和帮助的作用。实践和研究都表明，为了使考评工作确有成效，上述两类考评必须分别进行。

二、考评的基准

就管理人员的考评而言，考评过程始于考评基准的确立，也就是要建立一个衡量管理人员管理能力和管理业绩的尺度或标准。这方面有三种做法，即以管理者的个人品质特征为基准的考评、以可考核的目标为基准的考评和以管理的基本原理和原则为基准的考评。

（一）以管理者的个人品质特征为基准

这是最传统也是使用最多的一种考评基准。典型的做法有时要列出 10 ～ 15 项个人品质特征，如分析问题的能力、与人相处的能力、判断力、主动性以及勤奋与否等。有时包括一些与工作表现有关的项目，如业务知识、完成任务的能力以及产出和成本方面的指标等。在这些基准的基础上，将被考评者划分为优秀、一般、不合格等各种等级。

这种做法的效果很难令人满意。由于这些基准很难具有客观性，考评在很大程度上取决于主观的判断。个人的品质特征与工作成效之间究竟有多大程度的联系也无法确定。此外，这种考评的基准常常是模糊不清的，考评者很难确切把握，被考评者也不清楚自己被考评的究竟是哪些品质。正是由于这种主观性和模糊性，在考评中没有得到最高等级的人一般都会感到自己受到了不公正的对待。因此，在实践中人们对这种考评制度或者是加以抵制，或者是流于形式、敷衍了事。

（二）以可考核的目标为基准

根据预先设定的可考核的目标进行考核，是一种得到广泛应用的方法。我们在计划职能中讨论过的目标管理就是这样一种做法。在组织总体目标及相应计划清晰明确并协调一致的情况下，以人们能否明智地设定各自的具体目标、能否正确地规划实现目标的途径、能否最终实现这些目标作为考核的依据，应当说是一种最合理的办法。

根据实施的频次和范围，以目标为基准的考评又可分为三种类型：第一种为综合的或全面的考评，如年度的总考评；第二种为区间的或进展的评审，如月度或季度的考评；第三种为连续的监测，每日或每周进行，其重点在于促进被考评者的自我控制。

根据可考核的目标对管理人员进行考评有一些特殊的优点。首先，实用性是这种方法最大的优点。这种考评密切联系管理人员的工作，着重考察作为一个主管，他究竟做了些什么、做得如何。其次，对目标进行衡量所获得的信息是客观的，从而减少和避免了以往的主观判断。另外，这种考评是在上下级之间协商合作的气氛中进行的，避免了以往的“法官”角色。

尽管有上述优点，这种方法也并非尽善尽美。其最大的缺点在于，它所评价的只是业务方面的成果或业绩，而这些成果或业绩的取得除了归功于管理人员的努力和能力，在相当程度上还取决于运气。运气好的也许不需要付出太大努力便可以成绩斐然，而运气不好的也许费尽九牛二虎之力仍落得被千夫所指。一个完善的考评制度不仅要考核管理人员在设定和完成目标方面的业绩，还必须对他们在履行管理职能方面的业绩加以评价。

（三）以管理的基本原理和原则为基准

著名管理学家孔茨等人提出了一种以管理的基本原理和原则为基准对管理人员进行考评的方法。[3] 该方法认为，评价管理人员是否合格的最适当标准就是管理的基本原理和原则。管理的基本原理和原则从逻辑上说能够作为评价管理人员的基准。尽管这种方法比较概括，有时还离不开主观判断，但它还是为判断管理人员理解和实施管理职能的情况提供了依据。

具体来说，这种方法首先要对管理职能进行分类，然后针对每个职能提出一系列问题。所提问题要力求反映每个管理领域中最重要的管理原理或原则。

例如，在计划职能方面，可以通过如下一些问题对管理人员进行评价：

- 能否以一种同组织整体相协调的方式为本部门设定可考核的短期和长期目标？
- 在选择备选方案时，能否识别出那些对问题的解决起关键作用的因素？
- 是否定期检查计划以确保同预期相一致？

在组织领域则提出如下一些问题：

- 能否根据预期成果对下属授权？
- 对于已经授权的领域能否做到对下级不加干涉？

在其他职能领域也可以提出类似的问题，这些问题应涵盖广泛并力求具体。在考评时，根据各项活动的完成情况对管理人员进行评级。

这种方法赋予管理原理和原则以实际的意义，在很大程度上增进了对管理基本原理和基本概念的理解，有利于人们对许多管理方法统一认识。该方法对管理人员的培训也颇有益处。它使得管理人员注意到一些被忽视或不曾理解的管理基本问题，有利于发现不足之处，明确努力的方向。这种方法是对目标考评法的补充和核对。一般而言，一个符合管理者标准的合格的管理人员在设定和完成目标方面也应当是卓越的。

当然，这种方法也有局限性，存在一定的主观性。对于一个特定的职位来说，这种方法只适合对管理能力进行考评，而不适宜衡量业务方面的能力。

第4节　人员的培训与发展

对培训高度重视是那些成功的组织所拥有的一个共同的特征。在过去20多年中，培训已经成为组织取得成功的一个关键战略，许多场合下甚至成为实现这一目标的前提条件。

许多组织在内部建立了自己的世界级雇员教育计划，具有专门的培训机构和支持系统。一些组织宣称它们现在能够提供80%以上的雇员培训，而几年前大多数培训还是由学校、咨询人员和其他的外部供应商提供的。

一、培训的目的

培训是保持人员与岗位相匹配的关键环节。人是生产力要素中最重要的要素，产品质量的好坏、服务水平的高低，归根结底取决于人员的技术水平和各方面管理工作的水平。培训的目的主要有如下几方面。

1. 保持企业的竞争力

随着科学技术的迅速发展和市场需求的变化，企业间的竞争越来越激烈。从一定意义上讲，企业竞争的实质就是人才的竞争。哪个企业拥有大批高素质的人才，哪个企业就能在竞争中获胜。通过培训，可以使员工的业务知识、工作技能得到提升，企业才能在激烈的竞争中立于不败之地。

2. 形成共同的价值观

使员工与组织形成共同的价值观，这是培训最重要的目的之一。有了文化和观念上的认同，才能激发员工与企业同心同力，共同应对未来的挑战。

3. 适应科学技术的发展

这是一个科技迅猛发展的时代，科学技术从来没有像现在这样凸显它们的威力，科学发现与大规模应用这种发现之间的时间间隔也在逐步缩短。知识、技能的变化速度越来越快，没有一种知识与技能可以终身受用。因此，必须通过持续的培训，使人们适应科学技术的发展与进步。

4. 促进个人的发展

社会发展的终极目标之一是人的发展，反过来，人的发展对组织和社会的发展起着推动作用。通过培训可以发现和发掘每个人的潜能，促进个人的发展，增强员工的满足感和成就感。

二、培训的计划与实施

（一）培训需求分析

成功的培训始于对培训需求的清楚把握。培训需求分析是在组织及其成员的目标、知识、技能等方面进行系统的鉴别与分析，以确定是否需要培训及培训内容的活动或过程。它既是确定培训目标、设计培训计划的前提，也是进行培训评估的基础，因而成为培训活动的首要环节。

培训需求分析通常在组织层次、个人层次和战略层次三个方面进行。

1. 组织层次的分析

组织层次的分析主要是指通过对组织的目标、资源、环境等因素的分析，准确找出组织存在的问题，发现现有状况与应有状况之间的差距，并确定培训是不是解决这类问题的有效方法。分析的内容主要包括组织目标、人员素质、目标达到程度、影响目标实现的因素等。

2. 个人层次的分析

个人层次的分析是将员工的实际工作绩效与绩效目标进行对照，找出差距，在此基础上确定需要接受培训的人员及培训的内容。这种分析的信息来源包括员工绩效考核记录、员工技能测试成绩、个人填写的培训需求问卷等。

3. 战略层次的分析

通常的培训比较关注组织的当前需求。战略层次的分析关心的是组织及个人为了应对未来挑战所需要的知识与技能。

（二）制定培训计划

培训计划的制定是实施培训的前提条件，培训计划制定的好坏直接影响培训效果。培训计划应包括确定培训目标，选择培训对象，确定培训内容、培训形式、培训时间、培训地点，选择培训师资、培训负责人，确定考评方式、培训费用预算等。

（三）培训的形式

培训的形式主要有脱产培训、在职培训和业余学习等。

1. 脱产培训

脱产培训是指被培训者集中一段时间，离开工作岗位接受培训。培训地点可以是本组织，也可以是学校和其他培训机构。这种培训比较正规，侧重于理论知识的学习，是一种充电式的学习，一般限于高层管理者和技术骨干。

2. 在职培训

在职培训是员工在本单位通过生产实践进行的培训或利用工余时间进行的培训。它是企业培训的主要形式，适合从高层管理者到一般员工的所有人员。

3. 业余学习

业余学习是员工利用工作之外的业余时间，通过各种方式进行的学习。随着社会快速发展和竞争日益激烈，业余学习越来越受到人们的重视。

（四）培训的方法

常用的培训方法有课堂讲授、工作轮换、讨论法、角色扮演法等。随着信息技术的快速发展，许多组织将培训课程放在内网上，学员可以在方便的时候自由选择课程进行学习。

（五）培训效果的评估

高达工资总额5%～10%的培训预算称得上是一笔巨大的投资。因此，培训的有效性是一个必须关注的问题。为了确保这种有效性，必须进行衡量、测试和评估。培训效果评估是指通过建立培训效果评估指标及评估体系，对培训的效果进行检查和评价，评估结果作为今后制定培训计划与培训需求分析的依据。

三、职业生涯管理

（一）职业生涯管理的含义[4]

职业生涯管理是组织帮助员工制定职业生涯计划和帮助其职业生涯发展的一系列活动。职业生涯管理包括两方面含义：一是对员工个人而言，为了在工作中得到成长、发展和满意，他们不断地追求理想的职业，设计自己的职业目标和职业计划；二是对组织而言，为了不断增加员工的满意度，组织应当对员工制定的个人职业计划给予重视和鼓励，并结合组织的需要和发展，给予员工多方面的咨询和指导，创造条件帮助员工实现目标。

> **职业生涯管理**：组织帮助员工制定职业生涯计划和帮助其职业生涯发展的一系列活动。

职业生涯管理有助于人们顺利度过职业生涯的各个阶段并最大限度地实现自我价值。职业生涯管理是人力资源管理与传统的人事管理的主要区别之一，是“以人为本”

思想在管理活动中的主要表现。

（二）职业生涯的发展阶段

人的职业生涯是一个动态的、不断发展变化的过程，可以分为若干阶段或时期。

1. 成长阶段（出生到 14 岁）

在这一阶段，个人通过对家庭成员、朋友以及老师的认同以及与他们之间的相互作用逐渐形成自我的概念。

2. 探索阶段（15 ～ 24 岁）

人们认真地探索各种可能的职业选择，试图将自己的职业选择与对职业的了解以及个人的兴趣和能力匹配起来。

3. 创立阶段（25 ～ 44 岁）

在经历了职业探索之后，人们逐渐选定自己从事的职业。这一阶段员工主要关心的是在工作中的成长、发展或晋升。

4. 维持阶段（45 ～ 60 岁）

处于这一阶段的员工对成就和发展的期望相对减弱，所关心的是如何能一直守住这个工作。

5. 衰退阶段（60 岁以上）

随着人们开始准备退休，他们必须将自己培养成一个新的角色，为适应退休后的生活做准备。

（三）职业生涯管理的内容

职业生涯管理需要组织与员工共同参与。总体来说，职业生涯管理包括以下内容。

1. 个人自我分析

员工本人或请有关专家对自己的知识、能力、兴趣以及职业发展的要求和目标进行分析和评估，确定自己近期和长期的发展目标，拟定职业发展规划。

2. 组织对员工的能力和潜力的评估

组织通过对员工有关资料和信息（包括招聘时的有关信息、考试资料、相关教育背景、工作经历、工作绩效、评估材料、晋级材料等）的分析，帮助员工准确地评估自己的能力和潜力并制定职业规划。

3. 提供公平竞争的机会

员工进入组织以后，要制定一个可行的、符合组织发展需要的个人职业发展规划，就必须获得组织内有关职业选择、职业变动、晋升机会、职业前景、职位空缺等方面的信息。组织为了使员工的个人职业发展规划更切合实际，要将员工的职业发展方向、职业发展途径以及候选人应具备的条件等信息及时地公之于众，使员工通过公平竞争实现自己的期望。

4. 提供培训

培训和职业发展有直接的关系。不同的工作岗位要求不同的知识与技能。组织要根据工作的需要，适时地对员工进行培训，提高员工的知识与技能，这也是职业生涯管理必不可少的内容。

注释

［1］彼得·F. 德鲁克，等. 知识管理. 北京：中国人民大学出版社，1999.

［2］Laurence Peter, Raymond Hull. The Peter Principle：Why Things Always Go Wrong. New York：William Morrow and Company，1969.

［3］Heinz Weihrich，Harold Koontz. Management. McGraw-Hill，1993.

［4］杰弗里·H. 格林豪斯. 职业生涯管理：第3版. 北京：清华大学出版社，2006.

复习思考题

1. 什么是人力资源管理?
2. 讨论人力资源管理的系统过程。
3. 讨论人力资源管理与各项管理职能的关系。
4. 讨论 21 世纪的人力资源管理所面对的挑战。
5. 资本所有者与知识所有者之间的博弈关系的改变主要体现在哪些方面?
6. 为什么说人力资源越来越被视为人力资本?
7. 知识型员工有哪些特点?
8. 说明员工与组织间以劳动合同和心理契约为双重纽带的战略合作伙伴关系。
9. 讨论人员选拔的含义与过程。
10. 一个组织中未来人才的需求量基本上取决于哪些因素?
11. 组织中人员的供给与需求有哪些不同的情况? 相应的对策是什么?
12. 职位要求主要回答哪些问题?
13. 什么是职位说明书? 主要包括哪些内容?
14. 确定职位要求时要注意哪些方面?
15. 选拔管理岗位的人员时要求具备哪些个性特征?
16. 什么是彼得原理?
17. 人员选拔有哪些途径?
18. 说明人员选拔的过程及步骤。
19. 说明人员选拔时的评审中心方法。
20. 说明定向或入职培训的意义和内容。
21. 人员的考评要回答哪些问题?
22. 考评有哪些目的?
23. 根据不同的考评目的,上级管理人员所承担的角色有何不同?
24. 考评有哪些基准?
25. 为什么绩效指标的数量不是越多越好?
26. 培训有哪些目的?
27. 什么是培训需求分析? 培训需求分析通常在哪几个层次进行?
28. 培训计划应包括哪些内容?
29. 为什么要对培训效果进行评估?
30. 讨论职业生涯管理的含义。
31. 职业生涯有哪些发展阶段?
32. 职业生涯管理的主要内容是什么?

案例 8.1　阿里巴巴的“六脉神剑”

阿里巴巴自成立伊始就高度重视企业文化的建设。2001 年 1 月，马云、关明生、蔡崇信等人经过七八个小时的讨论形成了最初的价值观体系，称为阿里巴巴的“独孤九剑”。2004 年的一天，经过 300 多位同事一整天的讨论，这套价值观体系进一步浓缩为六点，称为“六脉神剑”，即客户第一、团队合作、拥抱变化、诚信、激情、敬业。在公司层面，通过团队合作和拥抱变化来支持客户第一。在个人层面，需要的是诚信、激情、敬业的人。这套价值观体系是阿里巴巴企业文化的内核，也是企业制定一切商业决策和管理制度的基础。

阿里巴巴的“六脉神剑”

客户第一：客户是衣食父母

团队合作：共享共担，平凡人做非凡事

拥抱变化：迎接变化，勇于创新

诚信：诚实正直，言行坦荡

激情：乐观向上，永不言弃

敬业：专业执着，精益求精

公司在招聘时会有意识地寻找那些认同阿里的企业文化、与阿里“气味相投”的员工。公司还必须建立培训和考核系统才能使价值观真正落地。其中，高层的传道是最为重要的。高层必须身体力行、以身作则，要有清晰的奖励和惩罚，树立高压线，让大家清楚哪些东西是绝对不可以碰的。比如，行贿就是一条高压线，一碰就得死；对客户不尊重也是这样一条线，一碰也得死。

阿里巴巴把价值观纳入公司的绩效考核体系中，价值观考核和业务考核各占一半的比重。阿里巴巴将“六脉神剑”包含的六大价值观各自分解为五个行动指标，每个占 1 分，每个行动指标的难度和要求层层递进，考核方式类似通关制。做到第一个得 1 分，然后检查第二个能否做到。第一个没有做到，第二个、第三个做到也没有用。比如，“客户第一”这条价值观包含的五条规范中的第一条是尊重他人，这是最基本的要求。最后一条是“具有超前服务意识，能够防患于未然”。有些人能做到最后一条，因为他天资聪颖，在业务规划方面前瞻性很强，但他目中无人，做不到第一条中的尊重他人。第一条的 1 分得不到，后面的分数也就得不到。

根据考核结果，公司把所有员工划分为五类：业绩和价值观均出类拔萃的员工属于“明星”类。大部分人是“牛”，就是业绩好，价值观也好。业绩和价值观均差的是“狗”，应该手起刀落杀掉。有一些人价值观很好，但是能力不足，所以业绩不好，这类人称为“小白兔”。对于这些人，需要不断给予培训、改变、支持，让他们能够达到“牛”

的水平。如果实在不行，也得淘汰。公司的资源和精力主要是分配给“明星”和“牛”的。还有一类人业绩没有问题，但价值观很差，这类人称为“野狗”。“野狗”眼中只有自己的利益，不在乎公司的使命和价值观。“野狗”必须杀掉，而且要开“公审”大会，让大家都知道。“野狗”是公司最不希望有的，因为“野狗”会咬人，会传播狂犬病。

这套价值观体系为阿里巴巴的发展确立了游戏规则，成为阿里巴巴公司的基因，也是阿里巴巴世代相传的法宝。

表 1　“六脉神剑”的 30 条考核指标

客户第一	• 尊重他人，随时随地维护阿里巴巴的形象 • 微笑面对投诉和受到的委屈，积极主动地在工作中为客户解决问题 • 在与客户交流的过程中，即使不是自己的责任也不推诿 • 站在客户的立场思考问题，在坚持原则的基础上，最终实现客户和公司都满意 • 具有超前服务意识，防患于未然
团队合作	• 积极融入团队，乐于接受同事的帮助，配合团队完成工作 • 决策前，积极发表建设性意见，充分参与团队讨论；决策后，无论个人是否有异议，必须从言行上予以支持 • 积极主动分享业务知识和经验；主动给予同事必要的帮助；善于利用团队的力量解决问题，克服困难 • 善于和不同类型的同事合作，不将个人喜好带入工作，充分体现“对事不对人”的原则 • 有主人翁意识，积极正面地影响团队，改善团队士气和氛围
拥抱变化	• 适应公司的日常变化，不抱怨 • 面对变化，理性对待，充分沟通，诚意配合 • 对变化产生的困难和挫折能自我调整，并正面影响和带动同事 • 在工作中有前瞻意识，建立新方法、新思路 • 创造变化并带来绩效突破性的提高
诚信	• 诚实正直，言行一致，不受利益和压力的影响 • 通过正确的渠道和流程，准确表达自己的观点；在表达批评意见的同时能提出相应建议，直言有讳 • 不传播未经证实的消息，不在背后不负责任地议论事和人，并能正面引导 • 勇于承认错误，敢于承担责任；客观反映问题，对损害公司利益的不诚信行为严厉制止 • 能持续一贯地执行以上标准
激情	• 喜欢自己的工作，认同阿里巴巴的企业文化 • 热爱阿里巴巴，顾全大局，不计较个人得失 • 以积极乐观的心态面对日常工作，不断自我激励，努力提升业绩 • 碰到困难和挫折时永不放弃，不断寻求突破，并获得成功 • 不断设定更高的目标，今天的最好表现是明天的最低要求
敬业	• 上班时间只做与工作有关的事情；没有因工作失职而造成的重复错误 • 今天的事不推到明天，遵循必要的工作流程 • 持续学习，自我完善，做事情充分体现以结果为导向 • 能根据轻重缓急来正确安排工作，做正确的事 • 遵循但不拘泥于工作流程，化繁为简，以较小的投入获得较大的工作成果

［讨论］

1. 阿里巴巴的核心价值观是如何落地的？

2. 评价阿里巴巴的员工考核制度的特点。

案例 8.2 丽思卡尔顿酒店

一、概况

丽思卡尔顿酒店公司（The Ritz-Carlton Hotel Company）隶属于酒店业巨头万豪国际集团，是世界知名的高端酒店品牌，从1983年购买波士顿丽思卡尔顿酒店及丽思卡尔顿名称的冠名权开始，它从最初的一家酒店成长为在全球拥有近百家酒店的大企业。其创始人Cesar Ritz被爱德华七世誉为“国王的酒店老板，酒店老板之国王”。因为Ritz酒店，“Ritzy”这个词成为高雅和精致的同义词。

1982年，霍斯特·舒尔策（Horst H. Schulze）告别了其在凯悦酒店集团颇为成功的事业加入丽思卡尔顿，成为公司的主要领导人之一。当时的丽思卡尔顿没有酒店，拥有的只是一个建立无可匹敌的酒店公司的梦想。舒尔策早年在一家德国高级餐厅做服务生时就树立了一条座右铭，即成为“为绅士淑女服务的绅士淑女”。以后，这条座右铭成为丽思卡尔顿酒店公司经营理念的主要内容。凭借卓越的服务、管理以及对质量的不懈追求，丽思卡尔顿酒店公司获得了无数的服务业和权威消费者组织颁发的大奖，是第一个也是唯一两次荣获美国国家质量奖的酒店集团。

二、黄金标准

在舒尔策的领导下，丽思卡尔顿制定了著名的“黄金标准”（gold standard）。这一标准是整个组织活动和决策的指南，尤其是在员工在提供服务过程中遇到不确定性的情况下。起初的黄金标准主要由信条、服务三步骤、座右铭和20条基本原则构成（见表1）。舒尔策通过这些东西与丽思卡尔顿公司的绅士淑女们分享他的信仰并激励人们把梦想变成现实。

表1 丽思卡尔顿酒店公司的“黄金标准”

服务三步骤	座右铭	信条
（1）热情诚挚地问候。称呼客人的姓名。 （2）预见和满足每位客人的需要。 （3）愉快地告别。热情地道声再见并称呼客人的姓名。	“我们是服务于绅士、淑女之绅士、淑女。”	丽思卡尔顿酒店以真诚关怀和客人舒适为最高使命。 我们承诺提供最好的个性化服务和设施，让客人尽享温馨、惬意而优雅的环境。 在丽思卡尔顿酒店的体验将使客人感到身心舒畅、幸福快乐，酒店甚至要满足客人未言明的愿望和需要。

丽思卡尔顿的基本原则

1. 所有员工应领会和坚持我们的信条，并以之激励自己。

2. 我们的座右铭是："我们是服务于绅士、淑女之绅士、淑女。"我们进行团队合作并提供横向服务，以创造一个积极的工作环境。

3. 每个雇员应执行服务三步骤。

4. 所有员工都应顺利取得培训证书，以确保每个员工清楚怎样在自己的岗位上落实丽思卡尔顿的标准。

5. 每个员工都应清楚战略计划中所确立的他们工作领域的目标以及酒店的目标。

6. 所有员工都应了解他们的内外部顾客（客人和员工）的需要，以使我们能够提供顾客所期望的产品和服务。使用顾客偏好簿来记录特殊的需要。

7. 每个员工都应持续地发现整个酒店范围内的缺陷。

8. 任何员工一旦受到顾客的投诉，他将"拥有"这个投诉。

9. 人人都能保证即刻安抚客人，迅速反应，马上解决问题。在 20 分钟内打电话追踪，确认该问题得到圆满的解决。做你能够做的任何事情以避免失去一位客人。

10. 客人事件行动表用来记录和沟通每个令客人不满的事件。每个员工都有权解决问题并防止其再次发生。

11. 无以复加的整洁是每个员工的责任。

12. "微笑——我们是在舞台上。"总是保持积极的眼光交流。对我们的客人使用适当的词语（"早上好""当然""我很高兴""我的荣幸"）。

13. 在工作场所内外成为酒店的大使。永远使用正面的语言，避免负面的评价。

14. 陪护客人，而不只是为其指明酒店另一区域的方向。

15. 熟知酒店信息（营业时间等）以回答顾客的询问。总是优先推荐店内的零售、餐饮等设施，而不是外部的设施。

16. 遵守适当的电话礼仪。在三声铃响内带着微笑接听电话。必要时说："请稍等一下好吗？"不甄别电话。尽可能不转接电话。

17. 制服应整洁无瑕，穿适宜的、安全的鞋子（干净、擦过油）。戴好正确的工牌。维护你的个人形象（遵循所有的礼仪标准）。

18. 确保所有员工在紧急情况下清楚自己的作用，了解防火和人身安全规程。

19. 当有危险、伤害或需要设备或帮助时，立即通知上级。注意节约能源，对酒店财产和设备进行适当的保养和维修。

20. 保护丽思卡尔顿酒店的财产是每位员工的责任。

丽思卡尔顿的信条明确了对内部和外部客人的承诺。1998 年丽思卡尔顿又推出了"员工承诺"（the employee promise）（见表 2），为创造员工的工作环境提供了参考标准和指导，同时也提醒人们要对自己的"绅士和淑女们"履行与外部宾客同样的承诺。

表 2　员工承诺

在丽思卡尔顿，员工是我们向客人提供服务最重要的资源。

我们以信任、诚实、尊重、正直和献身精神为准则，培养并最大限度地发挥员工的才能，从而实现每位员工和公司的共赢。

丽思卡尔顿致力于打造一个重视多元化、能够提高生活品质、实现个人抱负、稳固酒店成功法宝的工作环境。

2006年6月，丽思卡尔顿公司对原来的20条基本原则进行了改造，改为12条服务信念（service values）（见表3），旨在激发全球员工的热情，从而更好地为宾客服务。

表3 服务信念

我对成为丽思卡尔顿的一员感到自豪
1. 建立良好的人际关系并为丽思卡尔顿创造终身客人。
2. 敏锐察觉客人明示和内心的愿望及需要并迅速做出反应。
3. 能够为客人创造独特难忘的体验。
4. 了解在获得关键成功因素和创造丽思卡尔顿法宝的过程中自己所起的作用。
5. 不断寻求机会创新并改进丽思卡尔顿的服务。
6. 勇于面对并快速解决客人的问题。
7. 创造团队合作和互相支持的工作环境以满足客人及同事的需求。
8. 有机会不断学习和成长。
9. 专心制定与自身相关的工作计划。
10. 对自己的仪表、语言和举止感到自豪。
11. 保护客人、同事的隐私和安全，并保护公司的机密信息和资产。
12. 负责使清洁程度保持最高标准，创造安全无忧的环境。

三、人力资源与质量改进

丽思卡尔顿的高层主管会亲自参与每个新酒店的服务计划工作。当新酒店开发开始时，有经验的主管便会转移到新酒店所在地，科学地挑选一个能够分享公司价值观的专门工作小组。这一选拔过程应用一个经验方法来筛选合适的管理人员和员工。这种筛选是通过将候选人的个性特质（亦即自发的行为）与丽思卡尔顿的绩效卓越者相比较来进行的。

酒店业的质量改进有两种不同的做法。第一种做法把重点放在发展积极的雇员与客人间的关系方面。这种方式要求首先选拔在建立积极的人际关系方面具有突出才能的雇员，然后通过关系管理方面的培训来进一步培养这种能力。这种做法称为是“由里及表的改进策略”，如表4所示。

表4 由里及表的改进策略

由里及表	目的
选拔具有目标个性特质的雇员	选择与组织价值观相符的新雇员
个人的提高教育	重塑员工队伍的个体行为和人际行为
指导、认可和奖励	对行为的积极强化或矫正

这种策略在开设新酒店时表现得尤为突出。新酒店开张前的7天里（称为7天倒计时），高层管理者扮演着非常积极的角色。在头一个小时中，最高层向所有的新员

工灌输和示范“黄金标准”。新员工接下来将接受 2 天的课堂培训。通过课堂培训，新员工对“黄金标准”有更好的理解。本质上，丽思卡尔顿公司的每一位新员工都必须掌握员工－顾客界面过程。这一过程要求并允许员工：（1）在顾客不满或要求不在标准产品系列之内的事物时，脱离常规岗位；（2）提供即刻的积极行动；（3）记录下该事件以备以后分析；（4）迅速回到常规岗位上。（组织任何层次的）新员工在开始职能培训或任何的顾客接触之前，上述的关系管理过程培训是一个受到高度重视的要求。

第二种做法是重新设计服务提供过程来强化对顾客的关注。这种做法要取得成功，就必须有团队合作并且让员工参与计划和实施活动。这类做法可以增强员工的自豪感和奉献精神，提高管理效率以及促进顾客的忠诚，被称为“由表及里”（即着重于提高过程的能力）策略。

密歇根州迪尔本的丽思卡尔顿酒店通过开展改进活动来降低客房的缺陷，同时提高房间清洁和补给的效率。一个跨职能的团队在顾问的指导下重新设计了房间整理的过程，再设计是基于以下的数据：（1）清洁及补给的缺陷；（2）运转周期；（3）雇员的走动时间。新的过程的改进如表 5 所示。

表 5　客房整理过程的改进

过程的特征	以前的做法	现在的做法	得到的益处
为客房区提供干净的卧具	干净用品从洗衣房被“推”到客房区储物点	干净用品根据预测从洗衣房“拉”出	较少的库存需求 没有备品不足 更少的耽搁
客房清理和补给的次序	员工随意	基于客人要求的总清洁计划表	前台耽搁的减少 更少的房间分配缺陷
	房间清理与迷你酒吧的补给是分开的	迷你酒吧补给与房间清理结合起来	降低劳动力成本 减少对客人的打扰
	一名服务员逐步完成各项工作	并行团队的做法	职位丰富化 更少的疏忽、差错
质量的控制	100% 的检验	自我检验和随机审核	提高了员工的专注度和责任感
质量的改进	非正式的	员工参与的正式过程	缺陷降低 50% 员工走动时间缩短 10% 生产率提高 25% 员工满意度从 75% 提高到 91%

弗吉尼亚 Tysons Corner 的丽思卡尔顿酒店两年内在所有工作领域从传统的等级制转化成自我导向的工作团队。为了避免团队过度强调自己在组织中的作用，酒店把各个自我导向的团队结合成为 5 个无缝隙的过程团队。这些过程团队是依据顾客

与酒店的不同联系方式而构建的：（1）抵达前团队；（2）入住、停留和起程团队；（3）饮食服务团队；（4）宴会服务团队；（5）工程和保安团队。由于这些努力，酒店在质量、生产率和利润方面取得了显著的改进。

2000年，丽思卡尔顿创建了“领导力培训中心”。除了满足内部培训的需求之外，该培训中心迄今已接待了数以万计的各行各业的高级管理人员、职业经理人和生产一线人员。中心的发展呈现出一派蓬勃之势。它已发展成为一个资源中心，为众多的一流企业开展业务提供培训服务。

［**讨论**］

1. 评价丽思卡尔顿酒店的“黄金标准”。
2. 丽思卡尔顿酒店在选人和育人方面有何特点？

第 9 章

组织变革

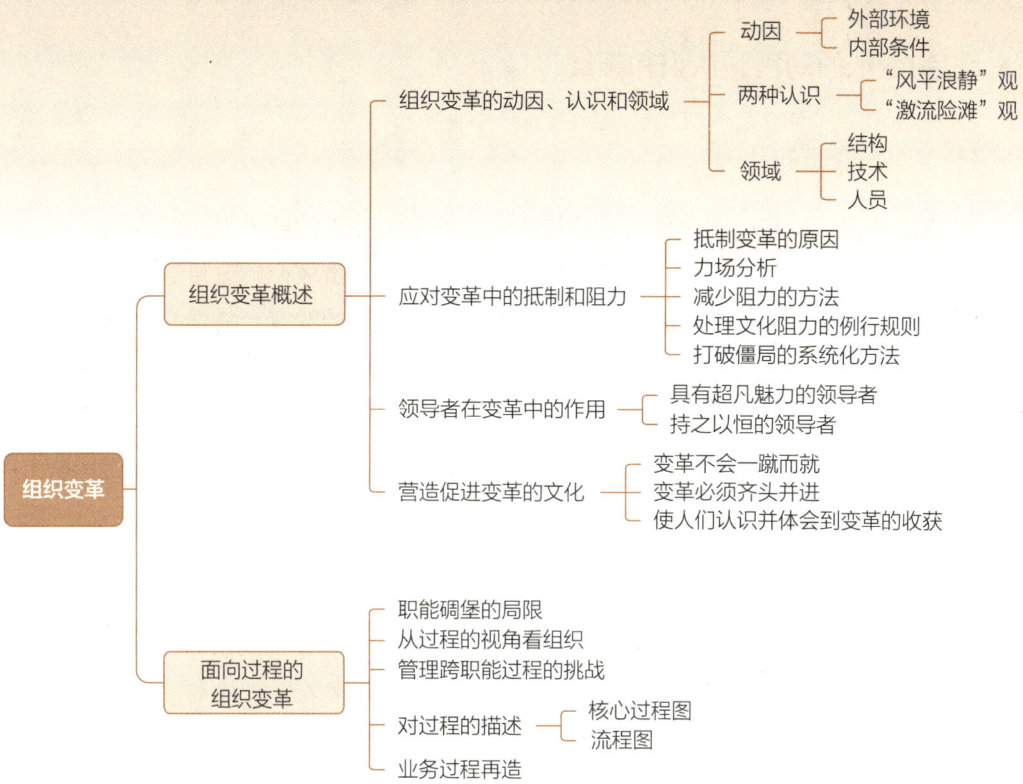
组织变革
组织变革概述
组织变革的动因、认识和领域
动因
外部环境
内部条件
两种认识
“风平浪静”观
“激流险滩”观
领域
结构
技术
人员
应对变革中的抵制和阻力
抵制变革的原因
力场分析
减少阻力的方法
处理文化阻力的例行规则
打破僵局的系统化方法
领导者在变革中的作用
具有超凡魅力的领导者
持之以恒的领导者
营造促进变革的文化
变革不会一蹴而就
变革必须齐头并进
使人们认识并体会到变革的收获
面向过程的组织变革
职能碉堡的局限
从过程的视角看组织
管理跨职能过程的挑战
对过程的描述
核心过程图
流程图
业务过程再造

组织是存在于一定环境中的生命体。任何组织都有目标，组织是在不断协调外部环境与内部条件的过程中实现目标的。组织的内部条件必须适应外部环境变化的要求，而组织的内部条件本身也是在不断发展和变化的。在追逐组织目标的动态过程中，当组织的内部条件与外部环境出现不和谐时，就产生了变革的需要。

第1节　组织变革概述

组织变革指组织面对外部环境和内部条件的变化而进行改革和适应的过程。[1][2]

一、组织变革的动因、认识和领域

（一）组织变革的动因

组织的外部环境和内部条件的变化构成了促使组织变革的两大方面的力量。

组织变革：组织面对外部环境和内部条件的变化而进行改革和适应的过程。

外部环境的变化包括经济体制的改革、国家产业结构的调整、政府宏观经济政策的改变、科学技术发展引起的产品和工艺的变化、国民环保意识的提高等。这些都是促使企业组织结构做出适应性调整的重要力量。

内部条件的变化有组织自身的成长、技术条件的变化、人员条件的变化、管理条件的变化等。

（二）对变革的两种不同认识

对变革有两种典型的认识：一种认识是将变革视为偶然发生的例外，这称为变革的“风平浪静”观；另一种认识则是将变革视为一种自然的状态，这称为变革的“激流险滩”观。

第一种认识假定组织所在的环境是相对稳定的，变革只是对组织平衡状态的一种打破。现状被打破以后，经过变革建立起一种新的平衡状态。

按照这一观点，组织变革的过程可以分为三个阶段，即解冻阶段、变革阶段和重新冻结阶段。解冻阶段就是要促使人们转变原有的观念和态度，消除形成这些观念和态度的原因或基础，让人们认识到变革的必要性，将阻碍变革的因素减至最少，鼓励人们接受新的观念并乐意接受变革。解冻一旦完成，就可以开始实施变革。变革将引入新的信息、新的结构，人们开始从另外的角度来认识问题。新的状态需要加以冻结，这样才能使变革的成果得以保持。没有这一步骤，变革就有可能是短暂的，旧的状态就有可能会恢复。

第二种认识认为组织所处的环境是不确定的、动态的，变革绝非偶然的干扰事件，而是一种不可逃避的生存方式。要在这种环境中生存下来并取得成功，组织必须具有足够的适应性和敏捷性，必须能够对所面临的变化做出迅速的反应。这种认识更适合当今这种以变化为主要特征的时代。

（三）组织变革的领域

管理者所能变革的领域或对象不外乎三种选择，即结构、技术和人员。结构变革包括对组织的职权关系、协作机制、集权程度、职位设计、管理跨度等因素的改变；技术变革包括对工作的流程、方法、设备、设施的改变；人员变革则是对员工的工作态度、期望、任职和行为的改变。

二、应对变革中的抵制和阻力

（一）抵制变革的原因

组织变革不可避免地会受到人们的抵制和反对。这种抵制或反对的原因一般来自三个方面，即对不确定性的恐惧，对可能失去个人利益的恐惧，不认为变革符合组织的最佳利益。

变革总是伴随着不确定性，人们可能会担心自己的技能、知识不再满足要求，或是担心无法把握未来的生活，对不确定性的担忧和厌恶是阻碍变革的一个重要原因。变革也有可能造成人们的既得利益的减少或改变，他们担心失去现在所拥有的地位、权势、友谊、个人的便利或其他好处。变革的阻力有时来自人们对变革的正当性的怀疑。人们可能会觉得变革的目的或效果对于组织的利益没有好处，或是认为变革的后果对组织是有负面作用的，从而反对变革。如果这种意见能够得到正确的沟通，这种形式的阻力对于组织就可能是有益的。

管理者可以通过使有关人员充分参与变革，加大培训和教育的力度等措施来减少变革的阻力，促进变革的成功。

（二）力场分析

力场分析是用于识别某一特定的变革活动的动力和阻力的一种工具，如图 9－1 所示。图中所示的是某公司的一个新班子面临顾客和竞争者的双重变革压力的情形。看起来这种情况似乎对变革比较有利，但实际上各种阻碍变革的力量不容忽视。

一项变革不可能在阻力大于动力时发生。许多组织在碰到阻力时，第一反应通常是试图增加更多的动力，或是增强这些力量，实际上若能将时间和精力用于减少阻力，可能会取得更好的效果。

力场分析有助于人们识别哪些力量是能够改变的，哪些力量是不可改变的，从而集中精力去对付那些能够消除的阻力，或是确保朝理想方向发展的力量得到延续和支持。这一方法可以用于任何管理层次。在列举变革的动力和阻力时，可以使用头脑风暴法。

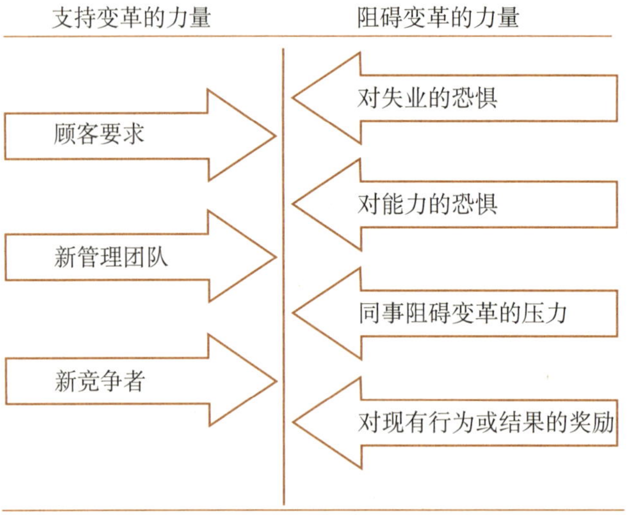

图 9－1　力场分析

借助力场分析，人们在决定如何陈述他们的建议前，不仅要考虑每种力量的相对强度，还要考虑他们能够控制哪些力量。可以让尽可能多的利益相关者参与制作力场分析图，使之更具有代表性、更为全面。

（三）减少阻力的方法

通常有如下一些减少阻力的方法：

- 确保达成共同的变革愿景。
- 沟通变革的目的和重要性。
- 认识到变革对情绪的影响。
- 理解变革的各方面影响。
- 沟通即将变革和不会变革的部分。
- 树立理想的行为模式。
- 提供有效的反馈、合理的报酬以及适当的结果。
- 对阻力做出一致的反应。
- 灵活、耐心和支持。

（四）处理文化阻力的例行规则

朱兰（J. M. Juran）在其《管理突破》一书中曾介绍过由行为科学家制定的一些处理文化阻力的例行规则，他认为这些规则同样适用于工业界及其他组织实体。[3] 其具体内容如下：

（1）让受到变革影响的人们参与变革的计划与实施。这是引入变革的最重要的规则。缺乏参与会导致怨恨，进而成为变革的巨大阻力。

（2）为人们接受变革提供足够的时间。人们需要足够的时间来评估变革的影响，即使变革看上去有利，人们也需要了解在文化价值方面必须付出的代价。

（3）从小规模开始。在全面推开之前首先进行小规模的试点和试行，这可以让变革的提倡者和组织的成员双方降低风险。

（4）避免突然。文化模式的一个主要益处是可预见性。突然性对这种可预见性是一个冲击，它打破了平静。

（5）选择适当的时机。在安排变革的时间上有好坏年份甚至好坏年代之分。

（6）变革方案应当避免超负荷。应避免在提案中塞入过多与结果无关的东西，否则会偏离主题。

（7）做好文化领导者的工作。文化最能被组织成员所理解，他们有自己的正式或非正式的领导者。说服领导者是使人们接受变革的重大步骤。

（8）尊重人。这方面的经典例子是霍桑实验中的继电器组装工人。不管照明条件好与坏，他们的生产率都保持上升，因为在实验室中他们受到了尊重。

（9）试图站在对方的立场考虑问题。问自己这样一个问题："作为该文化中的成员，我会持什么立场？"通过角色扮演的方式来理解他人的立场。

（10）直接与阻力打交道。这方面有许多做法：

1）采用劝说的方式。

2）提供某种补偿以换取支持。

3）修改方案以满足特定的要求。

4）改变社会氛围，使人们更容易接受变革。

5）有些情况下只能选择放弃，人不可能永远成功。

（五）打破僵局的系统化方法

有时对变革的抵制会导致进入死胡同。有一种打破僵局的系统化方法，它是通过如下三个步骤找到出路的：

（1）明确对抗双方的"同"和"异"，了解分歧到底是什么。

（2）双方就为什么"存异"达成一致。

（3）决定为了消除"异见"必须做些什么。

这意味着达成了共识！

三、领导者在变革中的作用

组织的领导者在变革中的作用无疑是至关重要的。很难想象涉及许多人的重大变革项目没有人领导和推动，这样的情况可以说是绝无仅有。但是，发挥领导作用的方式却有许多种。

一种容易引人注目的情况是具有超凡个人魅力的领导者。这种领导者一般具有比较外向的个性，他们的超凡魅力更容易激发人们的热情。具有超凡魅力的领导者本人通常会表现出高度的自信和热情，他们常常会强烈主张某种引人入胜又不同寻常的愿景，冒极大的个人风险去支持他们的愿景。他们会激发强烈的群体归属感和团队精神，会表达对追随者的高度期望和信任。

一些领导者尽管从个性上而言不如前一类领导者那样鲜明，但他们可能会对变革项目施加更为深远的影响。这类领导者能够持之以恒地关注问题的重点，善于以计划得当的方法来处理问题。尽管一定程度的个人魅力有助于领导者激发人们的热情和投入，但一般而言，那些具有超凡魅力的领导者在启动新的行动方面，要比将之坚持到成功做得更好一些。建立和沟通愿景当然是一个重要的方面，但使活动持续下去也同样重要。对重点的一贯关注不是在口头上说说而已，还必须落实到持之以恒的行动上。

要使变革顺利进行并取得成功，变革的推动者必须充满自信，并表现出强烈的个人动力，同时还必须有足够的谦逊来听取人们的忧虑和反对。他们必须有愿景、战略和指导原则，但也必须注重实效，关注问题的征兆，谋划能够导向成功的举措。他们必须能够最大限度地建立统一战线，而不至于让很多人置身于变革之外。他们必须坦率而公正，同时也要足智多谋。他们必须有耐心且持之以恒，有些时候必须快速果断地行动。

高层管理者必须清楚自己的使命。他们必须与中低层管理者有所区别，必须认识到事必躬亲并非美德。一个组织必须有人从整体上思考，这是最高管理者责无旁贷的使命。

四、营造促进变革的文化

要使人们投身变革之中，就必须激起人们对现状的不满，使他们意识到变革的必要性和正当性；必须构造一个促使人们为之奋斗的共同愿景；同时要向人们提供实现愿景的战略战术上的指导；还要使人们确信变革的征程会有收获，而且到达终点的收益会大大超过成本。

此外，要使变革取得成功，还必须注意以下方面。

1. 变革不会一蹴而就

取得效果、获得成功是需要花时间的。变革的设计者和推动者需要花时间对变革的必要性进行识别和沟通，需要花时间制定动人的愿景和适当的变革战略。员工也需要时间来适应变革的要求。人们不会因为领导人振臂一呼就能够立刻转换角色。要真正产生变革的愿望和现实感是需要花时间的。

2. 变革必须齐头并进，综合进行

要使变革的效果持久，变革活动就必须是多层面的，并且需要从问题的原因着手。针对症状而不是原因的变革常常会劳而无获。

3. 要使人们认识并体会到变革的收获

变革活动不可避免地会给人们带来压力甚至是牺牲。如果能够使人们明确今天的痛苦与未来收获的联系，他们就比较容易接受这种变革的痛苦。要让人们知道所做出的牺牲在可预见的将来会带来收益。

第 2 节　面向过程的组织变革

一、职能碉堡的局限

迄今为止，绝大多数企业以及各种社会经济组织都是按照职能分工的原则来组织活动的。组织被划分为各种职能部门，具有相同技能和知识背景的人员集中在同一部门从事同种类型的工作，如图 9－2 所示。一项任务或活动分散在若干不同的职能部门中通过协作完成。自工业革命以来的 200 多年中，这种方式一直发挥着巨大的作用，离开了专业化和分工，很难想象人类社会的经济水准能够发展到今天这样的高度。

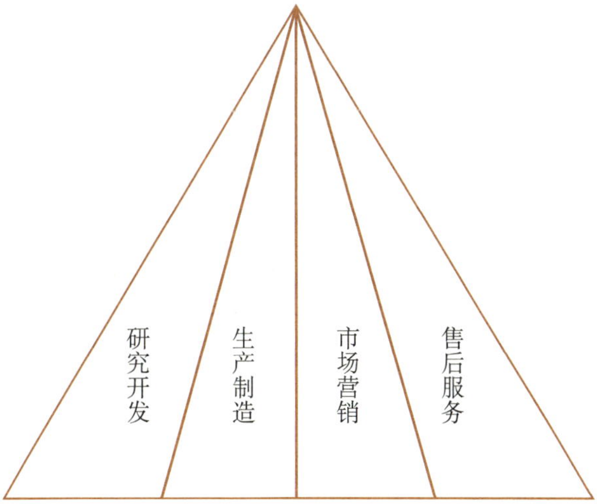

图 9－2　职能分工

传统上，绝大多数组织或企业都是按照职能分工的原则来组织活动的。这是一种专业化的、纵向分割的方式，完整的过程被组织的部门或单位割裂成一个个断片，如图 9－3 所示。在工业经济时代，这是一种有效的组织社会活动的方式。其优势在于能够发挥规模经济效益，有利于专门知识的积累、同行之间的交流和专业人才的培养。

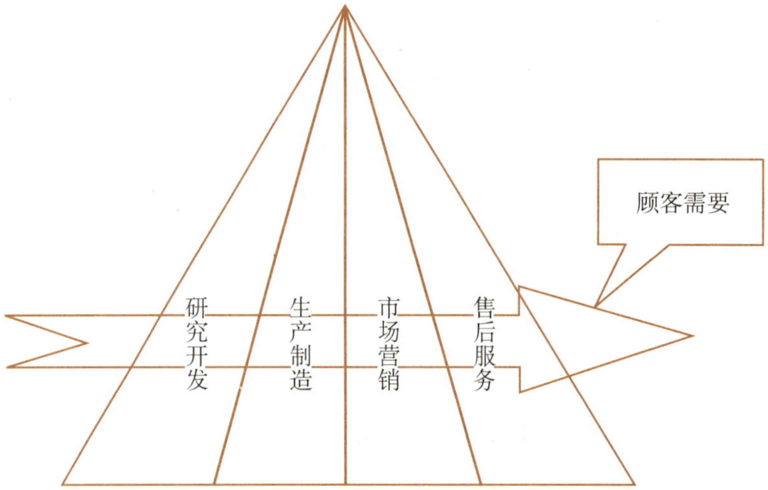

图 9-3　过程的割裂

进入 20 世纪 80 年代以后，组织所面临的社会经济环境处于剧烈的变化之中，竞争的压力越来越大，传统的以职能分工为基础的组织形式日益表现出对新形势的不适应。组织活动的效果、效率及适应性日渐不尽如人意，顾客的需要也越来越难以得到很好的满足。

这种方式的最大缺陷在于横向的协调性差，一个个职能部门犹如一个个林立的“碉堡”，位于其中的人们常常具有所谓的“隧道视野”，每个部门都只关注自己所分担的那一块任务，每个部门中的人都在努力追求本部门利益的最大化，但没有人为整体负责，没有人为顾客的需要负责。如果说这种方式在相对稳定的、以短缺为主要特征的经济环境中非常有效的话，那么在今天这种顾客主导的、变化无常而又竞争激烈的经济环境中就难以适应了。

与此相对立的是对组织的一种不同的认识——过程的观点。这种观点强调的是，组织实际上是如何跨部门和职能去做那些应当去做的事的。过程观点主要是说明组织为顾客创造价值时是如何工作的，而不是如何构成的。外部环境的强大压力和内部状况的不适应这一矛盾迫使越来越多的组织开始从过程的角度来看问题，20 世纪 90 年代以后，过程成为组织管理和变革中最核心的概念之一。

二、从过程的视角看组织

企业活动可以定义为一系列相互关联的“过程”（process），如图 9-4 所示。顾客的需要是通过这些过程来满足的。这些过程本身持续地按照一定的逻辑演化，以满足一系列以顾客为导向的目标的要求。

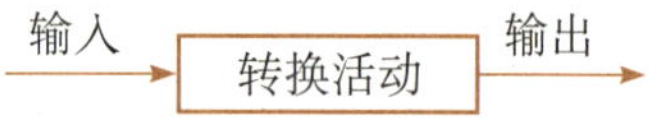

图 9-4　过程模型

过程认识并非什么新的思潮。早在 20 世纪 20 年代，现代质量管理的奠基人沃尔特·休哈特（Walter Shewhart）

就提出了过程控制的基本信条。[4] 戴明随后进一步发展了休哈特关于统计过程控制的思想，提出了著名的计划－实施－检查－采取措施的 PDCA（plan-do-check-action）工作循环。[5] 朱兰博士则在其《管理突破》一书中率先提出了过程改进的概念。[6] 多年来，形成了各种形式的过程的定义。

在 ISO 9000 国际标准中将过程定义为“一组将输入转化为输出的相互关联或相互作用的活动”，并解释说“一个过程的输入通常是其他过程的输出”。该标准同时将产品定义为“过程的结果”。ISO 9000 的过程定义可以认为是一种影响最为广泛的定义。

日本质量管理专家石川馨指出，质量是由人员、机械、材料、方法、环境等多种因素所决定的，“我们把这一因素的组合叫做过程。过程不仅仅是所谓制造过程，设计、采购、人事、财会等各项工作也是过程，政治、行政、教育等都是过程。我认为，凡是有原因、有结果，亦即有因素、有特性的地方都是过程，质量管理中所说的过程管理对这样的过程能够发挥有效的作用……我们主张，应该通过对作为因素（原因）组合而成的过程进行管理来获得好的产品、好的结果。我们在事先控制因素的意义上把这一思想称为事先管理。看着工作的结果而手忙脚乱的做法，例如到了月末发现销售不足便强行销售，是事后管理”。[7] 这段话不仅明确了过程的概念，同时也对管理必须面向过程这一思想进行了深刻的阐述。石川馨的过程模式如图 9－5 所示。

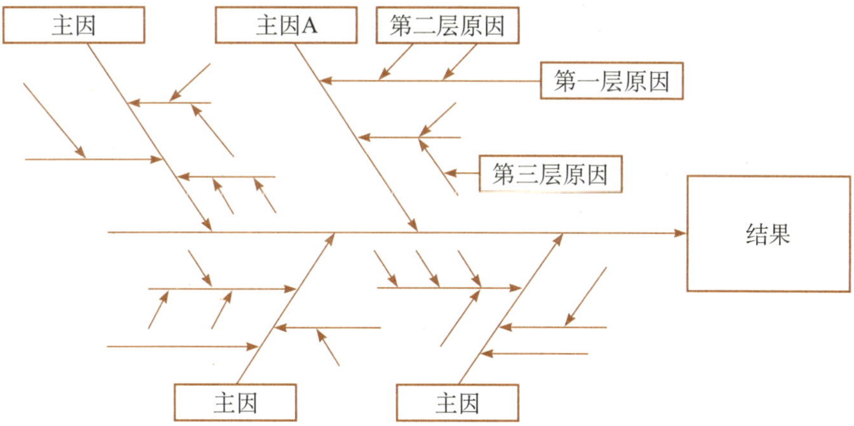

图 9－5　石川馨的过程模式

综上所述，我们可将过程这一概念表述为，“为实现预期目标或顾客满意所必需的活动、任务、工作和事情的集合”。

不管是企业，还是大学、医院、政府机构或任何其他组织，或是一个组织的内部单位，都无时不在消耗着资源，同时也在向外界提供各种产出。任何组织或组织的部分都可以用过程这一概念加以描述。

一个组织的内部同时进行着多种多样的活动。这些活动是通过组织内各个部门或各个环节的分工与协作完成的，从而组织中的过程形成了一条条相互衔接的过程链。在过程链中，一个过程的输出成为另一个过程的输入，组织作为整体的输出是经由众多彼此相连的过程实现的，多条过程链的集合便构成一个过程的网络。过程还具有多重性，组织中的大多数过程总是同时担负着两项以上的职能或作用，一个过程会有多个输入，同时又会产生多个输出；过程又具有展开性，一个过程总是可以分解为若干个更小的子过程。

过程也有质量问题。衡量过程的质量可以从三个方面来进行，即考察过程的效果、效率和适应性。如果过程的输出能够满足顾客的需要，则认为该过程是有效果的；如果这一效果是通过最小的支出或成本实现的，则可以说该过程是有效率的；如果随着时间的推移，该过程面对种种变化仍能够实现效果和效率，则该过程是具有适应性的。面向过程的管理也就是立足于过程的效果、效率和适应性的管理。要满足顾客的需要并确保组织的健康，管理当局就必须树立起一种过程的观点。

三、管理跨职能过程的挑战

经验表明，组织目标的实现在很大程度上取决于那些大而复杂的跨职能业务过程，如产品计划、产品开发、原料采购、零件分销等。如果长期得不到管理，这些业务过程中的许多都会变得过时、过载、累赘，成本过高，定义不当，不能适应持续变化的环境的要求。未能得到适当关注的那些过程的产出质量，会远远低于有竞争力的绩效水准所要求的质量。显然，将过程保持在高质量状态是毋庸置疑的。

在当今由职能专业化的部门所构成的等级制结构中，管理当局的方向、目标和考核是由上至下纵向部署的。然而，产出产品的那些过程却是横跨组织的职能部门水平流动的。

传统上，过程中的每一块职能部分均由一个部门来负责，该部门的主管对这部分绩效承担义务，但过程的整体绩效却不属于任何人的职责范围。部门要求与整个过程的要求之间的冲突是造成众多问题的原因。

在与职能目标、职能资源、职能成长竞争的过程中，跨职能过程备受冷落。结果，这些过程在运行中常常既无效果也无效率，也不具有适应性。

有大量证据表明，在整个产品生产周期中，过程管理技术是导致过程绩效不良的一个主要问题。职能目标常常与必须由跨职能过程来满足的顾客需要相冲突。这些过程还会产生各种各样的浪费。人们很容易看到，许多产品，如发货清单的制作、保险单的填报或收款单的支付等，本来只需 20 分钟就可以完成，但实际上却要花费 20 多天。它们也很难及时改变，以对持续变动的环境作出反应。为了更好地满足顾客的需要，必须使这些过程恢复其效果、效率和适应性。

四、对过程的描述

要对过程进行管理，前提是对过程加以认识。这意味着一方面要从整体上把握构成组织的主要过程；另一方面要对单个的过程加以剖析和描述。前者是通过描述组织整体的核心过程图（core processes map）来进行的，后者则要借助于描述单个过程的流程图（flow chart）。

核心过程图是从过程的角度对组织活动的图示，正如通常用组织结构图对组织构成进行静态描述一样。近年来，有许多领先的企业都着力于从过程的角度对自己加以描述，以控制和改进组织的核心过程。图 9－6 便是典型的核心过程图的示例。

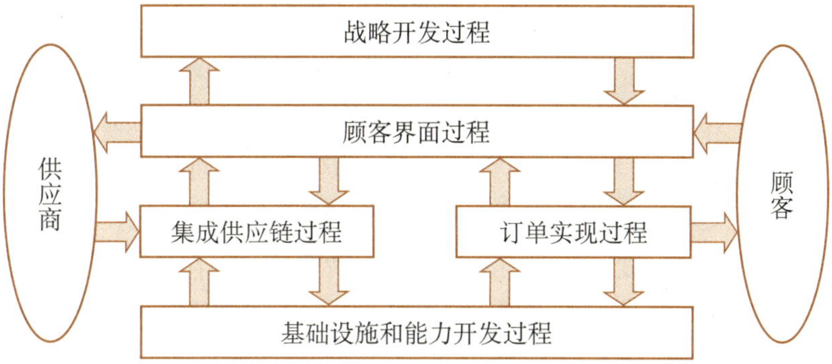

图 9－6　一个典型的核心过程图

与核心过程图相比较，传统的组织结构图显示出公司是如何构成的，雇员能在某个方框中或部门内找到自己的位置，管理人员也能明确自己在这个层级结构中处于何处，清楚自己的报告责任。但在组织结构图中没有顾客或市场的位置，没有涉及组织的实际运作方式，也没有反映出组织的不同部门是如何以过程的方式互相协作，从而为顾客创造价值的。因此，对组织的核心过程加以理解和认识，成为向以顾客满意为宗旨的组织转变的一个出发点。

对单个过程的认识常常要借助于一个具有普遍性的工具，这便是流程图。流程图有多种形式。图 9－7 称为一般流程图或普通流程图。

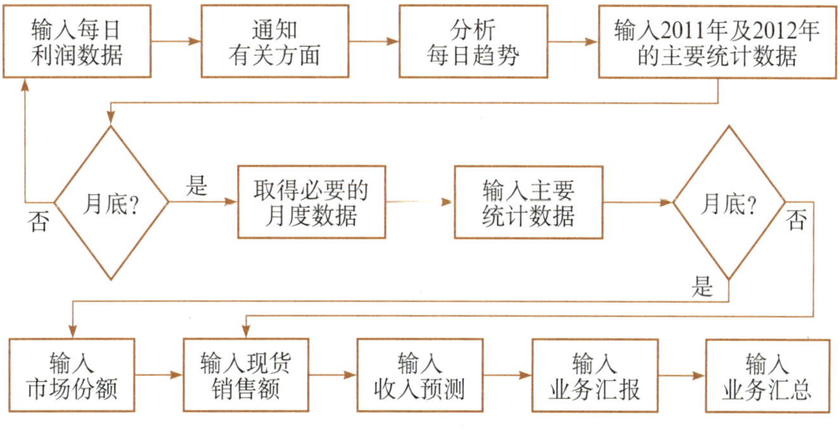

图 9－7　一个收入管理的流程图

五、业务过程再造

在组织的过程本身存在较大问题的场合，仅仅局限在既有的过程框架下进行渐进性的改进是无济于事的。这时需要的是对组织业务过程的彻底变革，这便是所谓的业务过程再造或企业再造（business process reengineering，BPR）。[8]

业务过程再造：为了获得成本、质量和生产率等方面的突破性改进，而对企业业务过程进行的根本性再思考和再设计。

业务过程再造是为了获得成本、质量和生产率等方面的突破性改进，而对企业业务过程进行的根本性再思考和再设计。这是20世纪80年代末以来，在面临社会经济领域的剧烈变化和日益加剧的市场竞争，以及不断提高的顾客期望的形势下，兴起的一场深刻的企业变革运动。

业务过程再造与通常的全面质量管理（TQM）改进活动之间既有联系，又有本质的不同。其联系在于，两者的着眼点均在于过程，均强调通过过程管理来实现质量、成本和生产率的改进。两者的差别在于，在进行TQM的改进活动时，通常回答的问题是“我们应当如何改进这个过程”，而业务过程再造活动所要回答的问题是“为什么是这个过程”。

两种提问方式有着截然不同的含义，前者意味着在原有过程基础上进行改良，后者则意味着另起炉灶，进行彻底的变革。

在对业务流程再造所进行的研究中，最具影响力的当推美国人迈克尔·哈默（Michael Hammer）和詹姆斯·钱皮（James Champy）所做的工作。[9]他们在调研中发现，一些公司通过变革业务过程从而在一个或多个领域取得了惊人的成果。他们通过进一步观察还发现，这些企业所进行的变革都是根本性的改变，而不是渐进式的改良。二人联名在1993年发表的《再造公司——企业革命的宣言》一书引起了世界范围内研究和探讨企业再造理论的热潮，也极大地推动了企业界的再造尝试和实践。人们对BPR有许多的认识，如：

- “为了在诸如成本、质量、服务和速度这些当今关键的绩效指标方面实现较大的改进，而对业务过程进行的根本的再思考和激进的再设计。”
- “为了消除不增加价值的活动而对经营过程和制造过程所进行的分析和再设计。”
- “许多公司用以更新其对顾客服务承诺的一种全新的组织变革的过程。”

以下通过两个实例来说明BPR具有的一些主要特点。

实例1：福特公司北美货款支付部门的业务过程再造

这个例子发生在福特公司负责向其供应商支付货款的一个部门。福特公司生产汽车所用的零部件中大约2/3是从外部购入的，向供应商付款的福特北美货款支付处有500多名雇员。20世纪90年代初，迫于竞争的压力，管理部门希望通过理顺操作程序和配备新的计算机系统实现减员20%的改革目标，即将人员减至400人左右。然而，在着手实施改革之前，福特公司发现马自达公司同样的业务仅用了 5 个人。即使考虑了两个公司规模和业务量的差别，这一差距也是巨大的！这一对比使福特公司摒弃了在原有工作方式上的修修补补，开始从过程的角度来考虑问题。当时福特公司货款支付处的工作流程如图 9-8 所示：采购部在向供应商发出订货单的同时，将订货单的副件送至付款处；供应商按照订货单向福特的进货处送货，同时将发货票送至货款支付处；进货处收货之后将到货通知单送至货款支付处；货款支付处对订货单、发货票和到货通知单三张单证进行核对，如果一致的话即向供应商付款。在这些数据中不一致的项目上所耗费的人力是惊人的。

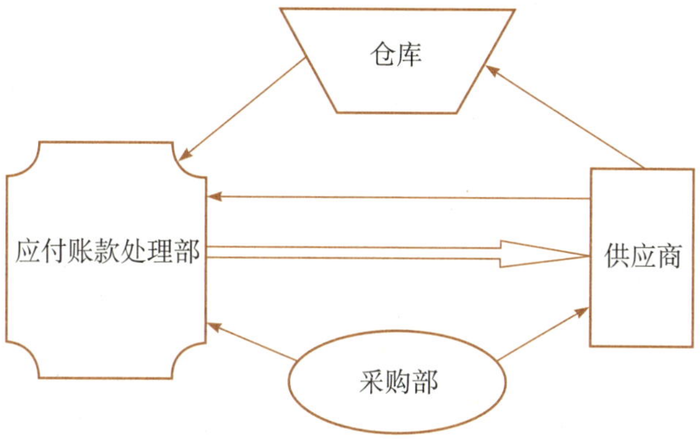

图 9-8 原先的付款过程

在理清问题的基础上，福特对付款过程进行了彻底的改造。它引入了一个在线数据库系统（online database)，采购部发出订货单的同时，该信息即进入数据库；供应商将货品送至进货处时，进货处对照面前终端中显示的订货信息，一致则收下，不一致则直接拒收。订货和收货信息直接在系统中自动核对、自动付款，货款支付处无须再接收发货票。通过过程再造，货款支付处人员减少了 75%，工作效率更是有了巨大的提高。变革后的过程如图 9-9 所示。

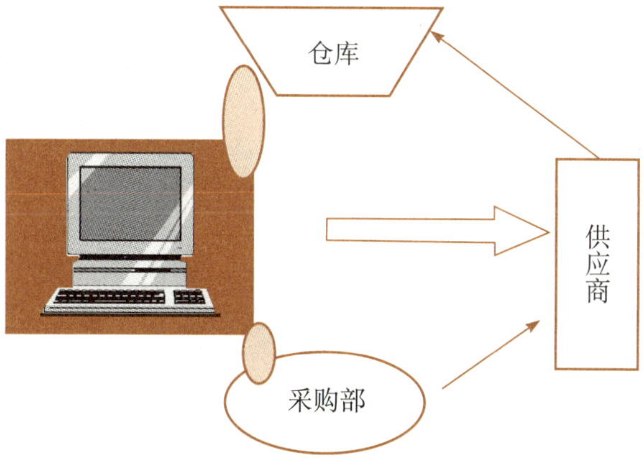

图 9-9 变革后的过程

实例2：IBM Credit的再造实践

IBM Credit是IBM旗下的一个子公司，是一家为IBM的客户提供贷款的公司。20世纪90年代初，这家公司遭遇了很大的危机。竞争的加剧和自身管理上的问题，导致顾客满意度很低，业务时有流失。图9－10反映了该公司当时的业务过程。

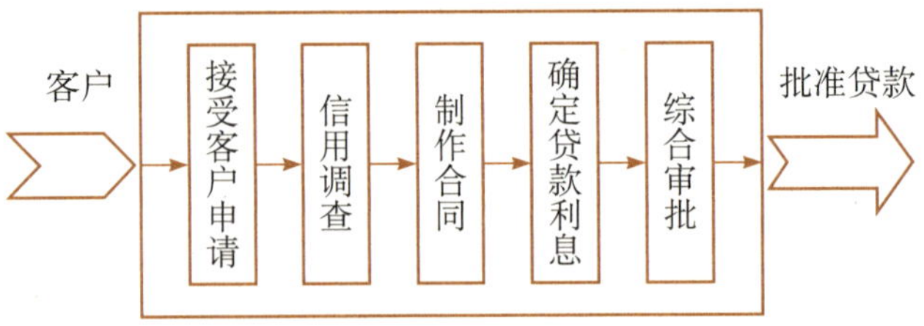

图9－10　IBM Credit的旧业务过程

从图9－10中可以看出，当客户来申请贷款时，第一个部门负责接受客户申请，记录客户的资料，建立档案。之后进入第二个环节，调查客户的资信状况，检查客户是否符合贷款条件。这个环节没问题的话，则进入下一个环节，制作贷款合同。再下一个环节为定价部门负责确定贷款的利息。最后，由综合审批部门来批准贷款。做一单贷款前后要经过5个环节，当时要用大约6个工作日。这样的效率很不尽如人意。有时，某个客户申请之后会打电话询问贷款审批的进展情况，但没有哪个部门可以给客户满意的答复，因为大家都只管自己那一块。

为了找出问题，该公司的经理采取了走流程的做法，拿着客户的卷宗依次走过各个环节，亲自督办。走流程的结果表明，正常情况下要花费6个工作日的贷款申请过程，真正需要由人来处理的时间不过4个小时而已。大量时间都花在各个环节之间的排队等待上。

找出问题的根源后，公司采取了一种剧烈的变革方式，废除了原先串联式的业务处理方式，代之以由多技能员工组成的小团队来综合处理贷款业务，如图9－11所示。在人员配备上也进行了相应的改变。原来，人员的专门化程度很高，但相对技能较窄。比如，做信用调查的不懂合同，做合同的不懂定价，各管一摊。采取新制度后，要求员工的技能更广一些，但不必那么深。同时，公司还引入了一套专家系统，作为支持员工工作的一个辅助手段。

图9－11　IBM Credit变革后的业务过程

变革所取得的效果是惊人的。再造后，平均每单业务的处理时间缩短到 4 个小时，效率提高了 100 多倍。

类似的做法如今在各行各业都有着广泛的应用。如一些机构推行的一站式服务、一些地方政府成立的行政审批中心等。作者曾接触过一家进行类似变革的医院。按照这家医院院长的说法，今天的医院都是“病人围着大夫转，疾病围着技术转”，这种状况已经不再适应形势的需要。这家医院变革的思路就是要把这两者的关系倒过来，变成“大夫围着病人转，技术围着疾病转”。这种做法实际上体现了“以患者为中心的医疗”这一先进的医疗理念。

一般来说，业务过程再造的特点主要体现在以下几方面。

1. 思维模式的彻底改变

回顾迄今为止的企业发展史可以看出，亚当·斯密提出的分工思想形成了 200 多年来企业运营的基础。但是在变化了的环境中，过分强调专业化和工作细分妨碍了效率，导致机构臃肿、缺乏活力、丧失竞争力和创新力。业务过程再造强调的是从根本上进行变革，进行彻底的再设计。为此，就必须改变传统的思维模式。

2. 以过程为中心进行系统改造

再造所取得的巨大成就主要是依靠过程再造。再造活动中，强调要把分散在各职能部门的作业整合成单一的过程，打破组织各部门之间的界限；强调尽可能以同步作业取代顺序作业，这样可以缩短满足顾客需要所需的时间；主张实现组织的扁平化，促进组织内的沟通，从而提高工作效率。

3. 创造性地应用信息技术

信息技术在再造活动中扮演着极为重要的角色。信息技术的进步影响现代社会的各个方面。信息技术可使组织以完全不同的方式工作，可以帮助企业打破传统的制度，并创建完全不同的业务过程模式。企业应当深入思考信息技术带来的无尽的可能性，应当立足于信息技术所提供的可能性进行运作，而不是仅仅满足于原有过程的自动化。

4. 其他一些特点

业务过程再造还有顾客至上、广泛授权等特点。

注释

[1] 焦叔斌. 企业组织变革管理. 北京：中国人民大学出版社，2003.

[2] 约翰·P. 科特等. 变革. 北京：中国人民大学出版社，1999.

[3] 约瑟夫·朱兰. 管理突破. 北京：企业管理出版社，2005.

[4] Shewhart，Walter A. Economic Control of Quality of Manufactures Product. Bell System Technical Journal，1930（9）：364-389.

[5] 爱德华兹·戴明. 戴明论质量管理. 海口：海南出版社，2003.

[6] 同 [3].

[7] 石川馨. 日本的品质管理. 东京：日本科学技术联盟出版社，1981.

[8] 苏米特拉·杜塔，让-弗郎索瓦·曼佐尼. 过程再造、组织变革与绩效改进. 北京：中国人民大学出版社，2001.

[9] Michael Hammer，James Champy. Reengineering The Corporation—A Manifesto for Business Revolution. Linda Michaels Literary Agency，1993.

复习思考题

1. 组织变革的含义是什么？
2. 组织变革的动因有哪些？
3. 对变革的两种不同认识是什么？
4. 根据变革的“风平浪静”观，组织变革的过程有哪三个阶段？
5. 管理者所能变革的领域有哪些？
6. 人们抵制变革的原因有哪些？
7. 识别特定变革活动的动力和阻力的力场分析是什么？
8. 通常有哪些减少变革阻力的方法？
9. 朱兰介绍的处理文化阻力的例行规则的内容是什么？
10. 打破僵局的系统化方法是什么？
11. 变革中发挥领导作用的方式主要有哪几种？
12. 什么是观察组织的“职能观”？
13. 什么是观察组织的“过程观”？
14. ISO 9000 对过程的定义是什么？
15. 日本质量管理专家石川馨是如何描述过程的？
16. 衡量过程的质量可以从哪几个方面来进行？
17. 何谓跨职能业务过程？
18. 对过程的描述有哪几种方法？核心过程图和流程图有何不同？
19. 什么是业务过程再造？
20. 业务过程再造与全面质量管理有何区别与联系？
21. 业务过程再造的特点主要体现在哪几个方面？

案例 9.1 海尔的互联网战略转型

海尔集团是全球大型家电第一品牌。从 1984 年创立至今，海尔集团经过五个发展阶段，即名牌战略、多元化、国际化、全球化，2012 年 12 月宣布进入第五个发展阶段，即网络化战略阶段。通过对互联网模式的探索，海尔集团实现了稳步增长。2017 年，海尔集团实现全球营业额 2 419 亿元，全球利税总额首次突破 300 亿元。目前，海尔在全球拥有 10 大研发中心、24 个工业园、108 个制造工厂、66 个营销中心。

按照海尔集团 CEO 张瑞敏的表述，海尔的互联网战略转型可以理解为三个化，即“企业平台化、员工创客化、用户个性化”。

企业平台化

海尔第一大转型就是从传统的科层制或金字塔式的组织转变为平台型企业。为此，海尔彻底压扁了组织结构，在过去几年中减少了 1 万多管理人员。目前已从传统制造家电产品的企业转型为面向全社会孵化创业者的平台。

这个平台型企业由三种类型的成员构成。第一类叫做平台主，负责为创业者提供基础设施。第二类叫小微主，小微意味着微小的企业，小微主就是一个创业的项目团队。第三类是作为创客的普通员工。三类人都围着用户转。平台主从管控者变为服务者，员工从听从上级指挥的雇员变成为用户创造价值的创业者、创客，创客组成小微企业共同创造用户、市场。小微主由创客共同选举产生。如果企业内部的人不行，还可以引进外部资源。这些小微加上社会资源，就变成一个生态圈，最终形成很多并联平台的生态圈，对应不同的市场、不同的用户。

平台要吸引各类资源，为小微团队提供共享的资源和服务；还要确立战略方向，确保平台上小微企业的发展方向是一致的；同时，平台通过公开透明的信息化系统来支持和展示小微的活动，确保“活而不乱”。

截至 2017 年 8 月，在海尔共享式创业平台上聚集了 2 246 个创业项目，平台上有 4 316 项创业创新孵化资源，1 333 家风险投资机构，118 个孵化器空间，120 亿元创投基金，15 个创业创新孵化基地。100 多个小微企业年营业收入过亿元，52 个小微引入风险投资，18 个小微的估值过亿元。

这种平台化转型一度使海尔在册员工比最高峰时减少了 45%，据测算，海尔平台为全社会提供的就业机会（也称为海尔的在线员工）超过 160 万。

员工创客化

所谓员工创客化，就是让员工从传统企业中被动的受雇者、执行者转变为创业者、合伙人。张瑞敏提出要把公司打造成从制造产品到制造创客的“创客公地”，喊出“人人都是创客”的口号，强调“面对时代的变迁，非创客难以生存”，并用“人人都是创客”的口号把公司变为一个创客孵化器。

员工的创客化带来了薪酬体制的改变。过去是企业付酬，员工做了工作企业付薪。现在变成用户付酬，给客户创造多大价值就可以得到多大的利益。

有一个国外学者对此表示疑问，他问张瑞敏：“怎么样让你的员工都变成创业者？有一些人不适合创业，怎么把他们变成创业者呢？”张瑞敏回答说：“不是把所有员工都变成创业者，而是把所有创业者都变成我的员工。”这意味着，海尔的创业平台并非只针对海尔的员工，而是面向全社会，正是在这个意义上，张瑞敏提出了海尔要成为“创客公地”的概念。

用户个性化

张瑞敏认为，顾客和用户是不一样的。顾客意味着一锤子买卖，付款拿货走人，关系就结束了。而用户与企业之间不是简单的买卖关系，付款仅仅是销售的开始，有了付款信息就可以跟用户联系，甚至在付款之前就要介入。用户不只是买你的东西，而是要参与产品的前端设计。用户与企业之间的关系不再是某个时间点上的一锤子买卖，而是一种长久的交互关系。

用户的个性化需求将通过互联工厂来实现。互联工厂是智能化的，也称为黑灯工厂，没有电灯，不需要取暖设备，这意味着这样的工厂根本没有人，是无人工厂。每一个互联工厂最后就成了自产自销的工厂，原先的大规模制造变成大规模定制。海尔的互联工厂努力做到“三化”：无缝化、透明化和可视化。无缝意味着所有环节与用户之间没有任何距离，透明就是所有的工作对用户而言都是可见的，可视则是借助手机可以看到从研发到制造的全过程。形象而言，未来的互联工厂就是用户的“3D 打印机”，或者说就是那盏阿拉丁的神灯。

张瑞敏曾引用大哲学家康德“人是目的而非手段”这句话来解释自己推动这场变革的动机之一，即追求“以人为本”的初心。其实，海尔这场变革还有一个大背景，这便是人类社会由工业经济社会向知识经济社会转型。在工业经济社会，企业依托的是物质资源，依靠的是人的或复杂或简单的体力劳动。而在知识经济时代，占有物质资源和体力劳动无关紧要，决定成败的将是企业驱动知识资源和人的脑力的能力。

［**讨论**］

海尔的互联网战略转型有哪些特征？

案例 9.2　奥迪康公司的“面条式组织”

奥迪康公司是全球知名的助听器生产商，1904 年由汉斯·戴蒙特创立于丹麦，20 世纪 70 年代末在世界市场上曾高居榜首。此后由于外部环境的变化以及公司内部管理的僵化，奥迪康陷入困境，一度濒临倒闭。当时，临危受命的首席执行官拉斯·柯林大刀阔斧地改革，推行了一种“离经叛道”的“面条式组织”模式。经过几年艰苦的努力，奥迪康重回巅峰，2003 年从 6 200 多家备选公司中脱颖而出，荣膺“欧洲最佳公司”殊荣，步入世界顶尖公司行列。“面条式组织”模式因奥迪康的成功而受到世人瞩目。

创始人汉斯·戴蒙特的儿子、儿媳在 1957 年设立了威廉·戴蒙特 & 爱米丽慈善基金，后改为奥迪康基金。奥迪康基金是奥迪康听力集团的主要股东，从而保证了奥迪康始终为听障人士服务的宗旨。基金收入主要来自奥迪康听力集团的股份，用于满足听障人士和相关团体的需求。作为世界上历史最悠久的慈善基金之一，奥迪康基金为研究人员、听力康复顾问和普通大众组织了许许多多社会研究计划、展览、会议、文化及商业活动。

变革初期，拉斯·柯林首先对奥迪康公司的核心理念进行了重新思考，确立了“帮助人们用自己的听力享受一切美好事物”的使命，提出“奥迪康要努力成为世界上最优秀的听力诊所和助听器零售商的首选伙伴”的愿景，他还亲自拟定了奥迪康公司的价值观，其核心便是“以人为本”。

奥迪康的价值观宣言

1. 只要赋予责任，所有人都愿意负责。

2. 我们所信任之人也必当回报我们以信任。

3. 成长和进步是人的天性。人们愿意接受挑战，他们或许害怕改变，但不喜欢总是保持原状。

4. 人们希望了解他们的工作环境和总的目标，也希望可以自由地完成这些目标。人们希望能够影响自己的日常工作条件。

5. 人们希望公正而又公平地获得与自己的业绩和成果相称的报酬。

6. 不管是处于坦途还是逆境，人们都愿意成为自己公司的伙伴。

7. 提升个人能力是获取职业保障的最佳途径，这样竞争对手也会渴望得到你的服务。

8. 区别看待每一个人并协助他成长。

9. 人们乐意知道自己的工作与公司的战略和目标的关系，并希望全面了解公司总的状况和前景。

为了构造这种“面条式组织”，柯林要求所有员工思考“不可想象之事”，要抛开所有关于工作和工作场所的思维定式，忘掉所有文件，无视所有职位，推倒所有墙壁。这种新型组织模式能够充分释放个人的能力，带来一个充满创造力、创新精神和灵活性的组织。1991 年，利用公司搬迁的时机，“面条式组织”正式问世，并受到广泛关注。这一“面条式组织”模式具有如下特点。

1. 无等级、无层次、无固定部门

奥迪康废止了职位说明和正式岗位，所有员工都有一个职位的组合，都是多面手。每人至少有三个职位，主要职位要符合自己的专业或能够充分发挥自己的能力，员工同时还要承担其他领域的两个职位。这一理念使组织的资源得到了扩展，工程师做市场营销，营销人员参与开发项目的管理，而财务人员帮助实施产品开发。过去，人们的重要性取决于职位，现在则取决于贡献。如此形成的组织没有等级、没有层次、没有固定的部门，因而得名“面条式（原意为意大利面）组织”。

2. 拆除墙壁并取消专有办公室

奥迪康构造了一种绝对透明的工作环境。每人有一张办公桌和一台电脑，但办公桌在 5 分钟之内就可以移走。项目团队在空间上集中在一起，决策可以即刻进行而无须开会。营销人员很清楚隔壁在做什么广告。他们有意识地在工作地设置了咖啡吧台，以鼓励人们展开讨论。螺旋扶梯取代了电梯，因为这有利于人们相遇和交谈。

3. 依托信息系统的无纸化办公

奥迪康建立了一个电子信息系统，以实现灵活性和知识共享这两个目标。灵活性意味着办公桌可以随时移动。为了使从事多个项目的团队成员无须找出所有文档就能迅速获取信息，公司设计了一个查询和存档系统，以方便查阅所有的文件、报告、备忘录、信件等。每个雇员都配备了这个新的电子档案库和 E-mail 系统，还有用于文字处理和表计算的软件。无纸办公有利于将正规的沟通转变为对话与行动。

4. 负责公司战略方向的管理委员会

奥迪康成立了一个管理委员会。委员会由若干“职能”主管组成。管理委员会的一个分委员会负责处理项目建议，某个项目的“所有者”也是该委员会的成员，他要负责选定项目负责人。

5. 项目成为资源流动和确定方向的驱动力

项目负责人利用能够获得的人员以及必要的资源来组建项目团队。公司有一套计算机程序实时监控人们完成任务的情况。项目负责人可以很快浏览名单并找到可用的人员。在招募团队成员的过程中，唯一可用的管理手段就是说服和谈判。人们

很容易了解每个人在项目中的表现。对项目负责人也有绩效考评，好的声誉是合作的基础。过去，事情的进展靠权力推动，现在则是通过谈判。

在这种“面条式组织”中，产品的开发和制造发生了巨大的变化。奥迪康在产品开发中还与竞争对手结成战略联盟，大大淡化了组织的有形边界。公司的活力达到空前的水平，面对新问题和新机遇时的反应能力大大提高，市场营销和研发之间的联系得到加强。公司内部以及与客户之间的各种障碍大大减少。公司业务流程的效果和效率均得到显著改进。奥迪康公司这种以创新、变革和以人为本为主要特征的企业文化为其后十多年的持续发展奠定了坚实的基础。

［**讨论**］

何谓“面条式组织”？其优缺点如何？

第Ⅳ篇

领导职能

在管理的整个过程中，领导是连接计划、组织和控制的纽带，是实现组织目标的关键环节之一。领导工作的实质是管理者根据组织的目标和要求，在管理过程中对追随者施加影响，使人们自觉自愿地追随领导者，为实现组织的目标而努力。本篇从管理职能的角度介绍领导工作的含义、理论、沟通、激励等。

第10章 领导职能概述

- 领导
  - 领导职能的含义
    - 领导的含义
    - 领导者与管理者的区别
    - 领导者与权力
    - 施加影响的策略
    - 追随者的类型
  - 有关领导的主要理论
    - 特质理论
    - 行为理论
      - 艾奥瓦大学的三种领导方式
        - 权威式
        - 民主式
        - 放任式
      - 二维构面理论
        - 关怀
        - 定规
      - 工作中心与员工中心理论
        - 利用-命令式
        - 温和-命令式
        - 商议式
        - 集体参与式
      - 领导连续流
      - 不成熟-成熟连续流
      - 管理方格图
    - 权变理论
      - 路径-目标理论
        - 指导型
        - 支持型
        - 参与型
        - 成就导向型
      - 权变领导理论
        - 职位权力
        - 任务结构
        - 上下级关系
    - 新型领导理论
      - “超凡魅力型”领导
      - 第五级经理人
      - 以价值观为基础的领导
      - 替代领导理论
      - 情商领导理论
  - 沟通
    - 沟通的概念
    - 沟通的过程
      - 信息的发出—信息的传递—信息的接收—信息的反馈
    - 沟通的渠道
      - 面对面交谈
      - 电话、微信、微博
      - 电子邮件等
      - 备忘录、信函
      - 正式报告、公告牌
    - 常见的沟通障碍
      - 语义/过滤/选择性知觉/情绪/文化
    - 沟通的类型
      - 正式沟通
      - 非正式沟通
    - 有效沟通的原则
      - 运用反馈
      - 简化语言
      - 抑制情绪
      - 积极倾听

组织是由具有不同需要、欲望和态度的个人组成的。他们蕴藏着组织所需要的生产力。组织成员并非只是对组织目标感兴趣，他们有自己的目标。管理者正是通过实施领导职能，把人们的精力引向组织目标，并使人们能够热情地、满怀信心地为实现组织目标做出贡献。这涉及确立有效的领导方式，在组织中进行有效的沟通，激励人们以高昂的士气和最大的努力为组织做出贡献，这是管理的领导职能的最主要内容。

第1节　领导职能的含义

一、领导的含义

领导：组织中的领导者对组织中的群体或个体施加影响的过程。

所谓领导，就是组织中的领导者对组织中的群体或个体施加影响的过程。领导活动的目的在于使个体和群体能够自觉自愿并充满信心地为实现组织的目标而努力。作为一项管理职能的“领导”，显然这是一个动词，对应着“leading”这个英文单词，特指管理者所开展的旨在对人们施加影响的活动。

领导常常还意味着一个人或一群人。人们常讲“我们的领导如何如何，向领导请示，向领导汇报等”，这种场合下的领导确切地讲是指领导者，对应着英文的“leader”这个词。那么，谁是领导者？很多人会把领导者与一个机构的最高管理者相提并论。从管理学的角度而言，领导是每个担任管理职位的人都要做的事情。每个管理者都要进行计划、组织、领导和控制。从这个意义上来讲，每个管理者都应当是一个领导者。近年来，领导者这一概念有了进一步的扩展。在推行参与管理、团队管理和民主管理的机构中，甚至每个普通成员也可以是一个领导者。回顾一下本书第9章的案例“奥迪康公司的‘面条式组织’”，可以认为，在这样的组织中，人人都可以是一个领导者。

领导还可以指领导者或管理者影响他人的能力，或者在影响他人方面所发挥的作用。这时对应的英文是“leadership”，也常译作领导力、领导作用等。它涉及如何才能成为一个有效的领导者方面的问题，换言之，有效的领导有哪些决定性因素。这方面内容构成了本章第2节的主题。

领导作为管理的一项职能，主要表现为对人的作用，涉及的是人与人之间的关系。管理就是要去影响人，对人们施加影响是领导活动的实质。行为科学对管理的贡献主要体现在这一职能中。

要成为一个有效的领导者，就必须了解和掌握有关人、人的行为、人的动机等方面的知识。当然，这并不意味着管理者必须成为业余的心理学家。管理者需要了解的是哪些因素对人们形成了激励，而不是在精神上操纵他人。在日益民主化的现代社会中，试图在精神上操纵他人既不可能也不道德。

我们可以用一个非常形象的比喻来说明领导对一个组织的作用。领导与组织的关系犹如电场与电磁铁的关系，组织中的成员和群体相当于电磁铁中众多的小磁极。没有领导的组织就像电磁铁位于电场外，大大小小、杂乱无章的小磁极的磁性相互抵消，导致电磁铁整体上并不表现出磁性。而电磁铁一旦位于电场之中，无数的小磁极就会指向同一个方向，整体上表现出强烈的磁性。领导活动的目的就是要在组织中建立起这样一种“电场”，使组织中的全体成员的努力指向同一个方向，从而有效地实现组织的目标。

二、领导者与管理者的区别

领导是管理的一个职能，组织中的领导行为仍属于管理活动的范畴。就管理学的术语而言，领导的范围相对小些，主要是指对人们施加影响的过程。而管理的范围较大，除了对人们施加影响之外，还包括计划、组织和控制。因此，从管理就是计划、组织、领导和控制这一角度而言，一个优秀的管理者当然也应当是一个优秀的领导者。

然而，也有不少的实践者和学者倾向于强调和突出两者的不同。美国前总统尼克松在其《领导者》一书中，对领导与管理、领导者与管理者的不同之处做了这样的描述：

> 伟大的领导者是一种特有的艺术形式，既需要超群的力量，又需要非凡的想象力。尽管领导需要技巧，但远远不是有技巧就行。从某种意义上来说，管理好比写散文，领导好比写诗。在很大程度上，领导者办事靠的是符号、形象，以及能推动历史、启发觉悟的思想。人们可以被道理说服，但要用感情感化。领导者必须既能说服人，又能感动人。管理者考虑的是今天和明天，领导者必须考虑后天。管理者代表一个过程，领导者代表历史的方向。没有了管理的对象，就不能称之为管理者。但是，领导者即使失去了职权，也仍能号令其追随者。[1]

在有些学者的论述中，领导较多地指为组织的活动指出方向、创造态势、开拓局面的行为；管理指为组织的活动选择方法、建立秩序、维持运动的行为。这些观点强调领导者和管理者具有不同的行为特征，如表 10－1 所示。

表 10－1　　领导者和管理者的特征区别

领导者的特征	管理者的特征
个人的影响力（personal influence）	职位的影响力（position influence）
灵魂（soul）	想法（mind）
远见的（visionary）	理性的（rational）
积极的（passionate）	折中的（consulting）
创造性的（creative）	固执的（persistent）
灵活性（flexible）	问题解决型（problem solving）

续前表

领导者的特征	管理者的特征
鼓舞的（inspiring）	现实的（tough-minded）
创新的（innovative）	分析式的（analytical）
大胆的（courageous）	条框的（structured）
富有想象力的（imaginative）	深思熟虑的（deliberate）
实验的（experimental）	权威的（authoritative）
推动变革（initiates change）	稳定的（stabilizing）

三、领导者与权力

领导就是要对他人施加影响。这种影响之所以形成可能是因为领导者拥有能够影响他人的权力。这种权力通常包括五种类型，即法定权力、强制权力、奖赏权力、专家权力和参照权力。前三种权力属于职位权力，后两种属于个人权力。有效的领导者依赖不同的权力类型来影响下属的行为和工作绩效。

四、施加影响的策略

一项针对数百名领导者的调查识别出 4 000 多种人们在对他人施加影响时使用的方法和技巧。所有这些方法和技巧都可以归类在影响人们的行为和态度的几项原则中，包括：

1. 晓之以理

使用数据、事实、逻辑分析等来说服他人，这是最常用的影响他人的策略。当管理者拥有某一领域的技术知识或专长时，这种说服和动员就会尤其有力。除了数据、事实和推理的力量之外，管理者还动用了专家权力，甚至是参照权力。

2. 施之以惠

投之以李，报之以桃。领导者平时注意与下属分享其时间、资源甚至情感等，需要时就会得到人们的回报。

3. 讨人之好

领导者要努力让人们喜欢自己。人们很容易支持自己喜欢的人，而不愿意支持自己反感甚至讨厌的人。有效的领导者善于表现出对他人的尊重、关心、信任、公正，从而在组织成员的心目中塑造出极好的形象。领导者永远不会吝啬对他人的赞赏。

4. 合纵连横

领导者要在组织中建立起自己的同盟军网络，把那些支持或有可能支持自己的人们最大限度地包括在内。要利用各种非正式的方式了解人们关心什么、忧虑什么，并向人们解释、说明自己的观点。这将有利于推动人们支持领导者目标的实现。

5. 开门见山

这意味着提出直接针对个人的要求，这是影响人们的重要方式之一。领导者必须清楚自己要的是什么并提出直截了当的要求。一个清晰、简明的建议很容易得到接受和支持，因为人们没有更好的选择。

6. 善假虎威

领导者有时为了推动事情的进展，必须运用手中的正式职权，甚至要取得更高层人员正式的表态和支持。研究表明，展示出专家权力和参照权力的领导者能够更有效地使用其法定权力。那些业务扎实、知识丰富并能够以诚待人的管理者要比那些只是发号施令者有更大的影响力。

五、追随者的类型

有关领导的研究如果缺少对追随者的考虑将是不完整的。罗伯特 · E. 凯利（Robert E. Kelley）进行的一项研究从“主动性”和“独立思考”两个维度对追随者进行了分类（见图 10 - 1）。[2]

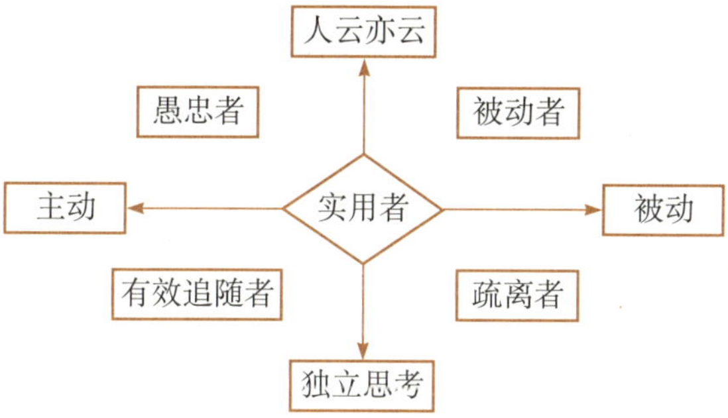

图 10 - 1　追随者的类型

从图 10 - 1 中可以看出，根据上述两个维度可以把追随者分为五种类型。

1. 疏离者

疏离者（alienated follower）是一类被动但独立的思考者。他们有能力，但总是盯着上级的不对。他们愤世嫉俗，很少采取主动行动。他们沉浸在抱怨中，很少提出建设性的反馈。有效的追随者遭受挫折（如感觉上级背信弃义）后，会转变为这种类型。

2. 愚忠者

愚忠者（conformist）积极追随上级，但从不思考为什么去做。他们只是在乎避免冲突。这种类型的追随者对权威过度依赖。过度严格的制度环境可能会使这类人增加。

3. 实用者

这种类型的追随者处于一种中间状态。实用者（pragmatic survivor）倾向于采取一切可能的措施来巩固自己的位置，避免风险。在一般的机构中，通常有 25% ～ 35% 的人会表现为这种类型。

4. 被动者

被动者（passive follower）既无主动性，也不独立思考。要求他们做什么，他们就做什么。只有在严密监督的情况下，他们才能完成任务。在事无巨细的管理风格下，人们发现主动性并不受到鼓励，因此容易催生出这种类型的追随者。

5. 有效追随者

有效追随者（effective follower）既能独立思考，又具有积极性、主动性。他们与领导者之间建立起一种平等的关系。他们不会去努力避免风险和冲突。他们能够自我管理，追求更高更大的目标，希望自己能够发挥积极的影响。

可以认为，第五类追随者在组织中所占的比例对组织的绩效具有重要影响。

第 2 节　有关领导的主要理论

多年来，人们对于领导及其效能问题有各种各样的解释或理论，内容十分丰富。很多学者从不同角度研究了关于领导的理论。有研究领导者个性特征的；有研究领导行为的；也有研究环境对领导有效性的作用的。大体上说来，按照这些理论提出的时间先后顺序，可以将有关领导的各种理论分为以下几类：（1）特质理论（trait theory）；（2）行为理论（behavioral theory）；（3）权变理论（contingency theory）；（4）新型领导理论。[3]

有必要指出的是，有关这一领域的各种主要研究均是由美国的研究者在美国的情境中针对美国的研究对象展开的。这些研究的结论在不同的文化背景中是否会完全相同需要读者慎重思考。

一、特质理论

20 世纪二三十年代有关领导的研究主要关注领导者的特质，考察具备哪些个性特征的人才能成为有效的领导者。这类研究试图区分领导者和一般人，并以此来解释人们成为领导者的原因，这就是所谓的特质理论或性格理论。

研究人员列举了上百种领导者所应具有的个性特征，这些特征大致可以分成以下几类：

（1）身体特征，包括体力、年龄、身高等。

（2）背景特征，包括教育、经历、社会地位、社会关系等。

（3）智力特征，包括知识、智商、分析判断能力等。

（4）个性特征，包括热情、自信、独立性、外向、机警、果断等。

（5）与工作有关的特征，包括责任感、首创性、毅力、事业心等。

（6）社会特征，包括指挥能力、合作、声誉、人际关系、老练程度等。

尽管付出了相当大的努力，但最后结果表明不可能有一套特质总能把领导者与非领导者区分开来。在有效的领导者应当具备哪些特质这一点上，领导特质理论信奉者的认识各不相同，但他们之间却存在一个基本的共识，即领导者是天生的，而不是后天培养的，即便某些特质可以通过学习得来，人们学习能力的差异也是与生俱来的。

领导特质理论对领导行为和现象的解释显然是不完善的。这表现在：一是对有效领导者所应具备特质的内容及相对重要性的认识很不一致甚至相互冲突。二是认为领导者是天生的，这带有片面性。现代的领导理论学者普遍认为，有效的领导行为是一种后天的习惯，是一系列实践的综合，而实践总是可以学会的。三是忽视了被领导者及其他情境因素对领导效能的影响。

二、行为理论

早期对领导效能的大量研究侧重于领导者的个人特质和个人影响力方面，后来，领导研究的重点开始从领导者可能具有哪些特质转向领导者应当如何作为。与特质理论不同，领导行为理论认为，个人可以通过有关合适的、最优的领导行为的学习和培训而更加有效地开展领导工作。

这里着重介绍几种比较有代表性的理论。

（一）艾奥瓦大学的三种领导方式

艾奥瓦大学的科特・勒温（Kurt Lewin)、罗纳德・李皮特（Ronald Lippitt）和拉尔夫・K. 怀特（Ralph K. White）在 1939 年发表的一项研究中将领导方式分为三种类型，即权威式（authoritarian)、民主式（democratic）及放任式（laissez-faire)。[4]

1. 权威式领导

这种领导方式的特征是，所有政策均由领导者决定；所有工作进行的步骤和技术，也由领导者确定；工作分配及组合多由领导者单独决定；领导者与下属较少接触，如有奖惩，往往对人不对事。

2. 民主式领导

这种领导方式的特征是，主要政策由组织成员集体讨论决定，领导者采取鼓励与协助的态度；通过讨论使其他人员对工作全貌有所认识，在所设计的完成工作的途径和范围内，下属人员对工作的步骤和所采用的技术有相当的选择机会。

3. 放任式领导

这种领导方式的特征是，组织成员或群体有完全的决策权，领导者放任自流，只负责给组织成员提供工作所需的条件和咨询，尽量不参与，也不主动干涉，只偶尔表示意见。工作几乎全依赖组织成员，各人自行负责。

曾有美国学者通过一项实验来探讨以上三种领导方式哪一个更优越。实验是将一群孩子分成三个小组来堆雪人，事先分别训练各组的组长按权威式、民主式和放任式行事。实验表明，放任式领导下的小组工作效果最差，所堆的雪人在数量和质量上都不如其他小组。权威式领导下的小组，堆的雪人数量最多，说明工作效率最高，但质量不如民主式领导下的小组。在民主式领导下的小组中，由于孩子们积极主动发表意见，显示出很高的工作热情和创造性思维，小组长又在旁引导、协助和鼓励，结果堆出的雪人质量最高，但工作效率不及第二组，因为孩子花大量时间进行讨论才达成一致意见。这次实验表明，权威式和民主式领导利弊并存，而放任式领导往往弊多利少。

（二）俄亥俄州立大学的二维构面理论

美国俄亥俄州立大学的研究者从 1945 年起对领导问题进行了广泛的研究。他们发现，领导行为可以利用“关怀”（consideration）和“定规”（initiating structure）这两个构面（dimensions）加以描述。这一理论一般称为俄亥俄学派理论或二维构面理论。[5]

所谓“关怀”，是指一位领导者对其下属尊重、信任以及互相了解的程度。从高关怀到低关怀，中间可以有无数不同程度的关怀。所谓“定规”，是指领导者对于下属的地位、角色与工作方式是否都制定有规章或工作程序。也可有高定规和低定规之分。二维构面构成一个领导行为坐标，如图 10 - 2 所示。这个坐标由四个象限或四种领导方式构成。

图 10 - 2　俄亥俄州立大学的领导行为坐标

这些学者企图发掘这些领导方式与一些绩效指标，例如缺勤、意外事故、抱怨、流动率等之间的关系。研究发现，在定规和关怀方面均高的领导者（高 - 高型领导者）常常比其他三种类型的领导者（低定规、低关怀或二者均低）更能使下属达到高绩效和高满意度。研究者也发现了足够多的例外情况。在生产部门内，工作绩效与定规程度呈正相关，而与关怀程度呈负相关。但在非生产部门内，这种关系恰恰相反。一般来说，高定规和低关怀的领导方式效果最差。

（三）密歇根大学的工作中心与员工中心理论

密歇根大学的伦西斯・利克特（Rensis Likert）等从 1947 年起进行了一系列领导理论的研究，对象包括企业、医院及政府各种组织机构。[6] 他们把领导者分为两种基本类型，即以工作为中心的领导与以员工为中心的领导。前者的特点是：任务分配结构化，依照详尽的规定行事；后者的特点是：重视人员行为，利用群体实现目标，给予组织成员较大的自由选择的范围。该研究分析了四种管理方法。

管理方法之一：“利用 - 命令式”（exploitative authoritative）方法。主管人员发布指示，决策中没有下属参与；主要用恐吓和处分，偶尔用奖赏去激励人们；惯于由上而下地传达信息，决策权局限于最高层。

管理方法之二：“温和 - 命令式”（benevolent authoritative）方法。用奖赏兼某些恐吓及处罚的方法去鼓励下属；允许自下而上传递部分信息；向下属征求一些想法与意见，允许把某些决策权授予下属，但加以严格的政策控制。

管理方法之三："商议式"（consultative）方法。主管人员在做决策时征求、接受和采纳下属的建议；通常是酌情利用下属的想法与意见；运用奖赏，偶尔兼用处罚和让员工参与管理的办法来激励下属；既使下情上达，又使上情下达；由上级主管部门制定主要的政策和一般性的决定，让较低一级的主管部门做出具体的决定，通过商量来办事。

管理方法之四："集体参与式"（participative）方法。主管人员向下属提出挑战性目标，并对他们能够达到目标表示出信心；在诸如制定目标与评价目标所取得的进展方面，让人们参与并给予物质奖励；既使上下级之间的信息畅通，又使同级人员之间的信息畅通；鼓励各个层级做出决定，自己与下属作为一个群体从事活动。

该研究认为，采用方法四的管理人员一般都是很有成就的领导者。以此种方法来管理的组织，在制定目标和实现目标方面是最有成效的，这主要归功于员工参与管理的程度，以及在实践中相互支持的程度。

（四）领导连续流

加州大学的罗伯特·坦南鲍姆（Robert Tannenbaum）和沃伦·施莱特（Warren Schmidt）于 1958 年提出的领导连续流（leadership as a continuum）如图 10－3 所示。[7] 这种连续流也称作主管者－非主管者行为连续流。图中描述了从主要以领导者为中心到主要以下属为中心的一系列领导方式，这些方式依领导者把权力授予下属的程度而不同。领导方式不是只有两种（独裁的或民主的），在这两者之间存在一系列选项。

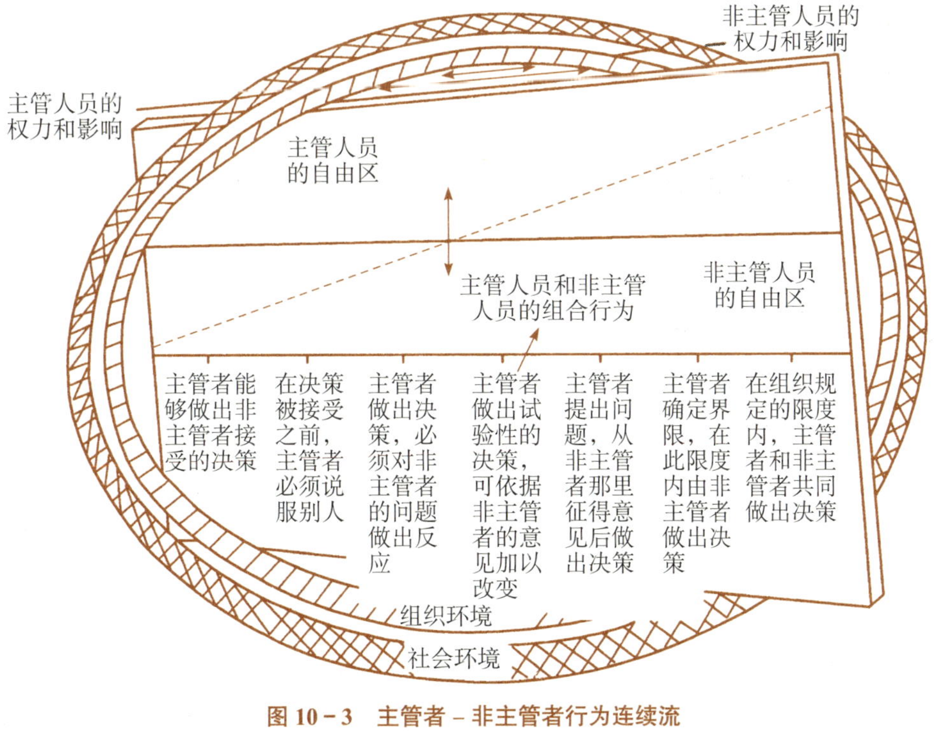

图 10－3　主管者－非主管者行为连续流

在图 10－3 中，领导方式周围的椭圆形表示组织环境与社会环境对领导方式施加的影响，强调了领导方式具有开放系统的性质。

（五）阿吉里斯的不成熟－成熟连续流

克里斯·阿吉里斯（Chris Argyris）在 1957 年发表的《个性与组织：互相协调的几个问题》一文中阐述了其“不成熟－成熟”理论。[8] 阿吉里斯指出，正式组织拒斥成熟的个性，却欢迎婴儿式的个性。事实上，婴儿式的员工甚至低能弱智者反而能在组织中得到较高评价。根据布伦南的《低能人的创造》一书的记载，1917 年战争造成劳动力紧缺，某针织厂雇用了 24 名智力仅仅相当于 6 ～ 10 岁儿童的女工。公司管理人员对这些女工的评价很高：“她们更守时，行为更规矩，并且不参与传播流言飞语。她们可以挣得与正常人相同的报酬，可以胜任车间里几乎每一道工序的工作。”这样的事例在现代机构里并不鲜见。在正式组织中以非常不成熟的方式从事工作的人反而能得到高薪甚至晋升，个性不断发展的员工则往往感觉受到束缚、苦闷。

阿吉里斯认为，要跳出上述恶性循环，应通过新的组织设计来实现个性与组织的协调。领导者的任务之一就是努力减少这种不协调。要减少这种不协调，就必须减少员工的依赖性和从属性。通过扩大工作内容并实施以员工为中心的领导，情况会得到很大的改善。

阿吉里斯主张有效的领导者应该帮助人们从不成熟或依赖状态转变到成熟状态。如果一个组织不为人们提供使他们成熟起来的机会，或不提供把他们作为成熟的个人来对待的机会，人们就会变得忧虑、沮丧，并且会以违背组织目标的方式行事。成熟或不成熟的特征如表 10－2 所示。

表 10－2　阿吉里斯的不成熟－成熟连续流

不成熟的特点	成熟的特点
被动性	能动性
依赖性	独立性
办起事来方法少	办起事来方法多
兴趣淡漠	兴趣浓厚
目光短浅	目光长远
从属的职位	显要的职位
缺乏自知之明	有自知之明，能自我控制

（六）布莱克和穆顿的管理方格图

美国管理学家罗伯特·R. 布莱克（Robert R. Blake）和简·穆顿（Jane Mouton）于 1964 年设计了一个巧妙的管理方格图，横坐标与纵坐标分别表示对工作和对人的关心程度（见图 10－4）。[9] 每个方格表示“关心工作”和“关心人”这两个基本因素以不同程度相结合的一个领导方式。

在管理方格图中，横纵坐标各有 9 个刻度，因此可以有 81 种组合，形成 81 个方格。其中有五种典型的领导方式：

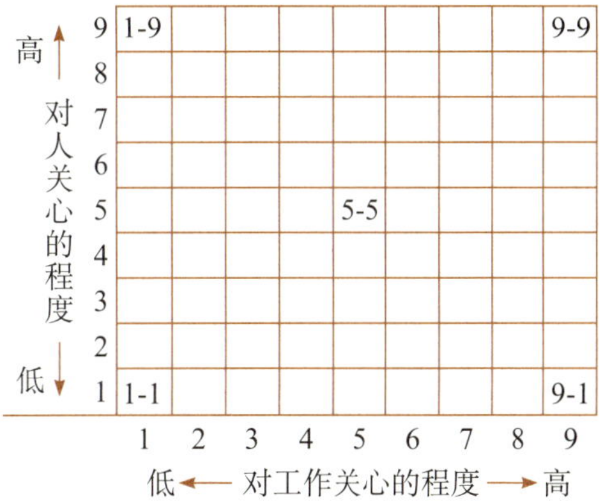

图 10－4　管理方格图

1-1 型方式：表示对工作和人都极不关心，采取这种方式的领导者只做一些维持自己职务的最低限度的工作，也就是只要不出差错，多一事不如少一事，因而被称为“贫乏型的管理”。

9-1 型方式：表示对工作极为关心，但忽略对人的关心，不关心人们的需求是否得到满足，并尽可能使人的因素不致干扰工作的进行。采用这种方式的领导者拥有很大的权力，强调有效地控制下属，努力完成各项工作，因而被称为“独裁的、任务型的管理”。

1-9 型方式：表示对人极为关心，也就是关心人们的需求是否获得满足，重视搞好关系并强调同事、下级和自己的感情，但忽略工作的效果，因而被称为“乡村俱乐部型的管理”。

5-5 型方式：表示既关心工作也关心人，兼而顾之，程度适中，强调适可而止。采用这种方式的领导者既对工作的质量和数量有一定要求，又强调通过引导和激励使下属完成任务，因而被称为“中庸型的管理”。

9-9 型方式：表示对工作和对人都极为关心。采用这种方式的领导者能使组织的目标与个人的需求最有效地结合起来，既高度重视组织的各项工作，又能通过沟通和激励使群体合作，下级人员共同参与管理，让工作成为组织成员自觉自愿的行动，从而获得较高的工作效率，因而被称为“战斗集体型的管理”。管理方格论认为，9-9 型团队式领导是一种最理想的领导风格，应该以此作为领导者改进现有领导方式的努力方向。

在前述这些领导风格中，究竟哪一种是最好的呢？不同的研究者有不同的主张。从历史上来看，早期的领导者倾向于采用任务中心式领导风格，后来批判者提出了与之对立的人员中心式领导风格，管理方格论又提出了任务和人员结合式领导风格，孰是孰非一时难以定论。从表面上看，任务和人员结合式似乎是最可取的，但要在复杂的现实中真正实现关心任务和关心人员的高度结合又谈何容易。此外，领导者在态度方面的关注并不意味着在行动上也一定表现出这样的倾向。

三、领导的权变理论

在此后的研究中，人们发现，领导行为的有效性实际上并不取决于领导者所采用的某种特定的领导方式，而是与该领导方式所应用的情境密切相关。与特定情境相适合的领导方式可以是有效的，而与特定情境不适合的领导方式则往往是无效的。在某种情境下相当有效的领导方式，在另一种情境下可能会失效。因此，不存在一种普遍的最好的领导方式，有效的领导方式是因情境而权变的，由此出现了领导的权变理论。这方面比较著名的理论有路径－目标理论（path-goal theory）和菲德勒的权变领导理论（the contingency theory of leadership）。

（一）路径－目标理论

由罗伯特·豪斯（Robert House）于20世纪70年代早期提出的路径－目标理论是目前最受人们关注的领导观点之一[10]，这一理论源自弗鲁姆的期望理论。该理论认为，领导者的工作是帮助下属达到他们的目标，并提供必要的指导和支持以确保个人的目标与群体或组织的总体目标相一致。这一理论主张，有效的领导者要通过指明实现工作目标的途径来帮助下属，并为下属清理各种障碍和危险，从而使下属实现目标的过程更为容易。

路径－目标理论立足于下属，而不是立足于领导者。这一理论有两个基本原理：第一，领导方式必须是下属乐于接受的方式，只有给下属带来利益和满足的方式才能使他们乐于接受；第二，领导方式必须具有激励性，激励的基本思路是以绩效为依据，同时以对下属的帮助和支持来促成绩效。

在此基础上，豪斯确定了四种领导行为：

1. 指导型领导（directive leadership）

领导者对下属需要完成的任务进行说明，包括对他们有什么希望，如何完成任务，完成任务的时间限制，等等。指导型领导者能为下属制定出明确的工作标准，并将规章制度给下属讲得清清楚楚。

2. 支持型领导（supportive leadership）

领导者对下属十分友好，关注下属的福利和需要，平等对待下属，对下属表现出充分的关心和理解，在下属有需要时能够真诚帮助。

3. 参与型领导（participative leadership）

领导者邀请下属参与决策，同下属一道探讨工作，征求下属的想法和意见并将其融入到团体或组织的决策中去。

4. 成就导向型领导（achievement-oriented leadership）

领导者鼓励下属使工作达到尽量高的水平。这种领导者为下属制定很高的工作标准，并寻求工作的不断改进。除了对下属期望很高外，成就导向型领导者还非常信任下属有能力制定并完成具有挑战性的目标。

豪斯强调，领导者的责任就是根据不同的环境因素来选择不同的领导方式。如果强行以某一种领导方式在所有环境条件下实施领导行为，必然会导致领导活动的失败。在现实中究竟采用哪种领导方式，要根据下属的特性和环境变量而定。

如果下属是教条的或崇尚权力，任务不明确，组织的规章和程序不清晰，那么，指导型领导方式最适合。

对于结构层次清晰、令人不满意或者是令人感到灰心的工作，领导者应采用支持型领导方式。当下属从事机械重复性的和没有挑战性的工作时，支持型方式能够为下属提供工作本身所缺少的"营养"。

对于独立性和控制欲较强的员工来说，参与型领导方式具有积极的影响，因为下属喜欢参与决策和工作建构。

当任务结构不明确时，成就导向型领导方式较为可取。在这种情境中，激发挑战性和设置高标准的领导者能够增强下属达到目标的自信心。

路径－目标理论如图 10－5 所示。

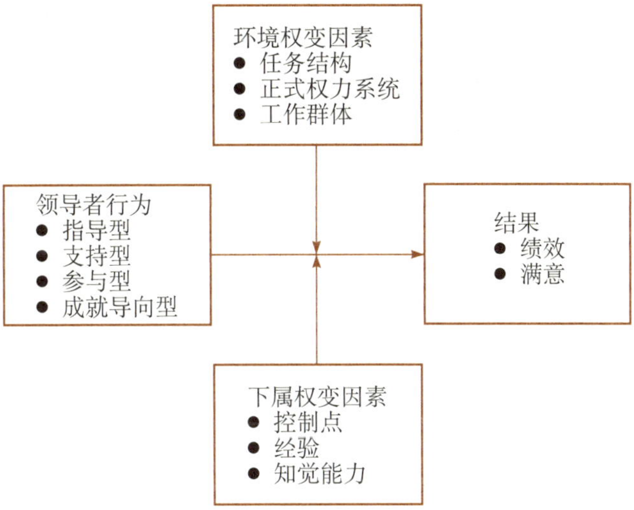

图 10－5 路径－目标理论

（二）菲德勒的权变领导理论

弗雷德·E. 菲德勒（Fred E. Fiedler）于 20 世纪 60 年代中后期提出的权变理论认为，领导者施加影响的能力取决于群体的工作环境、领导者的风格和个性，以及领导方法对群体的适合程度。[11] 菲德勒提出，对领导者的工作影响最大的三个基本因素是职位权力、任务结构和上下级关系。

1. 职位权力

这指的是与领导人职位相关联的正式职权以及领导者从上级和组织各方面获得支持的程度。当领导者拥有明确的职位权力时，更容易使群体成员遵从他的指导。

2. 任务结构

这指的是任务明确程度和人们对这些任务的负责程度。当下属人员明确所担任的任务的性质时，领导者较易控制工作质量。群体成员有可能对自己的任务的性质模糊不清，或其任务多有变化，这时领导者需要更好地担负起他们的职责。

3. 上下级关系

菲德勒认为在这个方面，从领导者的角度看是最重要的。因为职位权力与任务结构大多可以置于组织控制之下，而上下级关系会影响下级对领导者的信任和爱戴，从而决定其是否乐于追随上级一起工作。

根据这三个因素，领导者所处的环境从最有利到最不利共分为八种类型（见表 10－3）。三个条件均齐备的是最有利的环境，三者都缺乏的是最不利的环境。领导方式应与环境类型相适应才能获得好的效果。菲德勒对 1 200 个团体进行了调查分析，证明在最不利和最有利两种情况下，采取以任务为中心的指令型领导方式效果较好；而在处于中间状态的环境下，采用以人为中心的宽容型领导方式效果较好。

表 10－3　菲德勒对领导方式与绩效的调查表

环境类型／因素	有利			中间状态				不利
	1	2	3	4	5	6	7	8
上下级关系	好	好	好	好	差	差	差	差
任务结构	明确	明确	不明确	不明确	明确	明确	不明确	不明确
职位权力	强	弱	强	弱	强	弱	强	弱
领导方式	指令型			宽容型		—	—	指令型

四、新型领导理论

（一）“改革型”或“超凡魅力型”领导

20 世纪 80 年代以来，一些管理学者提出了“改革型”（transformational）或“超凡魅力型”（charismatic）领导者的概念。

美国管理学家伯纳德·M. 巴斯（Bernard M. Bass）把领导者分为两类，即事务型（transactional）和改革型。[12] 前者给下属提出需要做什么、有哪些要求，帮助下属树立信心并实现目标；后者则通过提高人们对完成任务的价值与重要意义的认识，通过强调追求更高层次的需求等来激励下属完成比预期更多的工作。

理查德·博伊德（Richard Boyd）在巴斯的基础上，提出“改革型”领导者必须具备五种新的领导技能：

（1）预见技能：对不断变化的内外部环境深谋远虑。

（2）想象技能：运用说服和榜样诱导下属按领导者或整个组织的意图行事。

（3）价值观综合技能：把员工在经济、安全、心理、精神、美学和物质等方面的需求统合起来，以使人们有共同的动机、价值观和目标。

（4）授权技能：乐意并且有效地与下属分享权力。

（5）自知或反省技能：既明白自己的需求与目标，也了解下属的需求与目标。

博伊德的一个重要观点是，上述这些新的领导技能并不是生来就具备的，而要在实践中锻炼、培养、学习和提高。

罗伯特·豪斯探讨了具有超凡魅力的领导者。[13] 豪斯认为，具有超凡魅力的领导者拥有非常大的权力、强烈的自信心、强大的支配力，以及对信念和道德的坚持，以使下属认为跟随他是正确的。具有超凡魅力的领导者能提出一个有想象力的、更远大的目标，从而赢得追随者的支持。这样的领导者还应该细心地创造一个既成功又能胜任的形象，并以自己为榜样来强调他所坚持的价值观，以使追随者确信能实现领导者的期望。具有超凡魅力的领导者有以下特点：

- 有一个愿景；
- 能够清晰而生动地描述这个愿景；
- 愿意为了实现这个愿景勇往直前且不惧失败；
- 对环境的限制及下属的需要十分敏感；
- 其行为常常超乎常规。

大量研究表明，具有超凡魅力的领导者与下属的高绩效和高满意度之间有着十分显著的关系。许多学者认为，超凡魅力不是天生的而是后天形成的，可以通过培训使人们获得。比如，研究者曾经成功地训练一些本科生“成为”具有超凡魅力者。他们训练学生学会清晰生动地阐述一个宏伟的目标并向下属传递取得高绩效的期望，表示对下属有能力达到目标充满信心，重视下属的需要。

研究者还进一步训练学生学会富有魅力的非言语行为，如在沟通时身体前倾，保持目光接触，展现放松的身体姿态、生动的面部表情等。通过一段时间的训练和练习，学生们能够表现出坚定、自信和活跃的形象，并学会了使用富有魅力的语调进行交流。

（二）第五级经理人

吉姆·柯林斯（Jim Collins）在其 20 世纪 90 年代的畅销书《从优秀到卓越》中提出了第五级经理人在转型企业中的重要性。[14] 第五级经理人指的是管理者能力层次结构中的最高等级，如表 10－4 所示。

人们通常认为伟大的领导者都有强烈的自我意识和远大的抱负，富有传奇色彩。但是，第五级经理人几乎没有特别自负的言行。他们常常很内敛，不露锋芒。他们为错误、业绩差或失败承担责任，而把荣誉授予那些取得成功的人。尽管第五级经理人个性谦逊，但他们有坚定的意志，能够为公司带来持续的卓越业绩。他们对公司充满了抱负。他们在公司里培养可靠的领导团队，以便有朝一日他们离开公司时，公司可以继续蓬勃发展，甚至更加强大。第五级经理人追求的不是“一个天才，上千个帮手”的公司，而是一个拥有众多强有力领导者的公司。他们希望每一名员工都能够把自己的潜力发挥到极致。

表 10－4 五级领导者体系

第五级 第五级经理人	将个人的谦逊品质和职业化的坚定意志结合起来，建立持续的卓越组织
第四级 坚强有力的领导者	全身心投入，执着追求清晰可见、催人奋发的愿景；向更高的绩效标准努力
第三级 富有实力的领导者	制定计划，组织人力资源有效果、有效率地向既定目标前进
第二级 乐于奉献的团队成员	为实现集体目标贡献个人才智；与团队成员通力合作
第一级 能力突出的个人	多产贡献者；个人用自己的智慧、知识和良好的工作作风做出巨大贡献

（三）以价值观为基础的领导

20 世纪 90 年代中期，豪斯和他的同事根据多年的实证研究，在路径－目标理论的基础上，综合了领导特质理论、领导行为理论和权变理论的特点，以组织的愿景来替换并充实原来的“路径－目标”，围绕价值观这个核心概念，阐述了什么样的行为能有效地帮助领导者形成组织的共同价值观，以及这些行为的实施条件，提出了以价值观为基础的领导理论。

以价值观为基础的领导理论认为，被领导者对领导者所信奉的并已融入企业文化的价值观的共享和认同程度越高，领导行为就越有效。也就是说，持有明确价值观的领导者通过明确表达愿景，向组织和工作注入自己的价值观，使之与被领导者所持有的价值观和情感发生共鸣，唤起被领导者对集体目标和愿景的认同，进而提高被领导者的自我价值和领导行为的有效性。

以价值观为基础的领导理论还认为，有一系列行为对于形成组织的共同价值观非常有效。组织成员在对领导者所信奉的价值观产生强烈认同，并内化为自身的价值观后，会产生强烈的激励效果，这些行为被称为以价值观为基础的领导行为。它们包括：

- 清楚地表达组织愿景。
- 向员工展示领导者自身的良好素质、对愿景的不懈追求和牺牲精神。
- 传达对员工的较高期望，表达对他人的高度信任。
- 树立追求组织愿景的个人榜样。
- 用智慧的手段将富有创造性的人团结在自己周围。

以价值观为基础的领导理论强调价值观的感召作用，这种感召能够不断吸引有能力的人加入组织。在一个有着强烈的共同价值观的组织中，即使有困难出现，人们也会为了共同的价值观而同甘共苦，一起渡过难关。大量的实证研究表明，领导者采用以价值观为基础的领导行为，会对下属产生巨大的影响和积极的效果。当下属认同领导者所信奉和倡导的价值观后，这种认同会逐渐内化为下属自身价值观的一部分，成为其为人处世的原则。

以价值观为基础的领导行为，能使组织成员自觉地朝着共同价值观指引的方向努力，而且成员之间为了实现共同价值观会加强沟通，这样就容易形成一种氛围。与共同价值取向相一致的行为会得到大家的赞许和认同，能为组织做贡献被视为个人自我价值提升的一种表现。这种组织将是克服组织与个人的对立状态、达到和谐共生的组织。

（四）替代领导理论

替代领导理论（substitutes for leadership theory）是由斯蒂芬·科尔（Steven Kerr）和约翰·杰米尔（John M. Jermier）在 1978 年提出的一种领导理论。[15] 该理论主张不同的情境因素会对领导行为起到强化、中和或替代的作用。这一理论的观点十分有趣，它认为在许多组织中，如果下属（团队成员）的个性、工作任务的性质以及组织提供的指导和刺激能够协调一致的话，则正式的领导往往是无用的甚至会起反作用。一般认为，这种领导方式在低领导有效性情境中可能是有效的。在这种情境下，领导者不会由于各种政治因素或其他原因而被撤换（如领导者是老板的子女），或者是团队成员的训练水平和能力特别高（一个外科医生团队），或者是形势处于急剧变化之中（与油井火灾奋战），等等。在这些情境下，自我管理、专业教育甚至计算机技术都可以起到替代领导的作用。这一理论对组织的启示在于，不同的情境要求不同程度的领导（不能过多也不能过少），这样才能实现高质量的成果。

（五）情商领导理论

这是一种比较新的领导理论。哈佛大学心理学博士丹尼尔·戈尔曼（Daniel Goleman）1995 年在其《情商》一书中提出了情商型领导者（emotional intelligence leader）的五个要素：自我认知、自我规范、激励、移情和社交技能。[16] 在这五个要素中，因素 1 ～ 3 代表的是自我管理，因素 4 ～ 5 则是关于人际技能。戈尔曼认为，以往的领导理论和实践过多强调了领导的理性方面，而忽略了对情商的重视。但是，对于最高领导者而言，这些情商因素与“传统的”智商（IQ）和技术技能同样重要。没有可靠的自我管理，即前三个要素，组织中的下属就很难接受领导者的愿景。没有移情和社交技能这后两个因素，领导者就很难与顾客、供应商以及组织外的其他人有效合作以建立起友好关系。

戈尔曼形象地提出，群体中的人们能够体会到相互的情感，人们共同调制出一种

"情感汤"（emotional soup），每个成员都加入自己的汤料，但只有领导者加入的汤料对于汤的味道起着决定性作用。人们通常以领导者对某事的反应作为参照来调整自身的反应。这意味着领导者在某种程度上设定了情感标准。因此，最高领导者的情绪或态度会感染和影响整个公司的情感氛围。

戈尔曼认为，在领导者所拥有的各种能力中，80% ～ 90% 与情商有关，也许 10% ～ 20% 与战略、愿景有关，但和技术技能基本上没有关系。因此，"仅仅因为某人在技术方面出类拔萃就将其提拔至领导岗位"这一逻辑是站不住脚的。

第 3 节　沟通

沟通（communication）在管理中发挥着极为重要的作用。通过沟通，组织的目标和实现目标的途径才能为人们所理解，不同部门、岗位的职责分担才能够明确，计划实施过程中发生的偏差才能够反映给相关的人员。管理者要对人们施加影响，更离不开有效的沟通。

一、沟通的概念

沟通就是信息的交流，是信息由发出者到达接收者并为接收者所理解的过程。沟通在管理人员的工作中占有非常重要的地位，对于领导工作具有特别重要的意义。不能进行有效沟通的人绝不可能成为有效的领导者和管理者。

沟通：信息由发出者到达接收者并为接收者所理解的过程。

沟通既是交流情报信息的过程，也是传达思想感情的过程。缺乏必要的沟通，组织内各部门、每个人的工作就会发生紊乱，整个组织的运转就会发生故障。沟通还存在有效性的问题。只有达成正确的理解，才能说沟通是有效的。如果不能达成正确的理解，则意味着信息沟通出现了障碍。

二、沟通的过程

一个完整的沟通过程包括七个环节：

（1）沟通主体，即信息的发出者或来源。

（2）编码，指沟通的主体采取某种形式来传递信息的内容。

（3）媒体，或称沟通渠道。

（4）沟通的客体，即信息的接收者。

（5）解码，指客体对接收到的信息所作出的解释、理解。

（6）作出反应，也即体现出沟通效果。

（7）反馈。

沟通的过程如图 10－6 所示。要注意的是，整个过程还受到噪声的影响。所谓噪声，就是指对信息的传送、接收或反馈造成干扰的那些因素。

沟通的过程可以划分为如下几个步骤。

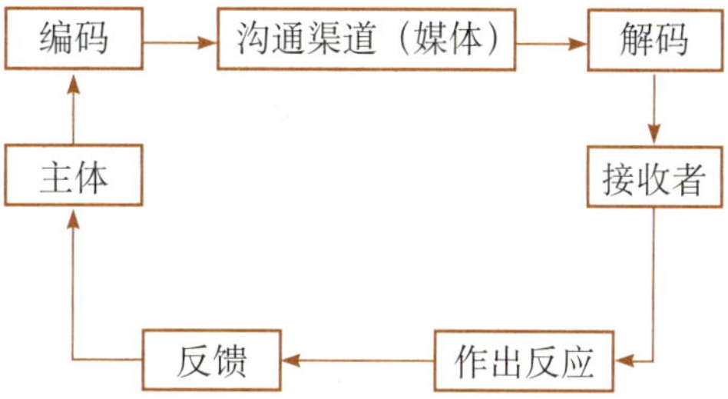

图 10－6 沟通的过程

1. 信息的发出

沟通过程是从信息的发出开始的。发送者具有某种意思或想法，但需采用一定的形式才能予以传送，这称为编码。编码最常用的是口头语言和书面语言，除此之外还有借助于面部表情、声调、手势等表现出来的肢体语言和动作语言等。根据这些编码的符号的不同，信息沟通分为口头沟通、书面沟通及非语言沟通三种。非语言沟通可以补充和支持语言沟通，但有时，非语言沟通也可能会弱化或抵消语言沟通。言行不一势必会削弱语言沟通的效果。另外，在使用口头或书面语言来编码时，由于发送者语言表达能力受限、语意模糊不清或者有意过滤信息（如报喜不报忧）等原因，往往会造成信息沟通的障碍。

2. 信息的传递

这是指通过一条连接信息发送者与接收者双方的渠道、通道或路径将信息发送出去。传送信息可以通过一席谈话、一次演讲、一封信函、一条短信、一份报纸、一档电视节目等来实现。不同的沟通渠道适用于传递不同的信息。例如，使用书面方式来传递火灾警报显然不合适。沟通过程有时需要兼用两个甚至更多的沟通渠道。例如，对员工绩效的评价，管理者在做了口头评估之后可以再提供一份书面材料。再如，面对面交谈实际上同时使用口头表达与肢体语言表达两种方式。在通信技术迅速发展的今天，一个沟通渠道常可同时传送多种形式的信息，如电视电话会议和其他多媒体技术可把语言、文字、图像、数字等融合在一起传送，大大便利了复杂信息的传递。但也应当看到，信息传递中经常会出现障碍。沟通渠道选择不当，沟通渠道超载，以及沟通手段本身出现问题，都可能导致信息传递中断、失真或信息无法传送至接收者。有效的沟通离不开可靠的信息传递渠道。

3. 信息的接收

经由沟通渠道和路径传来的信息，需要经过接收者收受才能达成共同的理解。信息的收受实际上包括接收、解码和理解三个步骤。首先，接收者必须处于接收准备状态才可能收受传来的信息。听而不闻会造成沟通的失败。收受的第二步骤为解码，即将收到的信息符号理解、恢复为思想，然后用自己的思维方式去理解这一思想。只有当信息接收者对信息的理解与信息发送者传递出的信息的含义相同或近似时，才可能产生正确的信息沟通。缺乏共同语言、先入为主和心理恐惧等，都可能导致接收者对信息的错误理解。

4. 信息的反馈

为了检查、核实沟通是否达到预期的效果，信息沟通过程往往还需要有反馈的环节。如在口头沟通中，“听懂了吗？”所得到的答复就代表着反馈。只有通过反馈，信息发送者才能最终判断信息的传递是否有效。

三、沟通的渠道

沟通可以通过多种多样的渠道来进行，如面对面交谈、电话、微信、微博、电子邮件、备忘录、信函以及正式报告等。各种渠道传达信息的丰富度是一个层级结构，如图10－7所示。

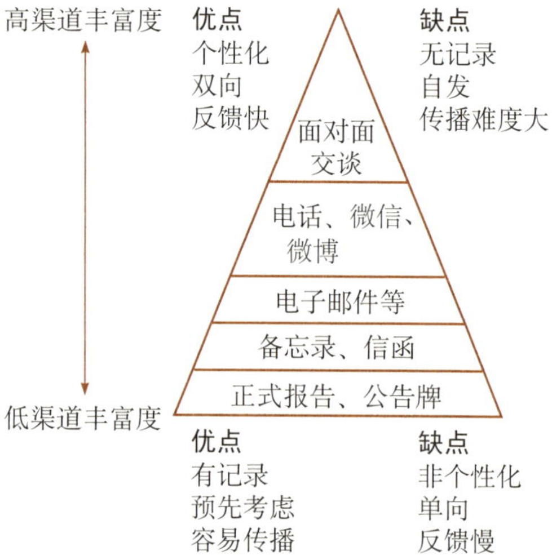

图10－7　各种沟通渠道的丰富度层级

在图10－7中，丰富度处于最高层级的沟通是面对面交谈，它有助于对多种信号的传达和对沟通情境深层次、情绪化的理解。其次是电话沟通，尽管没有眼神、面部表情、姿势和其他肢体语言的暗示，人的声音依然可以传递大量富有情感的信息。微信是近两年呈现爆发式增长的一种沟通方式，除了文字之外，还可以方便地使用语音、图像等。电子邮件也是一种重要的沟通方式。下一个层级是信函和备忘录，其渠道丰富度较低，传达的只是纸面上的文字，而且反馈的速度缓慢。非个性化的书面载体的渠道丰富度最低，包括正式报告、公告牌等，它们使用有限的信息，信息接收者无法提供反馈。

四、常见的沟通障碍

在现实的管理情境中，存在各种沟通的障碍，这些障碍会影响沟通的效果，阻碍沟通的成功。常见的沟通障碍有语义、过滤、选择性知觉、情绪、文化等。

1. 语义

同一个词汇对于不同的人来说会有不同的理解。年龄、受教育程度和文化背景等因素极大地影响着人们的语言风格，以及人们对词汇的理解和界定。即使是同一个组织中的不同部门，甚至也会有其独特的“行话”。技术人员惯用的某个术语，在销售人员听来或许就是完全不相干的其他含义。

2. 过滤

过滤指的是人们对信息的故意操纵。比如我们经常见到的，下级对上级经常“报喜不报忧”。组织的层次越多，信息被过滤的可能性就越大。另外，组织的奖励制度对信息过滤行为会产生很大的影响。奖励越注重形式，人们就越会有意识地按照上级的偏好来调整和改变信息。

3. 选择性知觉

过滤是指信息的发出者会过滤掉信息，而选择性知觉是指信息的接收者会挑东西来听或看。沟通过程中，接收者会根据自己的需要、动机、经验、背景及其他个人特质，选择性地看或听所传达给他的信息。人们常说，“你听到的并不是对方说的话，而是你想听的话”，这就是选择性知觉。

4. 情绪

情绪对信息的发出和接收均具有很大的影响。极端的情绪使人们无法进行客观而理性的思考，从而会口不择言、语无伦次，不知道自己所言何物。就信息的接收者而言，情绪也会影响他对信息的解释。一个人在高兴或痛苦的时候，会对同一信息做出截然不同的理解。因此，最好避免在很沮丧的时候对某一信息做出反应。

5. 文化

文化差异会影响管理者的沟通方式，如西方的管理者更偏重于正式的沟通，而在东方文化中，非正式的、私下的沟通可能会占较高的比重。这些差异要是不能得到很好的认识和认真的考虑，极有可能成为有效沟通的障碍。

五、沟通的类型

在组织内，沟通的方式和类型多种多样。按照沟通的渠道或途径不同可分为正式沟通与非正式沟通。

正式沟通一般指在组织系统内，依据组织明文规定的原则进行的信息传递与交流。例如组织与组织之间的公函往来、组织内部的文件传达、召开会议、上下级之间的定期情报交换等。

非正式沟通和正式沟通不同，它的沟通对象、时间及内容等都是未经计划和难以辨别的。非正式的沟通较正式途径具有较大的弹性，其流向可以是横向或斜向的，一般比较迅速。由于传递信息一般采取口头方式，不留证据、不负责任，许多不愿通过正式沟通传递的信息可能在非正式沟通中透露。有时，来自非正式沟通的信息反而会受到接收者的重视。

但是，过分依赖非正式沟通有很大的危险，因为这类信息被歪曲或发生错误的可能性很大。许多与员工个人关系较密切的问题，如晋升、待遇、改组之类，常常会以“传言”（rumors）的形式出现。这种不实消息的散布往往给组织造成较大的困扰。管理者应密切注意错误或不实信息发生的原因，设法说明事实。

六、有效沟通的原则

如何才能克服沟通障碍，进行有效的沟通？有一个提高管理者沟通技能的“十六字原则”，这便是“运用反馈，简化语言，抑制情绪，积极倾听”。如果善加运用这几个方面，将有助于改善沟通效果。

1. 运用反馈

有许多沟通问题是由于理解不准确或者误解造成的。通过反馈可以有效解决这些问题。反馈可以促进理解并提高准确性。

2. 简化语言

有效的沟通不仅意味着要让人们听到，还要让人们听懂。所以要注意说话的措辞和逻辑，力求使欲发送的信息清楚、明确，要努力用最简单、对方能够听得懂的话来表达。

3. 抑制情绪

显然，人在过分激动、焦虑或哀伤的时候，既不利于说，也不利于听。情绪会使信息的传递严重受阻或失真。

4. 积极倾听

沟通是信息的交流，是意义的传达。管理者在沟通时不仅要会说，还要会听。单纯地听还不够，还要能够倾听。单纯地听是被动的，而倾听是对含义的一种积极主动的搜寻，它要求听者全神贯注。

注释

[1] 理查德·尼克松. 领导者. 北京：世界知识出版社，1997.

[2] Kelley，R. E. The power of followership：How to create leaders people want to follow，and followers who lead themselves. Broadway Business，1992.

[3] 亨利·明茨伯格，等. 领导. 北京：中国人民大学出版社，2000.

[4] Lewin，K.，Lippitt，R.，White，R. K. Patterns of aggressive behavior in experimentally created "social climates". The Journal of Social Psychology，1939（10）：271-299.

[5] Stogdill，R. M. Handbook of leadership：A survey of theory and research. New York，NY，US：Free Press，1974.

[6] Likert，R. New patterns of management. New York，NY，US：McGraw-Hill，1961.

[7] Robert Tannenbaum，Warren H. Schmidt. How to Choose a Leadership Pattern. Harvard Business Review，1958，May-June.

[8] Argyris，C. Personality and organization：The conflict between system and the individual. Oxford，England：Harpers，1957.

[9] Blake，R. R.，Mouton，J. S.，Bidwell，A. C. Managerial grid. Advanced Management-Office Executive，1962（9）：12-15.

[10] Robert J. House. A Path Goal Theory of Leader Effectiveness. Administrative Science Quarterly，1971，16（3）：321-339.

[11] Fred E. Fiedler. A Contingency Model of Leadership Effectiveness. Advances in Experimental Social Psychology，1964（1）：149-190.

[12] Bass，B. M. Bass & Stogdill's handbook of leadership：Theory，research，and managerial applications，3rd ed. New York，NY，US：Free Press，1990.

[13] Shamir，B.，House，R. J.，Arthur，M. B. The motivational effects of charismatic leadership：A self-concept based theory. Organization Science，1993（4）：577-594.

[14] 吉姆·柯林斯. 从优秀到卓越. 北京：中信出版社，2006.

[15] Kerr，S.，Jermier，J. M. Substitutes for leadership：Their meaning and measurement. Organizational Behavior & Human Performance，1978，22（3）：375-403.

[16] 丹尼尔·戈尔曼. 情商：为什么情商比智商更重要. 北京：中信出版社，2017.

复习思考题

1. 领导的含义是什么？
2. 谁是领导者？
3. 领导在组织中有何作用？
4. 领导者与管理者有何区别？
5. 领导者拥有的能够影响他人的权力有哪几种类型？
6. 领导者施加影响的策略有哪些？
7. 追随者有哪些类型？
8. 什么是领导的特质理论？它有哪些局限性？
9. 艾奥瓦大学的勒温、李皮特和怀特将领导方式分为哪三种类型？
10. 俄亥俄州立大学的二维构面理论是什么？
11. 密歇根大学的“工作中心”与“员工中心”理论是什么？
12. 什么是领导连续流？
13. 阿吉里斯的不成熟－成熟连续流是何含义？
14. 布莱克和穆顿的管理方格图是什么？
15. 什么是路径－目标理论？
16. 菲德勒的权变领导理论主要有哪些内容？
17. “改革型”领导有何特征？
18. 理查德·博伊德提出的“改革型”领导者必须具备的五种新技能是什么？
19. 具有超凡魅力的领导者有何特点？
20. 吉姆·柯林斯提出的第五级经理人有何特点？
21. 以价值观为基础的领导理论的主要论点是什么？
22. 以价值观为基础的领导行为包括哪些内容？
23. 什么是沟通？
24. 沟通过程包括哪些环节？
25. 沟通的过程可以划分为哪几个步骤？
26. 何谓沟通渠道的丰富度层级？
27. 常见的沟通障碍有哪些？
28. 有效沟通的“十六字原则”是什么？

案例 10.1 “马云老师”与“中国市长”

一、“马云老师”

2018 年教师节这天，国内外的主要媒体都播出了一则令人瞩目的新闻：马云宣布将于一年后的 9 月 10 日，也就是阿里巴巴成立 20 周年时，卸任阿里巴巴集团董事局主席的职务，以便回归他所热爱的教育事业。多年来，马云曾在不少大型场合公开表示，在自己的诸多头衔当中，最钟情的还是“马老师”。

马云 1964 年 9 月 10 日出生于浙江省杭州市。12 岁时，马云买了一台袖珍收音机，从此每天收听英文广播，对英语开始感兴趣。他经常跑到西湖边为外国人做义务导游以此练习英语口语。一口流利的“童子功”英语为他以后的事业插上了翅膀。1984 年，马云在连续二次高考落榜之后，终于考上了杭州师范学院外语系。进入大学后，马云当选为校学生会主席，后来还担任了两届杭州市学联主席。1988 年，马云从杭州师范学院毕业后被分配到杭州电子工业学院（现杭州电子科技大学）任教，曾经被选为杭州市优秀青年教师。

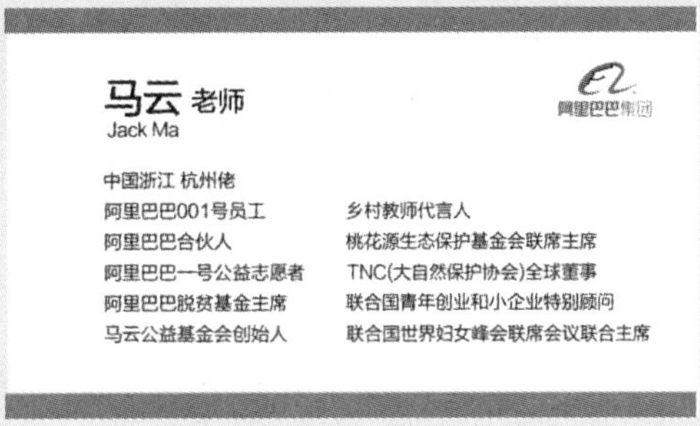

马云的创业历程始于 1995 年，他先后做过翻译社、中国黄页等项目。1999 年 3 月，马云的“十八罗汉”团队在杭州创立了主要做电子商务的阿里巴巴网站。同年 4 月，毕业于耶鲁大学法学院的蔡崇信博士为马云的魅力所感召，毅然辞掉高薪职务加入阿里巴巴。在蔡崇信的帮助下，阿里巴巴于 1999 年 10 月获得了日本软银集团 2 000 万美元的投资。软银的老板孙正义回忆说，当时马云他们压根没什么收入，也没什么靠谱的商业模式，但他看到了马云的信心和“眼睛里闪烁的光芒”，看到了马云在团队中的超凡魅力，所以与马云交谈五六分钟之后就做了投资的决定。事实上，这也是软银集团迄今为止回报率最高的投资。

正如马云在 2014 年阿里巴巴于纽交所上市时所言，“过去十多年，我们一直以中国因为我们发生了什么变化来衡量我们的成就，未来，我们将会以世界因为阿里巴巴发生了什么变化来衡量我们是不是真正地成功”。从一个梦想出发，经过 19 年的奋斗，马云所带领的阿里巴巴集团一路高歌猛进，最终美梦成真，发展成一家改变全球电子商务格局的世界级公司。

多年来，马云一直保持一颗身为教师的心，致力于培养年轻人。他经常讲自己这个 CEO 是“首席教育官”(Chief Education Officer)。在阿里巴巴成立之初，马云就清醒地认识到，公司的长远发展不能仅仅依靠几名创始人；真正能让一个公司不断成长的是治理制度、文化体系和源源不断的人才梯队。单纯依靠人或制度都无法解决问题；只有制度和人、文化完美结合在一起，才能让公司健康持久地发展。阿里巴巴所创建的合伙人机制创造性地解决了规模公司的创新力问题、领导人传承问题、未来担当力问题和文化传承问题，也是阿里巴巴能够在如今庞大的规模下继续保持良性发展的核心所在。

作为“阿里巴巴一号公益志愿者”“阿里巴巴脱贫基金主席”“马云公益基金会创始人”，马云始终热心公益事业。同时，阿里巴巴也一直用“公益的心态、商业的手法”，鼓励平台商家、消费者和其他生态伙伴参与公益活动。马云表示，做公益不是为了做给别人看，而是你相信，参与公益，自己才是最大的、真正的受益者。

如今，即将卸下商业重担的马云表示，自己深思熟虑后作出这个决定“不是为了去享受人生，而是为了做更多的事”。

二、“中国市长”

由周浩拍摄的金马奖获奖纪录片《大同》(又名《中国市长》) 使得片中的主人公耿彦波受到广泛的关注。耿彦波因在山西大同和太原担任市长期间大拆大建而获得“耿拆拆”的外号。虽然对耿彦波的评价毁誉皆有，但大同、太原两个城市在其就职期间所发生的翻天覆地的改变却是不争的事实。

早在1995年任职灵石县县长期间，耿彦波就推动开发了王家大院旅游项目。2000年调任榆次后，耿彦波又主持开发了常家庄园、榆次老城等景点。大力挖掘当地历史文化资源，狠抓城市基础设施建设，成为耿彦波主政一方的招牌思路。耿彦波曾于2008年取得长江商学院的工商管理硕士学位。

2007年出任大同市市长后，耿彦波针对大同市依赖煤炭产业、环境污染问题突出的特点，提出了“名城复兴工程”，力图让历史名城大同一改落后面貌、重现旧时风采，同时让这座城市摆脱煤炭产业所带来的诸多问题。针对大同市的历史情况，耿彦波提出了“一轴双城、分开发展”的古城重建构想。随后，一场规模空前的拆迁运动轰轰烈烈地拉开了序幕。五年间，因拆除民房而迁离旧居的民众多达50万人。大批违章建筑被拆除，多处市区道路被重新整修，御东新区的建设工程也得到大力推动。施工过程中，耿彦波经常亲临工地，督导施工进度和质量，在现场就居民所提出的问题与各个相关部门商讨解决方案。工作不力的下级官员会遭到不留情面的当众申斥。随着拆迁的进行，大同市多处文物古迹的保护修复工作相继展开。“名城复兴工程”所复建的大同古城墙、改造的云冈石窟及其他大型工程，为大同带来更多的观光客。耿彦波的政绩伴随其雷厉风行的工作作风一并被人们所热议。2013年春节前夕，正当大同的改建工程如火如荼地进行，耿彦波被一纸调令调到太原担任市长。当时有许多大同市民发起请愿活动，希望耿市长能留在大同。

在耿彦波担任市长之前，山西省会太原主要依靠单一的煤炭产业，经济十分落后，城市基础设施欠债甚多，城市面貌十几年几乎没有什么改善，大大落后于全国多数省会城市。耿彦波受命之初就宣称，要在三年内再造一个升级版的“晋源新城”。为此，34 个城中村改造、道路新建、改建工程同时推出。仅在 2013 年一年，耿彦波所主持的房屋拆迁的面积就达 700 万平方米，这相当于他在大同五年拆迁面积的一半。太原新建的地铁、道路以及旧市区改造的规模也同样引人瞩目。中环快速路使太原拥有了第一条全封闭的城市快速环路。此后每一年都有主干道进行快速化改造或者修整，长风街、学府街、南内环、建设路、并州路、五一路六大道全部修建了高架桥。2017 年又有大大小小的沿河路进行快速化改造。太原的路面交通用了短短三年多时间就赶上了大多数二线城市的水平。高楼林立、绿树成荫、道路四通八达的市容市貌让太原成为一座崭新的城市。

然而，耿彦波的工作思路一直伴随着各种各样的争议。大同的大拆大建所引发的巨额工程债务让耿彦波的继任者伤透了脑筋。集中修建大量道路和基础设施给太原的财政造成了巨大的负担。太原的实体经济尤其是制造业和煤炭工业没有太大的好转。毁誉交杂中，2019 年 1 月 15 日，耿彦波正式结束了在太原近 6 年的市长生涯。

［讨论］

试比较马云与耿彦波的领导风格。

案例 10.2　TCL：鹰的重生

2004 年，羽翼丰满的 TCL 大举开始了其国际化的征程。先是与全球电子消费产品巨头法国汤姆逊集团签署合并重组协议，成立了 TCL 汤姆逊电子有限公司（TTE），又与阿尔卡特共同组建了 TCL 阿尔卡特手机公司（T&A）。TCL 在短时间内对集团两大主营业务进行了国际化改造，成为中国企业国际化进程中的急先锋。但是短暂的兴奋之后，TCL 就遭遇了前所未有的严峻挑战。TCL 在并购后的 2005 年、2006 年连续两年亏损，作为上市公司面临着摘牌的危险，企业一度跌入“谷底”。

TCL 的管理者始终相信，国际化战略本身并没有错，问题出在组织能力上。2006 年 6 月 14 日，TCL 董事长李东生在 TCL 内部网站上发表了题为“鹰的重生”的文章。在这篇文章里，李东生坦承 TCL 国际化遭遇的困难和他本人所面临的困扰，反思自己最大的管理失误在于“无暇顾及全力推进企业的文化变革与创新”。以董事长李东生为首的管理团队最终确定从企业文化和国际化入手推动 TCL 集团的变革。

鹰的重生

这是一个关于鹰的故事。

鹰是世界上寿命最长的鸟类，它的寿命可达 70 年。

要活那么长的时间，它在 40 岁时必须做出困难却重要的决定。这时，它的喙变得又长又弯，几乎碰到胸脯；它的爪子开始老化，无法有效地捕捉猎物；它的羽毛长得又浓又厚，翅膀变得十分沉重，飞翔十分吃力。

此时的鹰只有两种选择：要么等死，要么经过一个十分痛苦的更新过程——150 天漫长的蜕变。它必须很努力地飞到山顶，在悬崖上筑巢，并停留在那里，不得飞翔。

鹰首先用它的喙击打岩石，直到其完全脱落，然后静静地等待新的喙长出来。鹰会用新长出的喙把爪子上老化的趾甲一根根拔掉，鲜血一滴滴流下。当新的趾甲长出来后，鹰便用新的趾甲把身上的羽毛一根根拔掉。

5 个月以后，新的羽毛长出来了，鹰重新开始飞翔，重新再度过 30 年的岁月！

《鹰的重生》的发表在公司引起了极大反响，为 TCL 建设新的企业文化创造了一个良好的开端。2006 年 9 月 15 日，TCL 集团召开首次文化变革创新推进小组联席会议。TCL 重新拟定了企业的愿景、使命和核心价值观，并将文化变革的行动纲领总结为“三改造，两植入，一转化”。

“三改造”是改造流程、改造学习、改造组织。“两植入”是指将 TCL 的核心理念植入到人才评价和用人体系当中，植入到招聘和考评体系当中，将理念与实践紧密结合起来。“一转化”是将企业的愿景和个人的发展结合起来，转化为组织和员工个人的愿景。这次文化变革大大坚定了 TCL 进行国际化的决心，提升了公司上下员工的士气。

TCL 的愿景：成为受人尊敬和最具创新能力的全球领先企业

TCL 的使命：为顾客创造价值·为员工创造机会·为股东创造效益·为社会承担责任

TCL 的价值观：诚信尽责·公平公正·变革创新·知行合一·整体至上

接下来，李东生亲自带队，组织 150 名高管参加了“鹰之重生”户外体验活动。四天三夜的同甘共苦将大家凝聚在一起。随后，约有 600 多名高管参加了变革创新动员大会及企业文化变革创新系列培训，并召开了千人誓师大会。以企业文化为突破口，TCL 首先以高管团队为目标对象进行文化再造。

国际化进程中的障碍，让 TCL 深感人才储备，尤其是具备国际化运营能力的精英人才储备不足。因此，2006 年 10 月，TCL 领导力开发学院启动了面向骨干中层的“精鹰工程”培训项目，随后又向两端延伸，将新员工培训和中高层培训一并纳入培训体系，从低到高分别以“雏鹰工程”“飞鹰工程”“精鹰工程”“雄鹰工程”命名，形成了让业内叹服的 TCL 鹰系人才培养体系。培训导师既有外部聘请的专家，也有集团内部的高管，董事长李东生也是导师之一。“鹰系工程”带有重塑企业文化的使命，与集团各企业培训部门基本技能方面的培训相得益彰，使 TCL 的人才培养和文化传递形成不断滚动的完整链条。

[**讨论**]

试评论李东生董事长的领导风格。

案例 10.3 世界上“最牛”的老师

可汗学院（Khan Academy）是美国的一个非营利性在线教育机构，通过在线视频课程向世界各地的人们提供免费的世界一流教育。可汗学院的课程视频涵盖了数学、物理、化学、生物、计算机、历史、经济等多个学科。可汗学院的创始人萨尔曼·可汗被认为是世界上“最牛”的老师。

可汗学院是在一个“偶然”的情况下诞生的。创始人萨尔曼·可汗最初是一名对冲基金分析师，毕业于麻省理工学院，获数学学士学位、电子工程与计算机的学士及硕士学位，后来又取得了哈佛大学的MBA学位。2004年，这位“学霸”通过电话和网络远程教学的方式辅导因数学考砸了而失去自信的表妹，并取得了良好的效果。此后，更多的亲戚慕名而来寻求他的辅导。为了提高辅导的效率，在朋友的建议下，他把辅导课录制成短视频发布到YouTube网站上。这些简洁精炼、清晰易懂的视频在网络上受到热捧，观看人数急速增长，甚至连比尔·盖茨也成了萨尔曼·可汗的铁杆粉丝。在这种情况下，萨尔曼·可汗干脆辞掉了对冲基金的工作，一门心思制作教学视频。

最初的可汗学院其实就是萨尔曼·可汗一个光杆司令，他集主讲老师、工程师、后台支持以及管理人员于一身，而学校的资产只有一台电脑、一个价值20美元的屏幕录像软件和一块80美元的手写板。视频中的图形和等式都是借助微软的一款免费画图工具完成的。此后，可汗学院受到主流媒体、教育机构和微软、谷歌等大公司的关注和支持。2010年，可汗学院先后得到两笔重要捐助：一笔是比尔·盖茨夫妇的慈善基金捐助的500万美元，另一笔是谷歌公司赞助的200万美元。2012年，O'Sullivan基金会也捐助了500万美元。此后，可行学院走上了发展的快车道，成为一个具有世界性影响力的教育机构。尽管可汗学院这种模式被认为是一个价值上万亿美元的商机，但萨尔曼·可汗坚持将可汗学院作为一个非营利机构。登录可汗学院的网站主页看到的是这句话：“You can learn anything，for free、for everyone、forever.”（一切皆可学，永远对所有人免费。）

萨尔曼·可汗认为，学院的成长揭示了世界对未来教育的需求。那么，可汗学院是如何“翻转”课堂的？

- 从被动学习到主动学习。传统的教育体制多少都带有强迫性，而访问可汗学院网站的用户都是自愿前来的。在传统的课堂教学中，老师掌握课堂的节奏，讲完一个单元，无论是否所有学生都理解了全部内容，都要根据课表的进度安排进入下一个单元。学生被动地坐在课堂里学习知识，机械地将其反馈出来，对于学习中遇到的困难，缺乏主动去寻找解决办法的意愿和能力。可汗学院使自主学习成为可能。学生可以自己掌握学习节奏，自主决定在哪里学以及什么时候学。如果某个知识点难以理解，他可以按下暂停键，随时重播，或者回头复习前面的内容，直到弄懂为止，完全不会感到难堪。

- 课下自主学习，课堂上做作业。可汗将课程视频发布到网络上之后，许多学生开始在课余时间观看视频进行学习，有的老师发现，既然如此，他们不必再进行枯燥冗长的授课，而是将宝贵的课堂时间用来答疑解惑，也就是将家庭作业搬到课堂上。学生在家听课，在课堂上做作业，遇到问题时寻求老师和同学的帮助，及时发现问题并纠正理解上的错误。老师能在交流的过程中与学生建立感情，了解学生的理解程度。
- 利用软件和数据分析来支持学习。可汗学院的网站开发了一套软件，能够针对不同的知识点随机生成试题，供学生大量练习，直到他们认为自己掌握了知识点。同时，软件会完整记录每名学生的练习情况，包括答对或答错了多少题、用了多长时间，甚至指出哪些错题是由于粗心造成的，哪些是因为没有掌握概念之间的联系造成的。通过这个反馈系统，软件将所有知识点融合在一起，建立了“知识地图”。软件可以告诉学生下一步应该学习什么，自动向学生布置任务。在传统的考试中，即使拿到 95 分的学生也很可能不知道那 5 分的缺漏到底在哪里，而不得不进入下一单元的学习。可汗学院判定学生完全掌握一个知识点的标准是连续答对 10 道题，如果未能达到标准，软件会源源不断地为他们提供题目。
- 所有人都能享受免费的优质教育。在可汗学院的网站上可以看到世界各地的学生留言，有的来自欧洲城市，有的来自美国郊区，有的来自印度农村，有的来自中东小镇，他们真诚地讲述了自己通过可汗学院获得帮助的故事。互联网使教育资源的分配更加平均化。可汗学院的一切资源都是免费的，贫富差距不再是将优质教育与一部分人隔绝开来的鸿沟。

萨尔曼 · 可汗于 2010 年入选《财富》“全球 40 位青年才俊”，2012 年又入选《时代周刊》“全球 100 位最具影响力的人物”。可汗学院的教学视频被翻译成 30 多种语言。每天都有来自世界各地的数以百万计的学生，按照自己的进度在可汗学院学习。每个月人们在可汗学院的累计学习时间达到 5 亿分钟以上。可汗学院的教学模式被认为是对传统教育模式的颠覆，它掀起了互联网时代的教育革命。

[讨论]

1. 萨尔曼 · 可汗的影响力表现在哪些方面？
2. 非营利机构的管理与营利性企业的管理有何异同？

第11章

激　励

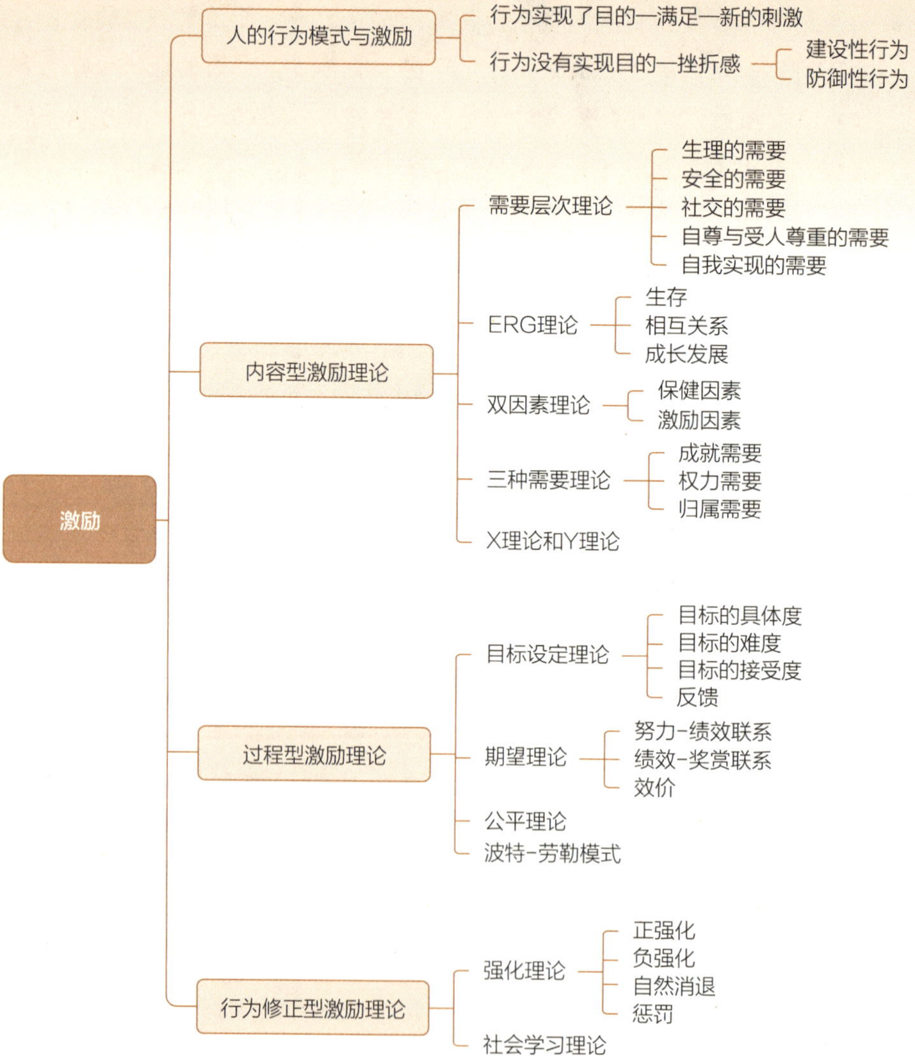
激励
人的行为模式与激励
行为实现了目的—满足—新的刺激
行为没有实现目的—挫折感
建设性行为
防御性行为
内容型激励理论
需要层次理论
生理的需要
安全的需要
社交的需要
自尊与受人尊重的需要
自我实现的需要
ERG理论
生存
相互关系
成长发展
双因素理论
保健因素
激励因素
三种需要理论
成就需要
权力需要
归属需要
X理论和Y理论
过程型激励理论
目标设定理论
目标的具体度
目标的难度
目标的接受度
反馈
期望理论
努力-绩效联系
绩效-奖赏联系
效价
公平理论
波特-劳勒模式
行为修正型激励理论
强化理论
正强化
负强化
自然消退
惩罚
社会学习理论

激励组织中的成员为了实现组织的目标而努力工作，这是管理者行使领导职能的主要内容。本章将在讨论人的行为模式与激励的关系的基础上，介绍几种主要的激励理论。

第 1 节 人的行为模式与激励

激励：促使人们实施某种行为的内在的或外在的动力。

激励（motivation）是指促使人们实施某种行为的内在的或外在的动力。作为动词的激励（motivating）则是指使人们获得这种行为动力的过程。管理者要影响人们的行为，就必须理解人们的基本行为模式，认识激励的机理。

激励建立在某些未满足而要求得到满足的需要的基础之上。换言之，需要导致了人们的行为。在人的特定需要非常想得到满足而未满足时，人们就会在生理上和心理上失去平衡，产生一种紧张的状态。为了获得平衡并消除紧张，人们会努力通过某种行为使自己的需要得到满足。例如，人会因为饥饿而去寻觅食物，因为孤独而去寻求关心。这样，人自身的需要就成为其行为的内在动机。人们满足自身需要的欲望越迫切，就越处于一种高激励状态，从而越有可能做出某种特定的行为。

人的行为模式如图 11－1 所示。从图中可以看出，需要引起人的紧张，引起满足需要的欲望，这种欲望会产生有目的的行为。人们的需要越强烈，实施某种特定行为的欲望就会越强烈，所获得的激励也就越大。

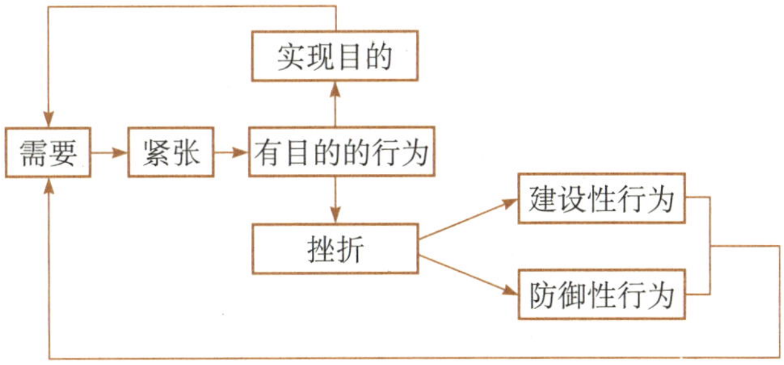

图 11－1 人的行为模式

从图 11－1 中还可以看出，人们的行为的结局可能会有两种情况：

（1）行为实现了目的，满足了需要，这会产生一个原有需要已得到满足的反馈。然后，在新的刺激下会产生新的需要。

（2）行为没有实现目的，引起挫折感，这时又可能产生两种行为：一是采取建设性行为，以继续实现目的；二是采取防御性行为，放弃原有的目的。

这一模式表明，人的行为是由需要引起的，行为的目的是满足需要。通过认识人们的需要，并使人们看到满足需要的可能性，可以激励人们的行为。

人的行为不仅源自内在的需要，还源自外界环境的刺激。首先，需要是促使人们采取行为的内在动机。从这个意义上说，激励是一个心理过程。但是，外界环境对人的行为的发生也具有重大的影响。外在的刺激构成行为的“诱因”。这些诱因既有物质方面的，也有精神方面的，前者如食物的香味、服装的款式、广告的宣传等，后者如群体的规范、朋友的劝告、表扬和信仰等。诱因与动机之间是一种外因与内因的关系，前者通过后者而起激励作用。这意味着，激励是人与环境交互作用的产物。虽然不同的个体之间在激励状态上差异很大，但激励随环境条件的变化而变化，同一个人在不同时间的激励水平会有所变化。

自行为科学诞生以来，人们在探讨如何激发人的动机、满足人的需要、调动人的积极性方面做了大量的工作，提出了许多有关激励方面的理论。“需要导致行为”这一过程是我们对人类行为的一个最简单的描述。根据对这一过程着眼点的不同，激励理论可以分为内容型、过程型和行为修正型三种类型。内容型激励理论关注构成过程起点的人的需要，过程型激励理论着重于需要导致行为的过程本身，而行为修正型理论主要考察这一过程的终点，即人的行为。

第2节　内容型激励理论

人在任何一个时点都会有各种各样的需要。这些需要形成了人的行为的内在驱动力。管理者对人的这些需要理解得越深刻，就越有利于设计适当的奖励系统，以引导人的行为指向组织的目标。

一、需要层次理论

美国心理学家亚伯拉罕·马斯洛（Abraham Maslow）于1943年在《人类激励理论》这篇论文中所提出的需要层次理论（the hierarchy of needs theory）是最广为人知的内容型激励理论。[1] 这一理论认为人类的需要是以层次的形式出现的，由低级的需要开始逐级向上发展到高级的需要。马斯洛断定，当一组需要得到满足时，这组需要就不再成为激励因素了。他将人的需要分为生理的需要、安全的需要、社交的需要、自尊与受人尊重的需要以及自我实现的需要五个层次，如图11－2所示。

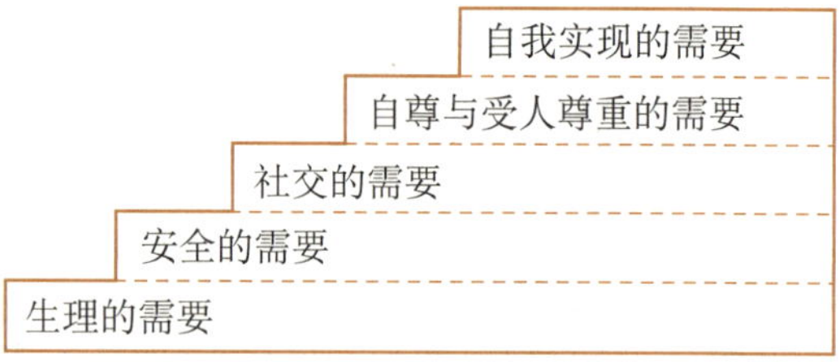

图11－2　马斯洛的需要层次

这个理论的要点不只是说人的需要分成五个层次，而且主张这五个层次的需要是由低到高逐级满足的，只有当较低级的需要基本满足之后，才会产生较高级的需要。人们尚未得到满足的较低级的需要叫做主导需要，主导需要决定着人的行为。

需要指出的是，马斯洛并未说过人非得在某一层次的需要获得百分之百的满足之后，才会产生下一个层次的需要。事实上，人的各项基本需要有部分满足，也有部分不满足，这是常有的事。在人的需要层次中，从较低的层次逐级向上，较低层次的需要得到一定程度的满足之后，便会产生较高层次的需要。

在各个层次的需要中，以生理的需要为基础。生理的需要，即为支持生命之所必需，包括衣食住行等。一个人倘若缺少这一类基本生活必需品，那么生理的需要将是他主要的激励因素。马斯洛曾说过："一个人如果同时缺少食物、安全、爱情及价值等，则其最为强烈的渴求当推对食物的需要。"

生理的需要得到基本满足之后，安全的需要便接踵而至。安全的需要包括人身安全、经济的安全以及有秩序、可预知的环境等，例如工作及职业的稳定。生理的需要和安全的需要得到基本满足后，社交的需要将成为一个重要的激励因素。人皆需要别人的接受、友谊和情谊，也都需要对别人付出友谊和情谊。

生理的需要、安全的需要、社交的需要获得基本满足后，自尊与受人尊重的需要成为最突出的需要。这种需要是双重的：一方面当事人必须感受到自己的重要性；另一方面必须获得他人的认可，以支持自己的这种感受。他人的认可特别重要，如果不能获得他人的认可，那么当事人也许会觉得自己是在孤芳自赏。如果在他周围，人人都明白地表示他很重要，他就能感受到自我价值、自信、声望和力量。

在自尊与受人尊重的需要基本满足之后，接着出现了自我实现的需要。马斯洛认为自我实现是这样一种欲望，即人们希望成就独特的自我，或是实现本人希望取得的成就。在这一需要层次中，人们希望发挥全部的潜能，他们重视的是自我满足、自我发展和创造力的发挥。

应该注意的是，马斯洛所列举的需要各层次之间并没有明确的界限。层次与层次之间往往相互重叠，某一项需要的强度逐渐降低，则另一项需要的强度随之上升。此外，可能有些人的需要始终维持在较低的层次上，各项需要的先后顺序不一定适合每个人，即使两个职业相同的人也不见得有同样的需要。

由于马斯洛的理论简单明了、易于理解，具有内在的逻辑性，因而具有广泛的影响。但有时这一理论会因未得到实证研究的检验而受到人们的质疑。

二、ERG 理论

ERG 理论是由美国耶鲁大学的心理学家克雷顿·奥尔德弗（Clayton Alderfer）于 1969 年提出的。[2] 这一理论可以看作对马斯洛的需要层次理论的一个修正。它比马斯洛的需要层次理论更为简化，且弥补了前者实证研究不足的缺点。奥尔德弗认为，人们存在三种核心的需要，即生存（Existence）、相互关系（Relatedness）和成长发展（Growth），因而这一理论称为 ERG 理论。

在ERG理论中，生存的需要与人们基本的物质生存需要有关，它包括马斯洛提出的生理和安全的需要。相互关系的需要指人们对保持重要的人际关系的要求，它对应着马斯洛的社交的需要和自尊与受人尊重的需要中的外在部分。成长发展的需要表示个人谋求发展的内在愿望，包括马斯洛的自尊与受人尊重的需要中的内在部分和自我实现的需要。

马斯洛的需要层次是一种刚性的阶梯式上升结构，即较低层次的需要要在较高层次的需要之前得到满足，二者具有不可逆性。ERG理论并不强调需要层次的顺序，认为某种需要在得到满足后，人们可能去追求更高层次的需要，也可能不去追求这种更高层次的需要。ERG理论认为，即使一个人的生存和相互关系的需要尚未得到完全满足，他仍然可以追求成长发展的需要，而且这三种需要可以同时起作用。ERG理论还提出了一种“受挫－回归”的思想，即当一个人较高层次的需要受到挫折时，那么作为替代，他的某一较低层次的需要可能会有所增加。

三、双因素理论

20世纪50年代后期，美国心理学家赫茨伯格（F. Hertzberg）和他在匹兹堡的心理学研究所的研究人员，通过一项研究提出了双因素理论（two-factor theory）。[3]

他们在研究中访问了匹兹堡地区的11个工商事业机构的200多位工程师和会计人员，请他们列举在其工作中哪些是使他们愉快的项目，哪些是使他们不愉快的项目。经过分析调查发现，受访人员觉得未能得到满足的项目多数与他们的工作环境有关，而他们觉得满意的项目一般与工作本身相关。

研究表明，一方面是组织的政策和管理、监督、工作条件、人际关系、薪金、地位、职业安定以及个人生活所需等因素，如果得到满足就没有不满，得不到满足则会产生不满，赫茨伯格把这类因素统称为“保健”（hygiene）因素。另一方面是成就、赏识（认可）、艰巨的工作、晋升和工作中的成长、责任感等因素，如果得到满足则感到满意，得不到满足则没有满意感（但不是不满），他把这类因素统称为“激励”（motivator）因素（见表11－1）。

表11－1　保健因素与激励因素

保健因素（环境）	激励因素（工作本身）
薪金 管理方式 地位 安全 工作环境 政策与行政管理 人际关系	工作本身 赏识 进步 成长的可能性 责任 成就

赫茨伯格还指出，满意的对立面不是不满意，而是没有满意。不满意的对立面则是没有不满意，而非满意。这意味着，消除了工作中的不满意因素并不能让工作令人满意（或受到激励），人们只是没有了不满意感，给工作场所带来和平而已。赫茨伯格认为，只有靠激励因素来调动员工的积极性，才能提高生产效率。

双因素理论与马斯洛的需要层次理论之间存在一定的对应关系。可以认为，保健因素对应着马斯洛需要层次理论中的低层次需要，激励因素则对应着需要层次理论中的高层次需要。

双因素理论提出后，有人表示质疑，认为人是复杂的，若调查仅以满意或不满意作为指标，而且没有进一步证实满意感与生产率之间的关系，则这种调查结果的可信度是值得怀疑的。

四、三种需要理论

美国管理学家戴维·C. 麦克莱兰（David C. McClelland）在 20 世纪 50 年代提出的三种需要理论认为，在工作中对人们形成激励的主要有三种基本需要，即成就、权力与归属。[4]

1. 成就需要

这是指达到标准、追求卓越、争取成功的需要。具有成就需要的人愿意接受挑战，给自己树立具有一定难度的（但不是不能达到的）目标，对待风险采取一定现实主义的态度，愿意承担所做工作的个人责任，对正在进行的工作希望得到明确迅速的反馈。他们一般喜欢表现自己。

2. 权力需要

这是指对他人施加影响和控制的欲望。具有较高权力欲的人对施加影响和控制表现出极大的兴趣，这样的人一般寻求领导者的地位，他们十分健谈，好争辩，直率，头脑冷静，善于提出要求，喜欢演讲，并且爱教训人。

3. 归属需要

这是指建立友好和亲密的人际关系的愿望。人们希望从友爱中得到快乐，并设法避免因被某个团体拒之门外而带来的痛苦。归属感强烈的人重视保持一种融洽的社会关系，与周围的人保持亲密并相互谅解，随时准备安慰和帮助危难中的伙伴。

这个理论有十分现实的指导意义。它告诉我们，驱动人们努力工作的因素不是只有通常人们所认为的“钱”和“权”，成就、归属方面的需要也是驱使人们努力工作的重要因素。麦克莱兰的研究表明，管理者的权力需要比较强烈。他还认为，成就需要可以通过培养来提高。一个组织中的成败与组织中具有高成就需要的人员的数量有关。

五、X 理论和 Y 理论

对人性或人的本质的认识在一定程度上决定了管理者的管理风格或管理方式。许多学者对这一问题进行了探讨，提出了众多见仁见智的理论，其中最为经典的当属道格拉斯·麦格雷戈（Douglas McGregor）于1957年所提出的有关人性的两类假设，即X理论和Y理论。[5] X理论是一种性恶论，代表一种对人的消极认识。Y理论则是一种性善论，是一种积极的人性认识（见表11－2）。

表11－2 X理论和Y理论

X理论	Y理论
1. 多数人十分懒惰，他们总想方设法逃避工作。 2. 多数人没有雄心大志，不愿负任何责任，心甘情愿受别人指导。 3. 多数人的个人目标与组织目标相矛盾，必须用强制、惩罚的方法才能迫使他们为达到组织的目标而工作。 4. 多数人工作是为了满足基本的需要，只有金钱和地位才能激励他们工作。 5. 人大致可以划分为两类：多数人是符合上述设想的；另一类是能够自己鼓励自己、克制感情冲动的人，这些人应承担管理的责任。	1. 一般人都是勤奋的，如果环境条件有利，工作就如同游戏或休息一样自然。 2. 控制和惩罚不是实现组织目标的唯一手段。人们在执行任务中能够自我指导和自我控制。 3. 在适当条件下，一般人不仅会接受某种职责，而且会主动寻求职责。 4. 大多数人而不是少数人在解决组织的困难问题时，都能发挥高度的想象力、聪明才智和创造性。 5. 有自我满足和自我实现需要的人往往以达到组织目标作为自己致力于实现目标的最大报酬。 6. 在现代社会中，一般人的智能潜力只得到了部分发挥。

与前述的马斯洛的需要层次理论相结合来看，X理论假定较低层次的需要支配着人们的行为，而Y理论则假设较高层次的需要支配着人们的行为。

基于X理论的管理者倾向于采取“胡萝卜加大棒”的管理方式。他们认为，组织应以经济报酬来诱导和驱使人们做出业绩，并以权力与控制体系来维护组织的运转及引导员工。其管理的重点在于提高效率，完成任务。其管理特征是订立严格的工作规范，加强控制。金钱刺激、严厉惩罚是惯用的管理手段。

基于Y理论的管理者则倡导实行员工参与决策，为员工提供富有挑战性和责任感的工作，建立良好的群体关系，认为通过这些手段可以调动员工的工作积极性。

不可否认的是，在现实中，X理论和Y理论的信奉者中都存在有效的、成功的管理者。但麦格雷戈本人相信，Y理论的假设要比X理论更为有效。因此，他主张组织要重视为员工提供富有挑战性和责任感的工作，倡导让员工参与决策，认为通过这些手段可以有效调动员工的积极性。

第3节 过程型激励理论

过程型激励理论着重研究人从动机产生到采取行动的心理过程。这类激励理论主要包括目标设定理论、期望理论和公平理论等。

一、目标设定理论

目标设定理论（goal-setting theory）是由美国马里兰大学的洛克和拉瑟姆（Edwin Locke and Gary Latham）于 1967 年提出的。[6] 该理论主张，管理者通过设定具体且具有挑战性的目标并提供目标实现状况的及时反馈，能够有效地激励员工并提升组织的绩效。其中，目标的具体度、难度、接受度和反馈这四个要素决定了目标的设定与绩效的关系。

1. 目标的具体度

目标应具体明确。明确适当的目标本身就具有激励作用，可减少行为的盲目性，提高行为的自我控制水平。类似“尽最大努力”这样的目标过于模糊，不利于引导人们的行为和评价其绩效，会让人们有挫败感。

2. 目标的难度

难度较大的目标比难度较小的目标更具有激励作用。过于容易的目标让员工体会不到挑战性，不要求员工付出更大的努力。而具有挑战性的高难度目标能够让人们体会到更大的成就感和个人效能。

3. 目标的接受度

这反映的是人们对目标的认可和承诺的程度。让人们参与目标的设定有助于提高目标的可接受性，使得人们愿意为达到目标而努力。

4. 反馈

反馈有助于人们了解自己的实际工作绩效与标准之间是否存在差异，从而指导行为。但反馈的效果不尽相同。来自自我的反馈，即员工监控自己的工作过程，比外部的反馈更具激励作用。

本书第 3 章的第 3 节“目标与目标管理”在很大程度上说明了目标设定理论的实践应用。

二、期望理论

期望理论（expectancy theory）是由美国心理学家弗鲁姆（V. H. Vroom）于 1964 年提出的，其基本观点是：当人们预期他们的行动能带给自己某种特定的结果，而且这种结果对自己具有吸引力时，人们就会倾向于采取这种行为。[7] 它包括以下四个因素之间的三种联系（见图 11 - 3）。

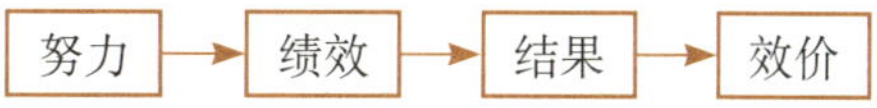

图 11 - 3 期望理论的四个要素

（1）努力 - 绩效联系。人们感到通过一定的努力可以达到某种绩效的可能性，这一关系称为期望（expectancy）。

（2）绩效 - 奖赏联系。人们相信达到一定绩效后可获得理想结果（奖赏）的程度，这一关系称为工具性（instrumentality）。

（3）效价（valence）。所获得的结果或奖赏对自己的重要性。

这实际上意味着人们采取某种行为的激励的大小取决于对以下几个问题的回答：

- 我必须付出多大的努力才能达到这一绩效水平（期望）？
- 我达到这一绩效水平后会得到什么奖赏（工具性）？
- 这种奖赏对我有多大的吸引力（效价）？

一个人实施某一行为的动力，亦即所受激励的程度，取决于这几个因素的相乘效果，用公式可表示为：

$$\text{动力} = \text{期望} \times \text{工具性} \times \text{效价}$$

将期望理论应用在管理实践中，意味着为了提高人们的工作动力，要重视人们的努力与绩效之间的相关性，明确达到绩效水平后的奖赏，并确保所提供的奖赏是人们所重视的。

三、公平理论

这是美国心理学家 J. 斯泰西·亚当斯（J. Stacey Adams）于 1976 年提出的理论。[8] 这个理论侧重研究工资报酬分配的合理性、公平性对员工积极性的影响。也就是说，公平理论主要研究的是奖励与满足的关系问题。

$$\frac{\text{自己的所得}}{\text{自己的付出}} \Longleftrightarrow \frac{\text{他人的所得}}{\text{他人的付出}}$$

图 11－4　公平理论

公平是一种心理现象，它是通过比较来判断的，因而是一种主观感受（见图 11－4）。亚当斯的公平理论指出，员工的工作动机不仅受绝对报酬的影响，而且受到相对报酬的影响，即一个人不仅关心自己所得的绝对值（自己的实际收入），而且关心自己收入的相对值（自己收入与他人收入的比例）。每个人会不自觉地把自己付出劳动的所得报酬与他人付出劳动的所得报酬进行比较。当他发现自己的收支比例与他人的收支比例相等，或者现在的收支比例与过去的收支比例相等时，便认为是理所当然的、正常的，因而会心情舒畅并努力工作。但当他发现不相等时，就会产生不公平感，满腔怨气。

当人们感觉到不公平时，会采取相应的行动来对付或消除这种不公平。这些行为包括：改变自己的付出或所得，改变他人的付出或所得，曲解自己或他人的付出或所得，选择其他的参照对象来进行比较，或者干脆一走了之。人们旨在调整不公平的这些行为，对生产率、产品质量、缺勤率、离职率等具有显著的影响。

四、波特－劳勒模式

美国心理学家波特和劳勒（Lyman W. Porter and Edward E. Lawler）于 1968 年在各种期望理论的基础上构造出一个更为综合的激励模式，如图 11－5 所示。[9]

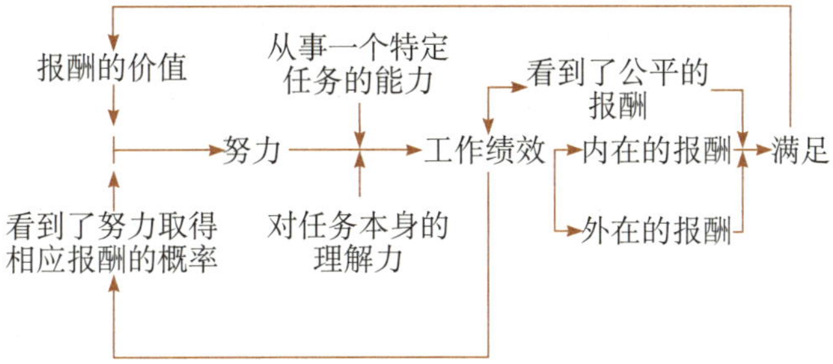

图 11－5 波特－劳勒的激励模式

从图中可以看出，人们的努力（激励的程度和发挥出来的能力）取决于报酬的价值与得到报酬的可能性。这两个因素又受到实际工作绩效的影响。很明显，假如人们知道他们能做某项工作或者已经做过这项工作，他们就能更好地评价所需付出的努力，更清楚得到报酬的可能性。

职务工作中的实际绩效（所做的工作或实现的目标）主要取决于所付出的努力。它在很大程度上受到一个人做该项工作的能力（知识和技能）以及他对所做工作的理解（对目标、所要求的活动和任务及其他要素的理解程度）的影响。工作绩效导致人们获得内在报酬（如一种成就感或自我实现感）和外在报酬（如工作条件和身份地位）。这些又受到人们对公平与否的感觉的影响，最终影响人们的满足程度。工作绩效也会影响个人的公平感。报酬的实际价值受到人们的满足程度的影响。

这一理论告诉我们，只是设置了激励目标、采取了激励手段，未必能获得所需的行动和努力并使员工满意。要形成激励→努力→绩效→奖励→满足并从满足回到努力这样的良性循环，还取决于奖励的内容、奖惩制度、组织分工、管理水平、考核公正性、领导方式及个人心理期望等多种因素。

第 4 节 行为修正型激励理论

行为修正型激励理论不考虑人们的需要或需要与行为之间的心理过程，而是直接考察行为与行为的后果之间的关系。本节简要介绍强化理论和社会学习理论。

一、强化理论

强化理论是由美国心理学家斯金纳（B. F. Skinner）等人于 20 世纪 50 年代提出来的。[10] 与前述的其他几种激励理论不同，强化理论不考虑需要、期望、公平这些因素，只关注人们采取某种行动后会带来什么后果。该理论认为，行为是结果的函数，行为的原因来自外部。当人们因采取某种行为而受到奖励时，他们就非常有可能会重复这种行为；当某种行为没有受到奖励或者是受到惩罚时，其重复的可能性就会非常小。

具体来说，可以采用正强化、负强化、自然消退和惩罚这四种方式来对人们的行为进行修正。

（1）正强化。就是奖励那些所希望的行为以使其重复出现。

（2）负强化。也称规避，指人们为了避免不合意或不希望的结果而努力克服某种行为的情况。

（3）自然消退。这是一种冷处理，指通过对不希望发生的行为采取置之不理的态度，使其逐渐减少和不再出现。

（4）惩罚。即对不希望发生的行为采取惩罚措施，使之不再出现。

根据强化理论，一旦人们做出预期的行为，就应当给予强化。对预期行为的强化告诉人们该行为是重要的。中止对某一行为的强化会使人们认为该行为不再重要。当人们采取某种理想的行为而受到奖励时，他们最有可能重复这种行为。奖励越是紧接着理想的行为，对行为的强化就越有效。如果某种行为没有受到奖励或是受到了惩罚，这种行为再次重复的可能性就会大大降低。

在实践中，管理者应当把重点放在积极强化而不是惩罚上。对于不期望的行为，采取自然消退的做法有时要比惩罚更有效。尽管惩罚措施消除不良行为的速度要快于自然消退，但其效果只是暂时性的，而且常常伴有负面作用，如冲突、缺勤或辞职等。

二、社会学习理论

社会学习理论（social learning theory）是由美国心理学家艾伯特·班杜拉（Albert Bandura）于1977年提出的。[11]它着眼于观察学习（observational learning）和自我调节在引发人的行为中的作用，重视人的行为和环境的相互作用。强化理论认为个体的学习本质上是因为受到正强化、负强化、自然消退和惩罚的影响，从而改变了行为的发生概率。而社会学习理论则认为，不仅加诸个体本身的刺激物可以让其产生或失去某种行为，观察别的个体的学习过程也可以获得同样的效果。例如，小学生看到老师表扬讲礼貌的小朋友，他见到老师也会彬彬有礼。儿童的其他特质如性别角色等也是从社会环境中学习而来的。

社会学习理论的这个论断看上去不过是常识，但在科学上却是一大进步。通过这种理论，行为主义学派的强化理论被用来解释许多社会心理学问题。社会心理学第一次拥有了改造社会的理论。社会管理者开始更多地注意示范作用。榜样的教育意义受到空前的重视。

从这一理论出发，组织中的管理者为了强化人们从事某些期望的行为，就要确保人们：

- 有机会看到所期望的行为；
- 确切地理解这种行为；
- 记住这种行为；

- 具有必要的技能来完成这种行为；
- 看到这种行为受到组织的奖励。

实践中，树立榜样、表彰先进等方式有助于促进这种社会学习的发生。

注释

[1] Maslow, A. H. A theory of human motivation. Psychological Review, 1943, 50 (4): 370-396.

[2] Alderfer, C. P. An empirical test of a new theory of human needs. Organizational Behavior & Human Performance, 1969, 4 (2): 142-175.

[3] 弗雷德里克·赫茨伯格. 赫茨伯格的双因素理论：第 2 版. 北京：中国人民大学出版社，2016.

[4] McClelland, D. C., Atkinson, J. W., Clark, R. A., Lowell, E. L. Century psychology series. The Achievement Motive. East Norwalk, CT, US: Appleton-Century-Crofts, 1953.

[5] McGregor D. The Human Side of Enterprise. Reflections, 1966, 2 (1): 6-15.

[6] Locke E. A., Latham G. P. A Theory of Goal Setting & Task Performance. Prentice-Hall, Inc., 1990.

[7] Vroom V. H. Work and Motivation. Oxford, England: Wiley, 1964.

[8] Adams J. S., Freedman S. Equity theory revisited: Comments and annotated bibliography. Advances in Experimental Social Psychology. Academic Press, 1976 (9): 43-90.

[9] Porter, L. W., Lawler, E. E. Managerial Attitudes and Performance. Homewood, 1968.

[10] Skinner, B. F. Century psychology series. Verbal Behavior. East Norwalk, CT, US: Appleton-Century-Crofts, 1957.

[11] Bandura, A. Social Learning Theory. Oxford, England: Prentice-Hall, 1977.

复习思考题

1. 什么是激励？
2. 人的行为模式的内容是什么？
3. 什么是建设性行为？什么是防御性行为？
4. 外界环境对人的行为有何影响？
5. 激励理论分为内容型、过程型和行为修正型三种类型的依据是什么？
6. 什么是需要层次理论？
7. 什么是 ERG 理论？它与马斯洛的需要层次理论之间有何联系？
8. 什么是双因素理论？它与马斯洛的需要层次理论之间存在何种对应关系？
9. 什么是三种需要理论？
10. 什么是 X 理论和 Y 理论？它与马斯洛的需要层次理论有何联系？
11. 什么是目标设定理论？其中包括哪几个要素？
12. 什么是期望理论？
13. 什么是公平理论？
14. 什么是波特－劳勒模式？
15. 什么是强化理论？
16. 什么是社会学习理论？

案例 11.1 海底捞的世界

海底捞餐饮有限责任公司是一家以经营川味火锅为主，集餐饮、火锅底料生产、连锁加盟、原料配送、技术开发于一体的民营企业。自1994年成立以来，该公司以其自然朴实的服务、真诚热情的待客之道、“融合川人川味、蜀地蜀风”的文化特色获得了迅速的发展，在竞争激烈的火锅餐饮行业取得了骄人的业绩。到2017年年底，海底捞已经在中国近100多个城市以及新加坡、美国、澳大利亚、韩国、日本等国家经营300多家直营门店，拥有超过50 000名员工。2018年9月26日，海底捞在香港联交所成功上市。

一、致力于顾客满意的服务

许多人去海底捞就餐并不是因为它独特的口味，而是冲着它的服务去的。海底捞的服务颇具特色，从以下这些方面可见一斑。

1. 充满乐趣的等待。就餐排队通常会让顾客厌烦。一般的店家都是让顾客在座位上干等，好一点的只是送杯水而已。而在海底捞，等待却充满了乐趣。当你在海底捞等待区等待的时候，热心的服务员会立即送上西瓜、橙子、苹果、花生、炸虾片等各式小吃，以及豆浆、柠檬水、薄荷水等饮料（都是不限量免费提供）。这里还可以打牌、下棋，免费上网，甚至可以免费美甲、擦皮鞋。排队等位成为海底捞的特色和招牌之一。

2. 节约当道的点菜服务。如果客人点菜的量过多，服务员会及时提醒。服务员还会主动提醒客人，各式食材都可以点半份，客人花同样的价钱可以享受到两倍的菜品。

3. 及时到位的席间服务。服务员在席间会主动为客人多次更换热毛巾；会给长头发的女士提供橡皮筋、小发卡；给客人提供小塑料袋装手机以防进水；戴眼镜的朋友如果需要，还可以免费赠送擦镜布；为就餐者提供的围裙更是一道靓丽的风景。

4. 儿童天地。带孩子上餐馆经常使父母感到两难，有时候淘气的孩子会破坏就餐的氛围，让原本美味的食物索然无味。为此，海底捞创建了儿童天地，让孩子们可以在这里尽情玩耍。服务员可以免费带孩子玩，还可以帮忙给孩子喂饭，让父母安心吃饭。

5. 小恩惠。一般的餐馆在饭后会送上一个果盘。但在海底捞，如果你向服务员提出再送一个果盘的要求，他们会面带笑容地说没问题，随后立即从冰柜里拿出果盘奉送给你。

二、致力于员工满意的管理

海底捞的这些服务细节并不难模仿，但其员工的热情和对客人的贴心服务却不是一朝一夕可以复制的。海底捞的管理层懂得，要支持这样的服务，并不能一味对员工提出要求，而是要做好员工工作，让员工愿意在这里干，觉得在这里工作有意义、有价值。大多数企业认为顾客就是最终购买和使用公司产品或服务的那些人，而海底捞则视其服务员为“内部顾客”，并且认为让内部顾客满意是实现外部顾客满意的前提。在管理上，海底捞倡导双手改变命运的价值观，为员工创建公平公正的工作环境，实施人性化和亲情化的管理模式。为此，海底捞建立了一套完整的、有特色的员工管理体系。

1. 轮岗和晋升

餐饮行业的大部分岗位都是单调的重复性劳动，长时间工作很容易产生厌倦感。为了最大限度地避免这种情况发生，让员工“快乐工作，微笑服务”，海底捞推行轮岗制。员工可以在工作组内比较自由地调换岗位，跨组调换岗位也经常进行，但要经店面经理同意。轮岗制使员工不再局限在一个岗位上，丰富了工作内容，有助于员工保持对工作的新鲜感，可以让员工学习和掌握更多的技能，成为多面手。员工体会到了工作、学习和成长的快乐，在很大程度上消除了因工作内容单调而产生的枯燥感和厌倦感。

海底捞一直践行“平等主义”，从服务员到大区经理甚至副总经理，能者居之，任何人都有可能通过自己的努力成为管理者，不具备管理才能的人也可以通过认真工作成为“功勋员工”，其收入与店长差不多。海底捞现任的高管团队都是从服务员一步步做起的，这些例子对普通员工形成巨大的激励。

2. 薪酬与福利

海底捞实行薪酬领先战略，员工收入在同类企业中处于领先地位，整体高出平均水平10%～20%。海底捞还给员工提供了比较丰厚的福利，主要包括员工保险、廉价员工集体公寓、免费的集体食堂、家政服务、每月的带薪假日、重大节日的公司礼品等。高级别员工还可以得到给父母的赡养金和给儿女的教育补助金，管理层定期进行员工家访。

海底捞员工可以住在市区居民楼而非地下室，还可以享受免费的家政服务。公司有专门的家政服务人员，负责员工宿舍的日常清扫以及员工衣服、床单、被褥的清洗等。这项福利成本不高，效用却很显著。辛苦一天的员工夜晚回到宿舍，不必再为洗衣物或床单而发愁，也不必再为整理宿舍而烦心，这节省了员工的体力和精力，让员工第二天工作时有一个好心情。另一方面，家政服务让他们也“享受”到被别人服务的感觉，感受到公司对自己的重视和自身的价值，有利于他们以一种平和、平等的心态而非自卑、压抑的心态去为顾客服务。

海底捞的高薪酬和高福利策略既有利于吸引优秀人才，也有利于增加现有员工的安全感和稳定感，有利于增强员工的自尊、自信，让员工“快乐工作，微笑服务”。

3. 考核与奖惩

（1）考核。海底捞员工考核的指导思路是：正面激励为主，负面激励为辅；奖励为主，惩罚为辅，惩罚只是一种象征性手段。海底捞的考核方法主要是关键事件法，主管将员工的平时表现记录下来作为考核的依据，记录的内容包括：是否受到顾客的评价，评价内容如何，同事的评价，上级的评价。然后主管根据这些记录内容对员工进行粗线条的、不定期的考核。这种考核思路和方式营造了宽松的管理氛围、和谐的工作环境，是员工“快乐工作，微笑服务”的一个基础性条件。

（2）奖励。海底捞每个月评选一次先进员工并发放奖金。海底捞的员工多数来自农村，他们面对着城市生活的各种挑战，他们内心有骨气，重视名誉，渴望得到他人的认可和尊重。“标兵”“先进员工”“优秀员工”这些称号对于他们而言或许比奖金更为重要，这些称号满足了他们的精神需要，让他们感觉到公司对他们的认可和尊重，有效地激发了他们的工作热情和积极性。同时，优秀员工还具有榜样效应，可以激发其他员工向榜样学习、向榜样靠拢。

海底捞专门设立了创新奖，奖金 10 ～ 1 000 元不等。创新奖主要通过每天一小时的午会制度来实现。所有员工，包括卫生间的保洁员在内，都平等地坐在一起。会议形式类似于头脑风暴，员工争相举手发言，把工作中存在的问题以及自己的解决方法都提出来。如果建议得到认可并付诸实施，则会获得创新奖。会议的主持人是店面经理，他可以叫出每个员工的名字，其中既有工作 10 年以上的老员工，也有进店不到 3 个月的新员工。会议的气氛真诚热烈，让人感到大家都在齐心协力、全心全意地为海底捞的发展而积极贡献自己的智慧和力量。

（3）惩罚。员工在工作中出现失误会受到通报批评。如果屡教不改连续出错，会被处以一定数量的象征性罚款。但如果该员工之后表现出较大的进步，则会原数加利息返还。因此，海底捞的惩罚更像是一种象征意义上的提醒和警示。海底捞认为，过多的罚款不利于激励，会影响员工的工作积极性，而从轻惩罚既能起到警示的作用，又能维持一个较为和谐与积极的氛围。

这样的粗线条又不遗漏重点的考核、小额的象征性罚款、对员工精神层面的奖励、对创新的推动、每天领导与员工头脑风暴式的平等交流，促使海底捞形成了一种宽松的工作氛围。

［**讨论**］

海底捞公司的员工管理有何特征?

第V篇

控制职能

制定计划是为了执行，组织的一切活动都是为了实现组织目标，管理者要确保组织的各个部门和成员正在做的工作有助于组织目标的实现，确保在计划规定的期限内以经济、有效的方式去实现目标。这就需要管理者执行控制职能，即采用一定的标准去衡量计划的执行过程，并采取行动对问题进行修正，引导人们的行为，以达到组织目标。这个过程也就是控制的“三部曲”：制定标准 – 测量绩效 – 纠正偏差。正是通过控制活动，管理活动形成一个闭合的循环。

第12章

控制职能概述

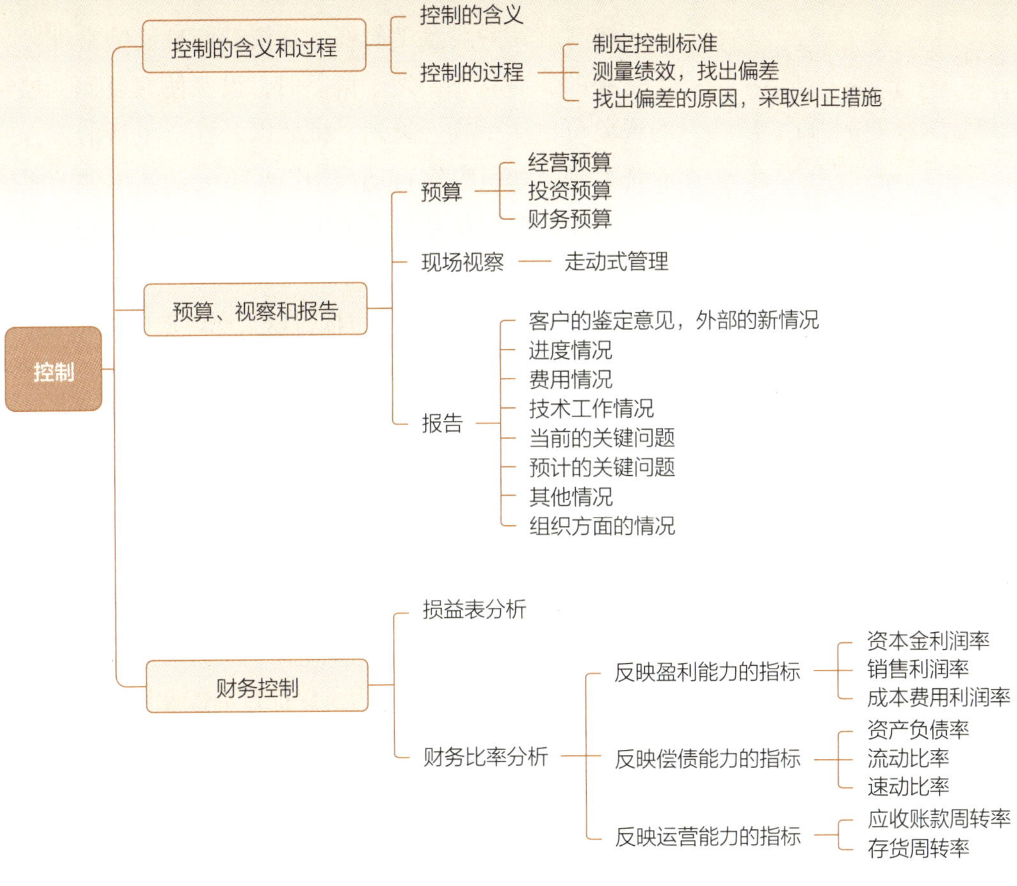
控制
控制的含义和过程
控制的含义
控制的过程
制定控制标准
测量绩效，找出偏差
找出偏差的原因，采取纠正措施
预算、视察和报告
预算
经营预算
投资预算
财务预算
现场视察
走动式管理
报告
客户的鉴定意见，外部的新情况
进度情况
费用情况
技术工作情况
当前的关键问题
预计的关键问题
其他情况
组织方面的情况
财务控制
损益表分析
财务比率分析
反映盈利能力的指标
资本金利润率
销售利润率
成本费用利润率
反映偿债能力的指标
资产负债率
流动比率
速动比率
反映运营能力的指标
应收账款周转率
存货周转率

在各项管理活动中，计划活动明确了目标和实现目标的途径，组织活动形成了分工协作的结构，领导活动建立起一种促使人们全力以赴的氛围。此外，还必须通过控制活动确保组织走在正确的轨道上，确保组织的目标按计划实现。

第1节 控制的含义和过程

一、控制的含义

控制：管理者为了确保组织的目标得以实现，根据事先确定的标准对计划的进展情况进行测量和评价，并在出现偏差时及时进行纠正的过程。

控制就其一般意义而言，是依靠信息反馈来维持一个系统的原有状态，发生偏差时，设法使它复原。控制的现象可以从生物、物理、机械以及社会生活的方方面面观察到，如恒温箱自动控制系统、人的体温调节系统等。因此，控制是自然界和人类社会中一种普遍存在的现象。

作为管理职能的控制，是指管理者为了确保组织的目标得以实现，根据事先确定的标准对计划的进展情况进行测量和评价，并在出现偏差时及时进行纠正的过程。

简单来说，控制就是使事情按计划进行，就是纠偏，就是纠正实际执行情况与所计划的理想状态之间的偏差。控制是使组织的活动达到预期目标的保证。控制是每个管理者的职责。无论哪一层次的管理者，都要对自己职责范围内计划的实施和目标的实现负责，因此必须承担控制的职能。

控制职能通过纠正偏差的行动与其他三个管理职能紧密地结合在一起，使管理过程形成一个闭环系统。在这个系统中，计划职能选择和确定了组织的目标和实现目标的战略。然后，通过组织、领导等职能去实现这些计划。为了保证目标按计划实现，要在计划实施的不同阶段，根据一定的控制标准检查计划的执行情况，保证组织的活动按计划进行，从而实现组织的目标。一个阶段的目标实现后，再进入下一个计划、组织、领导、控制的循环，形成一个螺旋式上升的过程。

要使控制工作卓有成效，必须遵循一些基本的原则。这些原则包括：控制要反映计划要求，控制必须与组织结构相适应，控制关键点，控制趋势，控制例外情况以及着眼于预防。这些原则的具体含义如下：

（1）控制的目的是使事情按计划进行，因此，所设计的控制系统必须反映计划的要求，服务于计划的实现。

（2）控制还必须考虑组织结构，要能够反映组织结构中负责采取措施的职位的职责，这样才有利于纠正偏离计划的情况。

（3）控制关键点意味着特别关注那些有关键意义的因素。考虑所有的细节既不现实也无必要，控制住了关键点，也就控制住了全局。

（4）控制变化的趋势比仅仅改善现状重要得多，也困难得多。

（5）控制要侧重于那些特别好或特别坏的情况，亦即那些例外情况，尤其是针对关键点的例外情况。

（6）等出现偏差后再进行纠正是事后控制。说到底，着眼于人的素质、能力的提高将从根本上提升工作质量，从而变“亡羊补牢”为防患于未然。

二、控制的过程

无论在哪种类型的组织中，无论控制对象是什么，无论管理者处在哪个层级上，控制工作的基本过程都包括三个步骤：（1）制定控制标准；（2）根据控制标准测量活动的成效；（3）采取纠正措施，消除偏离标准和计划的情况。[1]

（一）制定控制标准

管理控制过程的第一步就是制定控制标准。这里所说的标准（norm），是指评定成效的测量指标或尺度。组织的所有测量指标综合在一起，就构成一个绩效测量指标体系。许多组织所建立的 KPI（key performance indicator）体系也属于绩效测量指标体系的范畴。

控制的标准用于测量组织的绩效。测量是控制职能中最主要的活动。有许多强调测量的重要性的格言，如“只有能够测量才能够管理”“只有能够测量才能够改进”，或者，“没有测量就没有管理”“没有测量就不能实现改进”，等等。测量有助于人们了解工作中的因果关系，从而使人们工作得更好。测量保证了人们的努力方向的正确性。

测量当然很重要，但上述说法并不是绝对的。作为全面质量管理的鼻祖，戴明一向强调测量的重要性，但他也说过，真正重要的东西是测量不出来的。例如，登山爱好者喜欢爬山，围棋爱好者喜欢下棋，京剧的票友喜欢唱几句，并不是因为有人测量才如此。因为喜欢，所以喜欢！著名小说家村上春树是个几十年如一日的长跑爱好者，按照他的说法：“长跑无关乎战胜别人。你唯一的对手就是自己，不涉及其他任何人，然而你会处于一种内在的斗争之中：我比上一次更强了吗？一次次地将自己推向使用极限，这就是跑步的精髓所在。”组织的天平是很难衡量这种发自内心的热爱和追求的。

总的说来，对于测量的作用，我们既要重视，但又不应迷信。测量不是目的，而只是实现目标的手段。测量并不是万能的。忽略了这一点，就有可能“只顾数金蛋而忘了喂鹅”。

我们应当测量什么？这是个大问题，也是个大难题。管理实践中，这方面存在的问题举不胜举。奶制品企业测量原奶的氮含量，得到了三聚氰胺；政府测量 GDP（国内生产总值），得到了资源消耗、面子工程和环境污染；医院测量病床的入住率，得到的是医生篡改患者的检验结果；科研机构测量研究人员的论文数，却得到了成堆的学术垃圾。测量制度设计得有问题的话，会让人们的行为出现偏差，甚至会导致人们走火入魔。总体而言，组织在测量方面存在的问题主要表现在以下几方面：

（1）过于依赖财务或会计指标而忽略非财务指标；

（2）过于注重数量指标而忽视质量方面的指标；

（3）过度关注职能而忽略过程；

（4）对于知识性因素考虑不够；

（5）过于关注个人而忽略团队合作。

根据各类组织长期实践的经验，一个合理的测量指标体系应具有四个方面的特征，即与组织的战略和目标的一致性、均衡性、完整性和可控性。

1. 与组织战略和目标的一致性

测量是为了保证组织目标的实现。测量指标的含义和内容必须与组织的战略和目标是一致的。如果希望通过测量来调整和引导人们的行为，那么所选择的指标就必须与组织的战略和目标相一致。

但是在现实中，有些组织甚至还没有明确的取得共识的战略，也就谈不上与战略相协调的绩效指标了。有些组织制定了整体的战略，但却不能将其分解为一套协调一致的测量指标。在这种情况下，人们自行建立的绩效指标未必能保证与组织的总体战略和目标相一致，因而他们的努力就有可能是无效的，甚至有可能损害组织的整体绩效。

2. 均衡性

飞行员在驾驶飞机的过程中，要保证航向正确、飞行安全，就必须随时关注仪表盘上显示的各种数据：高度、速度、油量、气压等。飞行员通过其驾驶行为控制飞机，使得这些数据之间保持均衡的关系，从而保证飞行正常。同样的道理，在现实的管理实践中，对活动成效（工作绩效）的测量也需要从多个方面综合地进行。指标必须均衡、全面，例如，既要有财务指标，也要有非财务指标；既要重视数量指标，也要重视质量指标；既要关注职能，也应关注过程等。

需要注意的是，测量指标并非越多越好，并不是越多越能够保证均衡性。指标数量的增加会降低其边际效益，在有些情况下，过多的指标反而会产生负面效果。测量是要花钱的，数据的收集和处理都需要费用。与此同时，研究表明，人们只能对有限的信息加以理解和做出反应，从而只会认真对待有限的指标。

3. 完整性

绩效指标的完整性，是指指标能够全面反映测量对象（一个企业、一个部门、一个小组或个人）绩效状况的程度。缺乏完整性的指标只能反映出测量对象局部的活动及其影响，而未被衡量的方面就有可能得不到重视。缺乏完整性的指标使人们不能全面认识自身决策和行动的影响，从而导致次优化的决策。指标缺乏完整性也会导致人们“愚弄”系统，采取更有利于改进局部指标的行动，而不是追求真正的长期价值。例如，“每年开发新产品的数量”这个指标就无法全面地衡量一个研发部门的绩效。为了达到这个指标的要求，该部门可能会过度追求开发产品的数量，而不在乎新产品是否能够真正成功。

绩效指标体系缺乏完整性，是教育机构、研究机构等以知识性员工为主的组织在管理上存在的普遍问题。例如，在很多这类机构中，“论文篇数”“承担项目数”等几个极为简单的指标成为衡量成功与否的绝对标准。人们计算精巧，有利便做，无利则避。套用北京大学钱理群教授的说法，这种制度催生出一大批“绝对的、精致的利己主义者”。

4. 可控性

测量某个部门的指标如果只受到该部门可控制因素的影响，这样的绩效指标就具有可控性，它对该部门绩效的反映就是可靠的。但是在很多情况下，这种理想状态往往难以实现。例如，销售人员的销售业绩与其努力程度有关，但也受到市场多种因素的影响，而市场中的多种因素是销售人员无法控制的。测量指标受到外部因素的影响越大，人们的努力就越容易被这些不可控力量所磨灭，这些指标所反映出的绩效状况与该部门人员的努力之间的关联性就会越差。理论上讲，对人员的衡量只应针对他们所能控制的部分，但是，要确定绩效的某个方面是否可控并非易事。另外，绩效指标的完整性和可控性之间经常存在矛盾。不同工作之间的依存度越高，各自独立的绩效就越难以衡量。

总的来讲，在设计测量指标体系的时候应该注意从上述四个方面来把握。但是要同时满足这四个方面的要求，实际上是有难度的。在这几方面要求之间有时必须进行权衡。

（二）测量绩效，找出偏差

有了控制标准或指标，还必须明确测量的手段和方法是什么，落实进行测量和检查的人员，然后通过测量实际工作的成效来获得必要的信息。这样，就可以反映出计划执行的进程，使管理者了解每个部门的工作成效，及时发现那些已经发生或将要发生的偏差。

有了合理的测量标准和相应的测量手段，对实际执行情况进行评价就容易得多。但在很多情况下，组织中有许多工作或业务很难制定出精确的测量标准，也难以有效地加以测量。对于很多非技术性的或管理类的工作来说，绩效的测量并不是一件轻而易举的事情。

管理者在衡量实际工作绩效时，通常可以采取个人观察、统计数据、口头汇报和书面报告等方式。这些方式各有优缺点，将它们结合起来使用，可以大大增加信息的来源并提高信息的可信度。为了进行有效的控制，所获取的信息除了必须尽可能准确以外，还必须及时、可靠和适用。信息还必须传递到适当的地方。管理者根据所获得的信息将实际工作结果与控制标准进行比较，就能够确定有无偏差以及偏差的大小，从而判断计划执行中是否存在问题。

需要强调的是，并非所有偏离标准的情况都需要作为问题来处理。对于一个系统而言，其输出有一定的变异或波动是不可避免的。根据变异的特点和表现形式，可以将其区分为两种主要类型：正常变异和异常变异。前者是由大量微小的、偶然的原因造成的波动，具有一定的随机性，也称为随机变异。造成这类变异的原因称为一般性原因，主要受一般性原因作用的系统就是一个稳定的或受控的系统。后者是由系统性原因引起的系统误差所造成的变异，这类系统性原因称为特殊性原因。

对于这两类变异应采取不同的对策。由系统性原因引起的变异应当查明原因，坚决消除；由随机因素引起的正常变异是多个影响因素综合作用的结果，短期内应将之控制在一个可接受的范围内，从长远来看，可以通过持续改进将变异降到更低水平。

如果不理解上述两类原因的区别，管理者就有可能会犯两方面的错误：

第一，把一般性原因引起的问题当作特殊性原因引起的问题来处理。这种情况下，就会人为地去干预一个稳定的系统，反而会增加系统的变异，这是一种“瞎调整”。

第二，把由特殊性原因引起的问题归咎于一般性原因，进而错失消除特殊性原因从而减少变异的机会。

（三）找出偏差的原因，采取纠正措施

解决问题首先需要找出产生偏差的原因，然后采取措施纠正偏差。偏差可能是由复杂的原因引起的，必须花大力气找出造成偏差的真正原因，而不能仅仅是头痛医头、脚痛医脚。也就是说，如果发现偏差之后仅仅是简单、片面地一味追求消除偏差，很有可能只是暂时解决了表面上的问题，而根本性的问题仍然存在，偏差还会再度发生甚至激化。

例如，销售收入的明显下降，无论是用同期比较的方法还是用年度计划目标来衡量都很容易发现，但引起销售收入下降的原因却不那么容易一下就找准：到底是销售部门营销工作出了问题或是对销售部门授权不够；还是制造部门产品质量下降，不能按期交货；还是技术部门新产品开发进度太慢致使产品老化、竞争力下降；或是宏观经济调整或消费者偏好发生了变化；等等。每一种可能的原因与假设都不可能通过简单的判断确定下来。如果对造成偏差的原因判断得不准确，纠正措施就会是无的放矢，不可能奏效。因此，对产生偏差的根本性原因的寻找和分析需要采用“剥洋葱”的方式，层层分解，最终把“根原因”剥出来，透过现象找到本质，才能有的放矢。

丰田公司有一个著名的“五个为什么”做法，这是一种从根本上查找原因、解决问题的方法。丰田生产方式的创始人大野耐一举过的一个例子很能说明这种方法的实质。[2] 生产线上的某台机器总是出故障，于是，大野耐一与工人进行了以下的对话：

问：“为什么机器停了？”

答：“因为超负荷，保险丝断了。”

问："为什么超负荷？"

答："因为轴承的润滑效果不好。"

问："为什么轴承的润滑效果不好？"

答："因为润滑泵吸不上油。"

问："为什么吸不上油？"

答："因为油泵轴磨损、松动了。"

问："为什么磨损了？"

答："因为没有安装过滤器，混进了铁屑等杂质。"

最后不难看出解决上述问题的正确措施应该是在油泵轴上安装过滤器。如果没有这种追根究底的精神来发掘问题，很可能只是换根保险丝草草了事，真正的问题并没有解决，同样的故障还会出现。只有彻底地追问并不带任何成见地到问题现场实地观察，对每件事、每个问题重复问五个"为什么"，才能查明事情的因果关系并找到隐藏在问题背后的根本原因，从根本上解决问题。

在分析偏差原因时，因果图（cause and effect diagram）是一种非常有用的工具。因果图又叫特性要因图、树枝图、鱼骨图，由于是日本质量管理专家石川馨提出的，所以又叫石川图。[3] 运用因果图有利于对问题的成因进行综合的考察和分析，理出头绪，分出因果层次，从最明显的原因出发，层层深入，力争找到最深层次的并能采取改进手段的原因，然后对症下药，从根本上解决问题。典型的因果图如图 12－1 所示。

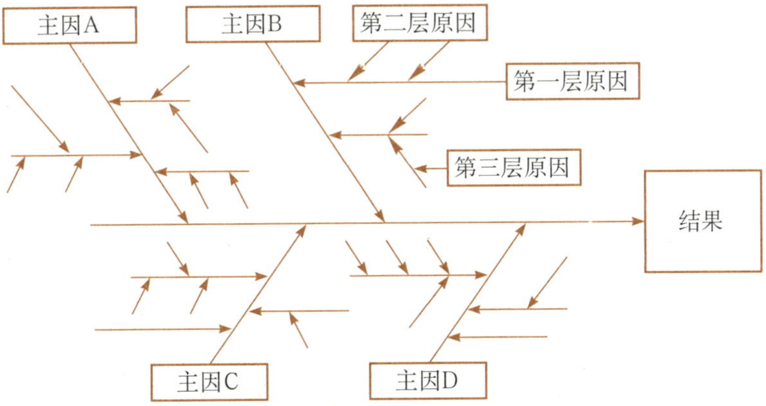

图 12－1 因果图

在应用因果图时，应注意集思广益，广泛收集数据资料。该图只能用于单一目的的研究分析，不能多个问题共用一图。最末一层的原因应寻求至可以直接采取措施为止。

对偏差的原因进行彻底的分析之后，管理者需要确定应当采取什么样的纠正措施和行动。具体措施可以分为两类：一类是立即执行的临时性应急措施，另一类是永久性的根治措施。前者是为了解决"急性问题"，而后者是为了解决所谓的"慢性问题"。

第2节　预算、视察和报告

预算、视察和报告是组织中常见的几种控制方法。这里简要分述如下。

一、预算

预算是一种常用的控制方法。这里的预算与通常所说的财务方面的预算有所区别，它特指针对特定的活动进行资源分配的数字化计划。例如，如果你决定下个月外出度假，你就需要预先确定你有几天假期，打算支出多少费用，假期在外需要带多少件换洗衣服，常用药品的种类和数量，等等。这就是一种预算。

由于货币是人类社会中最通用的语言，各种类型的组织以及组织中的各个职能、各个层次的活动都可以用货币来描述，故货币化的预算是最普遍的预算。除此之外，预算也可用于描述时间、空间和物料的分配，这种类型的预算通常使用的是非金额的数字，如工时、能力利用率、单位产量等。

预算为管理者提供了测量工作绩效的量化的尺度。通过将实际使用的资源与预算指标进行对比，能够判断计划的进展是否正常，必要时能采取适当的纠正行动，从而确保资源的分配和使用按计划进行。

企业的预算按照不同的内容可以分为经营预算、投资预算和财务预算三大类。

1. 经营预算

经营预算（operational budget）是指企业日常发生的各项基本活动的预算。它主要包括销售预算、生产预算、直接材料采购预算、直接人工预算、制造费用预算、单位生产成本预算、推销及管理费用预算等。

2. 投资预算

投资预算（investment budget）是针对企业固定资产的购置、扩建、改造、更新等编制的预算。它要明确在何时投资，投资多少，资金从何处取得，何时可获得收益，每年现金净流量为多少，需要多少时间收回全部投资等。

3. 财务预算

财务预算（financial budget）是指企业在计划期内反映预计现金收支、经营成果和财务状况的预算。它主要包括现金预算、预计损益表和预计资产负债表。前述的经营预算和投资预算都可以折算成金额反映在财务预算内。这样，财务预算就成为各项经营业务和投资的整体计划，故亦称总预算。

尽管预算是一种普遍的计划和控制方法，但在实际工作中存在一些使预算控制失效的危险倾向，如预算过于烦琐，预算目标有时会取代企业目标，效率低下，缺乏灵活性。

为此，有一种称为零基预算（zero-based budget）的方法被认为有助于解决上述问题。零基预算法的思路是，在每个预算年度开始时，将所有还在进行的管理活动都看作重新开始，即以零为基础。根据组织目标，重新审查每项活动对实现组织目标的意义和效果，并在费用－效益分析的基础上，重新排出各项管理活动的优先次序，依此来分配资金以及其他资源。

二、现场视察

现场视察也许算得上是一种最经典、最直接的控制方法。基层管理者通过视察，可以判断出产量、质量的完成情况，设备运转情况和劳动纪律的执行情况等；职能部门的管理者通过视察，可以了解工艺文件是否得到了认真贯彻，生产计划是否按预定进度执行，各项规章制度是否被严格遵守，以及生产过程中存在哪些偏差和隐患等；而高层管理者通过视察，可以了解组织的方针、目标和政策是否得到贯彻，判断职能部门的情况报告是否属实以及员工的合理化建议是否得到认真对待，还可以从与员工的交谈中了解他们的情绪和士气等。这些都是仅凭正式的报告难以获得的第一手信息。

视察的优点不仅仅是掌握第一手信息，它还能够使组织的管理者保持和不断更新自己对组织的感觉，使他们了解事情是否进展顺利以及组织是否运转正常。即使是计算机化的现代管理信息系统提供的实时信息也代替不了管理者的亲身感受和亲自了解。另一方面，人是组织中最重要的资源，面对面的交往更有助于向员工传达关心、理解和信任。亲自视察具有激励的作用。视察还能够使高层管理者发现人才，并从下属的建议中获得启发和灵感。

在这方面，实践中有一种颇受推崇的管理方式称为走动式管理（management by wandering around，MBWA）。这是指高层管理者经常抽空前往各个工作现场走动，以收集第一手信息，获取直接感受，把握实际情境下的管理方式。走动式管理的概念源于美国的彼得斯（T. J. Peters）与沃特曼（R. H. Jr. Waterman）在 1982 年出版的《追求卓越》一书。[4] 书中提到，那些卓越企业的高层主管不是整天待在豪华办公室中等候下属报告，而是在日理万机之余经常到各个现场或部门走动。该书作者因此建议，高层主管应该至少有一半以上的时间要走出办公室，了解员工的实际工作状况，给他们加油打气。

有许多著名的企业家、经理人都践行了走动式管理的做法。

麦当劳的创始人雷·克罗克被企业界誉为“麦当劳帝国之王”。克罗克不喜欢坐在办公室里发号施令，而是喜欢经常到各公司、部门、分店走动走动。通过到各公司、各部门进行实地考察，他会从中发现很多问题，然后及时加以解决。

沃尔玛公司的山姆·沃尔顿每周大部分时间都在各个沃尔玛分店穿梭。他喜欢跟顾客和员工面对面地交流。沃尔玛成长为巨无霸企业后，山姆不惜自己驾驶飞机巡视，再后来又投巨资建立了全球卫星网络系统，保证每周都要让每一个沃尔玛员工看到他的音容笑貌。

杰克·韦尔奇在领导通用电气的生涯中经常喜欢“深潜”，与员工一起工作，一起思考，一起兴奋，一起展开激烈的辩论。韦尔奇在获得大量鲜活思想的同时，也得到了极大的满足和乐趣。通过一次次深潜，韦尔奇识别并提拔了一大批人才，把握了一系列商机。

日本的士光敏夫接管东芝电器公司时，东芝的生产每况愈下。士光敏夫上任后，每天巡视工厂，遍访东芝的工厂和企业，与员工一起吃饭，话家常。清晨，他总比别人早到半个钟头，站在厂门口向工人问好。这种做法有效促进了企业的沟通，大大提升了员工的士气。

三、报告

通过报告的形式，执行者向主管上级全面、系统地阐述计划的进展情况，存在的问题及原因，采取了哪些措施，收到了什么效果，预计可能出现的问题等。通常，运用报告进行控制的效果取决于管理者对报告的要求。现实中，许多管理者对下属应当向他报告什么缺乏明确的要求，从而使得依据报告实施的控制的效果打了折扣。美国通用电气公司所建立的一种报告制度颇有借鉴意义，该公司规定报告主要应包括以下八个方面的内容[5]：

（1）客户的鉴定意见以及自上次会议以来外部的新情况。目的在于使上级管理者判断情况的复杂程度和严重程度，以便决定是否要介入以及介入的程度。

（2）进度情况。将工作的实际进度与计划进度进行比较，说明工作的进展情况。

（3）费用情况。要与费用开支计划进行比较，并回答实际的费用开支为什么超出了原定计划，以及按此趋势估算的总费用开支（或超支）情况。

（4）技术工作情况。说明工作的质量和技术性能指标的完成情况及目前达到的水平。其中很重要的问题是说明设计更改情况，设计更改的理由和方案，说明更改是客户提出的要求还是自己做出的决定等。

（5）当前的关键问题。报告者需要检查各方面的工作情况，并从所有存在的问题中挑出最为关键的问题。不仅要指出问题所在，还须说明对整个计划的影响，列出准备采取的行动，指定解决问题的负责人，规定解决问题的期限，并说明最需要上级帮助解决的问题。

（6）预计的关键问题。报告者需要详细地说明问题，指出其影响和准备采取的行动，指定负责人和解决问题的日期。预计的关键问题对上层管理者来说特别重要，因为他们往往认为下属容易陷入日常问题之中而对未来漠不关心。这些关键问题有助于管理者制定长期决策。

（7）其他情况。例如，对组织及客户有特别影响的事项，上月（或季度、年度）的工作绩效与下月（或季度、年度）的主要任务等。

（8）组织方面的情况。向高层主管提供有关人员名单、对计划的组织工作的评估等。

第 3 节 财务控制

财务控制是管理控制的重要方面。这方面的控制主要包括损益表分析、财务比率分析等。

一、损益表分析

损益表是最基本的财务报表之一。损益表能够反映出企业在一定期间内收入与费用的具体情况，从而有助于从收入与费用方面理解影响企业绩效的直接原因，进而确定影响利润的原因。表 12－1 是一张经过简化的某企业 2017 年上半年的损益表，通过将其与计划和上年同期的损益表进行对比，可以发现许多造成利润下降的问题（见表 12－2 和表 12－3）。

表 12－1 ××企业 2017 年 7 月的损益表（利润表） 单位：万元

项目	行次	本期		上年同期		计划	
		本期数	累计数	本期数	累计数	本期数	累计数
一、营业收入	1	620.21	3 758.68	840.87	4 209.19	750.00	4 500.00
减：营业成本	2	292.08	1 768.73	429.91	2 016.13	358.00	2 148.00
营业税金及附加	3	36.84	223.27	44.96	182.81	41.50	210.00
销售费用	4	39.01	217.3	34.96	152.22	35.00	170.00
管理费用	5	146.04	884.37	214.95	1 008.07	179.00	1 075.00
财务费用	6	20.02	120.12	14.04	84.21	36.00	216.00
二、营业利润（亏损以“－”号填列）	7	97.09	578.25	124.28	808.83	106.30	716.00
加：营业外收入	8	—	0.07	0.07	0.31	—	—
减：营业外支出	9	11.66	87.25	17.57	67.27	12.00	70.00
三、利润总额（亏损总额以“－”号填列）	10	85.43	491.07	106.78	741.87	94.30	646.00

表 12－2 损益分析表（一） 单位：万元

分析项目	与上年同期累计数比较		与计划累计数比较	
	增减数	增减率（%）	增减数	增减率（%）
营业收入	-450.51	-10.70	-741.32	-16.47
营业利润	-230.58	-28.51	-137.75	-19.24
营业外支出	19.98	29.7	17.25	24.64
利润总额	-250.80	-33.81	-154.93	-23.98

表 12－3　　　　损益分析表（二）　　　　单位：万元

分析项目	与上年同期累计数比较（%）			与计划累计数比较（%）		
	本年实际	上年同期	增减数	本年实际	计划	增减数
营业毛利率	52.94	52.10	0.84	52.94	52.27	0.67
营业利润率	13.06	17.63	−4.57	13.06	14.36	−1.30
营业成本率	47.06	47.90	−0.84	47.06	47.73	−0.67
营业费用率	5.78	3.62	2.16	5.78	3.78	2.00

对损益表的分析表明，营业收入减少和营业费用率增加是造成营业利润和营业利润率下降的直接原因。而在销售收入大幅下降的情况下，营业成本率不但没有上升，反而较上年同期和计划水平略有下降，说明在销售形势恶化的情况下，企业在内部管理方面取得了一定的成绩，问题主要出在经营方面，特别是在销售上。

可见，损益表分析有助于发现全局性的问题，把控制工作的重点集中在那些直接影响利润的方面。损益控制法不仅适用于企业整体，也适用于企业内部的子单位。

二、财务比率分析

一般说来，仅根据组织某一时期的绝对绩效数值很难说明问题。例如，某企业年度创利 1 000 万元，这个数字很难给出什么明确的信息，因为我们不知道该企业的销售额是多少，不知道其资金总额是多少，不知道其所在行业的平均利润水平，也不知道该企业上年和历年的利润。但是，通过计算各种比率，能够了解各个因素的相互影响，通过分析前后各期比率的变化趋势还能够进一步发现问题。企业常用的财务分析比率有以下几类。

（一）反映盈利能力的指标

这一类指标主要有三个，即资本金利润率、销售利润率和成本费用利润率。

1. 资本金利润率

$$资本金利润率=\frac{利润总额}{资本金总额}\times 100\%$$

这是分析企业资本金利用效果的重要指标。式中，利润总额指的是税前利润，资本金总额指的是企业在工商管理部门登记的注册资金。企业的各方面工作成效都会影响这项指标。例如企业的固定资产利用率高，流动资产周转速度快，意味着用同样的资本可实现更多的财务成果，此时的资本金利润率也就比较高。资本金利润率应高于银行存款利率或债券利率，企业才能继续经营下去。

2. 销售利润率

$$销售利润率=\frac{净利润}{产品销售收入（或营业收入）}\times 100\%$$

这一比率反映的是利润在销售收入（或营业收入）中所占的比重，反映了企业通过扩大销售获取利润的能力。

3. 成本费用利润率

$$成本费用利润率=\frac{净利润}{成本费用总额}\times 100\%$$

这一比率反映了企业生产经营过程中发生的耗费与获得的收益之间的关系。式中，成本费用是企业为获取净利润而付出的代价，主要包括销售成本、销售税金、销售费用、管理费用、财务费用和所得税等。这一比率越高，说明企业为获取利润所付出的代价越小，企业的获利能力越强，同时也说明企业对成本费用的控制能力和管理水平较高。

（二）反映偿债能力的指标

这一类指标主要有三个，即资产负债率、流动比率和速动比率。

1. 资产负债率

$$资产负债率=\frac{负债总额}{全部资产总额}\times 100\%$$

这一指标是指负债在企业全部资产中所占的比重，反映了企业举债经营的能力，也反映了债权人借出资金的安全程度，是企业长期偿债能力的“晴雨表”。

2. 流动比率

$$流动比率=\frac{流动资产总计}{流动负债总计}\times 100\%$$

这一指标反映了企业的短期偿债能力，即企业的流动资产在短期债务到期以前可以变现以偿还流动负债的能力。

3. 速动比率

$$速动比率=\frac{速动资产}{流动负债}\times 100\%$$

所谓速动资产是指流动资产减去存货等流动性较差的资产后的余额。速动比率是一个比流动比率更为敏感的衡量企业短期偿债能力的指标，反映了企业流动资产可以立即用于偿付流动负债的能力。

（三）反映运营能力的指标

这一类指标主要有两个，即应收账款周转率和存货周转率。

1. 应收账款周转率

$$应收账款周转率=\frac{赊销收入净额}{平均应收账款余额}\times 100\%$$

这是衡量企业收回应收账款的效率的指标，反映了企业应收账款的流动速度。

2. 存货周转率

$$存货周转率=\frac{销货成本}{平均存货余额}\times 100\%$$

存货周转率反映了企业在一定时期内使用和利用存货的效率。

需要注意的是，计算财务比率所依据的财务报表数据总是来自企业过去某一段时间或某一时点，列入财务报表的信息并未完全反映企业可以利用的资源，例如人力资源和品牌价值等因素。因此，在实际应用时，应考虑到财务比率的局限性。

注释

[1] 詹姆斯·R. 埃文斯，威廉·林赛. 质量管理与质量控制. 北京：中国人民大学出版社，2010.

[2] 大野耐一. 丰田生产方式. 北京：中国铁道出版社，2006.

[3] 石川馨. 日本的品质管理. 东京：日本科学技术联盟出版社，1981.

[4] 汤姆·彼得斯，罗伯特·沃特曼. 追求卓越. 北京：中信出版社，2009.

[5] 艾尔弗雷德·斯隆. 我在通用汽车的岁月：斯隆自传. 北京：华夏出版社，2005.

复习思考题

1. 控制的一般意义指什么？
2. 作为管理职能的控制是何含义？
3. 控制工作必须遵循哪些基本原则？
4. 控制的过程包括哪几个步骤？
5. 控制标准是什么？
6. 控制与测量是何关系？
7. 实践中，组织在测量方面存在哪些问题？
8. “只顾数金蛋而忘了喂鹅”描述了管理中的什么现象？
9. 什么是 KPI？
10. 一个合理的测量指标体系应该具有哪四个方面的特征？其含义分别是什么？
11. 管理中是否所有偏离标准的情况都需要作为问题来处理？
12. 系统的变异主要有哪两种类型？针对这两种变异应分别采取何种对策？
13. 不了解两种变异的原因的区别，管理者可能会犯何种错误？
14. 丰田公司的“五个为什么”是何方法？
15. 什么是因果图？
16. 什么是预算？
17. 企业一般有哪几类预算？
18. 实际工作中存在哪些使预算控制失效的危险倾向？
19. 什么是零基预算？其思路是什么？
20. 什么是走动式管理？
21. 反映企业盈利能力的财务比率有哪些？其含义如何？
22. 反映企业偿债能力的财务比率有哪些？其含义如何？
23. 反映企业运营能力的财务比率有哪些？其含义如何？
24. 在进行财务比率分析时应注意哪些方面的局限性？

案例 12.1　TCL 的“钻石模型”

在向国际化经营的跨国企业转型的过程中，TCL 遭遇了种种危机和困难，付出了巨大的代价。为了在变化中明确发展的方向，找准变革的切入点，2006 年 4 月，时任 TCL 副总裁的薄连明提出了表征 TCL 全景管理模式的“钻石模型”。

钻石模型看起来非常简单，它由三角形构成，三个顶点分别代表政治、经济和文化。它们又延伸出九个要素，企业政治包括治理结构、利益机制和权力分配；企业经济包括战略、商业模式和流程；企业文化包括企业的愿景和使命、核心价值观和行为规范。这九个要素之间相互影响，把它们连接起来，模型的形状像一块钻石，如图 1 所示。

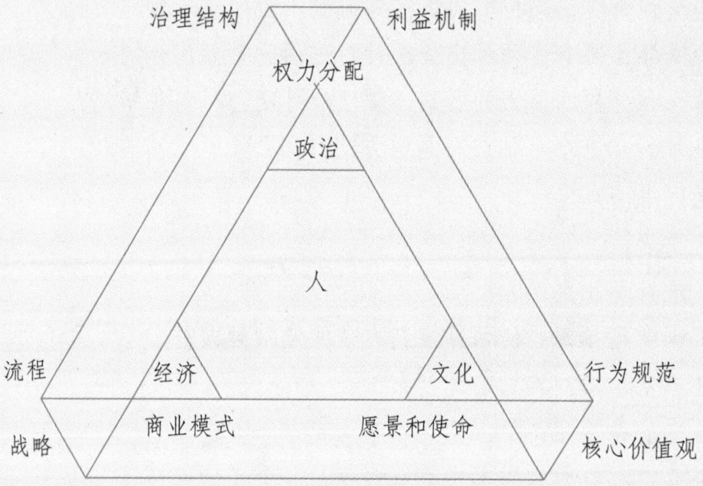

图 1　钻石模型

运用这个模型进行结构化的分析，可以清晰地解释 TCL 在国内市场的高速增长和在国际化过程中遭遇的挫折。

从 1997 年到 2004 年，TCL 每年都保持着超过 40% 的复合增长率，实现了连续 20 多年高成长的辉煌，曾经被业界评价为“超常企业”。顺利的发展得益于在政治、经济和文化的配比上，各个要素都设计得非常有效。TCL 率先解决了治理结构和利益机制的问题，国有股份在保值增值的情况下比例不断缩小，解决了长效机制问题；同时选择了较好的企业战略和模式，1996 年，TCL 进军彩电业时采用的是“先店后厂”的方式，先做销售，积累客户和资源，市场做到足够充足时才收购工厂，从而拥有自己的制造基地。另外，创业时期所倡导的企业家精神，让 TCL 积累了敢于冒险与创新的文化。

2006 年 5 月，在薄连明的主持下，TCL 高管团队运用“钻石模型”，对企业政治、经济、文化三个维度以及三个维度之间的匹配度进行了分析评估。每个维度包含 10 个项目，每个项目以 10 分为满分。

部分问题和得分结果如下：

政治维度：61 分

- 公司对委托人和代理人是否做了合理的安排？ 9 分
- 公司治理结构是否完善并且分工明确？ 8 分
- 母子公司管控模式是否有效？ 4 分
- 公司是否设计了长期有效的激励和约束机制？ 4 分

…………

经济维度：62 分

- 公司是否有明确的长期战略计划？ 8 分
- 公司商业模式是否清晰明了？ 7 分
- 国际化战略的信息传递是否有效？ 5 分
- 各项作业是否和战略相关？ 5 分

…………

文化维度：56 分

- 公司是否有清晰明确的愿景？ 5 分
- 员工对这个愿景是否有清晰的认识？ 4 分
- 员工是否清楚自己的使命且付诸实施？ 4 分

…………

除了对政治、经济和文化这三个维度进行评估，TCL 高管们还评估了这三者之间的结构匹配度。因为“钻石模型”不仅强调三个维度各自的内容，还强调它们之间的关联和结构，这种关联和结构必须合理。

匹配度：53 分

- 公司是否有有效的制度和流程以保证核心价值观的执行？ 5 分
- 公司是否有战略推演和检讨的机制？ 5 分
- 公司是否主动推动文化变革以适应战略发展和治理变化的需要？ 5 分

…………

分析结果表明，三个要素中得分最低的是文化。尽管企业不断地谈文化，但文化的核心内容和企业的核心价值观都不明确。TCL 以往 25 年的成功使公司内部形成了小团体主义诸侯文化，在国际化进程当中，愿景不清晰，沟通不到位，核心价值观没有得到有效的贯彻。

在一次研讨会上当被问及 TCL 文化变革的历程时，薄连明如是说：

在当时的评估中认为TCL有共同的愿景，但实际上诊断下来是没有共同愿景的。所以第一阶段主持TOP 20开了一个专门的企业文化推演会，来推演我们的企业文化到底是什么样的。那一次会议当中我们正式把共同愿景梳理出来。首先是重新理清愿景，沟通共识。把愿景理清之后，用一系列的活动来宣导贯穿。我们6月份得到企业的愿景和核心价值观，7月份组织TOP 150到延安进行拓展训练。我们进行了三天四夜的拓展训练，重走南泥湾。8月份召开了企业文化变革实施万人大会，进行全面的变革动员。10月份把文化转化为培训工程。

通过应用“钻石模型”，TCL找到了问题的根源所在，以及解决问题的突破口。

2009年，TCL内部再一次用“钻石模型”进行测试。经过整体变革，TCL在政治、经济、文化三个维度以及三者的匹配度上都有显著的进步。政治维度得分从61分提高到82分，经济维度得分从62分提高到80分，文化维度进步更大，得分从56分提高到83分，结构匹配度得分从53分提高到83分。

[讨论]

评价TCL的“钻石模型”的作用。

案例 12.2 联合技术公司的 ACE 体系

联合技术公司（United Technology Company，UTC）是一家总部位于美国康涅狄格州哈特福德的全球性企业，业务遍及世界 180 多个国家和地区，员工超过 20 万人，在 2018 年《财富》500 强企业中名列第 159 位。

UTC 的前身为联合航空运输公司，1934 年，因美国政府反对航空公司和飞机设备制造商形成行业垄断而被拆分，形成了今天的 UTC、波音公司和美国联合航空公司。今天的 UTC 公司的业务范围涵盖航空发动机、直升机、商用航空设备和系统、电梯、暖通空调和制冷系统、消防和安防设备、楼宇自动控制设备等多个领域。UTC 能够取得并保持竞争优势，与其长期推行的 ACE 管理体系有着密切的关系。

一、UTC 的 ACE 管理体系的由来

UTC 前任董事长兼首席执行官乔治·大卫 1992 年上任时，发现整个公司的不良质量成本（包括售后保修、报废、返工和检修）高达 16 亿美元，几乎相当于 UTC 的年度总利润。UTC 的财务前景令人担忧。乔治·大卫曾经在日本任职，对于日本企业的质量管理颇为赞赏。于是，他聘请松下公司的质量专家伊藤让担任顾问，帮助 UTC 解决存在的问题。

乔治·大卫对伊藤让推崇备至，他说，“实际上，他对我们公司的影响超过了其他任何人。他把 QCPC、5S 等日本的管理方法带到 UTC 公司中并使之发扬光大，他将管理观念——要保证质量，就要从一开始不出坏产品，不是靠复杂的检验机制，也不是靠自动化的统计过程控制，而是靠每个员工的参与——带到 UTC。他教给我们消灭过程开始时产生的缺陷的方法——‘追根溯源’。他强调任何缺陷都是一块宝石，因为弄清开始时出现缺陷的原因将有助于这种缺陷不再出现”。

在伊藤让的指导下，UTC 借鉴日本企业的经验并结合本公司的实际，于 1996 年创造了“取得竞争优势”（Achieving Competitive Excellence，ACE）的管理体系，随后在整个公司推广。目前，ACE 体系已经渗透到 UTC 在全球的 900 多家子公司中。

二、ACE 体系的构成要素

ACE 体系由三个关键因素组成，即文化、工具和能力。其中，ACE 的文化可以表述为以下六个要点：

- 培养心地善良、专注工作的员工；
- 聚焦质量和工作流以持续改进过程；
- 珍视问题中蕴涵的启迪；

- 使用简单和直观的方法来改进过程；
- 根据反馈来发现问题、引导解决方案并且证实改进结果；
- 确立有挑战性的目标。

此外，ACE 体系包括 12 种工具，如表 1 所示。其中的前 7 种工具为“过程改进与消除浪费”工具，中间 4 种工具为“解决问题”工具，最后一种工具属于“决策”工具。

表 1　　ACE 体系的 12 种工具

序号	工具	序号	工具
1	5S（可视化工作场所）	7	减少准备工时
2	价值流（流程）管理（VSM）	8	市场反馈分析（MFA）
3	流程认证	9	质量诊断流程图（QCPC）
4	标准工作	10	严格根源分析（RRCA）
5	生产准备流程（3P）	11	错误预防
6	全面生产维护（TPM）	12	通行证流程

ACE 的第三个构成要素是能力。能力的培养途径包括教育、共享最佳实践、质量诊断等，其中教育是最主要的途径。特别值得一提的是 UTC 的伊藤大学，在 1998 年建立以后就成为 ACE 理念和工具的培训与应用最主要的资源。迄今为止，已有 2 万余名领导和助理、2 500 余名 ACE 推广员和协调员在伊藤大学接受培训。

三、ACE 体系的评价认证制度

ACE 体系的最大特点在于建立了一套评价认证系统。推行 ACE 的卓越程度可以分为合格、铜牌、银牌和金牌四个等级。UTC 将所有子公司的 ACE 评价等级在信息系统中实时公布，以激励所有员工和组织为提升价值创造能力而努力。UTC 的目标是让 80% 的 UTC 工作场所和 75% 的主要供应商达到银牌和金牌级别。

我国中航工业南方公司借助与 UTC 合作的机会，从 2005 年起导入 ACE 管理并取得了良好的效果。其董事长、总经理李宗顺认为：“我感觉 ACE 管理不像丰田生产系统有那么多的概念和方法，它的思想和工具简单易懂，只要用心，每个人都能学会；它也不像六西格玛有那么多的统计方法，令人望而却步。ACE 管理就是以‘品质’为核心，以‘精益思想’为基础，以‘客户’为导向，利用 12 个简单的工具持续改善流程，简单有效，化繁为简，使工作更有效率和效益。”

［讨论］

联合技术公司的 ACE 体系的特点与启示是什么？

第13章

组织绩效的控制与改进

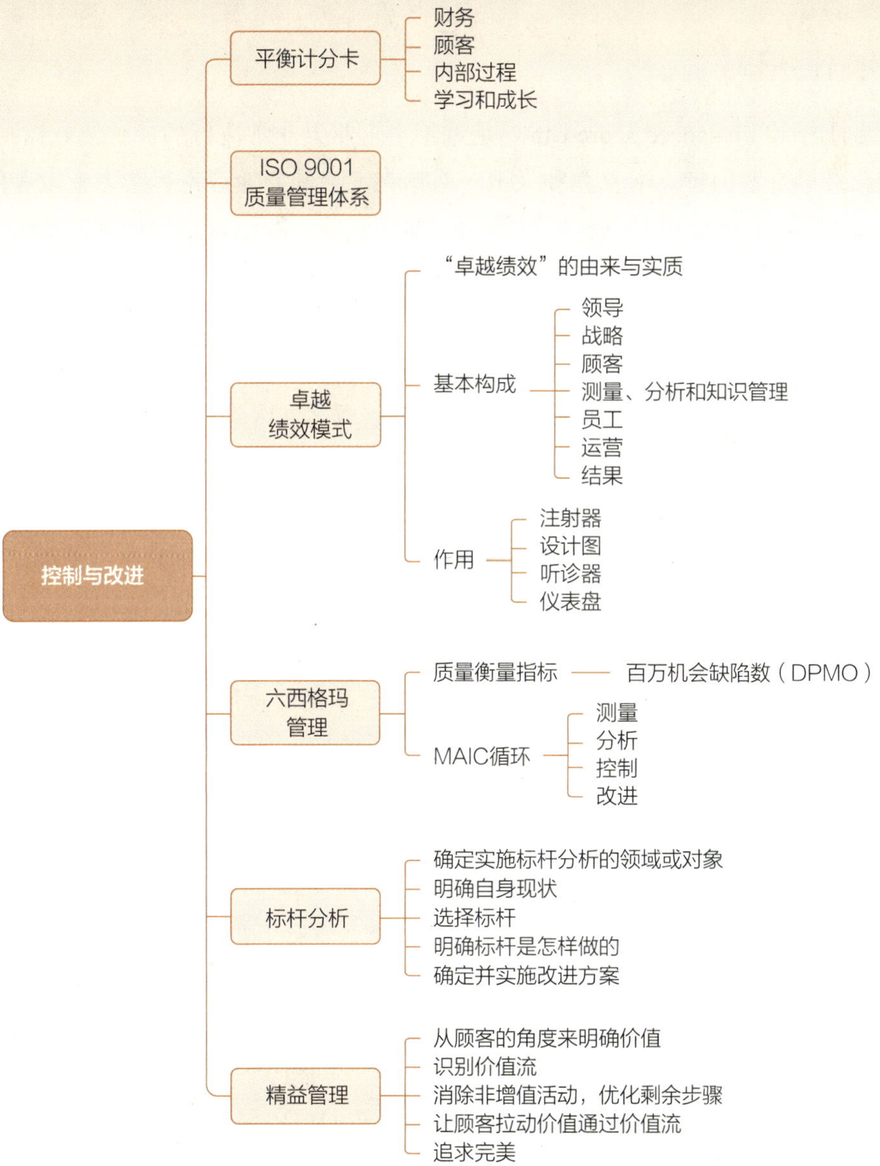

组织绩效就是组织的产品、服务、运营效率、财务表现、社会责任等各方面输出的综合反映。组织的绩效状况决定了组织竞争力的强弱。持续地控制和改进绩效是组织生存和发展的保证。用于绩效控制和改进的方法有许多，最常见的包括平衡计分卡、ISO 9000质量管理体系、卓越绩效准则、六西格玛管理、标杆分析、精益管理等。

第1节　平衡计分卡与战略地图

一、平衡计分卡

平衡计分卡（balanced score card）是近年来企业界非常流行的一种绩效控制方法。这一概念最早是罗伯特·卡普兰和大卫·诺顿在《哈佛商业评论》杂志上发表的一篇论文中提出的，它主张的是这样一种认识，即任何单一的绩效指标都难以反映出组织的绩效全貌，必须用一套“平衡的”（balanced）指标体系来要求组织才能使之健康地发展。[1]

罗伯特·卡普兰和大卫·诺顿最初提出的平衡计分卡是由四套指标所构成的一个体系，这四套指标分为四个方面，分别为财务、顾客、内部过程以及学习和成长（见图13-1）。

这种平衡计分卡模型有其独到之处。它将组织的绩效状况综合地反映在单一的文档上，使管理者能够一目了然，从而理解和把握整个组织的经营管理状况。平衡计分卡本身十分简洁，但它与组织的信息系统相联系，可以进一步查询细节。

更为重要的是，平衡计分卡中的绩效指标来自组织的愿景和战略。确定绩效指标需要一种系统的、演绎性的努力，出发点是组织所追求的目标以及实现目标的关键手段，而不是企业现有的绩效指标。这意味着平衡计分卡的导入常常要求企业设立目前尚不存在的绩效指标。

将绩效指标分为财务、顾客、内部过程以及学习和成长四个方面是基于如下的逻辑：

（1）财务方面的绩效指标所关注的是股东的利益，即公司是否取得了令人满意的投资回报，是否为股东创造了价值。这是一个企业能否生存下去的前提条件。

（2）企业在财务方面是否成功取决于它能否为顾客创造价值，因而顾客满意就成为财务成功的前提条件。

（3）顾客的满意应当以一种有效的方式实现，不能因不顾一切取悦顾客而招致破产，必须确保内部的关键过程表现良好。例如，我们可以通过人海战术来改进顾客服务，也可以减少人员但更有效地利用他们的时间并利用先进的信息技术来支持他们。只有在有效的内部关键过程的基础上，才能将为顾客创造的价值转化为股东的价值。

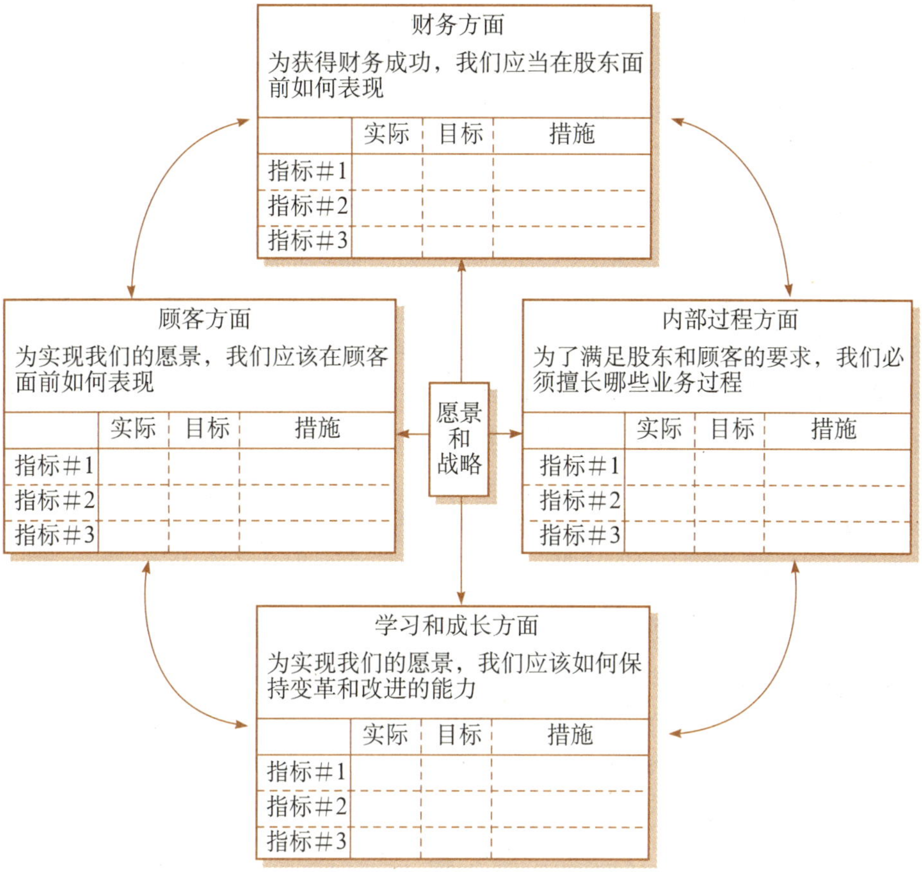

图 13－1 平衡计分卡示意图

（4）为顾客创造价值必须是持久的。企业只是今天做到为顾客创造价值并有效地使用资源还远远不够。世界不会静止不变，对绩效的要求随时间推移而不断提高。为了保证企业在未来仍会被顾客欣赏并保持资源的有效利用，组织及其员工必须不断地学习和发展，因而必须在创新、学习和成长方面对组织提出要求。

基于上述道理，平衡计分卡将绩效指标分成四大类别，每一类别反映组织绩效的一个特定方面。这四类指标的内容必须与每个组织的情况相适应，必须反映组织的宗旨和战略。对于遵循低成本战略的企业而言，其关键成功因素不会等同于利用创新性产品为某一个特定的细分市场创造价值。这意味着为了引导组织的绩效改进活动，每个企业所采用的评价指标各不相同。

平衡计分卡可以在组织中层层展开，从而将组织各个部门的管理置于总体愿景和战略的指导之下。通过这种展开，各部门确立了适应本单位情况的绩效指标。平衡计分卡的展开一般涉及两个相关联的过程：一是直接采用有关整体战略的指标和本单位适用的指标；二是重新设计反映本单位特殊需要的指标。就概念而言，平衡计分卡意味着对愿景和战略的分解，它可以一直分解到每个管理者头上，管理者可以依据平衡计分卡四个方面的要求来设定自己的个人目标，使之反映本单位战略的要求。

信息技术的发展使平衡计分卡的分解变得非常容易。借助一个简单的电子表格，企业可以按照同样的方式管理所有的子单位以及这些子单位的每一个层次。

二、战略地图

战略地图是以平衡计分卡的四个层面目标为框架的企业战略因果关系分析图，它是卡普兰和诺顿对其平衡计分卡工作的进一步发展。战略地图为组织提供了一种对其战略进行沟通的工具，有助于人们深入理解组织的战略所涉及要素之间的因果关系，进而促进组织战略的贯彻实施。

在建立战略地图时，首先要将组织的战略在财务、顾客、内部过程及学习和成长四个方面加以展开，确定各个领域的关键驱动因素，也就是所谓的战略重点或战略主题。然后要分析、明确各个重点或主题之间的内在联系，以形成相互支撑的关系。反映这种关系的简图便是所谓的战略地图。

例如，某商场希望提高其投资回报率（ROI）。管理层经过分析认为，投资回报率的提高可以通过增加营业收入和/或提升商店的生产率来实现。为此，就需要确定在财务、顾客、内部过程及学习和成长四个方面的关键驱动因素，理清这些关键驱动因素之间的因果关系便形成了图13－2所示的战略地图。

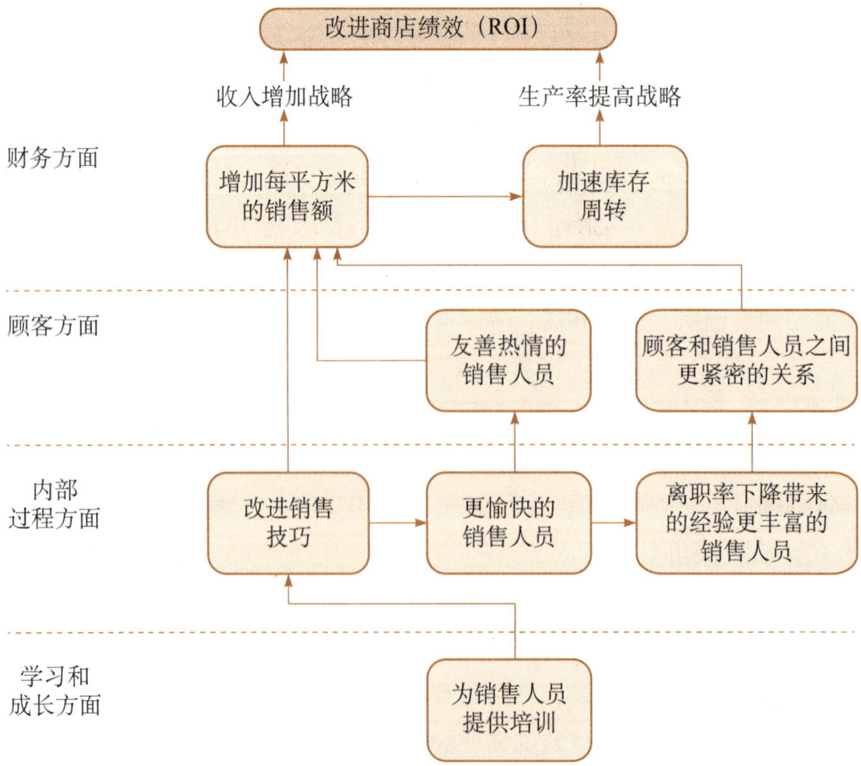

图13－2　某商场的战略地图示意

从图中可以看出，加强对销售人员的培训可改进销售技能，从而增加每平方米的销售额，并会使销售人员更加愉快。愉快的销售人员会成为友善热情的销售人员，其离职率也会相应降低。每平方米销售额的增加会促进商店营收的增加，同时提高库存周转率。

第 2 节 ISO 9001 质量管理体系

于 1987 年问世的 ISO 9000 族标准是 30 多年来对全球的企业界影响最为深远的事件之一。全球的大多数国家和地区等同采用了这套标准。这套标准发布之后产生了巨大的影响，连国际标准化组织都声称是“一个意想不到的成功”。这套标准于 1987 年问世，此后分别于 1994 年、2000 年、2008 年和 2015 年进行了修订。现行的标准为 2015 年发布的第五个版本。我国将其等同采用为国家标准，即 GB/T 19000 族标准。目前，我国有 30 多万家机构通过了 ISO 9001 质量管理体系认证，这些机构中除了各种类型的企业，还有学校、医院以及其他类型的组织。

确切地说，ISO 9000 族标准是指由 ISO/TC 176（国际标准化组织质量管理和质量保证技术委员会）制定的所有国际标准。ISO 9000 族标准中，最核心的标准有三个，即 ISO 9000《质量管理体系——基础和术语》、ISO 9001《质量管理体系——要求》、ISO 9004《追求组织的持续成功——质量管理方法》。[2] ISO 9000 表述了质量管理体系的基础知识并规定了质量管理体系的术语。ISO 9001 是关于质量管理体系的要求，通常人们所说的质量管理体系认证依据的便是这一标准。而 ISO 9004 为组织提升其持续成功的能力提供了指南，并提供了一个对照标准进行自我评价的工具。

ISO 9000 标准开宗明义就阐述：“为了成功地领导和运作一个组织，必须采用一种系统和透明的方式进行管理。”提高组织管理的系统性和透明性是这套标准最基本的功能。系统性可以理解为帮助组织建立一个滴水不漏的“木桶”，透明性则是将自己内部管理中的最基本部分以明确无误的方式展示出来，让人们相信自己具有持续地生产满足要求的产品或服务的能力。

该标准确认了“七项质量管理原则”，以帮助组织利用这些原则进行改进。这七项原则为：以顾客为关注焦点，领导作用，全员积极参与，过程方法，改进，循证决策，关系管理。

上述各项原则之间不是彼此孤立的，而是有着一定的内在逻辑关系。要成功地向以顾客满意为宗旨的组织转型，首先要确立以顾客为中心的立场，这体现了第 1 个原则的要求（以顾客为关注焦点）。在明确立场的基础上，组织的管理当局要带领（原则 2“领导作用”）全体成员（原则 3“全员积极参与”）去实现这种转变。上下同欲的努力还必须有正确的方法论（原则 4“过程方法”）。因为存在着激烈的竞争，同时顾客的期望也在不断地提高，因而必须对过程和由过程所构成的体系加以持续不断的改进（原则 5）。循证决策（原则 6）是持续改进最有力的武器。仅仅局限于组织内部的努力所能够取得的成果是有限的，组织必须与自己的顾客、供应商以及其他的相关方紧密合作才有可能取得持续的更大的成功（原则 7）。

从本质上来讲，ISO 9000 族标准所确立的质量管理体系便是对实现质量目标所必需的过程的规定。质量管理体系是一系列相关过程的集合。质量、成本和生产率等绩效因素是果，而过程是因。建立和实施质量管理体系就是要通过持续不断地识别、建立、控制和改进过程来实现组织绩效的改进。

企业通过产品和服务来实现顾客的满意。在一个充满竞争的时代，企业为了维持其竞争地位，必须持续不断地改进产品和服务的质量，降低成本，提高生产率。而产品和服务是由过程来实现的，质量、成本和生产率等绩效因素都是过程的结果。通过对过程进行控制和改进来实现绩效的改进，是现代企业管理的一种最有效的途径。

对质量管理体系进行定期的内外部审核，是控制和改进组织绩效的重要途径。

第 3 节　卓越绩效模式

所谓卓越绩效模式，就是由美国国家质量奖和欧洲质量奖等著名质量奖项所体现的一套综合的管理模式，它是一套标准化的全面质量管理实施办法。在吸收各国的经验并结合我国企业的实践的基础上，我国于 2004 年 8 月正式发布了国家标准 GB/T 19580—2004《卓越绩效评价准则》，此后又于 2012 年 3 月发布了该标准的修订版。

一、“卓越绩效”的由来与实质

在有关卓越绩效的各种模式中，美国马尔科姆·鲍德里奇国家质量奖最具代表性。20 世纪 80 年代，在强大的竞争压力下，美国的工商企业界对质量活动显现出与日俱增的兴趣，许多有识之士都主张通过设立国家质量奖来促进美国公司的质量活动，这当然是受到了日本的做法的启发。1987 年 1 月 6 日，美国通过《马尔科姆·鲍德里奇国家质量改进法案》，规定了马尔科姆·鲍德里奇国家质量奖计划的设立。第一步便是建立一套评价标准，即卓越绩效准则（Criteria for Performance Excellence）。[3] 这套准则所体现的管理模式称为“卓越绩效”模式。步其后尘，欧洲质量奖于 1992 年诞生。由于在提升各国的竞争力方面的突出效果，这种做法逐渐在全世界推行开来。这些准则已经成为企业经营管理的事实上的国际标准。

就其实质而言，卓越绩效准则是全面质量管理（TQM）的一种实施细则，是对以往的全面质量管理实践的标准化、条理化和具体化。“卓越绩效”这四个字不再只是字面上的简单含义，而成为一个特定的术语，亦即“一种综合的组织绩效管理方式”（美国国家标准和技术研究院的定义)。

卓越绩效准则为各类组织实施 TQM 提供了一种更加有效的手段。用农业上的灌溉术语来类比的话，传统的推行 TQM 的方式可以认为是一种“漫灌”式，声势很大，但效果未必令人满意。而通过卓越绩效准则来实施 TQM 的方式则是一种“滴灌”式，每一分努力都被输送到最需要的地方。

二、卓越绩效模式的基本构成

在卓越绩效模式的知识体系中，最核心的是一套价值观和一套评价准则，分别体现了卓越绩效模式的“道”和“术”两个层次。以下依据美国国家质量奖 2017—2018 年的卓越绩效准则对卓越绩效模式的基本构成做一简要说明。

从“道”的角度来看，卓越绩效准则是一套相互关联的价值观的载体。如果把这套评价准则看作一个注射器的话，其承载的这些价值观便是治病救人、强身壮体的“灵丹妙药”。卓越绩效模式的价值观共有 11 条，分别为：

1. 系统的视野
2. 具有远见的领导
3. 聚焦于顾客的卓越
4. 对人的重视
5. 组织的学习和敏捷性
6. 聚焦于成功
7. 促进创新的管理
8. 基于事实的管理
9. 社会责任
10. 伦理与透明性
11. 提供价值与结果

从“术”的角度来看，卓越绩效准则是由总分值为 1 000 分的七个类目的“要求”构成的一套评价准则，这七个类目分别是领导，战略，顾客，测量、分析和知识管理，员工，运营，结果。七个方面的内在联系如图 13－3 所示。

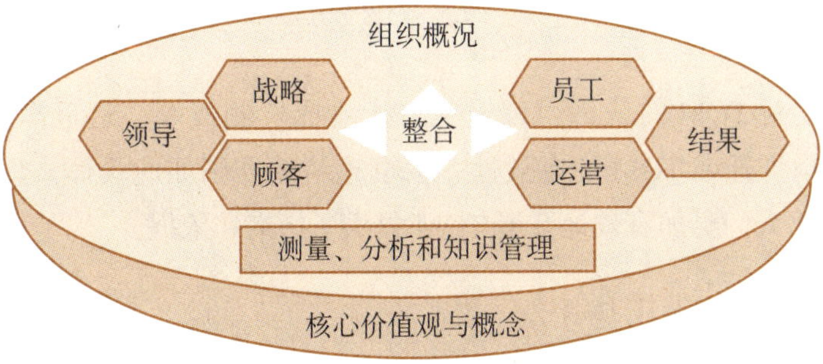

图 13－3 卓越绩效准则的框架

其中的领导、战略以及顾客代表领导的三要素。这几个方面放在一起旨在强调聚焦战略和顾客的领导的重要性。员工、运营和结果代表结果的三要素。组织产出结果是由组织的成员和伙伴通过关键过程来实现的。组织所有的行动都指向结果，这里的结果是由顾客方面的结果、财务的以及非财务的结果所构成的一个综合体，其中还包括人力资源和社会责任方面的结果。测量、分析和知识管理则构成了组织绩效管理系统的基础。

卓越绩效准则的七个类目可以进一步细分为 17 个条目（Items），每个条目中包括一个或多个要点（Areas to Address），其构成如表 13 - 1 所示。

表 13 - 1　　美国 2017—2018 年卓越绩效准则的结构

类目（Categories）	条目（Items）
1. 领导	1.1 高层领导
	1.2 治理与社会责任
2. 战略	2.1 战略制定
	2.2 战略实施
3. 顾客	3.1 顾客意见
	3.2 顾客联系
4. 测量、分析和知识管理	4.1 组织绩效的测量、分析与改进
	4.2 信息与知识管理
5. 员工	5.1 员工环境
	5.2 员工参与
6. 运营	6.1 工作过程
	6.2 运营效果
7. 结果	7.1 产品和过程结果
	7.2 顾客结果
	7.3 员工结果
	7.4 领导和治理结果
	7.5 财务和市场结果

多年来人们对 TQM 的认识可以说是“横看成岭侧成峰，远近高低各不同”，这种状况大大影响了开展 TQM 的有效性。而卓越绩效准则如此具体、详尽地勾勒出了 TQM 的轮廓，为人们更加有效地开展 TQM 提供了指南和依据。

三、卓越绩效准则的作用与用法

卓越绩效准则的作用可以从以下四个方面来理解：

首先，卓越绩效准则是将 TQM 的理念注入组织的一种有效手段。卓越绩效准则犹如一个注射器，它承载了以 11 项价值观为主要内容的 TQM 的核心理念。在实施准则的过程中，这些理念同时被注入组织的机体，渗透到组织成员的思想和行为中。

其次，卓越绩效准则为指导组织的计划工作提供了一个框架。它是一种卓越绩效的设计图，为组织勾勒出必须重视的各个主要方面。套用人们熟知的“木桶原理”来讲，组织的竞争力犹如盛放在以卓越绩效准则的七个类目为“木板”所组成的一个“木桶”中，组织要保持竞争力，这一木桶的每一块“木板”都必须足够长，各块木板之间还必须严丝合缝。

再次，它是使企业以及其他各种组织认清现状、发现长处、找出不足并知己知彼的一个听诊器或诊疗仪。它有助于人们认清自身的强弱，明确自己相对于他人的位置，了解需要改进的领域以及改进的效果。

最后，它还是在组织的管理中驾驭复杂性的一个仪表盘。组织是一个复杂的系统，其管理必须有一个系统的思路。头痛医头、脚痛医脚是一种非常原始的管理方式。卓越绩效准则有助于实现管理的重点突出与全面兼顾的结合，有利于正确地评价和引导组织中各个部门和全体成员的行为，使得管理层的努力能够用于引导组织朝正确方向迈进。

利用诸如卓越绩效准则之类的公认绩效准则，以外部认证或内部自我评价的方式来评价组织的绩效状况并采取相应的改进行动，日益成为一种管理惯行。管理教育领域中的 EQUIS 认证（欧洲管理发展基金会的高等管理教育机构质量评价体系认证）、AACSB 认证（美国国际高等商学院协会的管理体系认证），由美国犹他州立大学商学院举办的 SHINGO 卓越运营奖等，都属于同类做法。

第 4 节　六西格玛管理

六西格玛管理是近年来广泛普及的一种质量改进活动，这种做法最早起源于美国摩托罗拉公司，近几年则普及到一般企业当中，成为继 ISO 9000 之后的又一管理热潮。[4] 六西格玛管理得到如此广泛的普及，与其形式上的标准化不无关联。

六西格玛管理的实质是对过程的持续改进，它是一种持续改进的方法论。六西格玛管理活动体现了“只有能够衡量才能够改进”的思想。管理意味着通过有组织的努力去实现目标的活动或过程。没有测量，就不能认识事物，就谈不上确立目标。正是基于这种认识，摩托罗拉公司在开发六西格玛管理方法论时，首先确定了用以衡量质量的一种通用的、可横向比较的尺度，在此基础上设定了企业质量改进的奋斗目标，进而提出了实现质量目标的一套系统化的步骤或程序。

一、质量的衡量与质量改进目标

要改进质量，首先必须能够衡量质量。摩托罗拉公司创造性地引入了一个衡量质量的通用指标，称为“百万机会缺陷数”（defects per million opportunity，DPMO）。这里的缺陷是指所有导致顾客不满的情况。一般而言，缺陷率、合格率等指标无法在不同产品、不同部门之间进行横向的比较，因为不同产品、不同种类的工作其复杂程度不同。对象越复杂，出错的机会也就越多，反之出错就会少一些。而出错机会是能够比较的，因此将出错机会作为通用的衡量尺度是符合逻辑的。

依据这一尺度，摩托罗拉公司确立了其质量改进的目标，即将百万机会缺陷数（DPMO）降至 3.4。这个数字的意义可以理解为，如果面临 100 万次出错的可能性的话，实际出错只允许有 3.4 次。

由于 DPMO 是一个比率，因而可以将之与正态曲线上一定 σ（西格玛）范围内的面积相对应，每个 DPMO 的取值都可以用一个相应的西格玛值来表示，反之也一样。因此，可以用西格玛值来度量质量水平。4 西格玛的质量水平对应着的 DPMO 为 6 210，5 西格玛的质量水平对应着的 DPMO 为 233，而 6 西格玛的质量水平便对应着 DPMO 为 3.4 这一目标。这便是“六西格玛管理”这一名称的由来。可以认为，六西格玛质量水平达到了一种近乎完美的境界。

二、实现六西格玛目标的“六步法”

现代质量管理通过对过程进行改进来实现高质量、低成本和高生产率。实现六西格玛质量目标要求对过程进行持续不断的改进。持续改进是通过六个步骤的循环来实现的。这六个步骤分别为：

（1）明确你所提供的产品或服务是什么。这里的“你”代表组织的过程链上的任意一个环节，可以是一个部门、一道工序或一个团队等。这里的“产品或服务”指的是这一特定环节的输出。通过这个步骤的活动，要明确你所提供的产品和服务是什么，同时也要确定测量你的产品或服务的单位。

（2）明确你的顾客是谁，他们的需要是什么。这里的“顾客”是指过程链上的“你”的下一个环节，你的产品或服务质量的优劣是由你的顾客来判定的。在这一步骤中，要明确你的顾客，明确顾客的关键需要，并同顾客就这些关键需要达成共识。

（3）为了向顾客提供使他们满意的产品和服务，明确你需要什么。这是要明确为了满足你的顾客的需要，你需要什么，谁来满足你的需要。从过程链的角度来看，这是要明确你的上一个环节，以及为了使你能够满足顾客的需要，他们应当为你提供什么条件。

（4）明确你的过程。在这一步骤中，通常要借助于流程图将过程的现状描绘出来。

（5）纠正过程中的错误，杜绝无用功。在上一步对过程的现状充分认识的基础上，分析过程中的错误和冗余，绘制纠错后的理想的流程图。

（6）对过程进行测量、分析、改进和控制，确保改进持续进行。计算过程的 DPMO 及相应的西格玛水平，制定并实施用新过程取代旧过程的改进计划，将取得的成果与他人分享。

通过周而复始地实施这六个步骤，企业就可以实现持续改进，逐步实现六西格玛质量水平。六西格玛管理的循环如图 13－4 所示，这一循环也称为 MAIC 循环，MAIC 分别取自英文单词 measure（测量）、analyse（分析）、control（控制）和 improve（改进）的首字母。

图 13－4 六西格玛管理的 MAIC 循环

六西格玛管理方法论有着丰富的思想内涵。以顾客为中心、有效的领导、全员参与、面向过程的管理、系统化的管理、持续改进、以事实为依据和互利互惠的组织间关系这八项现代质量管理的基本原则在六西格玛管理活动中得到了充分的体现。

第 5 节 标杆分析

所谓标杆分析，就是通过对比和分析先进组织的行事方式，对本组织的产品、服务、过程等关键成功因素进行改进和变革，使之成为同业最佳的系统过程。[5] 标杆（benchmark）一词原意是测量学中的“水准基点”，在此引申为某一方面的“行事最佳者”或“同业之最”，也就是所要学习和超越的榜样。

这种方法是美国施乐公司于 20 世纪 70 年代末首创的。当时，施乐公司在竞争对手的强大攻势下，市场地位不断下滑，危机重重。通过全面开展这一活动，施乐公司的竞争地位得以恢复，并于 1989 年荣获美国国家质量奖。之后这一方法为越来越多的企业及其他各种类型的组织所接受，成为一种获得普遍应用的威力强大的管理工具。

标杆分析的实质是对组织的变革，是对因循守旧、抱残守缺、按部就班、不思进取等陋习的围剿，它必然伴随着组织原有“秩序”的改变。要在组织中导入标杆分析活动，组织的高层管理者必须勇于变革。标杆分析活动是持续改进的有力武器，应当成为组织的一项常规性的工作，而不应成为面临危机、走投无路时的救命稻草。标杆分析活动完全不同于工业间谍活动，是一种完全合法的、公开的、系统化的学习，是一门赶超的艺术。

在开展标杆分析活动时，通常采用小组或团队的方式。小组一般由 3 ～ 6 人组成，他们应当最熟悉所要改进的领域。小组成员应当具备相应领域的专业知识以及把握问题、分析问题的能力和技能，应当具备较强的合作精神。

标杆分析活动一般由以下五个步骤构成：

第一步，确定实施标杆分析的领域或对象。

组织的资源和时间是有限的，因此开展标杆分析活动应当集中于那些对提高组织的绩效和顾客的满意度最有影响力的因素，这些因素通常称为关键成功因素。

选定了改进的领域或对象，还必须加以量化。要明确使用何种指标来描述该对象，用何种测量方法来衡量对象的状态。不能量化的东西很难进行比较，也难以加以改进。

第二步，明确自身的现状。

标杆分析主要通过调查、观察和分析内部数据来了解现状。在这一步骤中，小组必须绘制出详细的流程图，将本组织在该领域中的当前状况描绘出来。这项工作对于标杆分析活动的成功至关重要，一张详细的流程图有助于小组就当前过程的运行方式、所需的时间和成本、存在的缺点和失误等达成共识。这一步工作做不好，即使同先进过程进行比较，也难以揭示出自身过程中存在的不足。

第三步，确定谁是最佳者，也就是选择标杆。

要根据各方面的信息确定在所选领域中的标杆。通常可以有四种类型的标杆，即本组织内部的不同部门、直接的竞争对手、同行组织以及全球范围内的领先者。许多组织在刚开始推行标杆分析活动时，通常从内部的标杆开始，这样有利于积累经验，锻炼队伍。面向全球领先者的标杆分析是开展这一活动的最高境界。

第四步，明确标杆是怎样做的。

通过收集和分析所选定标杆的信息，形成准确反映其能力和长处的完整材料，找出其优于自己并成为行业之最的能力和特长。信息的收集并不像人们通常想象的那样困难。我们正处在一个信息时代，通过图书馆、互联网、行业协会、公共论坛、会议、讲座、贸易展示会等各种公开的渠道可以获得我们所需要的几乎任何信息。必要时可以直接同所选定的标杆接触，也可以到对方所在地参观调研。

第五步，确定并实施改进方案。

在详细分析内外部资料的基础上，由项目小组和有关人员提出并优选改进方案，在组织内部达成共识，推动方案的有效实施。

实施标杆分析活动最直接的成果是可以给组织的产品、服务和过程带来大幅改善。此外，它还有利于：

（1）组织正确认识自身在市场中的真实地位，找出差距。

（2）组织学习并应用更好的方法来减少缺陷，提高质量和降低成本，从而更好地满足顾客的需要。

（3）组织利用外部信息制定有效的目标，从而变得更有竞争力。

（4）激发个人、团体和整个组织的潜能。

（5）打破障碍，促进变革。

第 6 节 精益管理

精益管理是美国对日本的丰田生产系统的命名。[6] 丰田生产系统最著名的特征就是使用最少的资源以及消除各种形式的浪费。即时制（JIT）是丰田生产系统中最主要的组成部分。

精益管理的产生与日本的历史和文化密切相关。日本拥有的空间和自然资源是如此之少，以至于日本人总是细心地避免浪费资源，包括空间、时间和劳动力。日本人努力从少量的可用资源中获得最大的收入或产出。正是为了在这样一个人口密集的空间中顺利、高效地生活和工作，诞生了精益管理。

精益管理的目标是利用更少的资源，包括更少的工人、库存、空间、设备、时间、废品等来完成更多的事情。换言之，精益管理是一种寻求消除所有类型的浪费的管理理念。这里讲的浪费包括过多的延误、过高水平的库存、过长的工人或零件的移动距离、过长的设备设置时间、不必要的空间、有缺陷产品的返工、空闲的设备、废品等。

实施精益管理有五个重要的原则：

（1）从顾客的角度来明确价值。

（2）识别价值流，这里的价值流是指创造顾客所重视的产品或服务所需的一整套活动。

（3）通过消除非增值活动并优化剩下的增值活动的各个步骤，使价值流经价值流。

（4）让顾客拉动价值通过价值流。

（5）追求完美。

实施精益管理可带来诸多益处。一般而言，这些益处可以归纳为如下五方面：

1. 成本节约

成本的节约来自许多途径：库存下降，废品减少，缺陷减少，来自顾客和设计两方面的变更减少，空间更小，工时更少，返工减少，管理费用降低，等等。

2. 收入增加

收入增加主要是通过为顾客提供更好的服务和质量来实现的。缩短提前期和更快地响应顾客的需要，可以带来更多的利润和更高的销售额。此外，新产品和新服务的收入增加更快。

3. 投资节省

投资的节省来自三个方面：第一，同样的产能只需占用更少的空间。第二，年库存周转水平下降。第三，在同样的设施上，工作产出量显著增加。

4. 员工队伍的提升

员工对其工作更加满意。他们喜欢精益方式所要求的团队合作，乐于使问题越来越少。他们在精益所需的柔性和技能（如解决问题、维修等）方面得到了更好的训练，享受着在工作中获得的成长。所有这些都转化为更有生产性的工作。

5. 揭示问题

精益管理所带来的另一个意料之外的好处是对问题更好的预测，如果管理层愿意抓住这个机会来修正问题的话。开展精益活动时，所有类型的困难都会显现出来，其中大多是各种形式的浪费。

注释

[1] 罗伯特·卡普兰，大卫·诺顿．平衡计分卡——化战略为行动．广州：广东经济出版社，2004.

[2] International Organization for Standardization. ISO 9000–Quality Management.（2018-02-10）. https://www.iso.org/iso-9001-quality-management.html.

[3] NIST. Baldrige Performance Excellence Program.（2018-02-10）. https://www.nist.gov/baldrige.

[4] Mikel Harry，Richard Schroeder. Six Sigma，Random House，Inc.，2000.

[5] 日本能率协会. Benchmarking，1995.

[6] John Drew，Blair McCallum，Stefan Roggenhofer. Journey to Lean. Palgrave Macmillan，2004.

复习思考题

1. 什么是组织绩效？
2. 什么是平衡计分卡？其基本思路是什么？
3. 平衡计分卡由哪几套指标构成？这种构成的逻辑是什么？
4. 平衡计分卡中的绩效指标的来源是什么？
5. 什么是战略地图？
6. 什么是 ISO 9000 族标准？ ISO 9000 族标准中，最核心的标准有哪几个？各有何用途？
7. ISO 9000 标准最基本的功能是什么？
8. 什么是管理的系统性和透明性？
9. ISO 9000 的七项质量管理原则是什么？
10. ISO 9000 七项质量管理原则之间的逻辑关系是什么？
11. 什么是卓越绩效模式？
12. 卓越绩效准则的实质是什么？
13. 卓越绩效模式的价值观有哪些？
14. 卓越绩效准则由哪七个类目的要求构成？其逻辑是什么？
15. 卓越绩效准则有哪些方面的作用？
16. 什么是六西格玛管理？其实质是什么？
17. 六西格玛管理中用以衡量质量的通用指标是什么？
18. DPMO 为 3.4 的含义是什么？为什么叫作六西格玛？
19. 实现六西格玛目标的“六步法”是什么？
20. 什么是标杆分析？
21. 标杆分析中的标杆是何含义？
22. 标杆分析活动一般由哪几个步骤构成？
23. 什么是精益管理？
24. 精益管理中所讲的浪费包括哪些内容？
25. 精益管理有哪些重要的原则？
26. 开展精益管理有哪些益处？

案例 13.1　麦肯锡——管理咨询的王牌

麦肯锡是一家世界领先的全球性管理咨询公司，由美国芝加哥大学教授詹姆斯·麦肯锡（James Mckinsey）于 1926 年创立，目前员工总数超过 20 000 人，其中有 10 000 多名咨询人员及 2 000 多名研究和信息专家。此外，麦肯锡还有一个 30 000 多人的庞大的"校友"群，他们遍布全球 120 多个国家，大都是各个领域的精英人士，曾在麦肯锡工作过。麦肯锡公司有如下几方面的特点。

1. 私人合伙

麦肯锡是一家私营的合伙制公司，由来自全球各地的 1 400 多名合伙人拥有。公司董事会由经选举产生的来自十几个国家的 30 位合伙人组成。这一制度使得麦肯锡公司能够保持独立性，不受外部股东影响，不为短期的财务指标左右，从而能够提供公正客观的建议。

2. 全球一体

麦肯锡没有通常意义上的公司总部，由合伙人选举产生的公司全球总经理自行决定其办公所在地（目前是在伦敦）。公司按照"全球一体"（designed to operate as one）模式运作，这使得麦肯锡能够向世界上任何地方的客户迅速派遣拥有最合适的知识和技能的咨询团队。麦肯锡在全球设有 100 多家分公司，客户涵盖私营、公共和社会领域的各种类型的组织，每天都有 1 000 多个咨询项目在全球各地同时进行。目前麦肯锡在大中华地区设有北京、上海、深圳、香港及台北五家分公司。

3. 知识管理

麦肯锡每年用于知识开发和能力建设方面的费用高达 5 亿多美元，超过哈佛商学院、斯坦福商学院和沃顿商学院三家研究费用的总和。麦肯锡拥有 2 000 多名知识专家，负责支持一线咨询团队。这些专家进行深入的专题研究，并对咨询工作中的成果及发现进行梳理、总结，所有的知识在经过"匿名净化处理"之后存入内部数据库，成为供所有咨询师利用的共同知识。数据库中包含 4 万多份文件，涵盖多个行业的广泛议题。

4. 使命驱动

麦肯锡公司的使命是："帮助客户实现独特的、持久的、实质性的绩效改进，构筑一个能够吸引、培育、激励和留住杰出人才的伟大公司。"这里有两重含义：一是麦肯锡以客户的成功（解决客户的难题）作为自己的成功；二是攻克难题必须靠最优秀的人才，而最优秀的人才勇于挑战最难的问题。这两方面互相促进，造就了麦肯锡公司的强大和持久。

麦肯锡的管理咨询注重在项目一开始就与客户密切合作；主张与客户共同解决问题，而不只是交给客户一份解决问题的报告；重视最终项目方案的实施，确保产生真正的变革和影响，从而真正帮助客户实现独特的、持久的、实质性的绩效改进。

5. 基于价值观的管理

作为一家由全球最顶尖的人才构成的公司，麦肯锡的管理在很大程度上依靠的并非流程、制度或规定这些“硬”东西，而是其独特的价值观。麦肯锡的价值观既体现了公司的长期战略，也反映了服务客户的日常方式。麦肯锡每年有一天专门设立为公司的“价值观日”（values day），在这一天全球的员工都要放下手头工作，反思公司的价值观对自己工作和生活的意义。麦肯锡公司的价值观有三个方面的内容，具体内容如图 1 所示。

1. 坚持最高职业标准
   - 客户利益优先于公司利益
   - 遵守伦理高标准
   - 保守客户的秘密
   - 保持独立的视角
   - 有效管理客户和公司的资源
2. 显著改进客户绩效
   - 遵循从最高管理层角度看问题的思路
   - 利用公司全球网络向客户提供最好的东西
   - 让客户实现管理的创新
   - 构筑客户长久保持改进效果的能力
   - 建立基于信任的持久关系
3. 创造无与伦比的环境
   - 开放、无等级
   - 温情的任人唯贤
   - 基于师徒制和导师制的共同成长
   - 表达异议的义务
   - 守护全球一体的合伙人体制

图 1　麦肯锡公司的价值观

一位曾在麦肯锡效力十几年的中国“老校友”对于麦肯锡价值观中的“任人唯贤”“师徒制和导师制”以及“表达异议的义务”这几项感受至深。他解释道：

任人唯贤就是只看一个人的能力和努力，对所有人一视同仁，不论肤色、语言、国籍、教育背景、家庭背景如何。

第二，师徒制强调咨询是一个手艺活，从解决问题的能力，到有效沟通、战略思维，每一步都是通过老人“言传身教”来传承的。每一个新人入职后都是由“师傅”手把手教出来的。导师制则侧重于文化、品德方面的传承。“培养人”是麦肯锡企业文化里非常核心的一部分。

第三，表达异议的义务的意思是，如果你对问题有不同意见，你就有义务说出来。大家互相挑战、讨论，寻找新的事实、数据，从新的角度考虑问题，直至找到最好的答案。这一条使得麦肯锡的员工能够不满足现状，不断追求完美，真正帮助客户实现独特的、持久的、实质性的绩效改进。

最后他还强调："客户雇我们是因为需要我们帮助他们解决问题，我们雇员工是因为相信他们有能力做到最好。所以麦肯锡在内部不断改进培养人和考核人的机制，核心就是要最大限度地发挥大家的长处，而不是靠竞争和压力出成绩。"

[**讨论**]

试分析麦肯锡公司的管理特点。

案例 13.2 施乐公司

1959 年施乐公司推出的第一款复印机标志着一个全新行业的建立。20 世纪 60 年代，施乐公司迅速成长，产品供不应求，年收入最高达到 10 亿美元。70 年代中期，它的资产收益率高达 20%。施乐的主要竞争优势源于它独有的专利、成长中的市场以及寥寥无几的竞争对手。在这种情况下，似乎没有必要关注顾客。

然而，到了 70 年代，IBM、柯达以及几家日本公司纷纷进入复印机行业。此外，美国联邦商业委员会质疑施乐非法垄断了复印机行业，迫使施乐同意向竞争对手开放近 1 700 项专利。施乐的市场份额很快就被竞争对手蚕食。到 80 年代早期，施乐的市场份额降到 50% 以下。人们甚至预言施乐很快就会倒闭。返工、废品、过度的检验以及其他问题耗费了施乐 20% 的收入，而且浪费惊人。与竞争对手相比，施乐公司的供应商数量是竞争对手的 9 倍，员工数量是 2 倍，生产周期是 2 倍，废品率是 10 倍，次品率是 7 倍。很明显，再不采取措施，施乐将难逃灭顶之灾。

1983 年，施乐公司总裁戴维 · T. 卡恩斯（David T. Kearns）认识到，施乐必须实施一个广泛而全面的质量战略，同时也需要对公司传统的管理文化进行改革。施乐在日本的子公司富士施乐公司的成功使卡恩斯意识到全面质量管理的威力。卡恩斯实施全面质量管理的想法得到了施乐员工的赞同。他组织了一个团队，专门负责拟定施乐公司的质量战略。卡恩斯决定在全公司范围内推动实施全面质量管理，而且要花时间从一开始就设计出一个正确的思路，让全公司员工参与到质量管理过程中。卡恩斯与公司的 25 位高层管理者一起制定了施乐的质量方针：

> 施乐是一个重视质量的公司。
>
> 质量是施乐首要的经营原则。
>
> 质量意味着，要向我们的外部顾客和内部顾客提供创新的、能够让他们完全满意的产品和服务。
>
> 质量改进是每个施乐员工的职责。

在这一方针的指导下，他们提出了一个称为“质量领先”的举措，该举措有三个目标：

（1）使质量成为施乐的首要经营原则，确保每个施乐人都参与到质量改进过程当中。

（2）确保施乐能够为内外部顾客提供创新的产品和服务，以满足他们的需求。

（3）建立管理过程和工作过程，使全体施乐人能够持续不断地追求质量改进，以满足顾客的需求。

质量领先活动从根本上改变了施乐的经营模式。诸如生产计划、分销、设定部门目标等活动都开始以顾客为中心。标杆管理——寻找那些能够做到最好的公司和组织，并将这些组织的思想融入企业经营当中——成为施乐质量管理重要的一部分。

施乐在标杆管理中学习了200多家非竞争企业的过程管理。比如，施乐从康明斯发动机公司那里学习了如何改进生产进度计划，从L. L.比恩公司（L. L. Bean）那里学习了如何改进分销系统，从美国联邦快递公司那里学习了如何改进订单管理过程。

评估顾客满意度和培训是实施质量领先活动的重头戏。施乐公司每个月都向顾客发放40 000份调查问卷，以跟踪顾客对设备操作、销售、服务以及后勤等方面的意见和反映。一旦发现顾客不满意的地方，公司迅速采取应对措施，并在几天之内解决问题。在项目实施之初，全球范围内每个施乐员工，公司每个层级上的人员，都要接受同样的质量原则培训。培训从公司的高层管理人员开始，逐步在各个层级展开。对公司所有员工的质量培训历时5年，花了400个工作小时，耗资1.25亿美元。1988年，施乐79%的员工加入质量改进工作团队。

此外，施乐还帮助它的供应商改进过程，实施统计分析和全面质量管理，并支持它们实施即时制。参与其中的供应商包括产品早期的设计开发商，作为对它们参与质量项目的回报，施乐公司与它们签订了长期的合作协议。

员工参与也是质量管理的一个重要因素。施乐鼓励员工参与质量改进过程。公司明确规定：每个员工都应该支持实施质量持续改进，并通过合作减少质量成本。

公司管理层成为实施新的经营模式的标兵。公司要求管理者将质量意识渗透到他们的日常活动中，并在同事和下属中推动质量领先活动的实施。公司修改了奖惩制度以鼓励合作和质量管理。管理者变成教练，工作职责就是带领员工在工作中不断进步。

通过开展质量领先活动，施乐公司的产品和系统部门于1989年荣获了美国国家质量奖，这一活动的具体成果包括：

（1）生产线上的拒收率从每百万10 000件降到每百万300件。

（2）95%的供应商不再需要施乐进行检验；1989年，30家在美国的供应商实现全年无缺陷供货。

（3）供应商的数量从5 000个削减到不足500个。

（4）采购成本降低了45个百分点。

（5）尽管受通货膨胀的影响，制造成本仍降低了20个百分点。

（6）产品开发周期缩短了60个百分点。

（7）所有的产品质量提高了93个百分点。

质量领先活动使施乐公司认识到，顾客的满意加上员工的激励和满意，会带来市场份额的上升及资产收益率的改善。公司总裁卡恩斯将质量看作“一场没有终点的竞赛”。正如公司的座右铭所表述的那样，施乐“是一个致力于持续改进的公司”。

［讨论］

分析施乐公司推行全面质量管理的基本思路。

图书在版编目（CIP）数据

管理学 / 焦叔斌等著 .—5 版 .—北京：中国人民大学出版社，2019.2
21 世纪工商管理系列教材
ISBN 978-7-300-26688-6

Ⅰ . ①管… Ⅱ . ①焦… Ⅲ . ①管理学—高等学校—教材 Ⅳ . ① C93

中国版本图书馆 CIP 数据核字（2019）第 024961 号

21 世纪工商管理系列教材
管理学（第 5 版）
焦叔斌　杨文士　著
Guanlixue

出版发行	中国人民大学出版社		
社　　址	北京中关村大街 31 号	**邮政编码**	100080
电　　话	010－62511242（总编室）		010－62511770（质管部）
	010－82501766（邮购部）		010－62514148（门市部）
	010－62515195（发行公司）		010－62515275（盗版举报）
网　　址	http://www.crup.com.cn		
经　　销	新华书店		
印　　刷	北京宏伟双华印刷有限公司	**版　　次**	1994 年 11 月第 1 版
规　　格	185mm × 260mm　16 开本		2019 年 2 月第 5 版
印　　张	20.25 插页 1	**印　　次**	2021 年 4 月第 5 次印刷
字　　数	423 000	**定　　价**	39.00 元

教师教学服务说明

中国人民大学出版社管理分社以出版经典、高品质的工商管理、统计、市场营销、人力资源管理、运营管理、物流管理、旅游管理等领域的各层次教材为宗旨。

为了更好地为一线教师服务，近年来管理分社着力建设了一批数字化、立体化的网络教学资源。教师可以通过以下方式获得免费下载教学资源的权限：

在中国人民大学出版社网站 www. crup. com. cn 进行注册，注册后进入“会员中心”，在左侧点击“我的教师认证”，填写相关信息，提交后等待审核。我们将在一个工作日内为您开通相关资源的下载权限。

如您急需教学资源或需要其他帮助，请在工作时间与我们联络：

中国人民大学出版社　管理分社

联系电话：010－82501048，62515782，62515735

电子邮箱：glcbfs@crup. com. cn

通讯地址：北京市海淀区中关村大街甲 59 号文化大厦 1501 室（100872）